Responsabilidade Civil da Imprensa por Dano à Honra

M671r   Miragem, Bruno
        Responsabilidade civil da imprensa por dano à honra: o novo
Código Civil e a lei de imprensa / Bruno Miragem – Porto Alegre:
Livraria do Advogado Ed., 2005.
320 p.; 23 cm.

        ISBN 85-7348-389-X

        1. Responsabilidade civil: Dano: Honra.   2. Liberdade de im-
prensa.   3. Liberdade de expressão.   4. Direitos da personalidade
I. Título.

CDU - 347.51:342.732

Índices para o catálogo sistemático:

Responsabilidade civil: Dano: Honra
Liberdade de imprensa
Liberdade de expressão
Direitos da personalidade

(Bibliotecária responsável : Marta Roberto, CRB-10/652)

BRUNO MIRAGEM

Responsabilidade Civil da Imprensa por Dano à Honra

— O NOVO CÓDIGO CIVIL E A LEI DE IMPRENSA —

Porto Alegre 2005

© Bruno Miragem, 2005

Revisão de
Rosane Marques Borba

Capa, projeto gráfico e diagramação de
Livraria do Advogado Editora

Direitos desta edição reservados por
Livraria do Advogado Editora Ltda.
Rua Riachuelo, 1338
90010-273 Porto Alegre RS
Fone/fax: 0800-51-7522
editora@livrariadoadvogado.com.br
www.doadvogado.com.br

Impresso no Brasil / Printed in Brazil

*A Claudia Lima Marques e Manoel André da Rocha,
mestres e amigos, pelo incentivo e confiança.*

*A meus pais, Bráulio e Nilda,
e a minha irmã Fernanda,
por tudo.*

Agradecimentos

Essa obra é, antes de tudo, resultado das reflexões que tive oportunidade de desenvolver no âmbito profissional e acadêmico, e portanto, representa a experiência desse autor nesses dois setores. O agradecimento a todos os que contribuíram com as reflexões consolidadas no presente trabalho certamente não caberia nesse espaço. Entretanto, alguns são obrigatórios. Em primeiro lugar, aos mestres. É necessário que se faça uma menção obrigatória à Professora Dra. Cláudia Lima Marques, orientadora e amiga, cuja contribuição na orientação desse trabalho, bem como as lições e o estímulo retirados da convivência cotidiana nesses últimos anos, sem dúvida, deixam sua marca no autor. Ao mesmo tempo, deve ser expressa minha admiração e gratidão ao Professor Manoel André da Rocha, que desde os primeiros contatos do autor com o mundo jurídico tem contribuído decisivamente com sua amizade, carinho e inteligência, no desenvolvimento específico do tema objeto desse estudo, bem como com o permanente aconselhamento, seguro e sereno, ao qual tanto devo.

Mas o caminho percorrido até a conclusão dessa obra não pode deixar de contar com uma infinidade de mestres da Faculdade de Direito da Universidade Federal do Rio Grande do Sul, a quem homenageio e agradeço na lembrança dos nomes de Vera Maria Jacob de Fradera e Cezar Saldanha Souza Júnior, cada qual com uma contribuição decisiva, na minha dedicação ao estudo do direito. Também agradeço a Eliane Kusbick e sua equipe da Secretaria do Programa de Pós-Graduação, pelo apoio, carinho e atenção irrestritos, bem como à Naila Touguinha Lomando, Bibliotecária-Chefe da Faculdade de Direito da UFRGS, e sua equipe, pela permanente dedicação e presteza.

Meu agradecimento, igualmente, aos membros da Banca Examinadora da dissertação que ora é publicada. Aos professores Carlos Silveira Noronha, Rosângela Lunardelli Cavalazzi e Luis Renato Ferreira da Silva, cuja paciente e atenta leitura, bem como as críticas inspiradas, foram de grande importância no aprimoramento do trabalho.

Entretanto, como afirmei, esse trabalho também é resultado da experiência prática com as questões relacionadas ao exercício da liberdade de expressão pela imprensa, bem como o desafio de sua precisão na prática dinâmica e veloz das redações jornalísticas e seus eventuais reflexos perante o Poder Judiciário. Assim é imperioso agradecer aos meus ex-colegas, advogados e jornalistas, do Grupo RBS, por sua inestimável contribuição. E o faço na pessoa de Afonso Antunes da Motta, a quem, por sua confiança e estímulo, só tenho a homenagear. E, no que toca às questões relativas aos limites da atuação da imprensa sob a ótica dos profissionais do jornalismo, minha lembrança e homenagem aos jornalistas Adriana Irion, Alexandre Bach e Ricardo Stefanelli, cujas reflexões muito auxiliaram o autor a aprofundar-se na dinâmica dessa fascinante atividade.

Da mesma forma, agradeço aos meus alunos e colegas da Faculdade de Direito da Universidade Federal do Rio Grande do Sul, do Centro Universitário Ritter dos Reis e da Instituição de Ensino Superior de Brasília, pelas constantes indagações e dúvidas, que aperfeiçoaram as idéias expostas nesse trabalho. Igualmente, aos colegas do Ministério da Justiça e da Subchefia Jurídica da Casa Civil do Governo do Estado do Rio Grande do Sul, pelo apoio permanente, assim como a Rodrigo Sonza Abitante, pelos proveitosos debates.

Por fim, incumbe um agradecimento especial a meus alunos orientandos do Grupo de Pesquisa CNPq Mercosul e o Direito do Consumidor, pelo inestimável apoio e, em especial, a Diego, Andreza, Raquel, Felipe, Elírio e Lucas, pelo inestimável apoio na pesquisa que subsidia esse trabalho, assim como à Alexandra, pelo auxílio na formatação da pesquisa jurisprudencial, e a presteza na localização de importantes textos de difícil acesso.

Enfim, agradeço de modo especial a todos que contribuíram de algum modo com a realização do estudo que ora submete-se ao exame do público.

Porto Alegre, maio de 2005.

Prefácio

Bruno Miragem é, em minha opinião, o mais talentoso e brilhante jovem jurista gaúcho formado na Faculdade de Direito da UFRGS, e em meu Grupo de Pesquisa CNPq "Mercosul e Direito do Consumidor", nos últimos anos. É com muita satisfação e prazer que apresento esta sua obra, que mereceu a nota máxima como Dissertação de Mestrado na Universidade Federal do Rio Grande do Sul/UFRGS, e que tive a honra de orientar.

Bruno Miragem destaca-se por sua competência, precisão e originalidade do pensamento, além da simpatia e do espírito público. Autor de vários trabalhos publicados nacionalmente[1] e co-autor de nossos comentários sobre o Código de Defesa do Consumidor, ao lado do maravilhoso Antônio Herman Benjamin,[2] alia e harmoniza juventude, seriedade e ousadia, como poucos. Com sincera vocação para o magistério e para a pesquisa, já mereceu vários prêmios na iniciação científica e hoje co-orienta com sucesso um subgrupo, em meu Grupo de Pesquisa.

Na presente obra, Bruno Miragem divide sua análise crítica em duas partes. Uma primeira é dedicada ao estudo da liberdade de imprensa e os direitos de personalidade, e vem subdividida em dois capítulos, tratando o primeiro do direito fundamental à liberdade de expressão e a liberdade de imprensa, em que estuda os antecedentes históricos da liberdade de expressão e sua dupla natureza, assim como o conteúdo jurídico da liberdade de imprensa, explorando a liberdade de informação (o direito de informar e o direito à informação, o dever de veracidade e o direito à informação verdadeira) e, um segundo, em que trata da proteção jurídica da pessoa e os direitos da personalidade, analisando as dimensões da proteção da pessoa no

---

[1] Veja MIRAGEM, Bruno, A defesa administrativa do consumidor no Brasil. alguns aspectos, in *Revista de Direito do Consumidor*, vol. 46, 2003, p. 77-119 e MIRAGEM, Bruno, Os direitos da personalidade e os direitos do consumidor , in *Revista de Direito do Consumidor*, vol. 49, 2004, p. 40-76.

[2] MARQUES, Cláudia; BENJAMIN, Antônio Herman e MIRAGEM, Bruno, *Comentários ao Código de Defesa do consumidor – Art. 1 a 74 – Aspectos materiais*, Ed. Revista dos Tribunais, São Paulo, 2004, p. 24 e seg. São seus os comentários dos Arts. 55 a 60 e ajudou a organizar a obra, assim como selecionou os trechos de doutrina a serem usados.

direito público e no direito privado, inclusive os direitos da personalidade.

A segunda parte, que aqui nos interessa em especial, é dedicada ao estudo da responsabilidade civil da imprensa por dano à honra no novo Código Civil de 2002. Nesta segunda parte, em visão pós-moderna,[3] estuda o diálogo das fontes,[4] isto é, a coexistência de leis especiais e gerais na matéria e os sistemas de responsabilização da imprensa, assim como o abuso do direito como fundamento da responsabilidade civil da imprensa por dano à honra, a boa-fé e o direito difuso à informação verdadeira, a cláusula de bons costumes e a finalidade social da liberdade de imprensa, tudo com base nas cláusulas gerais do novo Código Civil, em especial o seu Art. 187.

De pensamento original e cativante, Bruno Miragem escolheu o tema do abuso de direito, no importante contexto da responsabilidade civil da imprensa, ele que é advogado especializado na área em Porto Alegre. Pós-moderno, moldado na teoria de Erik Jayme,[5] o jovem jurista faz jus à sua fama, apresentando profunda análise do dano à honra na sociedade de hoje, com excelente uso da jurisprudência pátria e do direito comparado, e demonstra – sem rodeios – os pontos fortes e fracos do novo Código Civil brasileiro nesse tema. Obra profunda e útil aos profissionais atuantes da área, lança nova luz sobre velhas polêmicas, retratando a atual esperança de uma reconstrução – baseada na força normativa da Constituição Federal de 1988 – da dogmática de nosso Direito Privado.

Feliz foi a escolha do tema do abuso de direito, analisado sob visão pós-moderna, pois como afirma Fernández Sessarego: *"La aparición y la consiguiente paulatina aceptación de la figura del abuso del derecho es una de las manifestaciones más elocuentes de la crisis por la que, desde hace algunas décadas, atraviesa la ciencia jurídica".*[6] *Uma crise de crescimento,*[7] do aparecimento do novo sujeito

---

[3] Veja JAYME, Erik, Visões para uma teoria pós-moderna do direito comparado, in *Revista dos Tribunais* (São Paulo), nr. 759, p. 25 e seg.

[4] Veja sobre o diálogo das fontes e a teoria de Erik Jayme, MARQUES, Cláudia, BENJAMIN, Antônio Herman e MIRAGEM, Bruno. *Comentários ao Código de Defesa do Consumidor – Art. 1° a 74 – Aspectos materiais,* Ed. Revista dos Tribunais, São Paulo, 2004, p. 13 e seg.

[5] Veja do mestre de Heidelberg, JAYME, Erik, *Identité culturelle et intégration: Le droit internationale privé postmoderne* , in: Recueil des Cours de l' Académie de Droit International de la Haye, 1995,II, p. 36 e seg.

[6] FERNÁNDEZ SESSAREGO, Carlos, *Op. cit.,* p. 16.

[7] Defendo a idéia que a crise da pós-modernidade no Direito advém também da modificação dos bens economicamente relevantes, que na idade média eram os bens imóveis, na idade moderna, o bem móvel material e que na idade atual seria o bem móvel imaterial ou o desmaterializado "fazer" dos serviços, do *software*, da comunicação, do lazer, da segurança, da educação, da saúde, do crédito. Se só estes bens imateriais e fazeres que são a riqueza atual, os contratos que autorizam e regulam a transferência destas "riquezas" na sociedade também têm de mudar, evoluir do modelo de dar da compra e venda para modelos novos de serviços e dares complexos, adaptando-se a este desafio desmaterializante "pós-moderno". Veja MARQUES,

pós-moderno.[8] E continua o mestre latino-americano: *"Este instituto, así como sus antecedentes en el tiempo, son por ello piezas claves para explicarla, en alguna medida, y para mostrar la evolución del pensamiento jurídico a través de la historia".*[9] Efetivamente, como afirmava Gustav Radbruch, em sua famosa aula magna de 1926 em Heidelberg, intitulada "A pessoa no Direito", a noção *(Begriff)* de pessoa *(Person)* que um sistema jurídico possui, a proteção e a tutela que assegura às pessoas, caracterizam e fundam esse sistema jurídico.[10] Ao estudar o abuso de direito e seu reflexo com a violação de um direito fundamental e de personalidade do indivíduo pela *mass media* atual, revela Bruno Miragem a visão que o Brasil de hoje tem da pessoa!

Cláudia Lima, *Contratos no Código de Defesa do Consumidor*, RT, São Paulo, 2002, p. 155 e seg. Os sociólogos preferem estudar o fenômeno na mudança dos meios de produção: pré-industrial, industrial e pós-industrial ou informacionalismo *(informationalism)*, veja Castells analisando os ensinamentos de Tourraine, CASTELLS, Manuel, *The rise of the network society*, vol. I, *The Information age: economy, society and culture*, Blackwell, Massachusetts, 1996/1999, p. 14 e seg.

8 Veja meu artigo MARQUES, Cláudia Lima, Direitos básicos do consumidor na sociedade pós-moderna de serviços: o aparecimento de um sujeito novo e a realização de seus direitos. in *Revista de Direito do Consumidor* 35, p. 61 a 96. Efetivamente, os chamados tempos pós-modernos são um desafio para o direito civil. Tempos de ceticismo quanto a capacidade da ciência do direito de dar respostas adequadas e gerais aos problemas que pertubam a sociedade atual e modificam-se com uma velocidade assustadora. Tempos de valorização dos serviços, do lazer, do abstrato e do transitório, que acabam por decretar a insuficiência do modelo contratual tradicional do direito civil, que acabam por forçar a evolução dos conceitos do direito, a propor uma nova jurisprudência dos valores, uma nova visão dos princípios do direito civil, agora muito mais influenciada pelo direito público e pelo respeito aos direitos fundamentais dos cidadãos. A realidade denominada pós-moderna (LYOTARD, Jean-François, Das postmoderne Wissen – Ein Bericht, Peter Engelmann (Hrsg.), Viena: Passagen Verlag, 1994, p. 13) é a realidade da pós-industrialização, do pós-fordismo, da tópica, do ceticismo quanto às ciências, quanto ao positivismo, época do caos, da multiciplicidade de culturas e formas, do direito à diferença, da euforia do individualismo e do mercado"(GHERSI, Carlos Alberto, La Posmodernidad Jurídica, Buenos Aires, 1995, p. 27), da globalização e da volta ao tribal. É a realidade da substituição do Estado pelas empresas particulares, de privatizações, do neoliberalismo, de terceirizações, de comunicação irrestrita, de informatização e de um neoconservadorismo, de acumulação de bens não-materiais, de desemprego massivo, de ceticismo sobre o geral, de um individualismo necessário, de muitas metanarrativas simultâneas e contraditórias, da perda dos valores modernos, esculpidos pela revolução burguesa e substituídos por uma ética meramente discursiva e argumentativa, de legitimação pela linguagem, pelo consenso momentâneo, e não mais pela lógica, pela razão ou somente pelos valores que apresenta. É uma época de caos e de insegurança, onde as antinomias são inevitáveis e a de-regulamentação do sistema convive com um pluralismo de fontes legislativas e uma forte internacionalidade das relações. Fenômeno contemporâneo à globalização e à perda da individualidade moderna, assegura novos direitos individuais à diferença, destaca os direitos humanos, mas aumenta o radicalismo e o conservadorismo acrítico das linhas tradicionais. É a crise pós-moderna que, com a pós-industrialização e a globalização das economias, já atinge a América Latina e tem reflexos importantes na ciência do direito. MARQUES, *Contratos*, p. 155 e seg.

9 FERNÁNDEZ SESSAREGO, Carlos. *Op. cit.*, p. 16.

10 RADBRUCH, Gustav. *Rechstphilosophie*, 2. edição comentada por DREIER, Ralf e PAULSON, Stanley L., Heidelberg: C. F. Müller, 2003, p. 124 a 127. Veja sobre a importância da aula magna de Gustav Radbruch na Universidade de Heidelberg, em 1926, intitulada "A pessoa no Direito" (RADBRUCH, Gustav, *Der Mensch im Recht* (Heidelberger Antrittsvorlesung, Tübingen, Mohr, 1927, p. 9 a 22), in LAUFS, Adolf, *Persönlichkeit und Recht*, Baden-Baden, Nomos, 2001, p. 182.

Mais ainda, segundo Radbruch, o conceito de pessoa é um conceito de igualdade: *"Der Personbegriff ist deshalb ein Gleichheitsbegriff"*.[11] Igualdade, sim, pois esse conceito fundante do Direito Privado nada mais é do que individualização da liberdade humana (*individualisierte menschliche Freiheit*)![12] Sem esse conceito de igualdade (*Gleicheitsbegriff*) seria impensável o Direito Privado (*Privatrecht*) de hoje, pois, como ensinava o grande mestre alemão, o Direito Privado é o ramo do Direito voltado para alcançar esta eqüidade ou esta justiça re-equilibradora (*der ausgleichenden Gerechtigkeit*).[13]

A lição de Radbruch valoriza a presente análise do capítulo primeiro do Código Civil de 2002, que versa sobre os direitos de personalidade. A obra de Bruno Miragem analisa a efetividade desta normas, nos dias de hoje, demonstrada através da análise da responsabilidade pelo dano à honra da imprensa no Brasil, comparada com esta mesma responsabilidade nos países principais do Direito Comparado.

Em seu texto, resume Bruno Miragem: *"O direito à honra é um dos principais direitos subjetivos da personalidade, tutelando a dignidade interna da pessoa e sua consideração e imagem social. O presente trabalho dedica-se a investigar o instituto da responsabilidade civil da imprensa por dano à honra, do modo como foi compreendido pelo novo Código Civil brasileiro, interpretando e articulando suas disposições com a legislação especial, de modo a compatibilizar a referência da legislação ordinária sobre a matéria com proteção constitucional da pessoa humana."*

Realmente, a eficácia de um direito de personalidade, direito à honra, não parece ser muita, se as indenizações concedidas no Brasil são pífias, a – de certa forma – estimularem o próprio dano, com algum proveito econômico para a imprensa ou as empresas. Como alerta Mosset Iturraspe,[14] a sociedade pós-moderna é uma sociedade de risco e de dano, em que o dano ao outro muitas vezes "vale a pena", em um pragmatismo cruel: "cause dano, se isto economicamente lhe convém"!

O grande jurista argentino Mosset Iturraspe resume: *"Los daños nos scechan a la vuelta de todas las esquinas. El imperativo romano, el 'no dañarás', ha dejado paso a una consigna de la posmodernidad: 'dañarás si te conviene', si logras un beneficio mayor al costo que significa prejudicar a otro. Ni la vida ni el honor son barreras que conmuevan a los dañadores.*

---

[11] RADBRUCH, *Rechstphilosophie*, p. 124.

[12] No original alemão: *"nichts weiter als die individualisierte menschliche Freiheit ist"*, RADBRUCH, *Rechstphilosophie*, p. 124.

[13] RADBRUCH, *Rechstphilosophie*, p. 125: *"Ohne diesen Gleichheitsbegriff wäre Privatrecht undenkbar, denn Privatrecht ist, wie wir sahen, das Gebiet der ausgleichenden Gerechtigkeit."*

[14] MOSSET ITURRASPE, Jorge. Prólogo. *La Confianza en el sistema jurídico*, Ed. Cuyo, Mendonza, 2002, p. 10.

Todo está colocado o enfrentado a la ecuación 'costos-beneficios'. Es tal vez otra consecuencia del 'fin de las ideologías', que parece ser también el fin de la humanidad y el apogeo del más crudo pragmatismo".[15]

O primeiro a tratar do tema dos efeitos da pós-modernidade na responsabilidade civil, na América Latina, foi o professor Carlos Alberto Ghersi, que, em sua pioneira obra de 1995, afirmava que se a responsabilidade civil evoluiu no séculos XIX e XX de uma responsabilidade subjetiva para uma responsabilidade objetiva ou pelo menos com presunção de culpa, e que a tendência pós-moderna seria concentrar-se na definição de que danos são indenizáveis ou ressarcíveis.[16] Porém, se de um lado os danos ressarcíveis juridicamente são em maior número (como a honra, a privacidade, o desenvolvimento pessoal, a imagem, o nome, etc.), a ponto de falar-se em uma pretensa 'indústria do dano moral, passa-se a defender a limitação do valor da indenização. Limitar o ressarcimento ou fixá-lo em um determinado valor, como o faz a estudada Lei da imprensa, significa impedir que o dano econômico (dano real, patrimonial e moral) se converta em dano juridicamente ressarcível,[17] significa afirmar que a vítima individual deve suportar o resto do dano sofrido, tenha ou não para ele colaborado.

Carlos Alberto Ghersi alerta para outro aspecto negativo desse desenvolvimento contemporâneo:[18] se de um lado evoluímos de uma visão individual do dano ressarcível, para uma visão social ou coletiva do dano (permitindo assim as ações coletivas e civis públicas na defesa de interesses transindividuais), de outro, a pós-modernidade apresenta como paradoxo a volta a um individualismo extremo, que leva a sociedade a isolar certos sujeitos e agentes mais fracos e com menos voz ou legitimação, permitindo que se construam maneiras de transferir riscos profissionais a pessoas outras, que não terão direito ou terão esse direito de ressarcimento de danos limitado.[19] Segundo o mestre argentino, cabe à própria lei (e ao Estado) intervir para determinar qual é ordem pública naquele mercado e quais os riscos podem (ou não) ser transferidos para os agentes mais fracos da sociedade (trabalhadores, consumidores, civis-leigos, crianças, idosos etc.)[20] Em uma sociedade em que a imagem é tudo, em que a informação é veloz e poderosa, podendo destruir carreiras, empresas, iso-

---

[15] MOSSET ITURRASPE, Jorge. *Op. cit.*, p. 10.

[16] GHERSI, Carlos Alberto, *La posmodernidad Jurídica*, Goya, Buenos Aires, 1995, p. 83.

[17] Idem, p. 83.

[18] Idem, p. 86.

[19] Veja sobre o tema artigo de BOLSON, Simone Hegele, O princípio da dignidade da pessoa humana, relações de consumo e o dano moral ao consumidor, in *Revista de Direito do Consumidor*, vol. 46, p. 265 e seg.

[20] GHERSI, Carlos Alberto, *Op. cit.*, p. 86.

lar pessoas, excluí-las e, mesmo provocar sua "morte econômica", o cuidado com esta atividade de comunicação de massas deve ser redobrado,[21] daí a importância da presente obra de Bruno Miragem.

Conexo ao tema, o Superior Tribunal de Justiça elaborou, recentemente, a Súmula 281, a qual afirma: *"A indenização por dano moral não está sujeita à tarifação prevista na Lei de Imprensa."* A consolidação da jurisprudência vem em momento importante, especialmente para as relações de consumo, onde especialmente na timidez dos Juizados Especiais Civis, consolidava-se a tendência contrária, de limitar a 20 ou 25 salários qualquer dano moral de consumo, passando então a incentivar o dano massificado contra o consumidor, pela simples regra de cálculo do custo e benefício. Isto é, somente uma sanção exemplar fará mudar determinada prática reincidente e danosa à imagem ou crédito do consumidor no mercado e, assim, deixar de abarrotar o Judiciário com reclamações exatamente iguais e contra o mesmo tipo de prática comercial! Em outras palavras, uma indenização pelo dano real, patrimonial e extrapatrimonial (Art. 944 do CC/2002 c/c Art. 6º VI do CDC) seria a maneira pedagógica e correta de forçar a mudança da conduta no mercado. Relembra, assim, o Superior Tribunal de Justiça, a todos os graus da jurisdição, que o dano moral está intimamente ligado à dignidade da pessoa humana e aos seus direitos fundamentais,[22] criando confiança no Direito e no combate à impunidade!

Outra grande discussão do momento, que Bruno Miragem traz com excelência e profundidade, é se no indenizar, além do reparar (função compensatória), há uma função satisfatória,[23] função de exemplariedade ou mesmo punitiva[24] da responsabilidade civil. Conclua-

---

[21] Veja GRANDINETTI CASTANHO DE CARVALHO, Luis Gustavo, Responsabilidade Civil dos meios de comunicação, in *Revista de Direito do Consumidor*, vol. 47, p. 153 e seg.

[22] Assim também ensina MIRAGEM, Bruno, O direito do consumidor como direito fundamental – Conseqüências jurídicas de um conceito, in *Revista de Direito do consumidor*, vol. 37, p. 111 e seg. E SARLET, Ingo, *Dignidade da Pessoa Humana e Direitos fundamentais*, Porto Alegre: Livraria dos Advogados, 2001, p. 86 e seg.

[23] Veja KERN, Bernd-Rudiger, A função de satisfação na indenização do dano pessoal - um elemento penal na satisfação do dano? in *Revista da Faculdade de Direito da UFRGS*, vol. 17, 1999, p. 25 e seg. e republicado in *Revista de Direito do Consumidor*.

[24] Em artigo publicado na Itália, MARTINS-COSTA, Judith, Os danos à pessoa no direito brasileiro e a natureza da sua reparação, in *Roma e America. Diritto Romano Comune*, 10/2000, p. 181, defende a mudança de paradigma da função reparatória para a punitiva, afirmando: "2. Caráter punitivo da condenação às perdas e danos. Quando, no Direito, certo instituto é refuncionalizado para atender novas necessidades, ou a circunstâncias que, mesmo existentes, não eram consideradas dignas de tutela, é preciso que a doutrina não se aferre a dogmas que bem vestiam tão só a função antiga restando, na nova, como roupas mas cortadas, em massa produzidas. É precisamente o que ocorre com a insistência de atribuir-se à responsabilidade civil, como se integrasse a sua própria natureza, um caráter reparatório, sem nenhum elemento de punição ou de exemplaridade." E, analisando a jurisprudência completa, p. 184: "É, em linha de princípio, o entendimento adotado em parte da jurisprudência brasileira e acolhido pela doutrina, que entretanto não relacionam este caráter de expiação e satisfação diretamente com

se, com a doutrina, que os danos causados pela *mass media* e contra o consumidor têm em comum a necessidade de exercer esta função pedagógica (prevenção de casos semelhantes), satisfatória e exemplar, evitando a impunidade de condutas abusivas, de forma a assegurar confiança no Direito e sancionando as práticas comerciais de tal forma que não haja mais lucro em danear o mais fraco.[25]

Destaca-se ainda que o tema tratado por Bruno Miragem é pós-moderno em sua essência antinômica ou dialética: da pessoalidade da honra à impessoalidade da atividade da imprensa e a impessoalidade da notícia ou informação mesmo. Do individual da pessoa ou do subjetivo dos direitos de personalidade, ao geral do direito à informação[26] e do direito de expressão, da necessidade de proteção dos direitos individuais ao objetivo social da transmissão de dados e dos meios de comunicação de massa.[27] Da confiança individual daquele que tem sua honra violada pela imprensa na resposta do direito da responsabilidade civil, da confiança geral da sociedade que o meio – imprensa – contribui para a harmonia da sociedade e deve ser mantido. Efetivamente, como escrevi,[28] a "confiança é um elemento central da vida em sociedade e, em sentido amplo, é a base da atuação/ação organizada (*geordneten Handelns*) do indivíduo.[29] Segundo

---

a pena privada romana, mas com o instituto dos punitive damages ou exemplary damages do direito norte-americano, cabíveis notadamente nos casos de danos extrapatrimoniais coletivos. De toda a forma, ao fundar o valor da verba na relação entre a necessidade de satisfazer, de um lado, a vítima, e, de outro, impor expisção, sacrifício palpável ao lesante, ultrapassa-se outro dogma, conexo ao do caráter puramente restitutivo da responsabilidade civil, qual seja, a não incidência, na fixação do *quantum*, do dever de proporcionalidade, também dito princípio da proporcionalidade."

25 Assim é também a conclusão de MARTINS-COSTA, Judith, Os danos à pessoa no direito brasileiro e a natureza da sua reparação, in *Roma e America. Diritto Romano Comune*, 10/2000, p. 185: "Parece assim evidente que a tendência, nos diversos ordenamentos, é agregar às funções compensatória – ou simbólicamente compensatória – e punitiva, a função pedagógica, ou de exemplaridade, de crescente importância nos danos provocados massivamente, seja no âmbito das relações de consumo, seja no dano ambiental, ou nos produzidos pelos instrumentos de mass media."

26 No Brasil, até a Constituição Federal assegura um direito de acesso à informação: "Art. 5º, XIV. É assegurado a todos o acesso à informação e resguardado o sigilo da fonte, quando necessário ao exercício profissional." Veja NETTO LÔBO, Paulo Luiz, A informação como direito fundamental do consumidor, in *Revista de Direito do Consumidor*, n. 37, jan./mar. 2001, p. 61 e seg. Veja belo trabalho de Mestrado na UFRGS, de BARBOSA, Fernanda, *A informação como Direito do Consumidor*, PPGDir./UFRGS, Porto Alegre, 2004 (ainda não publicada), p. 29 e seg.

27 Veja sobre o tema bela obra de GRANDINETTI CASTANHO DE CARVALHO, Luis Gustavo, *Direito de Informação e Liberdade de Expressão*, Biblioteca de Teses, Renovar: Rio de Janeiro, 1999, p. 1 e seg.

28 MARQUES, Cláudia Lima, *Confiança no comércio eletrônico e a proteção do consumidor: Um estudo dos negócios jurídicos de consumo no comércio eletrônico*, Editora Revista dos Tribunais, São Paulo, 2004, p. 31 e seg.

29 Citando passagem de Luhmann, assim SCHMIDT-ROST, Reinhard, in *Wörterbuch des Christentums*, Drehsen, Volker (Hrsg.), Zurique, Benziger Verlag, 1988, p. 1322.

Niklas Luhman,[30] em uma sociedade hipercomplexa como a nossa, quando os mecanismos de interação pessoal ou institucional, para assegurar a confiança básica na atuação, não são mais suficientes, pode aparecer uma generalizada 'crise de confiança' na efetividade do próprio Direito. Em outras palavras, o Direito encontra legitimidade justamente no proteger das expectativas[31] legítimas e da confiança (*Vertrauen*) dos indivíduos! "

Zima,[32] ao descrever o conflito entre modernidade e pós-modernidade, afirma que hoje estamos criando um teoria do sujeito novo, um sujeito pós-moderno, fragmentado, de muitos papéis nesta sociedade, mas ainda com uma função central na dialética atual. Assim, em outras palavras, conclua-se com Bruno Miragem que o indivíduo sozinho (aquele que tem sua honra daneada ou violada) não pode ser levado a suportar todos riscos da informação geral, riscos coletivos de manutenção de uma impressa livre e da liberdade de informação e expressão no mercado. Transferir para vítima do abuso de direito esses riscos de toda uma sociedade, riscos profissionais do fornecedor de *mass media*, que visa ao lucro, seria profundamente injusto.[33] Estudar a responsabilidade do meio de comunicação de massa, como o faz Bruno Miragem, é, pois, ajudar a reconstruir a ordem que queremos em nossa sociedade contemporânea.

Destaque-se, por fim, outro ponto alto do presente trabalho, que revisita a cláusula geral de bons costumes. A luz lançada por Bruno Miragem na presente obra sobre esta esquecida cláusula geral dos bons costumes – usada geralmente de forma preconceituosa e atrasada – é impressionantemente renovadora: apenas uma visão pós-moderna e atual das cláusulas gerais e das normas especiais pode alcançar uma efetividade sistemática do novo Direito Privado!

Muitos outros méritos, desse belo e encantador trabalho, poderiam ser aqui destacados, mas nada substitui a sua leitura, que muito

---

30 Assim ensina LUHMANN, Niklas, *Das Recht der Gesellschaft*. Frankfurt: Suhrkamp, 1997, p. 132: "...Man kann in einer komplexeren Gesellschaft leben, in der personale oder interaktionelle Mechanismen der Vertrauenssicherung nicht mehr ausreichen. Damit ist das Recht aber auch anfällig für symbolisch vermittelte Vertrauenskrisen " Também WEINGARTEN, Celia. *La confianza en el sistema jurídico- Contratos y derecho de daños*. Mendonça: Ed. Cuyo, 2002, p. 46, citando outra obra de Luhman (Confianza, Ed. Anthropos, México, 1996), afirma: "la confianza emerge gradalmente en las expectativas de continuidad, que se forman como principios firmes con los que podemos conducir nuestras vidas cotidianas."

31 Assim LUHMANN, *Das Recht der Gesellschaft*, p. 559: "Gerade weil dies so ist und sich mehr und mehr aufdrängt, behalten jedoch normative Erwartungen und deren Absicherung durch das Recht ihre Bedeutung..., dass es im Recht zum Schutz von besonders ausgezeichneten Erwartungen, also um kontrafaktische Stabilisierung von Zufunftprojektionen geht. Es bleibt auch beim Generalprinzip des Vertrauensschutzes für Fälle, in denen man sich auf geltendes Recht veranlassen hatte."

32 ZIMA, Peter V., *Theorie des Subjekts*, Tübingen: UTB-Francke, 2000, p. 193 e seg.

33 Veja exemplo, in NUNES, Rizzato, *O princípio constitucional da dignidade da pessoa humana*, São Paulo: Saraiva, 2002, p. 108.

recomendo. Aprendemos todos um pouco com a visão original desse jovem e talentoso jurista. Em resumo, renovadora e sólida, a presente obra de Bruno Miragem vem abrilhantar a nascente discussão doutrinária sobre o novo Código Civil de 2002 e o necessário diálogo das fontes. Parabenizo o autor por esta excelente contribuição ao tema. Que continue assim!

Claudia Lima Marques

Professora Titular da UFRGS. Doutora em Direito pela Universidade de
Heidelberg e Mestre em Direito pela Univerisdade de Tübingen, Alemanha.
Coordenadora do Programa de Pós-Graduação em Direito da UFRGS, 2000-2004
Diretora da Revista de Direito do Consumidor/RT-Brasilcon

Sumário

Introdução 21

Parte primeira
A LIBERDADE DE IMPRENSA E OS DIREITOS DE PERSONALIDADE 29

Capítulo I – O direito fundamental à liberdade de expressão e a liberdade
de imprensa 32
Seção I – As diversas formas de expressão e seu reconhecimento jurídico 33
1.1. Liberdade de expressão e Estado Democrático de Direito 35
1.1.1. Antecedentes históricos da liberdade de expressão 37
1.1.2. Gênese dos direitos fundamentais e o Estado Democrático de Direito 40
1.2. A natureza dúplice da liberdade de expressão 44
1.2.1. A liberdade de expressão como direito subjetivo público 47
1.2.2. A liberdade de expressão como elemento objetivo do Estado
Democrático de Direito 49
Seção II – Conteúdo jurídico da liberdade de imprensa 53
2.1. A liberdade de informação 58
2.1.1. O direito de informar e o direito à informação 60
2.1.2. O direito à informação verdadeira e o conteúdo do dever de
veracidade 62
2.2. A liberdade de pensamento 63
2.2.1. Conceito e extensão da liberdade de pensamento 67
2.2.2. Limites à liberdade de pensamento 68

Capítulo II – A proteção jurídica da pessoa e os direitos da personalidade . . 71
Seção I – A proteção da pessoa humana como fundamento da ordem jurídica 72
1.1. A formação histórica do conceito jurídico de pessoa 73
1.1.1. A personalidade como atributo jurídico da pessoa 85
1.1.2. O conceito de pessoa no direito brasileiro 87
1.2. As dimensões da proteção da pessoa pelo ordem jurídica 89
1.2.1. A proteção da pessoa no direito público: os direitos fundamentais . 90
1.2.2. A proteção da pessoa no direito privado: os direitos da personalidade 93
Seção II – Os direitos da personalidade 94
2.1. Conteúdo e características dos direitos da personalidade 97
2.1.1. Conteúdo 100
2.1.2. Características 102
2.2. Espécies de direitos da personalidade 106
2.2.1. O direito geral da personalidade 107
2.2.2. Os direitos da personalidade em espécie 109

Parte segunda
A RESPONSABILIDADE CIVIL DA IMPRENSA POR DANO À HONRA NO NOVO CÓDIGO CIVIL 113

Capítulo I – A honra como direito subjetivo da personalidade no novo Código Civil 118
Seção I – Conceito e extensão do direito subjetivo à proteção da honra 123
1.1. Honra e apreço social 131
 1.1.1. Direito à proteção da honra e direito à imagem: convergências e distinções 134
 1.1.2. Honra e respeitabilidade . . . . : . . 138
1.2. O conceito jurídico de honra 140
 1.2.1. A honra subjetiva 145
 1.2.2. A honra objetiva 147
Seção II – O direito à proteção da honra no novo Código Civil 152
2.1. A técnica legislativa do Código Civil no reconhecimento dos direitos da personalidade 154
 2.1.1. Modelo misto: Cláusulas de proteção geral e direitos em espécie . 158
 2.1.2. Formas de proteção dos direitos da personalidade no Código Civil 161
2.2. A proteção jurídica da honra no novo Código Civil 170
 2.2.1. Exegese do artigo 17 171
 2.2.2. Exegese do artigo 20 175

Capítulo II – O dano à honra pela imprensa e sua reparação no novo Código Civil 184
Seção I – A violação do direito à honra pela imprensa e a ofensa da personalidade no Direito Civil 191
1.1. Os pressupostos da responsabilidade civil da imprensa por dano à honra 196
 1.1.1. Conduta ilícita imputável 200
 1.1.2. Dano 210
 1.1.3. Nexo de causalidade 215
1.2. Sistemas de responsabilização: a Lei de Imprensa e o novo Código Civil . 222
 1.2.1. A Lei de Imprensa 228
 1.2.2. O novo Código Civil 231
 1.2.3. Coexistência e especialidade. O diálogo dos sistemas de responsabilização da imprensa 234
Seção II – A violação do direito à honra pela imprensa e a ofensa à personalidade no Direito Civil 241
2.1. Deveres específicos da atividade da imprensa e a proteção da honra no Código Civil 241
 2.1.1. Dever geral de cuidado 244
 2.1.2. Dever de veracidade 250
 2.1.3. Dever de pertinência 256
2.2. O abuso do direito como fundamento da responsabilidade civil da imprensa por dano à honra 261
 2.2.1. Finalidade social da liberdade de imprensa 275
 2.2.2. A boa-fé e o direito difuso à informação verdadeira 278
 2.2.3. A cláusula de bons costumes 283

Considerações finais . . . . : 301

Bibliografia 305

Introdução

De William Shakespeare, em sua célebre peça *Júlio Cesar*, lemos: "Amigos, romanos, cidadãos dêem-me seus ouvidos. Vim para enterrar Cesar, não para louvá-lo. O bem que se faz é enterrado com nossos ossos, que seja assim com Cesar. O nobre Brutus disse a vocês que Cesar era ambicioso. E se é verdade que era, a falta era muito grave, e Cesar pagou por ela com a vida aqui, pelas mãos de Brutus e dos outros. Pois Brutus é um homem honrado, e assim são todos eles, todos homens honrados. Venho para falar no funeral de César. Ele era meu amigo, fiel e justo comigo. Mas Brutus diz que ele era ambicioso. E Brutus é um homem honrado [...]".[1]

Com as palavras do escritor inglês demonstra-se uma das mais conhecidas preocupações do ser humano em todos os tempos, sinal de prestígio, apreço e dignidade: a honra. Da mesma forma, percebem-se as dificuldades inerentes à precisão do conceito e sua extensão, bem como seu paradoxo. E, ao mesmo tempo em que a honra serve à credibilidade, nem sempre esta traduz uma realidade. O Brutus, de Shakespeare, que *era um homem honrado*, seria o mesmo cuja história iria distinguir pelo fato de ter matado Julio Cesar à traição.

O relativismo moral demonstrado por Shakespeare é também o signo do mundo contemporâneo. Ser livre, na pós-modernidade, é desprender-se dos padrões medianos, ressaltar sua conduta ou imagem por feitos que tanto podem impressionar pelo valor que possuem, quanto pelo excêntrico que assinalam. Ao mesmo tempo, vivemos em tempo que as imagens indicam mensagens por si mesmas, sem que exista a necessidade, ou por vezes a possibilidade de serem explicadas para além dos sinais efêmeros que causam a boa impressão.

No direito, desde os questionamentos sobre os acertos das normas impostas, ou a razão de ser de determinados institutos jurídicos, sobre tudo se pretende relativização, acerca de qualquer coisa admite-se divergir. Conforme refere Gary Minda, o direito contemporâneo caracteriza-se, dentre outros aspectos, pelo fato de a linguagem atual-

---

[1] SHAKESPEARE, William. *Complete works of William Shakespeare:* the complete works. New York: Random, 1991 (tradução livre do autor).

Responsabilidade Civil da Imprensa por Dano à Honra

mente ser observada por muitos como algo a ser social e culturalmente construído e, logo, permitindo um número significativo de interpretações, o direito, como ciência que se apóia em grande medida na linguagem, observa enorme dificuldade para consagrar assente um determinado elemento de conhecimento objetivo.[2] Entretanto, é do direito que surgem ou se afirmam os grandes *standards* de conduta, a reafirmação de um mínimo de valores que traduz a essência de humanidade pertencente a cada um, o que nos tempos atuais reconhecemos nos *direitos humanos*.[3] E a partir do reconhecimento dos direitos humanos, o ordenamento jurídico investe-se de sua mais alta missão entre nós, a proteção da pessoa humana em sua integridade física e moral, que positivada na Constituição passa a ser reconhecida a partir do princípio da dignidade da pessoa humana.

A cultura jurídica de proteção dos direitos humanos, e do princípio da dignidade da pessoa humana, é assumida com tal intensidade, que sua proteção não vai restringir-se às fronteiras do direito público, província a que estavam adstritos os direitos do homem desde sua origem conceitual, na segunda metade do século XVIII. Em direito interno, ao mesmo tempo, todos os sistemas normativos passam a se articular em um só sentido, a partir do eixo valorativo da Constituição, cujo objeto principal de tutela se traduz, justamente, na dignidade da pessoa humana como valor objetivo[4] a ser protegido e, mais ainda, promovido pelo Direito e pelo Estado.

Para a operacionalização desse valor ético-jurídico, então, desenvolveu-se a disciplina dos direitos fundamentais, cuja tradução em direito privado têm-se os direitos da personalidade[5] – mais uma distinção terminológica do que teleológica[6] – como elementos constituti-

---

[2] Minda, Gary. *Postmodern legal movements. Law and jurisprudence at century's end*. New York: New York University Press, 1995, p. 225.

[3] JAYME, Erik. Identité culturelle et integration: le droit international privé postmodern. *Recueil des Cours*, Haye, v.251, p. 9-268, 1995, p. 36.

[4] PERLINGIERI, Pietro. *La personalità umana nell'ordinamento giuridico*. Camerino: Jovene, 1972, p. 15.

[5] A respeito, veja-se sobre as relações entre os conceitos: KAYSER, Pierre. Les droits de la personnalité: aspects théoriques et pratiques. *Revue Trimestrelle de Droit Civil*, Paris, v.69, p. 445-509, 1971.

[6] A distinção entre direitos humanos, direitos fundamentais e direito da personalidade, entendemos, pode ser examinado sob distintas perspectivas. Adotamos, entretanto, classificação pela qual os direitos humanos, reconhecidos desde suas fontes internacionais, têm um caráter amplo, de garantia a pléiade de interesses, nos diversos domínios do direito, no qual se traduz pela realização de um regime de garantias e liberdades ao ser humano. Os direitos fundamentais traduzem-se por aqueles direitos reconhecidos no ordenamento jurídico de um determinado país, como regime de liberdades e garantias dotado de coercitividade do Estado, a partir de sua previsão da norma fundamental do Estado. Ao passo que os direitos da personalidade adotam terminologia tradicionalmente reconhecida pelo direito privado, no domínio do reconhecimento de determinados direitos, bem como sua eficácia, pela disciplina jurídica de direito privado, em consideração à proteção da pessoa.

vos da proteção integral da pessoa humana.[7] O direito brasileiro, a partir da promulgação da Constituição da República de 1988, e da incorporação em seu texto de valores essenciais de proteção da pessoa humana, experimentou evolução das mais significativas nesta matéria, sobretudo em razão da sólida reflexão e aplicação de suas normas pelo Poder Judiciário, o qual vem desenvolvendo novas soluções para os problemas decorrentes da vida de relações.

Nesse instante, pois, é que a disciplina da responsabilidade civil, tradicionalmente vinculada à proteção dos interesses econômicos individuais, revela-se uma ferramenta de enorme repercussão para dar vida às diretrizes consagradas pelas normas constitucionais. O reconhecimento definitivo do dano moral pela cortes brasileiras, a partir de expressa disposição constitucional, vem acompanhado de uma transformação cultural da sociedade. Em ritmo crescente, a noções de integridade pessoal e de honra, deixaram de ser um conceito afeto à moral, substrato de máximas dos costumes, e que elevavam ao máximo a reação à ofensa, para ingressar definitivamente no cotidiano dos tribunais. Há um célebre dito popular lusitano e brasileiro que refere: *"homem honrado, antes morto que injuriado"*. De alguma maneira, reflete a resposta que por muito tempo foi a regra na solução das ofensas à honra. Não faz muito, em nossa tradição jurídica, que a figura do *duelo*,[8] ou até bem pouco tempo, da *legítima defesa*, eram reconhecidos como argumentos válidos para que aquele que se considerasse ofendido, resolvesse por si o agravo, colocando sua própria vida em risco, com vista a obter a vida do outro.

Em questões atinentes à convivência em sociedade, a resposta é sempre a expressão do seu tempo. E o tempo atual é o de revalorização dos direitos humanos. Trata-se de uma resposta ao mesmo tempo jurídica e ética, uma *ética da necessidade*,[9] à medida que se traduz como elemento de convergência dos valores comuns a todos. Nesse contexto, o respeito à honra individual, antes de um direito fundamental, traduz-se como um dever fundamental, oponível a todos, como condição para uma vida segura em comunidade.

O direito protege a honra em vários âmbitos. A honra familiar, cuja ofensa pode determinar a própria desconstituição do matrimônio, a honra militar ou de categorias profissionais – protegidas pela disciplina – são exemplos interessantes e bastante antigos.[10] Mas também não é de hoje que o direito endereça proteção à honra individual,

---

[7] TEPEDINO, Gustavo. A tutela da personalidade no ordenamento civil-constitucional brasileiro. *Temas de direito civil*. Rio de Janeiro: Renovar, 1999, p. 44.

[8] A respeito, veja-se: BEIGNIER, Bernard. *Lhonneur et le droit*. Paris: LGDJ, 1995, p. 597 et seq.

[9] No sentido que a pretende Gregorio Robles. *Los derechos fundamentales y la etica en la sociedad actual*. Madrid: Civitas, 1992, p. 183.

[10] BEIGNIER, op. cit., p. 371 et seq.

tomada sempre em sentido dúplice de dignidade pessoal e estima por si mesmo e, por outro lado, na consideração social que todo o ser humano tem direito de gozar, como decorrência de sua humanidade.

Atualmente, contudo, as relações sociais, que antes se restringiam a círculos próximos, inclusive em termos de distância, tornaram-se múltiplas, entre outras razões, em face do que se conhece como *revolução das comunicações*, e o surgimento de uma sociedade de comunicação.[11] O elogio ou a ofensa, os assuntos privados e públicos, a dor e a alegria, alternam-se, em tempo real, e em um mesmo ambiente, ao alcance de todos. Os órgãos de comunicação social, ao mesmo tempo, converteram-se em importantes instrumentos de controle do poder político, cujo sucesso nesta missão é de tal monta, que as críticas contemporâneas postulam exatamente a assunção do controle – agora pelo poder político – do denominado poder da mídia.[12]

Esse debate, entretanto, é solo fértil para maniqueísmos de ambos as lados. De um lado, os detentores do poder político – ou os aspirantes a tal feito – desejando influenciar a atividade dos órgãos de comunicação social e, por conseguinte, diminuir-lhes o poder de pressão. De outro, os órgãos de comunicação social, utilizando-se do argumento mais célebre, de que estariam convertidos em fiscais da sociedade sobre o poder. Ambas são versões parciais e, portanto, insuficientes para qualquer resposta precisa. Até porque, a rigor, trata-se de uma questão para a qual não há de ter, necessariamente, *uma* resposta. A disputa entre grupos de pressão é da essência do regime pluralista e democrático que caracteriza, em nosso ordenamento jurídico, o Estado Democrático de Direito, consagrado pela Constituição da República.[13]

---

[11] Como conseqüência deste fenômeno, contudo, considere-se o fato, apontado por Leclerc, de que a tal amplitude e liberdade dos meios, ao mesmo tempo em que permitem o fluxo contínuo e ilimitado de informações, corrobora para erosão dos valores sociais consensuais. Assim refere o autor: "(...) na ausência de barreiras físicas (distância, estado arcaico dos sistemas de comunicação) e institucionais, os discursos e enunciados, qualquer que seja a sua natureza, circulam livremente na sociedade, ou seja, são livremente emitidos/recebidos, lidos, ouvidos/vistos sem entraves por consumidores, por um público de ouvintes, de leitores, de telespectadores. Admitamos, por hipótese, que todo o tipo de discurso (dogmas religiosos, ideologias, formas culturais, opiniões, informações) circulam livremente no seio da opinião pública, e podem desta forma contaminar o espírito colectivo, o corpo social, espalhar-se de forma contagiosa como uma epidemia (...) Os dois grandes mecanismos de distorção do mercado dos enunciados, da livre circulação dos discursos são a censura e a propaganda. A censura e a propaganda são as duas formas que os poderes têm de tentar fazer em seu proveito um monopólio de difusão dos discursos culturais e informacionais (saberes, ideologias, notícias), e através destes influenciar os discursos sociais (opinião pública, rumores, conversas privadas)". LECLERC, Gérard. *A sociedade de comunicação*. Uma abordagem sociológica e crítica. Lisboa: Instituto Piaget, 2000, p. 87-88.

[12] LECLERC, op. cit., p. 89.

[13] Assim consigna a Constituição da República, em seu artigo 1°, inciso V, o pluralismo político, como um dos fundamentos do Estado Democrático de Direito.

Esta discussão não se confunde, entretanto, com a necessidade de que sejam estabelecidas, em relação à atuação dos órgãos de comunicação social, formas de proteção efetiva dos direitos fundamentais da pessoa, dentre os quais, a honra.

A tradição legislativa brasileira em termos de regulação da atividade da imprensa revela que durante quase toda sua existência como país independente, o Brasil teve normas específicas acerca da responsabilidade penal e civil daqueles que exercem a atividade da imprensa no país. Nem por isso foram evitadas diversas situações em que os direitos individuais dos protagonistas de informações divulgadas para o público fossem violados, nem tampouco que distintos governos de ímpeto autoritário pudessem fazer uso das mesmas leis para calar os órgãos de comunicação que lhe faziam oposição, quando não os colocando a seu serviço. O fato é que a proteção da imprensa, ou ao contrário, os condicionamentos de sua atuação, não passam necessariamente por leis específicas que lhe determinem uma situação jurídica peculiar.

O ordenamento jurídico, a partir da Constituição, pontifica qual o regime jurídico da imprensa: ampla liberdade, conformada pelos critérios que a própria Constituição elege para a proteção da pessoa humana e o respeito à função social dos órgãos de comunicação, como órgãos de difusão de informações de interesse público, bem como fórum de debates dos assuntos da vida comunitária.[14] Este é o sentido que assume a atual Carta Política em seu artigo 220, *caput*, e em seu parágrafo primeiro.

O regime indicado por nossa ordem constitucional, entretanto, apenas se efetiva, uma vez articulado com as normas de direito ordinário aptas a realizar a proteção jurídica indicada na Constituição. No caso do direito privado, o instituto da responsabilidade civil é, por excelência, o que melhor se amolda a esse fim, especialmente para o reconhecimento, por via judicial, das pretensões decorrentes da ofensa aos direitos da pessoa, bem como a especialização da proteção indicada pelo constituinte.[15]

Daí o por que, estando a jurisprudência desenvolvendo importantes soluções para a proteção dos direitos da personalidade sob a vigência da Constituição de 1988, recentemente entre nós foi promulgado, e encontra-se em plena vigência, o novo Código Civil, cuja tramitação remete à década de 1970. Ocorre, entretanto, que o novo Código dispôs expressamente, em seus artigos 11 a 21, acerca da

---

14 A respeito, veja-se: LORETTI, Damián M. *El derecho a la información.* relación entre medios, público y periodistas. Buenos Aires: Paidós, 1995, p. 28-32.

15 Neste sentido é o comentário de Karl Larenz, em relação ao § 823 do BGB. LARENZ, Karl. El derecho general de la personalidad en la jurisprudencia alemana. *Revista de Derecho Privado*, Madrid, v.47, p. 639-645, 1963.

Responsabilidade Civil da Imprensa por Dano à Honra

disciplina dos direitos da personalidade. Ao mesmo tempo, renovou, no âmbito do direito civil legislado, o instituto da responsabilidade civil, permitindo, por intermédio de cláusulas gerais, a implementação de soluções para questões cada vez mais intrincadas da sociedade contemporânea.

Esse estudo pretende ser, nesse aspecto, uma contribuição tópica para o desenvolvimento das soluções previstas no Código Civil. Dentre os diversos interesses da pessoa, protegidos sob o princípio da dignidade da pessoa humana, interessa-nos o direito à honra. Assim como, dentre as diversas formas em que se pode identificar sua ofensa, examinamos apenas aquelas em que a honra se vê ofendida pelo exercício da liberdade de imprensa, quando este desborda da sua função constitucional.

Não se trata ao mesmo tempo de um estudo parcial. A investigação científica requer do estudioso, sempre, uma atitude de livre pensar. Assim é que o presente estudo, sobre a responsabilidade civil da imprensa por dano à honra frente ao novo Código Civil, dedica-se a examinar uma realidade dada – representada pelas centenas de julgados dos diversos tribunais do país –, apresentar algumas das possibilidades oferecidas pela nova codificação, bem como as possibilidades de sua aplicação em face da existência da legislação especial que regula a atividade de imprensa, Lei n° 5.250, de 09 de fevereiro de 1967. A mencionada lei, entretanto, vem tendo sua aplicação cada vez mais restringida pela jurisprudência, em face do seu contraste com a nova ordem constitucional erigida a partir de 1988. Nesse caso, parece-nos que o novo Código Civil oferece novas respostas para a solução de inúmeros problemas decorrentes da não-recepção, pela Constituição, das normas ordinárias anteriores que regulavam a atividade da imprensa.

O presente estudo divide-se, então, em duas partes. A primeira, dando conta da configuração e dos fundamentos da liberdade de imprensa sob o Estado Democrático de Direito contemporâneo, bem como sob a égide dessa mesma configuração institucional, a configuração do estágio atual de proteção integral da pessoa, através do reconhecimento dos direitos da personalidade. Na segunda parte, então, nos ocupamos do exame pormenorizado do direito à honra, identificando as hipóteses de sua lesão, bem como o seu regime de proteção em direito brasileiro, pela aplicação das disposições do novo Código Civil – especialmente os artigos 17 e 20. Faz-se a partir daí, um necessário exame das hipóteses da ofensa à honra decorrentes da atividade da imprensa, assim como, ao final, examina-se uma nova solução possível em face do novo Código Civil. Trata-se da aplicação, no domínio da responsabilidade civil, do seu artigo 187, o qual introduz em nosso direito legislado, de modo expresso, a cláusula geral do abuso do direito, determinando os limites indicados pelo ordenamento para o exercício dos direitos subjetivos.

O exame destas questões busca encontrar soluções tais que, retomando a célebre passagem de Shakespeare, não seja Brutus considerado – pelo desconhecimento geral sobre sua fealdade – um homem honrado, nem possa César, morto, ser injuriado.

Parte Primeira

A LIBERDADE DE IMPRENSA E OS DIREITOS DA PERSONALIDADE

A sociedade contemporânea observa a multiplicação dos meios de difusão da informação em uma velocidade incomparável. O fenômeno revela-se através da expansão dos meios técnicos de difusão do pensamento, resultado típico do avanço tecnológico dos últimos sessenta anos, sem precedentes na história da civilização.[16]

Manuel Castells, debruçando-se sobre o tema, nota que "a revolução da tecnologia da informação e a reestruturação do capitalismo introduziram uma nova forma de sociedade, a sociedade em rede. Essa sociedade é caracterizada pela globalização das atividades econômicas decisivas do ponto de vista estratégico; por sua forma de organização em redes; pela flexibilidade e instabilidade do emprego e a individualização da mão-de-obra; por uma cultura de virtualidade real construída a partir de um sistema de mídia onipresente, interligado e altamente diversificado".[17]

Esta realidade determinou a modificação do comportamento humano frente às novas formas de expressão e, da mesma forma, a discussão quanto à correção das informações difundidas, e seu potencial na formação da opinião pública. Ao mesmo tempo, é conhecida a influência que tais circunstâncias determinam nos diversos âmbitos da vida social, como por exemplo, na política.[18]

---

[16] Assim, o reconhecido estudo de HOBSBAWN, Eric. *A era dos extremos:* o breve século XX (1914-1991).São Paulo: Companhia das Letras, 1996.

[17] CASTELLS, Manuel. *A era da informação: economia, sociedade e cultura* o poder da identidade. 2. ed. São Paulo: Paz e Terra, 2000, v.2, p. 17.

[18] Kepplinger, por exemplo, vai demonstrar, em estudo sobre os efeitos que a divulgação de irregularidades cometidas por agentes políticos produzem na mídia. Sustenta que, de 1972 a 1991, a maioria das alterações importantes da opinião pública norte-americana estiveram relacionados a fatos associados com questões de relações exteriores do país, e a cobertura que lhes dedicaram os meios de comunicação de massa. Do mesmo modo, em relação à cobertura dos meios de comuicação de massa sobre o envolvimento de religiosos em escândalos, entre 1987 e 1988, o que fez diminuir o presença fiéis nas cerimônias públicas, sem entretanto comprometer a audiência dos programas religiosos de televisão. (KEPPLINGER, Hans-Mathias. Escândalos e desencantos frente à política. In: THESING, Josef; PRIESS, Frank. *Globalización, democracia y medios de comunicación.* Buenos Aires: Konrad Adenauer, 1999, p. 122).Em outro sentido temos, no Brasil, o famoso episódio em que o então Ministro da Fazenda, Rubens Ricúpero, em 1994, divulgou a um jornalista, sem saber que o programa estava sendo transmitido através de sinal

Em verdade, observa-se com o surgimento de diferentes meios tecnológicos de expressão da informação, que a confiança da comunidade quanto à correção do divulgado se dá mais em razão do meio pelo qual são transmitidas do que por um juízo sobre o seu conteúdo. Trata-se da confirmação de uma célebre afirmação de McLuhan, em meados do século XX, quando afirmou que "o meio é a mensagem".[19] Bem entendida esta afirmação em face de que "as conseqüências sociais e pessoais de qualquer meio – ou seja, de qualquer uma das extensões de nós mesmos – constituem o resultado do novo estalão introduzido em nossas vidas por uma nova tecnologia, ou extensão de nós mesmos".[20]

A relação do indivíduo com os meios de comunicação, de outro modo, demonstra também uma espécie de ressentimento quanto à confiabilidade do conteúdo das informações veiculadas, sem contudo colocar a si como elemento passível de ser confundido ou enganado. Trata-se do que se convencionou denominar de *efeito terceira pessoa*, pelo qual as pessoas inclinam-se em considerar que os meios de comunicação exercem maior influência sobre a opinião dos outros do que sobre elas mesmas.[21]

Segundo Brosius e Engel, esse efeito se verifica sobretudo nas classes de elite de uma determinada comunidade, que se julgando conscientes da possibilidade de manipulação de informações pelos meios de comunicação social, deixam de considerar ou perceber a hipótese de submeterem-se eles próprios às práticas que identificam e condenam.[22]

Essas circunstâncias implicam profundas alterações na compreensão de questões que há séculos são objeto de reflexão pelo pen-

---

aberto, que o governo apresentava posições distintas publicamente, do que de fato entendia, em relação à situação econômica do país. Tal se dava em razão da proximidade das eleições, em que a candidatura favorita era a daquele considerado como o criador de um plano econômico de estabilização da economia, o *"Plano Real"*. Sobre o tema, Niklas Luhmann identificou que, ainda que tenha ocorrido a divulgação da falsidade, dando relevo à distinção entre a informação pública e as verdadeiras intenções do agente público que a divulga, não se observou nenhum abalo na confiança dos eleitores em relação à candidatura do governo. Explica, então, que tal reação se dá pelo fato de não se esperar que a verdade faça sua aparição no plano da comunicação pública, senão no âmbito privado. LUHMANN, Niklas. *La realidad de los medios de masas*. México: Anthropos, 2000, p. 63-65.

[19] MCLUHAN, Marshall. *Os meios de comunicação como extensões do homem*. 11.ed. São Paulo: Cultrix, 2001, p. 21. Segundo o autor: *"numa cultura como a nossa há muito acostumada a dividir e estilhaçar todas as coisas como meio de controlá-las, não deixa, às vezes, de ser um tanto chocante lembrar que, para efeitos práticos e operacionais, o meio é a mensagem"*.

[20] Ibidem, p. 21.

[21] Identificou o fenômeno: DAVISON, W. Phillips. The third-person effect in comunication. *Public Opinion Quarterly*, v. 47, p. 1-15.

[22] BROSIUS, Hans-Bernd; ENGEL, Dirk. Es possible que los medios de comunicación influencien a los demás, pero no logran hacerlo conmigo: las causas del efecto tercera persona. In: THESING, Josef; PRIESS, Frank. *Globalización, democracia y medios de comunicación*. Buenos Aires: Konrad Adenauer, 1999, p. 165-166.

samento social, e também pelo direito. A dificuldade de separação entre o que se há de considerar público ou privado é uma delas. A primeira noção desta dicotomia se deu em relação ao domínio do poder político institucionalizado pelo Estado, indicando o domínio das relações pessoais e da atividade econômica mais afetas ao espaço privado. Com as transformações sociais das últimas décadas, a definição entre o público e o privado passa a variar segundo a posição do marco divisório entre eles, resultando no sucessivo avanço e retrocesso do pêndulo que distingue toda a sorte de relações da vida, mas expondo à esfera de domínio comum, sem maiores restrições, espaços até então reservados à esfera privada do indivíduo.

Entretanto, ao mesmo tempo em que essa realidade da vida é reconhecida como um fato, merecendo atenção e a respectiva regulação jurídica, surge igualmente a compreensão contemporânea de que todos os bens da vida reconhecidos pelo direito devem sê-lo em razão da pessoa humana. Nesse sentido a consideração de Miguel Reale, para quem a pessoa humana constitui-se, a partir da segunda metade do século passado, como valor-fonte do direito contemporâneo.[23] Daí por que ela, dotada de autonomia e valor em si mesma,[24] passa assim a ser reconhecida pelo direito.

Em que pese a constatação contemporânea de uma crise de valores ou concepções de mundo, determinante de uma espécie de relativismo moral,[25] no direito o elemento de justificação conceitual de sua própria existência tem sido identificado com a proteção da pessoa humana, por intermédio dos direitos fundamentais.[26] Esta concepção, de sua vez, passa a ser associada ao significado do conceito ético-jurídico de bem comum.[27]

Nessa primeira parte, pretende-se definir e caracterizar, considerando o objetivo de examinar a responsabilidade civil da imprensa por danos à honra, o conteúdo e as características do direito fundamental à liberdade de expressão, e seu exercício concreto pelos órgãos de comunicação social. E, por conseguinte, as linhas gerais para a compreensão dos direitos da personalidade, e sua conformação como técnica de proteção jurídica maior da pessoa em direito privado.

---

[23] REALE, Miguel. *A nova fase do direito moderno*. 2. ed. São Paulo: Saraiva, 1998, p. 59 et seq. No mesmo sentido: CASTAN TOBEÑAS, José. *Los derechos del hombre*. 2. ed. Madrid: Reus, 1976, p. 64-65.

[24] TRIGEAUD, Jean-Marc. La persone. *Archives de Philosophie du Droit*, Paris, v. 34, p. 103-121, 1989.

[25] BAUMAN, Zygmunt. *O mal-estar da pós-modernidade*. Rio de Janeiro: Jorge Zahar, 1998, p. 110-111.

[26] ROBLES. *Los derechos fundamentales...*, p. 25 et seq.

[27] Assim CASTAN TOBEÑAS, op. cit., p. 71-77.

Capítulo I

O DIREITO FUNDAMENTAL À LIBERDADE DE EXPRESSÃO E A LIBERDADE DE IMPRENSA

A virtude do regime democrático, como forma de organização política da sociedade, observa, no mundo ocidental, tendência ao consenso. Ciente quanto a suas eventuais imperfeições, é dominante a percepção de que a democracia é o regime político que melhor consagra os interesses da comunidade política. E, em que pesem as dificuldades eventuais de sua definição conceitual,[28] é assente que seu significado se vincula à possibilidade de livre competição entre distintas concepções políticas, através da garantia da possibilidade de dissentir publicamente.[29]

Daí por que a moderna concepção de democracia surgirá associada necessariamente ao direito de livre expressão reconhecido ao ser humano. A democracia, essencialmente, vai se caracterizar como o regime político assecuratório da participação do povo.[30] E a participação do povo, antes de restringir-se ao mero acesso a mecanismos institucionais de representação política ou mesmo de participação direta, significará o acesso efetivo no conhecimento das informações sobre as atividades do Estado e quaisquer outras que digam respeito ao interesse da comunidade.

A liberdade de expressão envolve ou relaciona-se com uma série de outras liberdades reconhecidas ao ser humano, como a liberdade de consciência, a liberdade de cátedra ou a liberdade de associação. E possui uma dupla face, indicando a faculdade individual de cada ser humano livremente exteriorizar seus pensamentos, bem como assentir ou não em conhecer o pensamento de outrem.[31]

---

[28] Neste sentido, refere: BARZOTTO, Luis Fernando. *A democracia na Constituição*. São Leopoldo: Unisinos, 2003, p. 9-22.

[29] ARON, Raymond. *Democracia y totalitarismo*. Barcelona: Seix Barral, 1968, p. 32.

[30] A rigor, segundo Bobbio, três as tradições que confluem para a concepção de democracia: a) a teoria clássica, de matriz aristotélica, e que se apoiava no conceito de cidadania; b) a teoria medieval (de origem romana), apoiada na noção de soberania popular; c) a teoria moderna, que funde as noções de democracia e República. Em todas elas, necessária a figura da participação popular. Neste sentido: BOBBIO, Norberto; MANTEUCCI, Nicola; PASQUINO, Gianfranco. *Dicionário de política*. 9. ed. Brasília: Editora da UnB, 1997, p. 319-20.

[31] Assim MORANGE, Jean. La protection constitutionelle et civile de la liberté d'expression. *Revue internationale de droit comparé*, n. 2, p. 771-787, avr./juin. 1990. No mesmo sentido, sob a

A partir dessas considerações, podemos definir a liberdade de expressão através do modo como se dá o seu reconhecimento jurídico e, no que se refere à expressão de informações ou pensamentos através de meios de comunicação social, a liberdade de imprensa, a partir do exame do seu conteúdo e finalidade, em especial sob a égide do ordenamento jurídico brasileiro.

Seção I
As diversas formas de expressão e seu reconhecimento jurídico

São divergentes os entendimentos sobre a identidade entre si, dos direitos de expressão, e de comunicação ou informação. Demonstra Castanho de Carvalho, em sua tese de doutoramento, que sob o rótulo de direito à informação, ou de outro modo, sob o conceito de liberdade de expressão, muitos doutrinadores indicarão tanto o direito de informação, quanto à possibilidade de expressão do conteúdo do pensamento.[32]

Em grande medida, a divergência é motivada pela própria ausência na reflexão sobre o tema, da consideração sobre um dever jurídico genérico de expressar a verdade. E isto, mesmo em face da dificuldade de evidenciar a própria existência dela em tempos de pós-modernidade, uma vez que os valores que inspiram as reflexões jurídicas, políticas e sociais da atualidade inclinam-se, claramente, para a aceitação do pluralismo e da diversidade.[33]

A perda de elementos comuns, consensuais, de referência, determina o fracionamento do conhecimento, ao mesmo tempo em que fomenta a dificuldade de um acordo que permita identificar objetos de assentimento comum.[34] Ao mesmo tempo a progressão geométrica do número de informações geradas, combinado ao caráter estático do

---

ótica do direito norte-americano: KONVITZ, Milton. *Libertades fundamentales de un pueblo libre*. Buenos Aires: Bibliografica Omeba, em especial p. 137-152.

[32] CASTANHO DE CARVALHO, Luiz Gustavo Grandinetti. *Direito de informação e liberdade de expressão*. Rio de Janeiro: Renovar, 1999, p. 21-26.

[33] Segundo Heller e Fehér, "a condição política pós-moderna se baseia na aceitação da pluralidade de culturas e discursos. O pluralismo (de vários tipos) está implícito na pós-modernidade como projeto. O colapso da grande nartrativa é um convite direto à coabitação entre várias pequenas narrativas (locais, culturais, étnicas, religiosas, ideológicas)". HELLER, Agnes; FEHÉR, Ferenc. *A condição política da pós-modernidade*. Rio de Janeiro: Civilização Brasileira, 1998, p. 16.

[34] MIRAGEM, Bruno Nubens Barbosa. A liberdade de expressão e o direito de crítica pública. *Revista da Faculdade de Direito da UFRGS*, Porto Alegre, n. 22, p. 8-30, set. 2002. Para visão mais aprofundada do fenômeno: LYOTARD, Jean François. *A condição pós-moderna*. Tradução Rodrigo Corrêa Barbosa. São Paulo: José Olympio, 2000, p. 40 et seq.

tempo, contribui para o que Cláudia Lima Marques identifica como *"desconstrução de verdades pós-modernas"*.[35]

A possibilidade de expressão do conhecimento, de presumível caráter objetivo, e as convicções subjetivas do seu autor, no entanto, não deixam de se confundir em alguma medida. Isso porque não se admite na compreensão contemporânea do conhecimento e da hermenêutica que mesmo a simples narração de um fato da realidade, localizado cronologicamente no passado, possa ser feita sem que se lhe atribua um valor específico. Em outros termos, a narração de um acontecimento vai significar a atribuição ao mesmo, pelo narrador, de um valor expresso ou implícito.[36] No caso da atividade dos meios de comunicação, ainda que haja a intenção sincera de sustentar uma versão neutra sobre um fato passado, a própria declaração de neutralidade vai caracterizar-se como uma posição subjetiva do autor da notícia. Daí por que a doutrina especializada na área de comunicação seja tranqüila em identificar que a atividade da imprensa não se constitui num *discurso da realidade*, mas sim *sobre a realidade*.[37]

No plano político, a liberdade de expressão constitui o fundamento jurídico para divulgação e acesso a informações e argumentos do debate público. A regra, nesse caso, é de que não há nada secreto no Estado democrático, senão que todas as informações devem ser levadas ao conhecimento da comunidade, exceto quando sua omissão disser com a preservação da segurança, em que se poderá admitir a reserva de certos dados enquanto se apresentar a situação de fato que determine esta necessidade. Ou seja, no Estado democrático o caráter público é a regra, e o segredo a exceção, que se justifica apenas em circunstâncias específicas e predeterminadas pelo direito.[38] A medida restritiva, desse modo, só vai se justificar quando adotada com o

---

[35] MARQUES, Cláudia Lima. A crise científica do direito na pós-modernidade. *Arquivos do Ministério da Justiça*, v. 50, jan./jun. 1998, p. 49.

[36] Segundo Paul Ricouer, inspirado em Husserl, que o sujeito idealista, encerrado em suas significações, dá lugar a um ser vivo que tem por horizonte o mundo. Neste sentido, afirma que "se encontra um campo de significações anterior à constituição de uma natureza matematizada, tal como a representamos desde Galileu, – um campo de significações anterior à objetividade, há o horizonte do mundo; antes do sujeito da teoria do conhecimento há a vida operante, a que Husserl chama algumas vezes anônima, não que volte através deste desvio a um sujeito impessoal kantiano, mas porque o sujeito que tem objetos é ele próprio derivado da vida operante". RICOEUR, Paul. *O conflito das interpretações*. Porto: Rés, s,d, p. 11 et seq.

[37] MORETZSOHN, Sylvia. Profissionalismo e objetividade: o jornalismo na contramão da política. In: MOTA, Luiz Gonzaga (Org.). *Imprensa e poder*. Brasília: Editora UnB, 2002, p. 199:216. No mesmo sentido SACLISE, Antonino. *Brevi reflessioni su la libertá di cronaca ed il valore della persona umana. Il diritto di famiglia e della persone*, p. 1359-1395 apud CASTANHO DE CARVALHO. *Direito de informação...*, p. 23.

[38] NATALE, M. *Catechismo repubblicano per l'istruzzione del popoloe la rovina di tiranni*. Vico Equense, 1978. *apud* BOBBIO, Norberto. *O futuro da democracia*. 7. ed. São Paulo: Paz e Terra, 2000, p. 100.

fim de evitar dano certo, decorrente da divulgação de determinada informação.

Sob a perspectiva jurídica, a liberdade de expressão, que se situa dentre os denominados direitos humanos de primeira geração, e cujo o conceito e extensão nos propomos a examinar na primeira parte desse estudo, não se configura como ato arbitrário do titular do direito. O direito contemporâneo reconhece a proteção da pessoa humana em relação à sua exposição ao público como um direito fundamental, que se caracteriza pelo gozo e exercício *exclusivo* do titular do direito de proteção, e *excludente* dos demais.[39]

Nesse ponto situa-se a finalidade do direito, com o objetivo de delimitar o conteúdo e a extensão da liberdade, os quais servem de limite ao exercício do direito subjetivo em face da proteção da pessoa. Observada *a contrario sensu*, pode-se também afirmar que o conteúdo da liberdade de expressão vai se definir a partir da extensão reconhecida à proteção da pessoa, disciplinada no direito público sob a categoria dos direitos fundamentais e, no direito privado, sob a terminologia dos direitos da personalidade. Ambos, entretanto, em que pese a distinção terminológica, expressarão uma mesma esfera de proteção da pessoa humana, informados por idênticos valores e princípios jurídicos, dentre os quais vai avultar com maior significado, o princípio da dignidade da pessoa humana, entre nós expresso no artigo 1°, inciso III, da Constituição da República.

1.1 Liberdade de expressão e Estado Democrático de Direito

Os vínculos entre a liberdade de expressão e o Estado Democrático de Direito[40] são notórios. É possível, inclusive, observar entre

---

[39] A consideração dos direitos de proteção da pessoa como exclusivos e excludentes, temos em PONTES DE MIRANDA, Francisco Cavalcante. *Tratado de direito privado.* São Paulo: RT, 1973, v.8, p. 5-7.

[40] A disputa terminológica que envolve a expressão *Estado de Direito* determina que, para muitos, este seja reconhecido para designar a forma de Estado sob influxo liberal-burguês, em que as liberdades negativas, oponíveis em relação ao Estado, fossem seu elemento nuclear de atribuição de significado. do Estado submetido ao Direito. Daí por que ter surgido uma segunda designação *Estado Democrático de Direito*, para designar o tipo de Estado que, além de sua submissão ao Direito, assegura a participação política do povo, indicando um sentido de legitimidade do poder. Neste sentido noticia Gomes Canotilho sobre a polêmica, na Alemanha entre os conceitos de *Demokratie* e *Rechtstaat*. O mesmo autor vai defender então, a expressão *Estado Constitucional Democrático*, indicando que este é mais do que *Estado de Direito*, tendo o elemento democrático, mais do que a missão de travar o poder, o fim de sua legitimação do exercício do poder político CANOTILHO, J.J. Gomes. *Direito constitucional e teoria da Constituição.* 2. ed. Coimbra: Almedina, 1998, p. 92-94. Nós, entretanto, utilizaremos a expressão *Estado Democrático de Direito*, antes de qualquer outro argumento, em razão desta ser a expressão consagrada em nossa ordem constitucional vigente, considerando-o como um Estado submetido ao direito e devendo contar com um regime democrático do exercício do poder político.

ambos uma relação de interdependência de sentido, não se tendo notícia de experiência que reconheça a existência de um sem o outro.

Segundo Pontes de Miranda, a liberdade humana é um fato, e como tal entra no mundo jurídico.[41] Defrontar-se com esta realidade, que se confunde com a própria essência da definição de direito desde o princípio da tradição jurídica ocidental, é a questão elementar que desafia os juristas no que refere à fundamentação dos direitos humanos.

Atualmente, a referência necessária aos direitos humanos realiza-se através de sua identificação como espécies de poderes-deveres que a humanidade determina a si própria. Surgem da necessidade do reconhecimento de determinadas necessidades humanas, dentre as quais avulta a de fruir de uma vida segura. Ao mesmo tempo, dá origem a deveres reconhecidos e imputáveis a todos, sendo indicado o poder de exigência aos mesmos indivíduos, com o objetivo de impelir seu cumprimento.

Segundo a aguda lição de Sérgio Resende de Barros, "não há direito de exigir, sem obrigação de cumprir. *Obligatio et jus sunt correlata*. Dessa maneira, na origem primária dos mesmos, seja na geração atual e singular de um direito seja na geração histórica e geral dos direitos, o direito nasce da obrigação, o poder nasce do dever".[42]

E, em se tratando do reconhecimento jurídico desses direitos, complementa o festejado professor do Largo do São Francisco que "os direitos humanos estão, por esta correlação, na dependência dos deveres humanos. Se estes não forem assumidos e cumpridos, tendo por fundamento os valores sociais que os enformam, aqueles serão, em realidade, meros ideais".[43]

Essa fundamentação, que vai sustentar a existência e a validade jurídica dos direitos humanos, coincidirá em seus argumentos filosóficos, políticos e jurídicos, com o que sustenta o moderno conceito de Estado de Direito,[44] desde as raízes do constitucionalismo liberal dos séculos XVIII e XIX até o moderno constitucionalismo de valores[45] –

---

[41] PONTES DE MIRANDA. *Tratado...*, v.8, p. 29.

[42] BARROS, Sérgio Rezende. *Direitos humanos:* paradoxo da civilização. Belo Horizonte: Del Rey, 2003, p. 3.

[43] Ibidem.

[44] Sobre o conceito, veja-se: DALLARI, Dalmo de Abreu. *O futuro do Estado*. São Paulo: Saraiva, 1972, p. 65 et seq. No mesmo sentido, Luis Afonso Heck, debruçado sobre a experiência constitucional alemã, chama a atenção para vagueza do significado de Estado de Direito, fazendo com que sua identificação e o âmbito de sua proteção não seja feito por conceitos indeterminados da Constituição. HECK, Luis Afonso. *O Tribunal Constitucional Federal e o desenvolvimento dos princípios constitucionais:* contributo para uma compreensão da jurisdição constitucional alemã. Porto Alegre: Fabris, 1995, p. 175.

[45] A expressão *constitucionalismo de valores* tomada para designar o retorno do direito, após o final da Segunda Guerra Mundial, para a definição de valores mínimos, caracterizados pela proteção a uma esfera essencial da pessoa humana. Tal proteção, neste sentir, será oponível *erga omnes*, tanto em relação aos particulares quanto ao próprio Estado. Tem seu marco a partir da Declaração Universal dos Direitos do Homem, de 1948. Segundo Celso Ribeiro Bastos, apoiado

fenômeno posterior às grandes guerras do século XX - que vai determinar a necessária interdependência entre o Estado e o Direito,[46] tendo como fundamento e finalidade a proteção da pessoa humana.[47]

1.1.1. Antecedentes históricos da liberdade de expressão

A liberdade de expressão, a exemplo dos demais direitos humanos fundamentais, tem sua origem na modernidade, consolidando-se

---

no magistério de Péces-Barba, os valores são espécies de metanormas, conteúdos materiais da Constituição que lhe conferem legitimidade. E modificam-se com o passar do tempo, adaptando-se às exigências da realidade social. BASTOS, Celso Ribeiro. *Curso de direito constitucional.* São Paulo: Celso Bastos , 2002, p. 77-78. Na doutrina estrangeira, em especial a alemã, o conceito de valor é exaustivamente trabalhado por Robert Alexy, em sua *Teoria dos direitos fundamentais.* Para o jurista alemão, o sentido de *valor*, em que pesem os distintos significados que assume na ordem jurídica, diz respeito à identidade de critérios de valoração escolhidos para qualificar – ou valorar – um determinado objeto. Neste sentido *valor*, em termos jurídicos, será para Alexy o critério pelo qual se opera a avaliação, a realização de um *juízo de valor* sobre algo. Do mesmo modo, vai distinguir-se entre o que se há de identificar como um valor jurídico (o critério de valoração), o qual vai admitir a ponderação no caso concreto com outros critérios igualmente eleitos pelo direito a aqueles que não admitirão ser ponderados. Adverte, entretanto, que as valorações baseadas em um só critério apresentarão o risco de fanatismo. Segundo o autor, "la aplicación de criterios de valoración entre los cuales hay que sopesar, responde a la aplicación de principios". De outro lado, o que vai denominar de regras de valoração. Ao contrário dos critérios de valoração que admitem serem ponderados, as regras determinarão um determinado juízo de valoração de acordo com uma determinada classificação, um determinado paradigma preexistente. Neste sentido, as regras estabelecem pressupostos, os quais realizados, determinarão o conteúdo necessário de um dado juízo de valoração. De outro lado, assinala o constitucionalista alemão que o que vai diferenciar princípios e valores será tão-somente um elemento: "la diferencia entre principios y valores se reduce aí a un punto. Lo que en modelo de los valores es prima facie lo mejor es, enel modelo de los principios, prima facie debido; y lo que en modelo de los valores es definitivamente lo mejor es, en el modelo de los principios, definitivamente debido". Essencialmente, pois, se estará a referir que o que será no modelo dos valores um ser (realidade ontológica ou axiológica), no modelo dos princípios será um dever ser (realidade deontológica). ALEXY, Robert. *Teoria de los derechos fundamentales.* Traducción Ernesto Garzón Valdez. Madrid: Centro de Estudios Políticos y Constitucionales, 2002, p. 142-147.

[46] Segundo o magistério de Cézar Saldanha, Direito e Estado compartilham "(a) do mesmo fundamento antropológico, vale dizer, a natureza da pessoa, ser ético e ser político ao mesmo tempo; (b) da mesma causa material, a realidade social, em sua riqueza e diversidade; (c) da mesma finalidade, o bem público. Essas notas comuns não retiram do direito e do Estado a identidade de cada um, essencial para induzir a interdependência recíproca, que gera e mantém a ordem de convivência sociopolítica". Segundo o pensador gaúcho, a política e a ética como espécies de dimensões do humano, tem o direito como espécie de ligação entre ambas. Neste sentido, do ponto de vista especulativo, não se há de mencionar a precedência do direito sobre o Estado, mas que "surgem juntos, na vida social, em relação dialogal com a consciência ética (ínsita à dimensão ética da pessoa em convívio com outras pessoas)". SOUZA JÚNIOR, Cézar Saldanha. *A supremacia do direito no estado democrático e seus modelos básicos.* Porto Alegre, 2002, p. 44-46.

[47] No esteio da reflexão sobre os valores que devem presidir a ordem jurídica, avultam as considerações de Gustav Radbruch, jurista alemão afastado pelo regime nazista e que, como o final da guerra, ao assumir a direção da Faculdade de Direito da Universidade de Heidelberg, proferiu célebre discurso no qual definiu que: "uma consideração do direito cega aos valores é inadmissível [...] Se o direito se reduzisse ao imperativo da força coercitiva da sociedade, os atentados à dignidade humana praticados nos campos de concentração seriam juridicamente inatacáveis". Conforme FRANCO MONTORO, André. Cultura dos direitos humanos. *Cinqüenta anos da Declaração Universal dos Direitos Humanos.* Rio de Janeiro: Fundação Konrad Adenauer, 1998, p. 1:10.

a partir do século XVIII. O reconhecimento de um vínculo necessário entre a liberdade de pensamento e a liberdade de expressão data, certamente, da modernidade, quando a experiência do pensamento deixa de ter uma perspectiva individual para adquirir dimensão social,[48] expressão da autonomia individual[49] e da sua projeção para a comunidade. É, em grande medida, relativa à própria elevação do racionalismo filosófico, que apresentando-se com antítese da formação anterior, em que o conhecimento provinha especialmente da autoridade religiosa, terminava por provocar e mesmo estimular a difusão de informações, e a exposição do pensamento no espaço público.

Do mesmo modo, a definição jurídico-política da liberdade de expressão tem sua importância associada com a evolução dos meios técnicos utilizados para a difusão do pensamento,[50] dentre os quais avulta a criação da imprensa.[51] Não que seja impossível reconhecer traços de livre pensar e expressar o pensamento no período que antecede a modernidade, mas apenas que a sua conformação e autonomia conceitual serão reconhecidas a partir de então. Serna identifica em Francisco de Vitoria, no século XVI, a utilização pioneira da expressão *ius communicationis*, com o sentido de universalidade, de difusão universal de informações.[52]

Na tradição inglesa, a liberdade de expressão terá sua fundamentação articulada a partir, sobretudo, da contribuição de John Milton e John Locke,[53] sem deixar de reconhecer a utilidade das razões apontadas, igualmente, por Stuart Mill[54] – este último já no século XIX. Milton tornou-se célebre por seu "Discurso pela liberdade da imprensa ao parlamento da Inglaterra", proferido em 1644, o qual se tornou conhecido como *Areopagítica*.[55] Surgido de um drama pessoal de seu

---

[48] BADENI, Gregorio. *Libertad de prensa*. 2.ed. Buenos Aires: Abeledo Perrot, 1997, p. 45.

[49] RENAULT, Alain. Igualdade, Liberdade, Subjectividade. *História da filosofia política*. Lisboa: Instituto Piaget, 2001, v. 2 : Nascimento da modernidade, p. 8 et seq.

[50] BADENI, op. cit., p. 41. Também: ESCOBAR DE LA SERNA, Luis. *Derecho de la información*. Madrid: Dickynson, 1998, p. 107.

[51] São ilustrativas sobre a transformação operada pela imprensa, as observações de ROCHE, Daniel A censura e a indústria editorial. In: DARNTON, Robert; ROCHE, Daniel (Org.) *Revolução impressa*: a imprensa na França (1775-1800). São Paulo: EDUSP, 1996, p. 21-48.

[52] ESCOBAR DE LA SERNA, op. cit., p. 107.

[53] Sobretudo em relação à subordinação do poder político à sociedade civil. LOCKE, John. *Dois tratados sobre o governo*. Tradução Julio Fischer. São Paulo: Martins Fontes, 2002, p. 517.

[54] Em especial o capítulo II, do seu *Sobre a Liberdade* (1859), intitulado "Da liberdade de pensamento e discussão", em que observa a liberdade de pensamento e de imprensa não apenas como uma forma de oposição a governos tirânicos, mas também como forma de descoberta da verdade. MILL, Stuart. intitulado Da liberdade de pensamento e discussão. In: MORRIS, Clarence (Org.). *Grandes filósofos do direito*. São Paulo: Martins Fontes, 2002, p. 386-391.

[55] Título dado em referência ao texto *Areopagiticus*, do orador grego Isócrates, em que este, fazendo uso de um discurso público, criticara o excesso de liberdade dos cidadãos de Atenas. Pedia que fosse reconstituído o Conselho do Areópago, que havia exercido em outro tempo o poder de guardião das leis e da educação dos jovens, evitando seu desvirtuamento.

autor[56] – destacado membro do parlamento inglês –, terminou por transformar-se em um dos principais textos de defesa da liberdade de expressão, cujo exercício vincula-se à busca do conhecimento e da verdade.[57]

Na tradição continental, a liberdade de expressão está tradicionalmente associada às *Declarações de direitos*[58] – o que não é desconhecido da tradição anglo-saxônica[59] – mas que terá na contribuição da Declaração Universal dos Direitos do Homem e do Cidadão francesa, de 1789, sua experiência mais radical.[60]

Já no *Bill of Rights* do Estado da Virgínia, de 1776, restou estabelecido que "a livre comunicação do pensamento e da opinião é um dos direitos mais preciosos do homem; todo o cidadão pode, por conseguinte, falar, escrever, imprimir livremente, respondendo, porém, pelos abusos desta liberdade nos casos determinados pela lei".[61] A Declaração Universal dos Direitos do Homem e do Cidadão, de 1789, vai repetir, em seu artigo 11, o mesmo texto.[62]

No século XX, de enorme relevo é a Declaração Universal dos Direitos do Homem, de 10 de dezembro de 1948, que vai dispor em seu artigo 19 que "todo o homem tem o direito à liberdade de opinião e expressão, direito esse que inclui a liberdade de, sem interferências,

---

56 Sofrendo com uma relação matrimonial desarmoniosa, Milton passou a defender a possibilidade do divórcio, razão pela qual escreveu a obra *"The doctrine an discipline of divorce"*, em 1643, a qual gerou reações, tanto da Igreja, quanto do parlamento, levando a aprovação de ato legislativo estabelecendo a censura prévia (*Parliamentary Ordinance for Printing*). Milton, então, passa a combater a censura como meio iníquo, defendendo a necessidade de publicação de toda e qualquer idéia, como forma para tornar possível o maior avanço sobre o conhecimento e a verdade. FORTUNA, Felipe. *Prefácio*. In: MILTON, John. *Aeropagítica:* discurso pela liberdade de imprensa ao parlamento da Inglaterra. Tradução Raul de Sá Barbosa. São Paulo: Topbooks, 1999, p. 11 et seq.

57 FORTUNA. Prefácio, p. 17-18. Milton vai defender, então, que é impossível promover a virtude individual a partir da coação externa, uma vez que esta só poderá ser alcançada pela escolha racional de cada indivíduo.

58 *Declarar*, no sentido de *aclarar, esclarecer, demonstrar*, conforme refere Comparatto, em extraordinária recolha dos textos históricos capitais sobre os direitos humanos. COMPARATTO, Fábio Konder. *A afirmação histórica dos direitos humanos*. São Paulo: Saraiva, 2001, p. 134.

59 No caso, a Magna Carta (1215), pela qual o Rei da Inglaterra, João Sem Terra, concedia à Igreja e "para todos os homens livres do reino da Inglaterra, todas as liberdades, cuja continuação se expressam, transmissíveis a seus descendentes". Em 1688, o rei James II, através de nova declaração de direitos, reconhecia, dentre outros, os direitos de reunião periódica do parlamento, a votação de impostos e leis, dentre outras. No direito norte-americano, a Declaração de Direitos, e o Bill of Rights dos Estados da Virgínia, Pensilvânia e Maryland (1776) vão consagrar os paradigmas liberais sobre os quais vão se assentar o regime político e jurídico dos Estados Unidos da América. ANDRADE, José Carlos Vieira. *Os direitos fundamentais na Constituição Portuguesa de 1976*. Coimbra: Almedina, 1987, p. 26-28. Para uma visão mais completa veja-se: COMPARATTO, op. cit., p. 67 et seq.

60 Conforme ANDRADE, op. cit., p. 26-27.

61 Conforme MIRANDA, Darcy Arruda. *Comentários à lei de imprensa*. 3. ed. rev. e atual. São Paulo: RT, 1995, p. 59.

62 COMPARATTO; op. cit., p. 153.

Responsabilidade Civil da Imprensa por Dano à Honra

ter opiniões, e de procurar receber e transmitir informações e idéias por quaisquer meios e independentemente de fronteiras".[63]

Além de documentos gerais reconhecendo as liberdades de expressão e de pensamento como espécie de direitos humanos, estas passaram a ser incorporadas também aos ordenamentos jurídicos internos.[64] É o caso da Primeira Emenda à Constituição dos Estados Unidos da América,[65] de 1791, ou a lei francesa de 18 de julho de 1881.[66]

No direito brasileiro, todas as Constituições nacionais, com exceção da outorgada em 1937,[67] fizeram referência à liberdade de expressão como espécie de direito subjetivo público.[68] Atualmente, a Constituição da República de 1988 estabelece, em seu artigo 5°, incisos IV, IX e XIV, bem como no artigo 220, o direito à liberdade de expressão, inclusive através dos meios de comunicação social em geral, independente de censura ou licença.[69]

1.1.2. Gênese dos direitos fundamentais e o Estado Democrático de Direito

A disciplina dos direitos fundamentais tem em sua origem e distinção a partir de uma marcada influência da escola jusracionalista dos séculos XVII e XVIII, elevando a igualdade dentre todos os seres humanos e sua condição de pessoa como fundamento para o reconhecimento de um mesmo título de liberdades oponíveis à comunidade e ao Estado. O consagrado fundamento jusnaturalista e a adoção do critério de reconhecimento de direitos ao homem em *estado de natureza*

---

[63] COMPARATO. *A afirmação...*, p. 238.

[64] Para um panorama completo do quadro legislativo dos países americanos, veja-se: LANAO, Jairo. *A liberdade de imprensa e a lei: normas jurídicas que afetam o jornalismo nas Américas*. Miami: Sociedade Interamericana de Imprensa, 2000.

[65] Com a seguinte redação vigente: "Congress shall make no law respecting an establishment of religion, or prohibiting the free exercise therof; or abridging the freedom of speech, or of the press; or the right of the people peaceably to assemble, and to petition the Government for a redress of grievances".

[66] Sobre as origens da lei francesa de 1881, e sua necessidade, obrigatória a consulta à: ROYER-COLLARD. *De la liberté de la presse:* discours. Paris: Librairie de Médicis, 1949. Trata-se de texto célebre, cuja edição original é de 1827, contemplando e ampliando a reflexão do seu autor sobre a lei francesa, promulgada em 1816, e que vigeu até 1818, a qual subordinava a circulação de periódicos à autorização governamental.

[67] Na verdade, a Constituição de 1937, embora reconhecesse a liberdade de expressão, determinou-lhe tantas exceções, próprias ao regime de exceção, que se pode afirmar sobre a inutilidade prática da previsão nominal da mesma, no artigo.

[68] MIRANDA, D. *Comentários...*, p. 74-75.

[69] Estabelece o artigo 220, em vigor: "Art. 220. A manifestação do pensamento, a criação, a expressão e a informação, sob qualquer forma, processo ou veículo não sofrerão qualquer restrição, observado o disposto nesta Constituição. § 1° – Nenhuma lei conterá dispositivo que possa constituir embaraço à plena liberdade de informação jornalística em qualquer veículo de comunicação social, observado o disposto no art. 5°, IV, V, X, XIII e XIV [...]"

determinam a consagração, num primeiro momento, dessas prerrogativas sob a matriz teórico-filosófica dos direitos subjetivos, cuja titularidade legitima-se pelo mero critério da existência como ser humano.[70]

Tais direitos subjetivos, reconhecidos desde então sob a expressão dos direitos humanos,[71] passaram a ser considerados fundamentais, uma vez indicados como tais na Constituição. E por *Constituição*, o constitucionalismo liberal vai determinar a extensão do conceito a partir do artigo 16 da Declaração Universal dos Direitos do Homem e do Cidadão, de 1789, o qual estabeleceu que "toda sociedade na qual a garantia dos direitos não é assegurada, nem a separação dos poderes determinada, não tem Constituição".

Esse preceito encerrará por trás de si a definição moderna do que se denominará *Estado de Direito*.[72] Estará vinculado à proteção dos direitos individuais e garantia do desenvolvimento da pessoa a partir da limitação do poder. Conforme ensina Schiera, o conceito de *Estado de direito* estará fundado então sobre dois elementos: primeiro, que esteja assentado sobre um regime de liberdade política; segundo, que promova a igualdade de participação dos cidadãos frente ao poder.[73] Para Jorge Miranda, *Estado de Direito* "é o Estado em que, para garantia dos direitos dos cidadãos, se estabelece juridicamente a divisão do poder e em que o respeito pela legalidade (seja a mera legalidade formal, seja – mais tarde – conformidade com valores materiais se eleva a critério de acção dos governantes".[74] Como expressão máxima desses valores materiais aos quais refere o mestre português, teremos atualmente os direitos fundamentais, consagrando-se entre nós a expressão *Estado Democrático de Direito*, tal como previsto na Constituição da República.

Por direitos fundamentais entendem-se os direitos ou posições jurídicas subjetivas das pessoas enquanto tais, individual ou institucionalmente consideradas, assentes na Constituição. Esses direitos adotam um sentido formal ou material, uma vez que tendo sido consagrados no texto da lei fundamental, tenham ou não relevância constitucional.[75]

---

[70] VILLEY, Michel. *Le droit et les droits de l'homme*. Paris: PUF, 1998, p. 139.

[71] Sobre a expressão veja-se: FERREIRA FILHO, Manoel Gonçalves. *Direitos humanos fundamentais*. São Paulo: Saraiva, 1999, p. 14-15.

[72] Propondo a existência de diversos modelos de estado de direito, em especial os filiados ao sistema romano-germânico, veja-se: SOUZA JÚNIOR. *A supremacia do direito...*, p. 129 et seq.

[73] SCHIERA, Pierangelo. Estado moderno. In: BOBBIO, Norberto; MANTEUCCI, Nicola; PASQUINO, Gianfranco. *Dicionário de política*. Brasília: Editora da UnB, 1997, v.1, p. 430.

[74] MIRANDA, Jorge. *Manual de direito constitucional*. Coimbra: Coimbra Editora, 1997, v.1. p. 83-86. Veja-se, igualmente: CLAVERO, Bartolomé. Garantie des droits: emplazamiento historico del enunciado constitucional. *Revista de Estudios Politicos*, Madrid, n. 81, p. 7-22, jul./set. 1993.

[75] MIRANDA, Jorge. *Manual de direito constitucional*. Coimbra: Coimbra, 1998, v.4, p. 7-8.

Segundo lembra Jorge Miranda, a distinção entre direitos fundamentais em sentido formal e em sentido material remonta ao nono aditamento da Constituição norte-americana, de 1791, no qual, ao lado dos direitos consagrados efetivamente na Constituição, foram estabelecidos direitos comuns, que sequer eram reconhecidos pela ordem jurídica positiva, e aos quais o próprio texto da Constituição estará aberto.[76] Em sentido contrário, há normas que embora consagrem determinados direitos no texto da Constituição, não possuirão, por sua natureza, um caráter constitucional necessário, dado que seu âmbito de proteção refoge ao estritamente necessário à proteção da pessoa humana – critério material de sua determinação.

Estas divisões submetem-se a uma diversidade de critérios, e a eleição de quaisquer deles prende-se à finalidade da respectiva classificação. Segundo Jorge Miranda, quatro podem ser as divisões dos direitos fundamentais, quais sejam: a) a proposta por Benjamin Constant, em 1820, pela qual diferenciava a liberdade dos antigos e a liberdade dos modernos, ligando àquela a liberdade de participação na vida da cidade, e a esta a realização da vida pessoal; b) a que distingue o reconhecimento de direitos no Estado medieval e estamental, e os direitos próprios do Estado moderno, aquele relacionado a privilégios e direitos de grupos, este numa relação mais imediata dos direitos do homem e dos cidadãos com o Estado; c) a que distinguem direitos, liberdades e garantias, e direitos sociais, e que se submete a clivagens de natureza política, ideológica e social; e por fim: d) a que propõe a distinção entre a proteção interna e a proteção internacional dos direitos do homem.[77]

Entre nós, divide-se a doutrina quanto à repercussão do progressivo reconhecimento dos direitos fundamentais. Autores como Paulo Bonavides[78] e José Afonso da Silva[79] ressaltam o aspecto positivo do desenvolvimento dos direitos fundamentais e sua repercussão prática cada vez mais significativa na experiência jurídica contemporânea. Segundo Bonavides, "a nova universalidade dos direitos fundamentais os coloca assim, desde o princípio, num grau mais alto de juridicidade, concretude, positividade e eficácia. É universalidade que não exclui os direitos da liberdade, mas primeiro os fortalece com as expectativas e os pressupostos de melhor concretizá-los mediante a efetiva adoção dos direitos da igualdade e da fraternidade".[80] Para

[76] MIRANDA. *Manual...*, v.4, p. 11.

[77] Ibidem, p. 14-15. Para uma síntese da evolução histórica das liberdades públicas e demais direitos fundamentais, veja-se o trabalho de: NORONHA, Carlos Silveira. Liberdades públicas: uma breve visão político-filosófica. *Revista Forense*, Rio de Janeiro, v. 328, p. 31-36, out./dez. 1994.

[78] BONAVIDES, Paulo. *Curso de direito constitucional.* 7. ed. São Paulo; Malheiros, 1997.

[79] SILVA, José Afonso da. *Curso de direito constitucional positivo.* 18. ed. São Paulo: Malheiros, 2001.

[80] BONAVIDES, op. cit., p. 526.

José Afonso da Silva, do mesmo modo, a Constituição brasileira vigente suplanta a idéia identificada nas ordens constitucionais anteriores, da compreensão dos direitos fundamentais, como direitos individuais, contrapondo-se, desse modo, à inclusão dos direitos sociais. A Constituição vigente, ao contrário, reconhece em relação aos últimos uma amplitude singular, sem precedentes na história constitucional brasileira.[81]

Em sentido contrário, entretanto, encontramos a posição de Manoel Gonçalves Ferreira Filho, para quem a multiplicação dos direitos fundamentais acaba vulgarizando e desvalorizando o seu conceito. Defende, apoiando-se no ensinamento de Cranston, que os direitos humanos devem ser considerados como tais, na medida que são direitos morais universais, algo que todos os homens, em todas as partes, em qualquer tempo devem ter, sob pena de grave injustiça, considerando meramente o fato de ser humano.[82] Expõe, ainda, os critérios de Jacobs para definição de direitos humanos, quais sejam: que o direito seja fundamental; e que seja universal, este sendo considerado em dois sentidos. Primeiro, que seja conhecido da generalidade das pessoas e garantido a todos. Segundo, que seja suscetível de uma formulação suficientemente precisa para dar lugar a obrigações da parte do Estado, e não apenas para estabelecer um padrão.[83]

De qualquer modo, a evolução dos direitos humanos, em seu estágio atual, demonstra uma abertura sensível das cláusulas que positivam tais direitos na Constituição, a um elenco cada vez maior de disposições. Assim, mesmo a idéia de que tais direitos trazem em si a possibilidade de buscar-se uma vida mais feliz[84] faz com que tenham convergência no sentido comum em que são tomados pela comunidade política,[85] ou mesmo no sentido técnico com que se apresentam aos aplicadores do direito. Apresentam-se como direitos associados à finalidade da realização pessoal do indivíduo, procurando garantir através da proteção de determinados direitos subjetivos, as condições essenciais desta existência plena.

Os direitos fundamentais serão então tomados, sobretudo a partir da tradição francesa, como espécie de instrumentos de limitação do poder absoluto do Estado.[86] Em sua origem, os direitos fundamentais serão direitos oponíveis contra o Estado, assegurando aos parti-

---

[81] SILVA, op. cit., p. 188.

[82] FERREIRA FILHO. *Direitos humanos...*, p. 67.

[83] FERREIRA FILHO. *Direitos humanos...*, p. 67-68.

[84] Segundo COMPARATTO. *Afirmação histórica...*, p. 461.

[85] A respeito, veja-se: OLIVEIRA JÚNIOR, José Alcebíades. Cidadania e novos direitos. In: OLIVEIRA JÚNIOR, José Alcebíades (Org.). *O novo em direito e política*. Porto Alegre: Livraria do Advogado, 1997, p. 191-200.

[86] ANDRADE, J. *Os direitos fundamentais...*, p. 28.

culares que os titulam um âmbito de autonomia em relação ao Poder Público e, de acordo com os mais modernos desenvolvimentos da doutrina e da jurisprudência, também exercido, em dadas condições, em relação aos particulares.[87]

1.2. A natureza dúplice da liberdade de expressão

A liberdade de expressão assume um conteúdo definitivo e definidor em Direito quando cotejado com espécies de direitos-liberdades correlatos, os quais identificam-se, necessariamente, nos direitos-liberdades de pensamento e de opinião. A conexão teórica e prática de ambos os direitos com a liberdade de expressão já seria identificada por Kant, quando este afirma que não há a liberdade de pensamento, senão o pensamento em comunhão com os outros. Nesse sentido, a expressão do pensamento seria a forma própria de conferir sua validade, na conferência do pensamento daquele que o expressa e o dos demais em contraposição.[88]

Defendeu Kant que: "Opõe-se a liberdade de pensar, antes de mais nada, à coação civil. Indubitavelmente se ouve dizer: a liberdade de falar ou de escrever pode nos ser tirada por um poder superior, mas este não pode fazê-lo com a liberdade de pensar. Mas quanto e com que correção poderíamos pensar, se por assim dizer não pensássemos em conjunto com os outros, a quem comunicamos nossos pensamentos, enquanto eles nos comunicam os seus! Portanto, com razão podemos dizer que esse poder exterior que aos homens retira a liberdade de comunicar publicamente seus pensamentos rouba-lhes também a liberdade de pensar [...]".[89]

Mas para além desta idéia, sustenta ainda o filósofo alemão: "Em segundo lugar, a liberdade de pensar também se considera no sentido de contraposição a toda coação à consciência moral. Isso acontece quando, sem qualquer poder exterior em matéria de religião, há cidadãos que se arvoram ao papel de tutores dos demais e, em vez de argumentos, conseguem aniquilar qualquer exame da razão mediante uma impressão inicial sobre os espíritos, por meio de fórmulas de fé impostas, acompanhadas do angustiante temor do risco de uma pesquisa pessoal. Em terceiro lugar, a liberdade de pensamento significa que a razão não se submete a nenhuma outra lei senão àquela que dá

---

[87] Neste sentido, veja-se BILBAO UBILLOS. Juan Maria. *Los derechos fundamentales en la frontera entre lo público y lo privado*. Madrid: McGrawHill, 1997, em especial p. 182 et seq.

[88] KANT, Immanuel. Que significa orientar-se pelo pensamento? *A fundamentação da metafísica dos costumes e outros escritos*. Tradução Lepoldo Holzbach. São Paulo: Martin Claret, 2002, p. 110-111.

[89] KANT. *Que significa...*, p. 110-111.

a si própria. E seu contrário é a máxima de um uso sem lei da razão (para desse modo, como sonha o gênio, ver mais longe do que dá a si conservar limitada por leis). A conseqüência desse fato é naturalmente a seguinte: se a razão não quer se submeter à lei que ela se dá a si própria, ela precisa se curvar ao jugo das leis que outro lhe dá; pois sem uma lei, nada, nem mesmo o maior absurdo, pode se exercer por muito tempo. Por conseguinte, a conseqüência inevitável da declarada ausência de lei no pensamento (a emancipação das limitações devidas à razão) é que a liberdade de pensar em última análise fica perdida, e como a culpa não se deve a alguma infelicidade, mas a uma verdadeira arrogância, a liberdade, no verdadeiro sentido da palavra é perdida por leviandade".[90]

A liberdade de pensamento, assim, ao tempo em que se relaciona, necessariamente, com a liberdade de expressão, tem por finalidade contrapor-se a toda a coação de caráter moral, na medida em que não se há de permitir, pela razão, que alguns se arvorem em tutores dos demais, impedindo que o indivíduo forme, por si, o seu juízo pessoal.

Ao mesmo tempo, observa-se em Kant o princípio do que se vai entender fundamental em direito, para a conformação do conceito de limite à liberdade de expressão. Qual seja, o fato de que "a razão não se submete a nenhuma lei senão àquela que dá a si própria".[91] Entretanto, se lei nenhuma que submeta a razão é reconhecida, a liberdade de pensar se perde em favor da leviandade. Daí a necessidade de leis que regulem o exercício racional desta liberdade.

É o que no século XX desenvolveu Hannah Arendt, inspirada em Kant, como espécie de *uso público da razão*, indicando que "a razão humana, por ser falível, só pode funcionar se o homem pode fazer uso público dela".[92]

A importância do reconhecimento jurídico da liberdade de expressão como elemento integrante do conceito de Estado Democrático de Direito prescinde de maiores considerações. Entretanto, é correto afirmar que a liberdade de expressão, na qualidade de direito fundamental, é um dos elementos essenciais desse Estado Democrático de Direito. A jurisprudência das cortes constitucionais em direito comparado reconhece essa qualidade.

O Tribunal Constitucional Alemão, por exemplo, cujas decisões sobre o desenvolvimento e aplicação das normas protetivas dos direitos fundamentais são referenciais no direito brasileiro, estabeleceu essa conclusão em sentença de 1958, no célebre *caso Lüth* (BVerfGE

---

[90] KANT. *Que significa...*, p. 111.

[91] Ibidem, p. 111.

[92] ARENDT, Hannah. Verdade e política. *Entre o passado e o futuro*. 5.ed. São Paulo: Perspectiva, 2000, p. 291.

7,198), no qual reconhece que: "El derecho a la libertad de expresión[93] es, como expresión directa de la personalidad humana en sociedad, uno de los derechos más supremos (un des droits les plus precieux de l'homme de conformidad con el artículo 11 de la Declaración de Derechos del Hombre y del Ciudadano de 1789). Hace perte del orden estatal democrático y libre, el que se posibilite la permanente controversia ideológica, la contraposición de opiniones, que son su elemento vital (BVerfGE 5,85 [205]). En cierto sentido, es el fundamento de toda libertad, "the matrix, the indispensable condition of nearly every other form of freedom (Cardozo). De ese significado fundamental de la libertad de opinión para el Estado democrático liberal se origina el que no sería consecuente, como punto de vista de ese sistema constitucional, que toda la relativización del alcance material de ese derecho fundamental se dejara a la ley ordinária (y con esto necesariamente a los tribunales que interpretan la ley mediante la jurisprudencia [...]".[94]

Examinando a questão, Luis Afonso Heck vai identificar a proteção da liberdade de informação sob os auspícios do princípio democrático, presente no artigo 20, alínea I, da Lei Fundamental.[95] Refere, então, que o Estado Democrático não pode existir sem uma opinião pública livre e bem informada ao máximo. Nesse sentido, refere que "o direito fundamental da liberdade de informação é, como o direito fundamental à livre manifestação da opinião, um dos pressupostos mais importantes da democracia liberal".[96]

Segundo afirma Vieira de Andrade, os direitos fundamentais, tomados como categoria jurídica, vão apresentar uma dupla dimensão. Ao mesmo tempo em que se configuram como direitos subjetivos (designados como um poder jurídico do titular do direito), vão assumir também uma *função autônoma*, de caráter objetivo. Nesse caso, os direitos fundamentais deixam de ser considerados apenas como um poder de agir (*facultas agendi*) próprio dos direitos subjetivos, para expressarem valores ou finalidades promovidas pela comunidade.[97]

---

[93] Assim o artigo 5 da Lei Fundamental de Bonn: "1. Toda persona tiene el derecho a expresar y difundir libremente su opinión, por escrito y a través de la imagen, y de informarse sin trabas en fuentes accesibles a todos. La libertad de prensa y la libertad de información por radio, televisión y cinematografia serán garantizadas. No se ejercerá censura. 2. Estos derechos tienen sus limites en las disposiciones de las leyes generales, en las disposiciones legales adoptadas para la protección de la juventud y en el derecho al honor personal. 3. El arte y la ciencia, la investigación y la enseñanza científica son libres. La libertad de enseñanza no exime de la lealtad a la Constitución".

[94] Sentencia de la Sala Primera de 15 de enero de 1958 (BVerfGE 7,198). SCHWABE, Jürgen (Comp.). *Cincuenta años de jurisprudencia del Tribunal Constitucional Federal Alemán*. Traducción: Marcela Anzola Gil. Medelín: Gustavo Ibañez/Konrad Adenauer Stiftung, 2003, p. 135-136.

[95] Estabelece o artigo 20 da Lei Fundamental de Bonn. com os fundamentos da ordem estatal. A redação da alínea 1, de sua vez, é a seguinte: "La República Federal de Alemania es un Estado federal democrático y social". Ibidem, p. 347.

[96] HECK. *O Tribunal...*, p. 250.

[97] ANDRADE, J. *Os direitos fundamentais...*, p. 143-145.

No mesmo sentido, a lição de Konrad Hesse,[98] segundo o qual os direitos fundamentais serão *direitos subjetivos* – no sentido de direitos do particular ou mesmo instituto jurídico ou liberdade em um âmbito da vida – como também serão espécies de *elementos fundamentais da ordem objetiva da coletividade*, espécies de garantias institucionais da ordem jurídica que não estarão necessariamente vinculadas a um poder de agir individual.

O direito fundamental à liberdade de expressão, conforme previsto na Constituição brasileira, possui o caráter dúplice reconhecido aos direitos fundamentais, cuja compreensão será de enorme importância na identificação dos limites do seu exercício pelo particular.

1.2.1. A liberdade de expressão como direito subjetivo público

No Brasil, a Constituição da República, de 1988, dispõe sobre o direito fundamental à liberdade de expressão de modo amplo, inscrevendo-a no rol de direitos individuais estabelecidos no artigo 5°, bem como sistematizando seu exercício através da atividade de comunicação social, nos artigos 220 e seguintes do texto vigente.

Dispõe o artigo 5° sobre a liberdade de expressão: "art. 5° Todos são iguais perante a lei, sem distinção de qualquer natureza, garantindo-se aos brasileiros e aos estrangeiros residentes no País a inviolabilidade do direito à vida, à liberdade, à igualdade, à segurança e à propriedade, nos termos seguintes: [...] IV – é livre a manifestação do pensamento, sendo vedado o anonimato; [...] V – é assegurado o direito de resposta, proporcional ao agravo, além da indenização por dano material, moral ou à imagem; [...]; IX – é livre a expressão da atividade intelectual, artística, científica e de comunicação, independentemente de censura ou licença; [...]; XIV – é assegurado a todos o acesso à informação e resguardado o sigilo da fonte, quando necessário ao exercício profissional."

Observe-se que o constituinte brasileiro, ao reconhecer o direito fundamental à liberdade de expressão, o fez de modo a determiná-lo como espécie de direito subjetivo público, do qual são titulares todos os brasileiros e estrangeiros residentes no país (*caput* do artigo 5°). Em linhas gerais, tais espécies de direitos subjetivos são aqueles que, nos Estados democráticos, o indivíduo pode fazer valer contra o Estado, fundado na sua capacidade legal para exercer o poder de mando.[99] Ou, conforme nos aponta Ruy Cirne Lima: "o poder reconhecido ao

---

[98] HESSE, Konrad. *Elementos de direito constitucional da República Federal da Alemanha*. Tradução Luis Afonso Heck. Porto Alegre: Fabris, 1998, p. 228-229.

[99] BAUNGARTNER, Erico Ithamar. Direitos subjetivos públicos: noção geral. *Revista Justiça*, Porto Alegre, v. 10, 1937.

Responsabilidade Civil da Imprensa por Dano à Honra

homem, de exercer ação ordenadora, segundo a justiça, dos elementos objetivos do mundo exterior".[100]

Os direitos subjetivos, em sua tradição moderna, apresentam-se como espécie de poder do seu titular, o qual vai exercê-lo, nos limites da ordem jurídica, de acordo com sua vontade. Os direitos fundamentais, nesse sentido, apresentam-se originariamente como um direito de defesa do indivíduo em relação ao Estado, modo de proteção contra o abuso do poder por parte deste.[101]

Entretanto, sua conceituação como direito de defesa contra o Estado revela apenas parte do conteúdo. Representarão também a aptidão reconhecida ao seu titular de "configurar sua vida e cooperar nos assuntos da coletividade", conforme ensina Konrad Hesse.[102] Trata-se de espécie de liberdade positiva do titular do direito, o qual poderá, querendo, realizar determinada atuação prevista ou não proibida pela ordem jurídica. Assim como haverá de se reconhecer, nessa mesma liberdade, a possibilidade de o indivíduo atuar num determinado sentido, também será idêntico exercício do direito,[103] a possibilidade de não o fazer.

Ainda, segundo Konrad Hesse, configurarão alguns direitos fundamentais como espécies de direitos de cooperação, os quais indicarão prerrogativas de cooperação na vida social, política e espiritual da comunidade, visando à formação preliminar da vontade política.[104]

Entretanto, não se há de reconhecer em qualquer espécie de direito fundamental a possibilidade de exercício em seu conteúdo máximo.[105] Nesse sentido, o Poder Público – no caso o Estado – ainda que se considerem os direitos fundamentais a partir da sua natureza como *direito de defesa* – tem a prerrogativa de intervir para adequar o conteúdo desses direitos a outros valores ou interesses igualmente caros à comunidade.

A liberdade de expressão do pensamento, de sua vez, pode ser identificada como "o poder de todos os homens exprimirem ou não exprimirem o seu pensamento por qualquer meio (em sentido positivo), e a proibição de todos os impedimentos ou discriminações a essa expressão (em sentido negativo) quer estes consistam em impor certas expressões não desejadas (confissões ou declarações forçadas, etc.),

---

[100] CIRNE LIMA, Ruy. A noção de direito subjetivo. *Revista Justiça*, Porto Alegre, v. 29, nov./dez. 1947, p. 661-667.

[101] HESSE. *Elementos...*, p. 235.

[102] Ibidem, p. 236.

[103] Conforme refere Vieira de Andrade, a possibilidade de não exercício será prevista de modo implícito, pela norma que consagra a liberdade. ANDRADE, J. *Os direitos fundamentais...*, p. 155.

[104] HESSE, op. cit., p. 236.

[105] ANDRADE, J., op. cit., p. 148.

quer em obstar a determinadas expressões (impondo o silêncio), quer em diferenciar pessoas em situações iguais".[106]

O direito à liberdade de expressão, tal qual reconhecido na Constituição, demonstra expressamente que não poderá, em qualquer caso, ser exercido de modo absoluto. Ao contrário, a própria Constituição da República fixa seus limites objetivos. De modo implícito, no artigo 5º, inciso IV, e de modo expresso no art. 220, § 1º. E isto não significa abrir mão da restrição natural ao exercício de direitos subjetivos que se vai reconhecer quando este confrontar-se a esfera de proteção de um outro direito fundamental.

Este será o caso quando a liberdade de expressão for exercida de modo a divulgar informações que outro indivíduo dispõe sob a esfera de proteção da sua privacidade. O exame do exercício desse direito fundamental deverá observar, no caso, o cotejo necessário entre o direito de livre expressar-se e o direito à vida privada do indivíduo, ambos direitos de *status* fundamental, para os quais deverá ser conformada espécie de conciliação,[107] avaliando-se a hipótese ou não da ocorrência de um dano.

O direito fundamental à liberdade de expressão, nesse sentido, não se configura como espécie de direito subjetivo oponível exclusivamente ao Estado, mas sim a toda a comunidade (*erga omnes*). A liberdade de expressão, assim, constitui-se em direito fundamental cujos efeitos constritivos ou obrigatórios vão ser reconhecidos também no tráfico privado, determinando o que se convencionou chamar de eficácia dos direitos fundamentais nas relações entre particulares.[108]

1.2.2. A liberdade de expressão como elemento objetivo do Estado de Direito

A liberdade de expressão reconhece a faculdade de divulgação de informações e opiniões em público, bem como a formulação de argumentos e intervenção no debate público.[109] Termina por associar-

---

[106] BRITO CORREIA, Luis. *Direito da comunicação social*. Coimbra: Almedina, 2000, p. 478.

[107] Neste sentido, DOTTI, René Ariel. *Proteção da vida privada e liberdade de informação*. São Paulo: RT, 1980, p. 182.

[108] GARCIA TORRES, Jesús; JIMÉNEZ BLANCO, Antonio. *Derechos fundamentales y relaciones entre particulares:* la Dirittwirkung en la jurispruencia del Tribunal Constitucional. Madrid: Civitas, 1986, p. 23; BILBAO UBILLOS, Juan María *La eficacia de los derechos fundamentales frente a los particulares:* análisis de la jurisprudencia del Tribunal constitucional. Madrid: Centro de Estudios Consitucionales, 1997, p. 486 et seq.

[109] Neste sentido, elucidativa a lição de Manoel Gonçalves Ferreira Filho, que elenca a formação de uma *"opinião pública esclarecida e racional"* uma das condições instrumentais para o bom funcionamento da democracia, à medida que só assim "poderão surgir das deliberações coletivas decisões (ao menos minimamente) adequadas à condução dos negócios públicos". FERREIRA FILHO, Manoel Gonçalves. *A democracia no limiar do século XXI*. São Paulo: Saraiva, 2001, p. 143 et seq.

se ao regime político assecuratório da participação do povo – a demo-cracia – inerente a possibilidade de formação da opinião pública[110] e divulgação de argumentos sobre assuntos de dimensão pública, e não apenas na dimensão política, senão sobre todas as matérias que, de qualquer modo, ocupam a esfera pública. Hans Kelsen indicava, em série de conferências no ano de 1954,[111] que um dos princípios funda-mentais da democracia é o respeito à opinião política de todos, na medida de sua igualdade e liberdade. E sob esse princípio de respeito à diversidade articulam-se outros valores e direitos como a tolerân-cia,[112] o direito das minorias e a liberdade de expressão e de pensa-mento. Tais postulados são próprios da democracia e assentam-se, necessariamente, na relativização da crença nos valores políticos, ne-gando ao máximo a existência de concepções políticas absolutas.[113] Nesse campo é que a liberdade de expressão do pensamento vai as-sociar-se ao conceito de Estado de Direito, e sua moderna concepção, em direito pátrio, do Estado Democrático de Direito.

Nesse aspecto, antes de se constituir em elemento basilar da ordem jurídica constitucional, a liberdade de expressão e de pensa-mento, bem como o direito à informação, redundam, do ponto de vista prático, na possibilidade de divulgação de *informações públicas* e a construção e expressão de *argumentos públicos*. Acabam, por isso, assumindo uma função de extremo relevo, que é a de sustentar o espaço público de divergência dos diversos atores sociais.

[110] A relevância da atividade dos meios de comunicação como realização concreta da liberdade de expressão é, em grande parte, vinculada à formação da opinião pública. É certo que, o que seja opinião pública submete-se a distintos entendimentos. Segundo Nicola Manteucci: "A opinião pública é de um duplo sentido: quer no momento da sua formação, uma vez que não é privada e nasce do debate público, quer no seu objeto, a coisa pública. Como 'opinião', é sempre discutível, muda com o tempo e permite a discordância: na realidade, ela expressa mais juízos de valor do que juízos de fato, próprios da ciência e dos entendidos. Enquanto 'pública', isto é, pertencente ao âmbito ou universo político, conviria antes falar de opinião no plural, já que nesse universo não há espaço paenas para uma verdade política, para uma epistemodemo-cracia. A opinião pública não coincide coma verdade, precisamente por ser opinião, por ser doxa, e não episteme; mas na medida em que se forma e fortalece no debate, expressa uma atitude racional, crítica e bem informada". MANTEUCCI, Nicola. Opinião pública. In: BOBBIO, Norberto; MANTEUCCI, Nicola; PASQUINO, Gianfranco. *Dicionário de política*. Brasília: Editora da UnB, 1997, v.2, p. 842.

[111] Estas conferências, proferidas em na Universidade de Chicago, em abril de 1954, foram publicadas no Brasil, em compilação dos textos de KELSEN, Hans. *A democracia*. 2. ed. São Paulo: Martins Fontes, 2000, p. 137 et seq.

[112] Sobre o papel do princípio da tolerância na democracia, o desenvolvimento de Kelsen, no mesmo trabalho, p. 183.

[113] Sobretudo, segundo Kelsen, pela tendência que a crença em valores absolutos, em matéria política, leve "a uma situação na qual aquele que pretende possuir o segredo do bem absoluto reinvindica o direito de impor sua opinião e sua vontade aos outros, que estarão incorrendo em erro se com ele não concordarem. E errar, segundo essa concepção, é uma falta e, portanto passível de punição. No mesmo sentido, não vai restringir a determinação do seu conteúdo ao princípio majoritário ou quaisquer outros que determinem seu signiificado sob critérios abso-lutos. KELSEN. *A democracia*, p. 202.

Daí por que o direito fundamental à liberdade de expressão, tomado como elemento objetivo do Estado Democrático de Direito, será considerado basilar do regime democrático, dentre outros propósitos, para assegurar o exercício desse mesmo direito. Nesse sentido, é correto afirmar que a liberdade de expressão considerada como direito subjetivo público de titularidade individual, e como elemento objetivo da ordem jurídica, mantém entre esses sentidos uma relação de complemento e fortalecimento recíproco.[114]

Podemos identificar assim, duas finalidades essenciais protegidas juridicamente pelo direito fundamental à liberdade de expressão, quais sejam: a) o controle do poder político; e b) instrumento de fomento à participação na esfera pública.

Como controle do poder político, a liberdade de expressão é caracterizada, em primeiro lugar, pela determinação de competência negativa do Estado,[115] no sentido de que este não poderá restringir para além dos limites que a própria Constituição já previu, o conteúdo reconhecido ao direito fundamental. É o caso, na Constituição brasileira, do artigo 220, § 1º, quando destaca que: "nenhuma lei conterá dispositivo que possa constituir embaraço à plena liberdade de informação jornalística em qualquer veículo de comunicação social [...]". A parte final do artigo, entretanto, estabelecerá quais outros direitos deverão servir de fronteira à delimitação do conteúdo do direito, determinando-os, justamente, em atenção a outros direitos fundamentais, e, portanto, de mesmo *status*.

Nesse sentido, o direito fundamental à liberdade de expressão tomado como elemento objetivo do Estado Democrático de Direito, determina que seja reconhecido como modo de organizar, delimitar e proteger o direito subjetivo,[116] ao mesmo tempo em que garante a própria existência do regime político democrático, o que é próprio a essa conformação do Estado. Já o reconhecimento da liberdade de expressão como instrumento de fomento à participação na esfera pública, trata-se da segunda finalidade protegida juridicamente pela dimensão objetiva desse direito fundamental. E a participação dos particulares na esfera pública vai se dar, como já mencionado por Hannah Arendt, através do *uso público da razão*.[117]

Questão mais sensível, todavia, será a distinção de quais, e por que razões, determinados conteúdos serão indicados como pertinentes à esfera pública e outros tantos o serão à esfera privada. A determinação desse limite fundamental é tarefa de extrema dificuldade,

---

[114] Sobre a complementaridade e reciprocidade dos dois sentidos reconhecidos aos direitos fundamentais, veja-se: HESSE. *Elementos...*, p. 239.

[115] HESSE. *Elementos...*, p. 239.

[116] Ibidem, p. 240.

[117] ARENDT. *Verdade e política*, p. 67.

seja prática ou mesmo teórica, condicionando-se pelas circunstâncias de fato que estiverem em questão, assim como aquelas que presidam a eleição dos critérios para distinção.

A compreensão do mundo contemporâneo, em boa medida, tem sua pedra de toque na determinação do caráter público ou privado dos comportamentos humanos. Um dos fenômenos sensíveis da atualidade é o retorno do indivíduo para si próprio, destacando a satisfação absoluta de suas necessidades e aspirações de realização, sobretudo pelo caráter dinâmico por que passa a própria idéia de realização pessoal.[118] Todavia, embora o relevo do privado surja como determinante da proteção da intimidade e demais valores da esfera própria do homem-indivíduo, também na esfera pública essa nova compreensão do mundo determina alterações na concepção do espaço público e, mais propriamente, do espaço político.

O relevo das distinções entre o público e o privado, e das diferenças que em quaisquer destas esferas se possam reconhecer aos indivíduos, determina na esfera política, a assunção dessa diversidade e a sua legitimação através da iniciativa de ação política. A esfera pública, então, converte-se em termos conceituais, em espaço de tolerância e diversidade, promovendo elemento conceitual do regime democrático, a pluralidade.

O direito fundamental à liberdade de expressão passará a ser considerado como espécie de garantia institucional do Estado de Direito. Esse conceito de garantia institucional, elaborado a partir da doutrina alemã,[119] é resumido por Calzadilla em duas características. Identifica-se a garantia institucional quando determinadas instituições, organizações ou figuras formadas por complexos normativos e realidades fáticas se encontram contempladas na Constituição com o fim de proteção. E podem essas garantias referir-se a *instituições*, quando disserem com a proteção de determinados órgãos ou conjuntos de órgãos do Estado, ou *institutos*, ocasião em que se estará a referir sobre os direitos fundamentais.[120]

---

[118] Trata-se de uma característica muito própria dos tempos atuais, a necessidade de realização e reconhecimento de todo o êxito assume sempre um caráter de parcialidade, de modo que o bastante se revista de uma vaga aspiração inatingível. A busca do bastante, neste sentido, acaba por fazer o homem envolto em suas próprias aspirações. Esta situação determina a observação do outro como espécie de estranho, pela própria impossibilidade de obtenção de objetivos comuns fora da esfera pública. Como bem define Zygmunt Bauman, "nunca sabemos ao certo quando rir e quando chorar. E mal há um momento na vida, para se dizer sem escuras premonições: *tive êxito*". BAUMAN. *O mal-estar* .., p. 111. No mesmo sentido, em especial no que diz com as angústias do homem voltado a sua dimensão privada e suas conseqüências para a cultura pública, veja-se: SENNETT, Richard. *O declínio do homem público*: as tiranias da intimidade. São Paulo: Companhia das Letras, 2001, p. 411 et seq.

[119] Principalmente Carl Schmitt (*Freihetsrechte und Institutionelle Garantien den Reichverfassung*, 1931) e F. Klein (Institutionelle Garantien, 1934). Este último confeccionará o conceito definitivo de *Einrichtungsgarantie*, pelo qual a teoria passa a ser conhecida.

[120] LLAMAZARES CALZADILLAS, Maria Cruz *Las libertades de expresion e informacion como garantia del pluralismo democratico*. Madrid: Civitas, 1999, p. 34-35.

Nesse caso, a liberdade de expressão e todas as demais liberdades que enfeixa (no caso, principalmente, a liberdade de comunicação social) podem ser reconhecidas como espécies de garantias institucionais do Estado Democrático de Direito. Calzadillas, versando sobre o artigo 20 da Constituição espanhola, o qual consagra a liberdade de expressão, refere que ao mesmo tempo em que esta se configura como espécie de direito subjetivo de cada indivíduo, contém em si "el reconocimiento y la garantia de una instituición política fundamental: la opinión pública libre y plural, base del propio sistema democrático".[121] E conforme já examinamos, o vínculo necessário entre o regime democrático e o Estado Democrático de Direito permite estender em relação ao último esta consideração como direito fundamental.

No direito brasileiro, do teor das disposições constitucionais acerca da liberdade de expressão, parece-nos adequado, especialmente em relação ao disposto no artigo 5°, incisos IV e IX, e no artigo 220, da Constituição da República, a consideração da liberdade de expressão também como espécie de garantia institucional[122] do Estado Democrático de Direito.

E isso não decorre, certamente, da mera concepção dos direitos fundamentais como direitos subjetivos titulados individualmente, mas como elemento essencial à manutenção do regime político e da forma do Estado,[123] pressuposto de integridade do Estado Democrático de Direito e, por isso, premissa[124] do exercício de outros direitos estabelecidos pela Constituição.

Seção II
Conteúdo jurídico da liberdade de imprensa

A liberdade de imprensa, como espécie própria do direito fundamental de livre expressão, tem sua origem contemporânea vinculada aos objetivos centrais do liberalismo moderno. Qual seja, o de autonomia do indivíduo, dotando-o de poder, e emancipando-o em

---

[121] Ibidem, p. 45-46.

[122] Entre nós, veja-se BONAVIDES. *Curso...*, p. 495. No mesmo sentido: BRANCO, Paulo Gustavo Gonet. Aspectos da Teoria geral dos direitos fundamentais. In: MENDES, Gilmar Ferreira; COELHO, Inocência Mártires; BRANCO, Paulo Gustavo Gonet. *Hermenêutica constitucional e direitos fundamentais*. Brasília: Brasília Jurídica, 2000, p. 158-160.

[123] Neste sentido, conforme já mencionado, o exame de Heck sobre a experiência alemã. Como afirma o professor gaúcho, trata-se a liberdade de imprensa, junto a do rádio e da televisão, o instrumento mais importante na formação da opinião pública. HECK. *O Tribunal...*, p. 250-251.

[124] GARCIA, Guiomari Garson da Costa. Estado Democrático de Direito e liberdade de expressão e informação. *Revista de Direito Constitucional e Internacional*, São Paulo, n. 42, p. 258-298, jan./mar. 2003.

relação ao Estado. Nesse sentido, a liberdade de expressão, sobretudo quando exercida através da atividade de imprensa, tinha por objetivo fortalecer a ascendência da esfera privada sobre o Estado, subordinando-o aos interesses individuais comuns. E a atividade da imprensa adquiria essa natureza, em razão de ser este o modo mais eficiente de pressão desenvolvido pela sociedade civil.[125]

A liberdade de expressão por intermédio da atividade de imprensa, de sua vez, é intuitivo que se constituem de um caráter dual também sob outro critério. A expressão de produtos da razão humana ao público, através do exercício da atividade da imprensa, comporta tanto a prerrogativa de expressão de idéias e opiniões, quanto à liberdade de informação sobre fatos. O que não significa necessariamente que haja uma coincidência ou identidade sobre os critérios ou limites reconhecidos pelo direito a ambas as liberdades. Ao contrário, as características da liberdade de expressão de idéias e opiniões, que se vai genericamente identificar com a liberdade de pensamento, e a liberdade de informar fatos da realidade, são considerados juridicamente para determinação de distintos tratamentos pela doutrina e pela jurisprudência.[126]

O conceito de comunicação social, expressão que designa modernamente a atividade de imprensa – sobretudo em face da sua diversidade de meios – tem origem no latim (*communico, communicas, communicare, communicavi, communicatum*), significando pôr em comum, informar, participar.[127] E no dizer de Brito Correia, a comunicação será social, quando se dirigir a uma multiplicidade de pessoas que vivem em sociedade.[128]

Já o termo *imprensa*, que na origem dizia com a atividade de imprimir livremente, admitirá, no mínimo três conceitos. Um primeiro, *conceito amplo*, abrange as várias técnicas de difusão do pensamento para o público. O segundo, *conceito material*, restringe a imprensa, em função do conteúdo, à publicação de impressos de interesse público, excluindo publicações de interesse comercial ou de mero divertimento e recreio do público. Nessa segunda hipótese, o conceito ficaria restrito à publicação de notícias. Um terceiro significado, *conceito formal*, baseia-se apenas nos meios ou técnicas de reprodução, ficando abrangidos no mesmo apenas os impressos produzidos por processos mecânicos ou químicos que criam exemplares iguais para

---

[125] LOPEZ SAAVEDRA, Modesto. *La libertad de expresión en el Estado de derecho:* entre la utopia y la realidad. Barcelona: Ariel, 1987, p. 57 et seq.

[126] Assim, veja-se: SARAZA JIMENA, Rafael. *Libertad de expresión e información frente a honor, intimidad y propia imagen.* Pamplona: Arranzadi, 1995, p. 162-163.

[127] Conforme BRITO CORREIA. *Direito da comunicação...*, p. 23.

[128] Ibidem.

divulgação ao público, não sendo necessário que se identifique a periodicidade.[129]

No direito brasileiro, a Lei n. 5.250, de 9 de fevereiro de 1967, adota um conceito amplo de imprensa, envolvendo, além das publicações impressas, os meios de radiodifusão e as agências de notícias, estendendo de forma marcante o significado determinado pelo direito anterior (Lei n. 2.083, de 12 de novembro de 1953).[130] É nesse sentido, portanto, que tomamos a expressão *imprensa* e a referimos daqui por diante.

O direito público brasileiro, desde o princípio, ocupou-se da liberdade de imprensa. E é Pimenta Bueno, o grande juspublicista brasileiro do século XIX, quem vai considerar, pioneiro, a necessidade de distinção entre a liberdade de pensamento quando se refira à comunicação privada do mesmo, e as hipóteses em que o conteúdo do pensamento manifestado estende-se além de um certo número de pessoas, determinando uma repercussão mais ampla e, por esse motivo, a maior consideração pelo direito.[131] Observa que, em relação à imprensa, sua repercussão é sensivelmente mais significativa, uma vez que esta "consegue o assenso de muitos porque comunica-se com todos, porque põe em movimento o pensar de milhões de homens".[132]

O constitucionalista brasileiro aproveita para ressaltar o papel da imprensa política, a qual, segundo refere, "é a sentinella da liberdade, é um poder reformador dos abusos e defensor dos direitos individuaes e collectivos". Mas chama a atenção para o fato de que "[...] quando bem manejada pelo talento e pela verdade esclarece as questões e prepara a opinião, interessa a razão pública, triumpha necessariamente. É o grande theatro da discussão illustrada, cujas representações têm mudado a face do mundo político. Encandea-la fôra enthronisar o abuso e o despotismo".

Avança, entretanto, determinando então os limites presentes no direito constitucional pátrio desde suas origens. Afirma, então, que "por isso mesmo é que tal é a alta missão da imprensa, é claro que não se deve abusar della e transforma-la em instrumento de calumnia ou injuria, de desmoralisação, de crime. Sua instituição tem por fim a verdade e o direito, não os ataques grosseiros, os sarcasmos, as perfidias, a desordem e anarchia. Em taes casos os proprios direitos

---

[129] Os conceitos são de BRITO CORREIA. *Direito da comunicação...*, p. 490-491. A antiga lei portuguesa (Decreto-Lei n. 85, de 26 de fevereiro de 1975) assumia um conceito restrito e formal, enquanto a lei em vigor, de 1999, adotou em seu artigo 9°, um conceito de imprensa material. Neste sentido veja-se: PEIXE, José Manuel Valentim; FERNANDES, Paulo Silva. *A lei de imprensa comentada e anotada*. Coimbra: Almedina, 1997, em especial p. 43 et seq.

[130] MIRANDA, D. *Comentários...*, p. 101-102.

[131] PIMENTA BUENO, José Antônio. *Direito público constitucional a análise da Constituição do Império: do direito, das leis, e bibliografia do direito público*, p. 395.

[132] Ibidem, p. 396.

Responsabilidade Civil da Imprensa por Dano à Honra

individuaes e publicos sãos os que clamão pela repressão. Para evitar a parcialidade na respectiva lei regulamentar, o direito constitucional estabelece as seguintes garantias essenciaes: 1°, o direito de livre publicação não póde ser impedido; 2°, não pode haver censura prévia; 3°, o julgamento da criminalidade será de competencia do jury; tudo mais pertence á lei regulamentar, que é sujeita á reforma e perfeição, e que não póde ser immutavel".[133]

Em que pesem tais reflexões, desde sua origem como país independente, o Brasil assiste a constantes restrições à expressão de idéias e da opinião.[134] No caso da atividade da imprensa, embora expressamente permitida pelas constituições nacionais,[135] com exceção da outorgada em 1937, são reconhecidas, em qualquer tempo, tentativas de controle do conteúdo produzido pela mesma. Essas iniciativas de cerceamento da liberdade se apresentam tanto de forma direta, através de legislações que restrinjam sua atividade ou submetam à censura prévia, quanto de forma indireta, impondo restrições de natureza econômica financeira para o livre desempenho da atividade.[136]

Na Constituição vigente, o exercício da liberdade de expressão pelos meios de comunicação social resta consagrado no artigo 220 da Constituição da República, de 1988, nos termos seguintes: "Art. 220. A manifestação do pensamento, a criação, a expressão e a informação, sob qualquer forma, processo ou veículo não sofrerão qualquer restrição, observado o disposto nessa Constituição. § 1° – Nenhuma lei conterá dispositivo que possa constituir embaraço à plena liberdade de informação jornalística em qualquer veículo de comunicação social, observado o disposto no art. 5°, IV, V, X, XIII e XIV. § 2° – É vedada toda e qualquer censura de natureza política, ideológica e artística; § 3° – Compete à lei federal: I – regular as diversões e espetáculos públicos, cabendo ao Poder Público informar sobre a natureza deles, as faixas etárias a que não se recomendem, locais e horários em que sua apresentação se mostre inadequada; II – estabelecer os meios

---

[133] Ibidem, p. 396.

[134] Veja-se a respeito: SODRÉ, Nelson Werneck. *História da imprensa no Brasil*. 4. ed. atual. São Paulo: Mauad, 1999, p. 60 et seq. Sobre a crítica contemporânea do cerceamento da liberdade de imprensa por parte do poder econômico: BAHIA, Juarez. *Jornal, história e técnica*: história da imprensa brasileira, São Paulo: Ática, 1990, v.1, p. 227 et seq.

[135] Na primeira Constituição republicana, de 1891, foi prevista no artigo 72 §12, o qual mereceu de João Barbalho, em seus conhecidos *Comentários*, a seguinte referência: "[...] em um regimen democratico-representativo a imprensa livre deve considerar-se instituição de interesse publico e de caracter constitucional. O jornal informa os cidadãos de quanto o governo pratica, habilitando-os á critica dos actos d'este, denunciando os abusos de quaesquer autoridades, esclarecendo-as, muita vez, e guiando-as mesmo, no exercício de suas funcções [...] assim a imprensa constitui-se a garantia das liberdades públicas, ou, na phrase de Labouleye, a garantia das garantias." CAVALCANTI, João Barbalho Uchôa. *Constituição federal brasileira (1891): comentada*. Brasília: Senado Federal, 2002, p. 318-319.

[136] SODRÉ. *História da imprensa...*, p. 410 et seq.

legais que garantam à pessoa e à família a possibilidade de se defenderem de programas ou programações de rádio e televisão que contrariem o disposto no art. 221, bem como da propaganda de produtos, práticas e serviços que possam ser nocivos à saúde e ao meio ambiente. § 4º – A propaganda comercial de tabaco, bebidas alcoólicas, agrotóxicos, medicamentos e terapias estará sujeita a restrições legais, nos termos do inciso II do parágrafo anterior, e conterá, sempre que necessário, advertência sobre os malefícios decorrentes de seu uso. § 5º – Os meios de comunicação social não podem, direta ou indiretamente, ser objeto de monopólio ou oligopólio. § 6º – A publicação de veículo impresso de comunicação independe de licença de autoridade."

Observa-se que a própria Constituição da República determinou limites expressos ao exercício da liberdade de imprensa, os quais são referidos expressamente no § 1º do artigo 220, bem como, em relação aos meios de radiodifusão, os princípios de sua programação, fixados no artigo 221[137] da norma fundamental em vigor.

O §1º do artigo 220 da Constituição, ao tratar dos atividade de comunicação social, onde se situa a atividade da imprensa, determina que a plena liberdade de informação jornalística deve observar "o disposto no art. 5º, IV, V, X, XIII e XIV". Determinou-os, portanto, de modo expresso, como espécie de condicionantes do exercício da liberdade consagrada.[138]

O significado exato das disposições indicadas no artigo 220, § 1º, não prescinde, contudo, do exame das formas de realização ou desempenho da atividade de imprensa e, nesse sentido, os modos como a Constituição os reconhece, seja como *liberdade de informação* ou *liberdade de pensamento*.

Ambas as liberdades são consideradas direitos fundamentais autônomos entre si, mas que se associam como espécies derivadas[139] da liberdade de expressão. Nesse sentido, trata-se da prerrogativa reconhecida ao indivíduo, de dar conhecimento sobre fatos da realidades da vida e, ao mesmo tempo formular, a partir das informações que dispensa, um juízo autônomo sobre tais fatos estejam eles constatados ou não.

---

137 Assim o artigo 221 da Constituição brasileira: "Art. 221. A produção e a programação das emissoras de rádio e televisão atenderão aos seguintes princípios: I – preferência a finalidades educativas, artísticas, culturais e informativas; II – promoção da cultura nacional e regional e estímulo à produção independente que objetive sua divulgação; III – regionalização da produção cultural, artística e jornalística, conforme percentuais estabelecidos em lei; IV – respeito aos valores éticos e sociais da pessoa e da família".

138 Neste sentido: BITELLI, Marcos Alberto Sant'Anna. *O direito da comunicação e da comunicação social*. São Paulo: RT, 2004, p. 192 et seq.

139 Sobre a relação entre os conceitos de liberdade de expressão, informação e opinião ou pensamento, veja-se: CUNHA PEREIRA, Guilherme Döring. *Liberdade e responsabilidade dos meios de comunicação*. São Paulo: RT, 2003, p. 51 et seq.

2.1. A liberdade de informação

Com o advento da imprensa e dos meios de comunicação em geral, o conceito próprio de conhecimento e de percepção do mundo exterior se alterou substancialmente. Como demonstra John B. Thompsom, "a ligação entre a publicidade e sentido de percepção se modificou. Uma ação ou evento poderia agora adquirir um caráter público para outros que não estavam presentes no lugar de sua ocorrência, e que não eram capazes de vê-la ou de ouvi-la. A ligação entre publicidade e visibilidade se atenuou: uma ação ou evento não tinham que ser literalmente presenciados pelos indivíduos para se tornarem públicos. Além disso, os indivíduos que realizavam ações públicas ou participavam de eventos públicos não poderiam mais ver aqueles outros para os quais as ações e eventos eram, ou poderiam se tornar, fenômenos públicos. Tinham que agir cegamente, no sentido de que o público leitor não estava dentro do seu campo de visão. A ligação entre publicidade e visibilidade, embora significativamente atenuada, não foi, porém, totalmente eliminada: apenas projetada através do prisma da imprensa".[140]

Jürgen Habermas, de outro modo, identifica nas transformações tecnológicas que levaram ao surgimento dos meios de comunicação de massa um fenômeno de conseqüências negativas. Observa o filósofo alemão que o debate ativo entre os cidadãos informados foi substituído pela apropriação privatizada dessa conversa que é realizada em nome deles.[141]

Os avanços tecnológicos observados em relação aos meios de comunicação, inclusive com o surgimento de novos meios, alteraram substancialmente as formas de expressão de idéias e informações e – sobretudo – os efeitos de sua divulgação, uma vez que atingindo de forma direta um número cada vez maior de pessoas. Nesse contexto é que a liberdade de informação assume uma importância decisiva, seja na formação da vontade política, seja na determinação de um determinado conceito social comum, a partir das informações tornadas públicas com tal finalidade.

Como é próprio à atividade de comunicação social, *informar* significa projetar externamente a um dado conhecimento ou manifestação do espírito humano inspirado pela razão. Nesse sentido, o exercício da liberdade de informação envolverá sempre a participação do titular que exerce a liberdade na determinação do conteúdo divulgado publicamente para a comunidade ou um grupo mais restrito de pessoas.

---

[140] THOMPSON, John B. *A mídia e a modernidade: teoria social da mídia*. São Paulo: Vozes, 1995, p. 116-117.

[141] HABERMAS, Jürgen. *The structural transformation of the public sphere: an inquiry into a category of bourgeois society*. Cambridge: Polity, 1989, p. 164. (Tradução livre do autor).

É o que René Ariel Dotti vai destacar entre o direito ao fato e o direito à notícia. A notícia, segundo refere, "pode ser definida como a relação de conhecimento entre um sujeito e uma realidade (a manifestação, o fato, um documento). É o resultado de uma atividade informativa em relação ao qual surge tal "relação de conhecimento".[142] Nesse sentido, nota que o conceito de informação não desvincula de uma certa dimensão deontológica, uma vez que resta ao titular da liberdade um dever de não deformá-la quando de sua divulgação ao público.[143]

A liberdade de informação ao mesmo tempo, uma vez que remete à prerrogativa do conhecimento sobre fatos, como decorrência lógica vai dizer respeito também com a possibilidade do acesso às fontes, bem como uma espécie de direito subjetivo à investigação.[144] Essa prerrogativa, aliás, está presente no ordenamento constitucional brasileiro, no artigo 5º, inciso XIV, da Constituição em vigor.[145] Note-se, entretanto, que a mesma não é absoluta, estando sob o marco legal da atuação do legislador ao regulamentar as diversas relações da vida de onde se originam tais informações. É o caso das informações relativas a fatos referidos em processo judicial[146] ou quando as informações reveladas, ainda que verdadeiras, avançam sobre elementos resguardados pelo direito fundamental de outrem,[147] como no caso da proteção da vida privada ou da intimidade.[148]

---

142 DOTTI. *Proteção da vida privada...*, p. 169.

143 Ibidem.

144 Ibidem, p. 169-171.

145 "Art. 5º, inciso XIV – é assegurado a todos o acesso à informação e resguardado o sigilo da fonte, quando necessário ao exercício profissional".

146 As garantias processuais genéricas estabelecidas pela Constituição em relação ao processo, em especial a cláusula do devido processo, pode determinar em várias hipóteses, que o mesmo tenha sua tramitação resguardada pelo segredo ("segredo de justiça"). O Tribunal Constitucional Alemão, em decisão recente (Sentença de 24 de janeiro de 2001), concluiu que as audiências judiciais, em que pese serem fontes de informação, submetem-se à regulação que o legislador ordinário indicar ao processo. Neste sentido, definiu que a proibição das tomadas televisivas, de rádio e as gravações durante as audiências judiciais é constitucional (BVerfGE103,44). SCHWABE. *Cincuenta años...*, p. 155-156. Entre nós, Ana Lúcia Vieira aponta como limites à liberdade de informação sobre o processo penal, os direitos da personalidade do acusado, a presunção de inocência insculpida na Constituição, o direito de ressocialização do sentenciado, e garantia de imparcialidade do juiz. VIEIRA, Ana Lúcia Menezes. *Processo penal e mídia*. São Paulo: RT, 2003, p. 154 et seq.

147 MONFORT, Jean Yves. La publication d'informations interdites et le procès penal. In: DUPEUX, Jean-Yves; LACABARATS, Alain. *Liberté de la presse et droits de la personne*. Paris: Dalloz, 1997, p. 105-114.

148 CUNHA PEREIRA. *Liberdade e responsabilidade...*, p. 99-100. Para a conformação histórica do conceito, WARREN, Samuel; BRANDEIS, Louis. The right of privacy. *Harvard Law Review*, v. 4, n.5, p. 193-220, 1890. E na tradução espanhola WARREN, Samuel; BRANDEIS, Louis. *El derecho a la intimidad*. Madrid Civitas, 1995. Para uma visão do desenvolvimento jurisprudencial nos Estados Unidos, dos conceitos relativos à privacidade, veja-se: CASTANHO DE CARVALHO. *Direito de informação..*, p. 261-282.

Responsabilidade Civil da Imprensa por Dano à Honra

Daí por que podemos concluir[149] que o direito fundamental à liberdade de informação, em sua conformação constitucional, é o direito de receber, acessar e difundir informações, de acordo com uma relação de adequação jurídica e fática entre o conteúdo da informação difundida e o evento a que ela se refere.

2.1.1. O direito de informar e o direito à informação

O direito fundamental de liberdade de informação, entretanto, não se restringe à prerrogativa de difundir informações. Segundo observa Luis de la Serna, "la libertad de información entraña una doble faceta: la libertad de información activa, es decir, el derecho a comunicar libremente información veraz por cualquier medio de difusión y la libertad pasiva o derecho a recibir aquélla, a las que habría que añadir la libertad de creación y gestión de empresas informativas".[150] Prossegue então, que a mesma pode ser entendida em sentido amplo, como liberdade de imprensa e, como tal é própria essencialmente da profissão jornalística.

Entre nós, esse caráter dúplice da liberdade de informação é reconhecido amplamente pela doutrina especializada.[151] Para Castanho de Carvalho, ela divide-se em cinco elementos, quais sejam: *faculdade de investigar; dever de informar; direito de informar; direito de ser informado; e faculdade de receber ou não a informação*.[152] Esse conteúdo amplo vai determinar a observação de alguns princípios, que expõem o professor carioca como sendo *a liberdade, o interesse público, a verdade, o pluralismo e a responsabilidade*.[153]

A Constituição da República consagra de modo expresso o caráter dúplice da liberdade de informar. O artigo 5º, inciso IX, estabelece como direito fundamental a expressão da atividade de comunicação, ao passo que o inciso XIV do mesmo artigo, como já referimos, assegura a todos o acesso à informação.

A liberdade de informação, quando exercida através da atividade de imprensa, não se determina apenas como fundamento de um direito dos órgãos de comunicação social, de difusão da informação, mas em sentido idêntico, impõe aos mesmos a subordinação a deveres específicos, cuja violação importará o caráter ilícito da conduta.

E esses deveres, a nosso ver, tem idêntica sede constitucional. Em primeiro lugar, o mesmo inciso XIV do artigo 5º da Constituição, que

---

[149] Conforme fizemos em: MIRAGEM. *A Liberdade de Expressão...*, p. 19.

[150] ESCOBAR DE LA SERNA. *Derecho de...*, p. 292-293.

[150] Ibidem, p. 292-293.

[152] CASTANHO DE CARVALHO. *Direito de informação...*, p. 150.

[153] Ibidem, p. 155-162.

consagra o direito de acesso à informação, o estabelece em caráter geral, *a todos*. Nesse sentido, tanto é titular do direito o órgão de comunicação social, quanto o destinatário da informação, e que a obtém através desse órgão. Daí por que se observa a mesma norma constitucional como fonte de um *dever de adequação da informação*, a ser difundido pelo órgão de imprensa.

O *dever de adequação da informação* será relacionado a dois critérios distintos: uma relação de adequação jurídica e uma relação de adequação fática. A adequação jurídica se demonstra pela estrita observação das normas incidentes no processo de obtenção, determinação do conteúdo e difusão da informação. Nesse sentido, é intuitivo que informações obtidas mediante a violação de direitos fundamentais da pessoa não poderão ser difundidas de forma lícita, em que pese o conceito de *violação*, sobre o qual vamos nos debruçar mais adiante, deva ser examinado em função das características reconhecidas à liberdade de expressão no Estado Democrático de Direito. Mas sem dúvida será o caso das informações que, por exemplo, tenham sido obtidas mediante a violação do sigilo de comunicação, determinado no artigo 5º, inciso XII,[154] da Constituição da República, em que já sua forma de obtenção vai caracterizar-se como ilícita.

Ao mesmo tempo, a difusão da informação também responde a deveres específicos,[155] como poderá ser o caso de determinadas exigências de horário ou de restrição de acesso a determinado grupo de pessoas a informações que possam causar a estas um impacto ou gravame excessivamente perturbador. É o caso, por exemplo, da proteção endereçada à criança e ao adolescente pelos artigos 76, 78 e 79 da Lei 8.069, de 13 de julho de 1990.[156]

Entretanto, dos deveres jurídicos mais sensíveis reconhecidos à liberdade de informação, no regime que lhe determina a Constituição, é aquele que se reporta à fase de formação do seu conteúdo pela imprensa. Nesse caso, além dos deveres técnicos próprios que se deve exigir de quem desempenha a atividade jornalística (na hipótese, o profissional jornalista) existem deveres genéricos relativamente à determinação do conteúdo da informação, que vão situar-se no âmbito do dever de adequação fática do exercício do direito. Identificam-se,

---

154 "XII – é inviolável o sigilo da correspondência e das comunicações telegráficas, de dados e das comunicações telefônicas, salvo, no último caso, por ordem judicial, nas hipóteses e na forma que a lei estabelecer para fins de investigação criminal ou instrução processual penal;"

155 Não se deve confundir, neste caso, a definição objetiva de *dever jurídico*, de caráter cogente, com norma de natureza facultativa, como a do artigo 221 da Constituição, que estabelece *conteúdos preferenciais* à programação de rádio e televisão.

156 Em que pese a ênfase do Estatuto da Criança e do Adolescente seja, nesta parte, o estabelecimento de restrições diversões e espetáculos públicos, os artigos mencionados dizem, de modo direto, também como difusão de informações.

basicamente, dois deveres, quais sejam, os deveres de veracidade[157] e pertinência.

Trata-se de deveres interdependentes, na medida em que a objetividade será o pressuposto exigido para que se alcance um conteúdo verdadeiro. Nesse mesmo sentido, Pizarro, para quem "a objetividade não é outra coisa senão a adequação que deve existir entre o comunicado e a realidade [...]".[158] O dever de veracidade, de sua vez, refere-se a uma relação de adequação entre a informação produzida e os fatos da vida que compõem seu conteúdo.

2.1.2. *O direito à informação verdadeira e o conteúdo do dever de veracidade*

A questão que se coloca em relação ao dever de veracidade é a de em que medida é possível atestar a possibilidade do cumprimento integral – pleno – desse dever. A questão situa-se na dúvida sobre a existência ou não da verdade como um conceito objetivo e, para além disto, de que maneira essa possibilidade de identificação vincula o titular da liberdade de informação ao exercê-la.

O problema remete a questões de ordem filosófica que, dados os limites da discussão em tela, preferimos não avançar. Entretanto, dentre os juristas que apontam a veracidade como dever jurídico correlato à liberdade de informação, a definição objetiva desse conceito refere-se à relação de adequação entre o conteúdo da informação e a realidade.[159]

Hannah Arendt vai referir que a verdade baseada em fatos é algo distinto da verdade em sentido filosófico ou científico, uma vez que essas últimas são obtidas pelo filósofo ou pelo cientista, de acordo com métodos ou critérios de transcendência seus.[160] Nesse sentido, o que se vai valorizar nesse caso é a coerência e a adequação lógica entre os pressupostos eleitos e a conclusão alcançada.

---

[157] Assim decisão do TJRJ: "Ação ordinária. Danos morais. Notícia veiculada na imprensa. Sentença improcedente. Recurso de Apelação. Manutenção. Quando as notícias têm suporte em fatos verdadeiros e levados à divulgação, não há como impor qualquer condenação. Aplicação dos arts. 220 e 224 e art. 5°, IV e XIV da Constituição Federal. Desprovimento do recurso." (Tribunal de Justiça do Rio de Janeiro. Apelação Cível n° 2001.001.19183. Relator: Des. Otávio Rodrigues. j. 20 mar. 2001, publicado em 24 abr. 2001).

[158] PIZARRO, Ramón. *Responsabilidad civil de los medios masivos de comunicación:* daños por noticias inexactas o agraviantes. Buenos Aires: Hammurabi, 1991, p. 157 apud CUNHA PEREIRA, *Liberdade...*, p. 157. Enéas Garcia observa o dever de objetividade, especialmente a partir da doutrina e jurisprudência francesa, caracterizando-a como um dever de honestidade intelectual ou de sinceridade do jornalista. GARCIA, Enéas Costa. *Responsabilidade civil dos meios de comunicação*. São Paulo: Juarez de Oliveira, 2002, p. 265-266.

[159] CUNHA PEREIRA. *Liberdade...*, p. 160. CASTANHO DE CARVALHO, Luis Grandinetti. *Liberdade de informação e o direito difuso à informação verdadeira*. Rio de Janeiro: Renovar, 1994, p. 61-62.

[160] ARENDT. *Verdade e política*, p. 284.

No que refere à verdade baseada em fatos, entretanto, a mesma diz respeito a eventos que se realizam num contexto em que podem se envolver várias pessoas, devendo aquilo que se compreende por verdade ser estabelecido por testemunhas, dependendo de comprovação. A existência da verdade, nesse sentido, será dependente do que dela se vai mencionar.[161]

Daí por que vai considerar Hannah Arendt que a marca definitiva da verdade baseada em fatos não será necessariamente o erro, em razão de uma falsa impressão, involuntária, da realidade, mas sim a mentira, a falsidade deliberada.[162]

Nesse contexto é que a objetividade do fato cede, em maior ou menor medida, às paixões e sensações do autor da informação, confundindo-se com o conceito de versão sobre a verdade, cuja existência pretérita e externa ao autor da informação, será sempre um fator que vai exigir uma interpretação, com a carga de subjetividade que esta possa impor.

Essa consideração determinará conseqüências, em especial no desempenho da atividade dos órgãos de imprensa, quando defrontados com um direito subjetivo à informação verdadeira consagrado pela Constituição da República. No direito espanhol, por exemplo, o Tribunal Constitucional consolidou sua posição no sentido de que o exercício da liberdade de informação previsto no artigo 20 da Constituição de 1978 implica, necessariamente, o respeito à veracidade das informações difundidas.[163] Este, de sua vez, se há de atestar pelo cumprimento do dever de diligência na averiguação sobre a correção dos fatos de que trata a informação.

As considerações que circunscrevem o exercício da liberdade de informação aos deveres de objetividade e exatidão – cujo cumprimento comprova-se pela relação de adequação básica entre o seu conteúdo e a realidade fática que o compõe, indicam nesses elementos necessários para aferição da regularidade do exercício do direito fundamental. Não será, entretanto, o que vai se observar em relação à liberdade de pensamento, em que o conteúdo de tais deveres será amenizado, mas não completamente desconsiderados.

2.2. A liberdade de pensamento

A outra face do direito-liberdade de expressão que se há de reconhecer aos órgãos de comunicação social é o que ora se denomina

---

[161] ARENDT. Verdade e política, p. 295.

[162] Ibidem, p. 308.

[163] ESCOBAR DE LA SERNA. *Derecho...*, p. 293. Menciona o autor as sentenças 107/1988, de 8 de junho, e 6/1988, de 21 de janeiro.

liberdade de pensamento. Em relação a esse conceito há de se reconhecer, preliminarmente, a pluralidade de denominações que recebe dos diversos ordenamentos jurídicos como liberdade de opinião[164] ou simplesmente a manifestação do pensamento.[165]

A liberdade de pensamento deriva da liberdade de expressão como espécie sua.[166] Configura-se como espécie de liberdade autônoma, dizendo com o reconhecimento jurídico do uso da faculdade da razão pelo indivíduo. E nesse sentido, conforme já afirmamos, trata-se de conceito indissociável da liberdade de expressão, uma vez que não se há como adquirir certeza sobre o conteúdo do pensamento, se este não puder ser exposto à crítica pública.[167] Em sentido distinto, Pontes de Miranda distingue a liberdade de manifestação de pensamento da liberdade de pensamento, sendo a primeira o direito do *indivíduo em suas relações com os outros*, enquanto a segunda diria com o *indivíduo sozinho*. E aproveita, ainda, para distinguir ambos da inviolabilidade de correspondência, a qual se caracterizaria como espécie de direito de não emitir o pensamento.[168]

E, ainda que se vincule a liberdade de pensamento ao uso público da faculdade racional não se restringe nos limites desta a única possibilidade de manifestação humana para a comunidade. O ser humano não se vale apenas da razão como fundamento das suas manifestações e representações, mas também de características psicológicas ou mesmo o próprio sentimento.[169] Estes não se vinculam necessariamente ao uso da razão, mas podem associar-se a características psíquicas inconscientes ou mesmo fenômenos bioquímicos determinantes de reações exteriorizadas pelo homem.

---

[164] Assim, por exemplo, no direito alemão, artigo 5º da Lei fundamental, e no direito espanhol, art. 20 da Constituição Espanhola de 1978.

[165] Assim o direito brasileiro anterior, como, por exemplo, o artigo 179 da Constituição de 1824; artigo 72, § 12 da Constituição de 1891, artigo 113, § 9º da Constituição de 1934; artigo 141, § 5º da Constituição de 1946 e o art. 153, § 8º da Constituição de 1967, e o atual artigo 5º, inciso IV, da Constituição de 1988. A Constituição de 1937 faz referência ao direito de manifestar o pensamento, entretanto, estabelecendo uma série de restrições no próprio texto constitucional (art. 122, inciso XV, alíneas "a" a "g").

[166] Em sentido diverso, o entendimento de Jabur, para quem os termos expressão e opinião devem ser tomados como sinônimos. JABUR, Geraldo Haddad. *Liberdade de pensamento e direito à vida privada*. São Paulo: RT, 2000, p. 160.

[167] Esta consideração, como já mencionamos, é de KANT. *Que significa...*, p. 110-111. Concorda expressamente com a definição, MIRANDA, J. *Manual...*, v.4, p. 399.

[168] PONTES DE MIRANDA, Francisco Cavalcanti. *Comentários à Constituição de 1967 com a Emenda n. 1, de 1969*. Rio de Janeiro: Forense, 1987, v.5, p. 148.

[169] Dentre outras formas de expressão abrigadas sob o direito de liberdade genérica reconhecido ao ser humano, Pontes de Miranda vai mencionar ainda os gestos ou mesmo as ações inconscientemente tomadas pelo ser humano, por impulsos ou tendências. Lembra o jurista que "a liberdade do homem primitivo acha-se estreitamente ligada a impulsos e tendências, a arrancos apetitivos, aqui e ali refreados ou expandidos pelas formas mágicas". PONTES DE MIRANDA. *Comentários à Constituição...*, p. 155.

Um dos exemplos mais significativos da amplitude das formas de expressão humana e do seu reconhecimento pelo direito é a liberdade artística,[170] consagrada pelo direito brasileiro sob o signo genérico da liberdade de expressão, no artigo 5º, inciso IX, da Constituição da República. Esta refere: "é livre a expressão da atividade [...] artística [...]". Consagra a nosso ver, tanto a direito de criação do indivíduo,[171] quanto o direito de acesso aos bens culturais e artísticos em geral, com fundamento nos direitos culturais de que tratam os artigos 215 e 216 da Constituição da República.

No caso, entretanto, a consideração da liberdade de expressão artística como espécie distinta da liberdade de pensamento não prescinde do que se considere artístico e qual o elemento propulsor dessa atividade. Trata-se, pois, de determinar se a arte é algo estranho à razão, produto exclusivo de elementos atemporais como a afeição ou sentimento pelo belo,[172] ou se serve apenas como forma de expressão de uma idéia.[173] E mesmo o fato da liberdade poderá prescindir, em sentido jurídico, do perfeito gozo da razão.[174]

---

[170] Para a criação artística como expressão dos direitos da personalidade, veja-se: FERREIRA, Eduardo André Folque. Liberdade de criação artística, liberdade de expressão e sentimentos religiosos. *Revista da Faculdade de Direito da Universidade de Lisboa*, Lisboa, v. 42, n. 1, p. 229-285, 2001.

[171] Segundo San Luca, tal liberdade ocorre quando uma sociedade oferece ao artista a possibilidade de se exprimir "artisticamente" de modo livre em o vincular nos conteúdos da expressão e satisfazendo-lhe as necessidades de expressão que inibiriam sua atividade. SAN LUCA, Guido Clemente. *Libertá dell'arte e potere amministrativo: L'interpretazione constituzionale*, Nápoles, 1993, p. 80 apud FERREIRA, E., Liberdade de..., p. 249.

[172] Estas discussões se colocam como pano de fundo da crítica artística em geral, sobre a possibilidade e conveniência da decantada idéia da "arte pela arte", bandeira do modernismo e outros movimentos de contestação artística do século XX, ou da noção de expressão artística como veículo de uma idéia, uma concepção sobre algo, a qual se pretende dar a conhecer através da obra estranha ao sujeito. Examinando a tendência cultural e artística pós-moderna do *kitsch*, Umberto Eco, com extrema agudeza, provoca: "Bastaria que um só indivíduo, excitado pela leitura de Bradbury, tivesse o seu primeiro contato com Picasso, e diante de suas obras, reproduzidas em algum livro, encontrasse o caminho para uma aventura pessoal, na qual o estímulo de Bradbury, ora consumido, desse lugar a uma vigorosa e original conquista, agora de um modo de formar [...] bastaria isso para que se pusessem de quarentena todas as definições teóricas sobre o bom e o mau gosto". ECO, Umberto. A estrutura do mau gosto. *Apocalípticos e integrados*. 6. ed. São Paulo: Perspectiva, 2001, p. 125. Interessante, igualmente a definição que o pensador italiano indica à cultura "kitsch", como aquilo que "surge consumido; o que chega às massas ou ao público médio porque está consumido; e que se consome (e se depaupera), porque o uso a que foi submetido por um grande número de consumidores lhe apressou e aprofundou o desgaste". Ibidem, p. 100.

[173] Neste sentido, igualmente, a aferição sobre a presença e a função do elemento intencional na iniciativa de expressão artística. Neste sentido, Searle, para quem intencionalidade é a "propriedade de muitos estados e eventos mentais, pela qual estes são dirigidos para ou acerca de objetos e estados de coisas no mundo". Exemplifica então afirmando que se alguém tiver uma crença, esta crença é de que algo seja de determinado modo; uma intenção, como a intenção de fazer algo. Trata-se, assim, de direcionalidade ou aproximação de algo. SEARLE, John R. *Intencionalidade*. Tradução Júlio Fischer, Tomás Rosa Bueno. São Paulo: Martins Fontes, 1995, p. 1-2. Este autor vai aproximar este conceito, então de uma espécie de abordagem biológica. Op. cit., p. 100.

[174] Neste sentido, o regime jurídico da capacidade de fato ou de exercício de direitos, e as conseqüências que indica em relação aos que diagnosticados como portadores de alguma defi-

Malgradas as dificuldades de determinação da liberdade artística como espécie autônoma, ou modo de expressão do pensamento, o seu exercício nem por isso deixa de provocar problemas, sobretudo no que diz com a determinação dos limites jurídicos do seu exercício. Muitos defendem que a arte é expressão que se completa apenas com a impressão que causa no receptor da mensagem, a qual, inclusive, será o aspecto determinante do seu significado, permitindo a existência de diversos deles.[175]

Nesse sentido, o Tribunal Constitucional Alemão proclamou sentença de enorme repercussão no célebre *caso Mephisto*, de 1971 (BVerfGE 30,173). Versava o recurso de amparo dirigido ao Tribunal, da proibição judicial que obteve o filho adotivo e único herdeiro do ator e diretor Gustaf Gründgens, para que não fosse reproduzida, distribuída, nem publicada a obra *Mephisto Roman einer Karriere*, de autoria do escritor Klaus Mann, cuja primeira edição fora publicada em Amsterdã, na Holanda, em 1946, sendo lançada em Berlim Oriental no ano de 1956. O argumento do romance era de que um talentoso ator, Hendrik Hörgen, para fazer sucesso em sua carreira, celebra um pacto com os detentores do poder na Alemanha sob o regime nacional-socialista, abandonando todo e qualquer vínculo humano ou ético. A personagem em questão, entretanto, fora inspirada no ator Gustaf Gründgen, cujo filho requereu a proibição de veiculação da obra na Alemanha.[176]

O Tribunal Constitucional fixou a controvérsia no conflito entre a esfera da personalidade do ator falecido e de seu filho adotivo (art. 1, 1, da Lei Fundamental), e a liberdade artística (art. 5, número 3, frase 1, da Lei Fundamental). Em favor da prevalência do exercício da liberdade artística, referiu a decisão que "el arte, con su carácter autónomo y que obedece a leyes propias, se encuentra protegido sin reserva alguna por el art. 5 num. 3 LF. Los intentos de restringir la libertad artística circunscribiendo el concepto de arte mediante una interpretación amplia, o la analogia, con base en las restricciones contempladas en otras disposiciones constitucionales, deben fracasar en vista de las claras disposiciones del art. 5, num. 3, frase 1 LF".[177]

---

ciência da razão (os loucos de todo gênero do artigo 3º do Código Civil de 1916 a que o novo Código Civil de 2002 preferiu identificar como acometidos de enfermidade mental, no seu artigo 5º). Para uma visão crítica destas concepções, veja-se: FOUCAULT, Michel. *História da loucura*. Tradução José Teixeira Coelho Neto. 6. ed. São Paulo: Perspectiva, 2000, p. 435 et seq.

[175] ECO, Umberto. *Obra aberta*. Tradução Giovanni Cutolo. 8. ed. São Paulo: Perspectiva, 2001, p. 137 et seq.

[176] O relato do caso se dá de acordo com a tradução da decisão do Tribunal, constante em SCHWABE, *Cincuenta años...*, p. 174-177.

[177] SCHWABE, BVerfGE 30, 173, p. 176.

Considerou o Tribunal, igualmente, que, não havendo reserva legal expressa do texto constitucional, eventuais limites ao exercício dessa liberdade só poderiam decorrer da própria Lei Fundamental.[178]

Em sentido contrário, todavia, houve a consideração de que "como parte del sistema de valores de los derechos fundamentales, la libertad artística se encuentra subordinada a la dignidad humana, garantizada en el art. 1 LF, que como valor supremo domina la totalidad del sistema de valores de los derechos fundamentales [...]".[179]

No caso, em que pese a ausência de limitação no texto da Lei Fundamental, nota-se que o Tribunal Constitucional reconheceu no princípio da dignidade da pessoa humana o limite ao qual se subordina o exercício de todos os direitos fundamentais.[180]

A liberdade de pensamento, cuja manifestação pode se dar de diversas maneiras, dentre as quais a liberdade de opinião, a liberdade artística e a liberdade de cátedra, tem suas delimitação conceitual ampliada até o limite em que não interfiram em outros direitos fundamentais. Essa consideração, todavia, não serve por si só para afastar dúvidas relativamente às fronteiras do exercício lícito dessa liberdade, o que no mais das vezes, deverá ser respondido examinando as circunstâncias do caso.

2.2.1. Conceito e extensão da liberdade de pensamento

A Constituição da República consagra a liberdade de manifestação do pensamento de modo expresso, no artigo 5°, inciso IV, e de modo reflexo no inciso IX, quando estabelece a liberdade de expressão da atividade intelectual, artística, científica e de comunicação, independente de censura ou licença.

A liberdade de pensamento, assim, podemos identificar como sendo a prerrogativa reconhecida a todos os seres humanos, de formularem juízos sobre fatos e fazê-los conhecer, se assim o desejarem, pelo público. Como já afirmamos em outro momento, é a forma de expressão, por excelência, das criações do espírito humano,[181] e nesse sentido, a liberdade a ser reconhecida ao indivíduo na formação de seus juízos pessoais está associado à própria autonomia que se reconhece ao indivíduo, como expressão da sua dignidade.

---

[178] SCHWABE, BVerfGE 30, p. 176. No mesmo sentido, veja-se: MENDES, Gilmar Ferreira. Colisão de direitos fundamentais: liberdade de expressão e de comunicação e direito à honra e à imagem. In: ——. *Direitos fundamentais e controle de constitucionalidade*. 2. ed. rev. e ampl. São Paulo: Celso Bastos, 1999, p. 93-94.

[179] SCHWABE, op. cit., p. 177.

[180] Em direito brasileiro, vejam-se as interessantes reflexões de Marcos Alberto Sant'Anna Bitelli. *O direito da comunicação...*, p. 170-174.

[181] MIRAGEM. *A liberdade de expressão...*, p. 19.

Os modos como vai se apresentar a liberdade de pensamento merecem ser considerados como sendo todas as espécies de intervenções realizadas pelo indivíduo na realidade ou sobre ela, através do recurso a faculdades intelectivas de que é possuidor como ser racional.

No caso da liberdade de imprensa, a liberdade de pensamento se concretiza do modo próprio, através do denominado direito de crítica, consagrado pelo direito brasileiro no artigo 27 da Lei 5.250/1967. Essa disposição presente na Lei de Imprensa determina espécie de excludente de ilicitude[182] ao estabelecer no *caput* que "não constituem abusos no exercício da liberdade de manifestação do pensamento e da informação [...]", após o que enuncia uma série de hipóteses, dentre as quais a do inciso primeiro que exclui: "I – a opinião desfavorável da crítica, literária, artística, científica ou desportiva, salvo quando inequívoca a intenção de injuriar ou difamar [...]".

Daí, por exemplo, o magistério de Serrano Neves, para quem a crítica é espécie de apreciação construtiva, reparadora, analítica ou corregedora,[183] não o fazendo quem tem apenas o prazer de contestar.[184] Em verdade, o que se observa da mencionada lei, devendo-se referir, ainda, o parágrafo único do mesmo artigo 27,[185] é de que o que esta visa a sancionar é o exercício emulativo da liberdade de pensamento o que realizado através da atividade de imprensa se torna especialmente grave, considerando a repercussão negativa que a mencionada atuação ilícita pode determinar.

2.2.2. Limites à liberdade de pensamento

O reconhecimento de limites ao exercício da liberdade de pensamento através da imprensa exige a atenção a uma série de pressupostos. Em primeiro lugar, o fato de a Constituição da República vedar expressamente, no artigo 220, § 2º, qualquer espécie de censura, bem como o § 1º do mesmo artigo impedir o legislador ordinário de estabelecer qualquer embaraço à plena liberdade de informação jornalística.

De qualquer modo, retomamos a consideração de que o artigo 5º, inciso XIV, da Constituição garante a todos o acesso à informação. E

---

[182] Superior Tribunal de Justiça. *Habeas Corpus* n. 16982/RJ. Relator: Min. Félix Fischer. *DJU* 29 out. 1991, p. 229; Tribunal de Justiça do Rio Grande do Sul. Ap Civ 70000631119. Relator: Des. Clarindo Favretto.

[183] Tribunal de Justiça do Rio Grande do Sul. Apelação Cível n. 70000486878. Relator: Des. Clarindo Favretto; Tribunal de Justiça do Rio Grande do Sul. Apelação Cível n. 70000617340. Relator: Des. Antônio Palmeiro da Fontoura.

[184] SERRANO NEVES, Francisco de Assis. *Direito de imprensa*. São Paulo: José Bushatsky, 1977, p. 368-369.

[185] "Parágrafo único – Nos casos dos incisos II a VI desse artigo, a reprodução ou noticiário que contenha injúria, calúnia ou difamação deixará de constituir abuso no exercíco da liberdade de informação, se forem fiéis e feitas de modo que não demonstrem má-fé."

como já tivemos a oportunidade de mencionar antes, esse direito será titulado tanto pelos que irão emitir a informação, quanto pelos indivíduos em geral, cujo direito de acesso será oposto aos que produzem e transmitem a informação, para que o façam do modo correto. Das características da relação jurídica determinada pelo artigo 5º, inciso XIV (que estabelece um direito oponível *erga omnes*), é que surge o dever de veracidade na produção e transmissão da informação.

O critério para atestar a veracidade da informação, mencionamos, é a relação de adequação entre o fato da vida e conteúdo da informação que a ele se refere. No caso da liberdade de pensamento, contudo, em que o conteúdo do juízo formado no exercício da liberdade não se restringe a um conceito de verdade (ou pelo menos a *um só conceito* de verdade), é possível exigir o estrito cumprimento do dever de veracidade? Entendemos que sim.

A Corte Constitucional espanhola já há alguns anos pontificou em sua jurisprudência que a liberdade de opinião deve observar o dever de veracidade.[186] Entretanto, esse dever não se confunde com a verdade material reconhecida no processo penal, pois isto restringiria demasiadamente a liberdade de expressão. O respeito ao dever de veracidade, nesse sentido, será comprovada através da adoção de uma conduta diligente.[187]

A evolução jurisprudencial do Tribunal Constitucional espanhol, entretanto, vai reconhecer que o requisito de veracidade deverá ser exigido da informação, não se podendo reclamar o mesmo em relação a juízos ou valorizações pessoais ou subjetivas (STC 105, 1990).[188]

No caso da liberdade de pensamento exercida através da imprensa, a formação de juízos críticos sobre a realidade se dá sobre fatos da vida. Nesse sentido, em que pese a subjetividade inerente à atividade de produção e transmissão da informação, e a que está presente no enfoque do próprio titular da liberdade de pensamento, ao exercê-la, é de se reconhecer a existência de um conteúdo mínimo de significado

---

186 Sentença 6/1988, do Tribunal Constitucional Espanhol. Por ironia, diz respeito a uma espécie de filtro que se estabeleceu no oferecimento de informações pela assessoria de imprensa do Ministério da Justiça preferencialmente a alguns veículos de comunicação, em detrimento dos demais, estabelecendo um tratamento desigual no acesso à informação. Neste sentido, o autor do recurso ao Tribunal foi um funcionário do órgão estatal que, tendo se manifestado contra o filtro das informações, terminou sendo punido em razão da sua opinião. Neste caso, comprovada a veracidade do objeto da crítica, entendeu o Tribunal por preservar o direito à liberdade de expressão do funcionário em questão. Tratou-se, na hipótese, de eficácia do direito fundamental à liberdade de expressão à relação entre particulares, no caso, a relação trabalhista existente entre o funcionário e o órgão em que trabalhava (Ministério da Justiça). Conforme: BILBAO UBILLOS. *La eficacia...*, p. 527-533.

187 ESCOBAR DE LA SERNA. *Derecho...*, p. 294.

188 FERIJEDO, Francisco J. Bastida; MENÉNDEZ, Ignacio Villaverde. *Libertades de expresión e información y medios de comunicación.*: prontuario de jurisprudencia constitucional (1981-1998). Navarra: Aranzadi, 1998, p. 55-56. Na jurisprudência brasileira: Supremo Tribunal Federal. Inquérito 503/RJ. Relator Min. Sepúlveda Pertence. Publicado *DJU* 26 mar. 1993.

que deve ser respeitado, sob pena da caracterização, ou de culpa grave, ou da falsidade deliberada a que referia Hannah Arendt.[189]

A Constituição brasileira, em relação aos limites reconhecidos à manifestação do pensamento, vedou apenas que esta se fizesse sob o manto do anonimato. Entretanto, quando se tratou da atividade dos órgãos de comunicação social, o artigo 220, § 1º, determinou que não haverá a constituição de embaraço à plena liberdade de informação jornalística, devendo ser observado o disposto no artigo 5º, incisos IV, V, X, XIII e XIV. Tais disposições constituem, desse modo, os limites explícitos da Constituição à liberdade de imprensa como um todo, uma vez que ao se referir à *informação jornalística*, esta compreenderá, a nosso ver, toda e qualquer informação veiculada pelos sujeitos passivos dos deveres estabelecidos nos artigos 220 e seguintes da Constituição, quais sejam os órgãos de comunicação social ou, simplesmente, órgãos de imprensa.

---

[189] ARENDT. *Verdade e política*, p. 44.

Capítulo II

A PROTEÇÃO JURÍDICA DA PESSOA E OS DIREITOS DA PERSONALIDADE

A evolução do direito privado moderno não é infensa a problemas concretos sobre sua aplicação. Mais recentemente, esses problemas de aplicação passaram a se revelar na crítica à excessiva abstração do direito civil clássico,[190] formado a partir da inspiração do jusracionalismo dos séculos XVII e XVIII, e seu distanciamento do valor último considerado pelo direito a partir da segunda metade do século XX, que é a pessoa humana[191] e sua dignidade.

Tal consideração determinará conseqüências sensíveis para o direito, com a elevação da pessoa humana e sua proteção jurídica à categoria principal de referência. Nesse sentido, a própria regulação jurídica da pessoa será o campo, por excelência, da superação da dicotomia igualmente clássica entre o direito público e o direito privado.[192] Deixa de ser o Estado e a sua presença em dadas relações jurídicas, o elemento de distintivo do âmbito das relações de direito público e de direito privado, passando a pessoa humana, e a preocupação com sua preservação, a ser o elemento de convergência de todo ordenamento jurídico, com vistas à promoção de sua proteção integral.[193]

O direito infraconstitucional, nesse sentir, passa a ser um instrumento de desenvolvimento da tutela adequada aos direitos fundamentais consagrados na Constituição,[194] só se podendo admitir a

---

[190] FACHIN, Luiz Edson; RUZYK, Carlos Eduardo Pianovski. Direitos fundamentais, dignidade da pessoa humana e o novo Código Civil: uma análise crítica. In: SARLET, Ingo Wolfgang. *Constituição, direitos fundamentais e direito privado*. Porto Alegre: Livraria do Advogado, 2003, p. 87-104.

[191] A respeito da implicação desta mudança de paradigma, no direito privado, o célebre artigo de RAISER, Ludwig. O futuro do direito privado. *Revista da Procuradoria-Geral do Estado*, Porto Alegre, v. 25, n. 9, p. 11-30, 1979. Segundo defende o autor, o "futuro do direito privado" está no reconhecimento e proteção da *humanidade da pessoa*.

[192] PERLINGIERI, Pietro. *Il diritto civile nella legalità costituzionale*. 2. ed. Roma: Edizione Scientifiche Italiane, 1991, p. 189-190.

[193] Sobre o conceito de tutela integral: PERLINGIERI. *La personalità umana...*, p. 15-16. Entre nós: TEPEDINO. *A tutela da personalidade...*, p. 44-45.

[194] HESSE, Konrad. *Derecho constitucional y derecho privado*. Traducão Ignácio Gutiérrez Gutiérrez. Madrid: Civitas, 1995, p. 20.

Responsabilidade Civil da Imprensa por Dano à Honra

legislação regulamentadora destes, na medida que lhe oferecer uma tutela eficaz.[195]

Essa proteção jurídica da pessoa, então, passa a operar-se, no âmbito do direito constitucional, através da proteção dos direitos fundamentais e no direito privado com a garantida da proteção da personalidade, sem que se anulem ou se afastem ambas as formas de proteção. Passam a observar um sentido de complementaridade, presidida sua interpretação e aplicação pelo princípio da dignidade da pessoa humana, presente na Constituição da República (artigo 1º, inciso III), e espécie de cláusula geral de proteção[196] consagrada pelo ordenamento constitucional.

Seção I
A proteção da pessoa humana como fundamento da ordem jurídica

O reconhecimento dos direitos humanos e sua incorporação aos ordenamentos jurídicos internos de cada país a partir das constituições nacionais revela o advento de uma nova perspectiva do direito contemporâneo. Este passa a ser informado por valores superiores, positivados ou não pela ordem jurídica, determinando referências necessárias de todo o direito a tais valores. E dentre estes avulta, como espécie de valor objetivo,[197] a pessoa humana.

Esses valores, como resultado do processo de evolução social e jurídica, hoje se colocam sobre o imenso desafio da confusão e desorientação contemporâneo,[198] marca distintiva desse tempo.[199]

Nesse contexto é que se vai observar a sensível redução dos espaços de consenso social,[200] havendo daí, com o ressurgimento do humanismo ético e da consciência sobre a necessidade de proteção da pessoa, a convergência das aspirações sociais e, em decorrência, do próprio direito, para a importância de estabelecer-se a proteção da pessoa humana.[201] Para Castan Tobeñas, a tese ético-jurídica do valor

---

[195] Ibidem, p. 21.

[196] Conforme BODIN DE MORAES, Marcia Celina. *Danos à pessoa humana:* uma leitura civil-constitucional dos danos morais. Rio de Janeiro: Renovar, 2003, p. 117 et seq.

[197] PERLINGIERI. *La personalità umana...*, p. 137.

[198] CASTAN TOBEÑAS. *Los derechos del hombre*, p. 156-157.

[199] Muitos denominarão a época presente de pós-modernidade, indicando justamemente uma fase de desencanto, deslegitimação e nihilismo. Assim: LYOTARD. *A condição pós-moderna*, p. XV-XVIII. No direito, veja-se: MARQUES. *A crise científica...*, p. 49 et seq. Com uma visão crítica do conceito, veja-se: ROUANET, Sérgio Paulo. *As razões do iluminismo*. São Paulo: Companhia das Letras, 2000, p. 268 et seq.

[200] A crise de legitimação a que se refere MARQUES, op. cit., p. 52.

[201] Segundo Erik Jayme, trata-se de uma espécie de ressurgimento, o *revival* dos direitos humanos. JAYME. *Identité culturelle...*, p. 36 et seq.

da personalidade individual produziu, sobretudo nas últimas décadas, uma consciência comum sobre a importância e respeitabilidade, bem como o caráter fundamental dos direitos do homem.[202]

Ao mesmo tempo, a proteção da pessoa e dos direitos humanos estará preenchendo conceito capital do Direito e do Estado, o bem comum, o qual servirá, inclusive, como critério de realização e compatibilização desses direitos por todos os seus titulares entre si.[203]

E é o caráter de essencialidade da proteção da pessoa humana que servirá de fundamento para o reconhecimento dos direitos fundamentais e sua proteção pela ordem jurídica. Esta se dá, no âmbito do direito privado, sob o signo dos direitos da personalidade.

1.1. A formação histórica do conceito jurídico de pessoa

O conceito de pessoa, cuja conhecida origem etimológica encontra-se no direito romano e sua noção de *persona*,[204] passa por um significativo processo de transformação ao longo da história do direito. Por *persona* o direito romano reconhecia qualquer ser humano – inclusive o escravo – embora tardiamente o termo vá ser utilizado para designação, apenas, das pessoas livres.[205] Relativo a *persona*, ainda era a noção de *status*, cuja mera associação com o conceito moderno de capacidade jurídica é incorreto,[206] à medida que determinava antes de uma potencialidade de ação humana, a situação jurídica do homem, nos três eixos de relações fundamentais da sociedade romana, a saber: as relações de liberdade e autodeterminação (*status libertatis*), de participação política (*status civitatis*) e familiares (*status familiae*). É certo que guarda relação genérica com o moderno conceito de capacidade jurídica, todavia apresenta-se como atributo específico a cada setor das relações da vida do homem romano, o que lhe facultava em maior ou menor grau, o exercício de uma pretensão da vida por via da *actio*, elemento central da experiência de construção casuística do *ius* e não da mera tutela de um direito subjetivo – noção de resto desconhecida, em seu significado moderno, pelos romanos.[207]

---

[202] CASTAN TOBEÑAS, op. cit., p. 167-168.

[203] Ibidem, p. 74-77.

[204] Notícia reiterada nas obras sobre direito romano dá conta de que o termo *persona* designava a máscara do ator para melhor fazer ecoar sua voz. Tomado emprestado pelos juristas, passou a designar os indivíduos em geral, quando desempenhando um papel na cena jurídica. Neste sentido: VILLEY, Michel. *Direito Romano*. Porto: Res, p. 91-92.

[205] KASER, Max. *Direito privado romano*. Lisboa: Calouste, 1999, p. 99.

[206] KASER. *Direito privado...*, p. 99.

[207] Neste sentido, a ilustrada percepção de Muther em estudo clássico, para quem a ação não era senão o direito à determinação de uma fórmula pelo juiz, um modo de reconhecimento jurídico de uma pretensão da vida. MUTHER, Theodor. Sobre la doctrina de la actio romana, del derecho de accionar actual, de la litiscontestatio y de la sucesion singular en las obligaciones:

O conceito de *persona* – frise-se – antes de caracterizar o direito romano como um sistema de nítida marca individualista, não deixa de marcá-lo por uma dimensão social determinada, o que de resto tem-se observado pelos modernos estudos a respeito.[208] Não há razão que justifique a consideração da experiência jurídica romana como um fenômeno infenso, de forma absoluta, a valores de eticidade social. A regulação jurídica da escravidão, nesse aspecto, é eloqüente. Desde a Lei das XII Tábuas, previu-se multa pecuniária específica a quem cometesse determinadas espécies de lesões corporais a escravos, bem como o progresso econômico e social do Império determinou a ascensão da categoria de escravos a condições de vida bastante aproximadas dos homens livres, sendo em seguida – sob influência direta do cristianismo – abolida a escravidão.[209]

Outro exemplo bastante marcante é a figura da *actio iniuriarum*, havida como origem remota da responsabilidade civil por danos de natureza moral, em que a *poena*, como sanção privada imposta ao ofensor, assemelhava-se à atual indenização por danos morais. No mesmo sentido, a *actio de sepulchro violato*, proposta em razão da violação de sepultura dos mortos.[210]

A derrocada do Império e, posteriormente, a recepção medieval do direito romano justinianeu, determinaram à experiência jurídica romana – como é sabido – o notável papel de paradigma de todo um sistema jurídico ocidental, marcando o direito, definitivamente, como um fenômeno histórico e cultural. Nesse contexto – como afirma Hattenhauer – duas conquistas teóricas foram necessárias à determinação da moderna noção de personalidade: a indicação de que "apenas os seres humanos são pessoas" e a de que "todos os seres humanos são pessoas".[211] Segundo este autor, "ao reconhecer a cada homem como tal a qualidade de pessoa, pronunciavam-se os iluministas e o direito natural contra toda redução do conceito de pessoa a classe seleta de homens".[212]

---

crítica del libro de Windscheid La actio del derecho civil romano, desde el punto de vista del derecho actual. In: WINDSCHEID, B.; MUTHER, T. *Polemica sobre la actio*. Traducão de Thomás Banzhaf. Buenos Aires: EJEA, 1974, p. 241 et seq.

[208] Para uma visão panorâmica desta nova perspectiva de exame do direito romano, veja-se: AMARAL, Francisco. Individualismo e universalismo no direito civil brasileiro: permanência ou superação dos paradigmas romanos? *Revista de Direito Civil, Imobiliário, Agrário e Empresarial*, São Paulo, n. 71, p. 69:86, jan./mar. 1995.

[209] KASER. *Derecho romano...*, p. 106-107. No mesmo sentido: SANTOS JUSTO, A. A situação jurídica dos escravos em Roma. *Boletim da Faculdade de Direito da Universidade de Coimbra*, Coimbra, v. 59, 1983, p. 133 et seq.

[210] KASER. *Derecho romano...*, p. 281-282.

[211] HATTENHAUER, Hans. *Conceptos fundamentales del derecho civil*: introdución histórico-dogmática. Barcelona: Ariel, 1987, p. 13-16.

[212] Ibidem, p. 16.

Tais considerações, fora de dúvida, se colocam como um novo paradigma de racionalidade[213] a partir do qual se passa a considerar o significado da pessoa. A personalidade como conceito jurídico tem como seu antecedente necessário o conceito de direito subjetivo, cuja elaboração mereceu a contribuição, entre outros, da obra de Guilherme de Ockham (1300-1349). O filósofo cristão, ao desvincular o conceito de *ius* do seu sentido objetivo, ligado ao justo (*ius ars aequi et boni*), e determiná-lo como espécie de poder da vontade individual,[214] faz com que o *direito* passa a constituir-se *a priori*, tendo a determinação do seu sentido em razão do próprio titular: o homem.

O final da Idade Média assinala um período de rupturas na história da Europa. Junto com as perdas econômicas e da desesperança motivadas pelas guerras que marcam os séculos XIV e XV, também o ingresso da América na órbita européia e suas conseqüências para a expansão colonial, a formação dos estados nacionais e a reforma protestante assinalam um período de transformações na realidade do continente.

As universidades, de sua vez, a partir do século XVI, perdem parte de sua importância e do caráter de propagação cultural que contavam na Baixa Idade Média, restando como ambiente de inúmeras perseguições religiosas, dos diversos credos motivados pela conseqüência da Reforma.[215] O surgimento do ideal humanista, nesta época, determinará também uma atitude crítica em relação à prática universitária medieval, propondo a busca das fontes originais do saber, sobretudo os clássicos gregos como Platão.[216]

E tal qual a redescoberta do direito romano em Bolonha, através do estudo dos textos do Digesto, que havia representado a um primeiro signo distintivo de renovação da jurisprudência da antiguidade, o humanismo dos séculos XIV-XVI representa um segundo

---

213 Auxilia-nos neste aspecto a consideração de Francisco Amaral, ao distinguir no direito ocidental de matriz romano-canônica as tendências de historicidade e racionalidade. O direito como prática social construída a partir da experiência histórica (historicidade), mas ao mesmo tempo vitimado pela tendência dos juristas de elaboração de princípios cada vez mais afastados "do quotidiano e do contingente" (racionalidade). AMARAL, Francisco. Historicidade e racionalidade na construção do direito brasileiro. *Revista Brasileira de Direito Comparado*, Rio de Janeiro, n. 20, p. 29:87, 2002. O reconhecimento destas tendências – historicidade e racionalidade – são úteis desde agora para a perceber a transformação do significado de pessoa e personalidade desde a primitiva persona romana como se procura demonstrar adiante.

214 VILLEY, Michel. *Leçons d'histoire de la philosophie du droit*. 2. ed. Paris: Dalloz, 1962, p. 221 et seq.

215 LOPES, José Reinaldo Lima. *O direito na história:* lições introdutórias. São Paulo: Max Limonad, 2000, p. 214-5.

216 Segundo historiadores da época, embora a idade média tneha sido o tempo de Aristóteles, o renascimento é o tempo de Platão, ainda que em verdade, a tradição aristotélica permaneça a se projetar pelo mundo. Assim, MAGNAVACCA, Silvia. Escolasticismo y humanismo: una confrontación ajena a la batalla de las artes. In: DE BONI, Luiz Alberto (Org.) *Ciência e organização dos saberes na idade média*. Porto Alegre: EDIPUCRS, 2000, p. 363-364.

renascimento,[217] a partir, sobretudo, de um movimento de reforma da jurisprudência, capitaneado, entre outros, por Alciato na Itália, e seus discípulos Budaeus e Zasius, respectivamente na França e na Alemanha. Esse movimento de oposição aos consiliadores tinha sua sede, sobretudo, numa nova experiência de fundo religioso, de renovação do homem.[218]

Define bem Magnavacca quando afirma que o humanismo é uma tentativa de a Europa reconhecer-se, questionando-se sobre sua procedência.[219] É o regresso aos clássicos num sentido diverso do que os copistas medievais o fizeram na conservação das obras mais célebres. Trata-se de uma releitura e, desse modo, uma espécie de revalorização dos clássicos, que avançam muito além da cultura permitida pela língua latina, mas também para as fontes orientais, hebraicas e gregas, numa espécie de resgate universal da sabedoria.

A escola jurídica que se forma a partir desta postura intelectual, e que passa a ser conhecida como *escola humanista*, coloca-se assim, como contraponto das escolas jurídicas tradicionais até então tidas por estilisticamente impuras e grosseiras.[220] Estabelecem-se a partir de quatro postulados. Primeiro, a necessidade de depuração histórico-filológica dos textos jurídicos, de modo a libertá-los das influências de glosadores e comentadores medievais, e também dos compiladores do período justinianeu. A tentativa de estabelecer uma construção sistemática do direito é inspirada filosoficamente no platonismo, sobretudo presente na obra de Cícero, *De iure civili in artem redigendo*, cujo mérito seria o de construir uma exposição sistemática do direito. Em terceiro, uma reforma do ensino jurídico, que privilegiasse o texto legal em relação a seus respectivos comentários. E por fim, a dedicação a um direito natural fundado na razão, o qual vai orientar toda a releitura dos textos romanos, desvinculado das intromissões das compilações justinianas e as glosas e comentários que a seguiram.[221]

Esse novo pensamento dos séculos XIV a XVI reflete-se, então, na compreensão do humanista com relação ao direito romano, rejeitando, sobretudo, as interferências de Justiniano e Triboniano, em sua atividade de compilação. O direito romano clássico recuperado – no dizer de Hespanha – estaria restrito a alguns poucos princípios racio-

---

[217] Assim, WIEACKER, Franz. *História do direito privado moderno*. Lisboa: Calouste, 1980, p. 90. Para Judith Martins-Costa, constitui o humanismo a primeira sistemática, conduzida pelo sentimento de relatividade que acaba por indicar uma atitude crítica em relação à ausência de estrutura sistemática dos textos justinianeus, bem como o estrito formalismo do seu conteúdo. MARTINS-COSTA, Judith. *A boa-fé no direito privado*, São Paulo: RT, 1999, p. 96.

[218] WIEACKER, op. cit., p. 90.

[219] MAGNAVACCA, op. cit., p. 362.

[220] HESPANHA, António Manuel. *Panorama histórico da cultura jurídica europeia*, Lisboa: Europa-América, 1997, p. 137.

[221] Ibidem, p. 138-139.

nais, dos quais dão relevo os humanistas ao *neminem laedere* e ao *pacta sunt servanda*.[222]

Busca-se, assim, um conhecimento afeto à realidade, purificando e refinando os métodos de interpretação do direito romano,[223] e terminando por constituir a tradição clássica decadente em fins da Idade Média, com uma nova forma de pensar centrada na razão. Trata-se de um novo período histórico que avança dos séculos XVI a XVIII, e representa a antítese do mundo antigo, a partir da formação de um novo tipo de homem forjado na renascença.[224] Apresenta um certo abandono de Aristóteles e da escolástica clássica, ao tempo em que se depara com um novo homem fundado na razão individual.[225]

A modernidade passa então, sob o signo do jusracionalismo, a formar o conceito contemporâneo de pessoa e de direito subjetivo. Franz Wieacker bem coloca que o jusracionalismo é senão um breve capítulo histórico das muito vastas manifestações do jusnaturalismo desde a filosofia grega,[226] que ressurge na idade moderna para dar conta da falta de uma ideal geral de direito a que se chega com a crise da noção de direito advinda da Baixa Idade Média.[227] Trata-se de um fenômeno recorrente na história do direito, o recurso ao ideal de um direito natural, exatamente quando uma ordem jurídica histórico-concreta perde a sua persuasão no plano do saber jurídico difuso na sociedade, e sua plausibilidade espiritual frente às elites do seu tempo.[228]

A reflexão jurídica européia do século XVII, nesse aspecto, situa-se bem dentro dessa realidade de crise, a crise da modernidade, em que a experiência do direito construído do caso concreto confronta-se com as aspirações de infalibilidade e generalidade do racionalismo, cujas respostas não encontram possibilidade de réplica no mundo sensível.

O jusnaturalismo racional moderno inspira-se na clássica proposição de um direito fundamentado em leis gerais e imutáveis, promulgadas pelo criador do mundo, e que podem ser conhecidas por todos por intermédio do exercício da faculdade da razão. O direito da tradição clássica, vigente até a Baixa Idade Média, fundamentava-se na

---

[222] Ibidem, 139.

[223] Aprofundando-se na contribuição dos humanistas para a interpretação do *Corpus iuris*: KOSCHAKER, Paul. *Europa y el derecho romano*. Madrid: ERDP, 1955, p. 167 et seq.

[224] VILLEY, Michel. La pensée moderne et le systéme juridique actuel. In: VILLEY, Michel. *Leçons d'histoire de la philosophie du droit*. 2. ed. Paris: Dalloz, 1962, p. 51.

[225] Sobre estas características dos séculos XVI, note-se que Villey aponta o abandono de Aristóteles como *aspecto negativo* deste 'novo mundo, enquanto o *aspecto positivo* refere à perspectiva dos conhecimentos obtidos pela razão. VILLEY. *Leçons...*, p. 52.

[226] WIEACKER. *História do direito...*, p. 280.

[227] Ibidem, p. 281.

[228] Ibidem.

adequação da *razão*, a qual se manifestava por meio da interpretação dos textos do *Corpus iuris civilis* e a *autoridade*, indicada pela atenção a esses textos como referência fundamental do direito europeu.

O jusracionalismo, contudo, como produto direto dessa ruptura da modernidade com a tradição clássica, distingue-se nesse ponto quanto ao papel da razão. Isto, na exata medida em que abandona a noção de autoridade como fundamento de aceitação ou aplicação do direito, para constituir a razão como único elemento de aferição da legitimidade do conhecimento. E, deve afirmar-se, não a reta razão medieval, permeada pelos elementos reflexivos oriundos, sobretudo, da filosofia cristã, mas a razão moderna, emergente do *Discours de la méthode de raisonner*, de Descartes, e da postura científica de Galileu Galilei sobre o conhecimento do mundo extenso, em seu *Discorsi*.

Esse novo homem moderno, concebido pelo jusracionalismo profano, também deixa de ser vislumbrado como obra divina e eterna de Deus, para ser enfrentado como um ser natural, que se submeterá não mais a um direito de fonte divina, senão ao direito emergente da própria natureza, retornando-se à distinção entre *ius naturale* e *ius civile* da tradição clássica.[229]

Certamente o ideário do jusracionalismo moderno avulta atendendo necessidade e interesses de ordem política bem indicados. Note-se que data desse tempo, na Europa, o fenômeno de politização crescente do povo,[230] o que se opera pelos mais variados motivos, desde a invenção e difusão da imprensa[231] às disputas de credos, emergentes da moderna pluralidade religiosa. Ao tempo em que a busca de legitimação para as diversas empreitadas de conquista ou desbravamento de novos territórios, ou mesmo a disputa entre as diferentes matizes religiosas imediatamente posteriores à Reforma protestante, encontram na idéia de um direito baseado na razão[232] um argumento de grande valor para justificar suas iniciativas. Do ponto

---

[229] WIEACKER. *História do direito...*, p. 298. Com destaque nesta época, na Alemanha, a sucessão de professores ocupados com o estabelecimento dogmático deste direito natural, dentre os quais, Samuel Puffendorf, primeiro titular da cadeira de Direito Natural da Universidade de Heidelberg, em 1660; Thomasius (1655-1728), que estabeleceu a separação entre direito natural e filosofia, constituindo-o como disciplina jurídica; Christian Wolf (1679-1754), autor de famosa obra, em nove volumes, intitulada *Ius naturale*. KOSCHAKER. *Europa y...*, p. 356.

[230] Neste sentido, veja-se: BURKE, Peter. *Cultura popular na idade moderna*. São Paulo: Cia. das Letras, 1999, p. 280 et seq.

[231] "A eclosão da Guerra dos Trinta Anos também coincide com o aparecimento de um novo meio para expressar, ou formar, atitudes políticas, o coranto ou jornal, que talvez seja útil definir como um a folha ou folhas impressas contendo notícias sobre acontecimentos correntes, publicadas (e esta é a inovação) em intervalos curtos e periódicos." Ibidem, p. 283.

[232] Wieacker identifica no direito internacional a disciplina jurídica que melhor demonstra a força do direito natural, que ao assentar-se sobre a noção de uma regra racional, demonstra sua força. Neste sentido, indica que "foi no domínio do direito internacional que o direito racionalista mais cedo e mais diretamente se converteu num direito vigente." WIEACKER. *História do direito...*, p. 307.

de vista metodológico, contudo, o aspecto distintivo do jusracionalismo moderno é o fato da sua emancipação da teologia moral, indicando à jurisprudência, na precisa constatação de Wieacker, um sistema interno e um método dogmático específico, construído através de conceitos gerais.[233]

Essa emancipação metodológica, aliás, não surge diretamente de Grotius, para quem o direito natural não dispunha de preceitos ou decisões aplicáveis indistintamente a casos distintos entre si, senão a partir da obra de Christian Wolf (1679-1754), que abandona em definitivo o método romano casuístico, e sob o paradigma do direito natural estabelece soluções prescritivas, resultado de uma dedução lógico-matemática, o *mos geometricus*, que estabelece a partir de regras gerais a aplicação destes a casos concretos.[234] A postura de Wolf é aprofundada, *a posteriori*, por Nettelbladt, a partir do qual, o direito privado passa a ser vislumbrado como conjunto de princípios que formam um construção lógica rigorosa, à semelhança de uma pirâmide, cujo cume representa as regras de mais ampla generalidade.[235] A partir daí, origina-se mesmo uma teoria sistemática do direito privado,[236] com rigorosa perfeição lógica, mas constituindo-se, antes de tudo, num direito eminentemente professoral, dada sua marcada separação entre teoria e prática.[237]

Essas transformações operadas pelo estágio histórico que transitam do humanismo jurídico de fins da Baixa Idade Média e se consolidam a partir da modernidade sob o auspício teórico do jusracionalismo vão ter seu elemento distintivo, no que é pertinente ao presente estudo, ou seja, a formação do conceito moderno de pessoa, a partir da formação do que chamamos *paradigma voluntarista*. Trata-se do desvelo que se passa a indicar ao papel da vontade como

---

[233] Ibidem, p. 306.

[234] Neste sentido, KOSCHAKER. *Europa y...*, p. 356. Trata-se, de uma construção conceitual, "numa teoria que tinha de se provar perante o fórum da razão, através da precisão matemática de suas premissas, o conceito geral adquiriu uma nova dignidade metodológica. Agora, ele não era já apenas um apoio tópico, um artifício na exegese e harmonização dos textos, mas o símbolo central que exprimia a pretensão de ordenaçãop lógica da ciência jurídica". WIEACKER. *História do direito...*, p. 310.

[235] Ibidem, p. 357.

[236] Sobre a noção de sistema de direito privado, originária do jusracionalismo moderno, veja-se: WIEACKER, op. cit., p. 309 et seq; MARTINS-COSTA. *A boa-fé...*, p. 94 e et seq.

[237] Do porquê a influência decisiva do direito natural, antes de prescrições para solução de questões práticas enfrentadas pela jurisprudência, será a determinação, dentro do próprio espírito do racionalismo reinante na época, das grandes linhas da legislação, fenômeno ascendente nos séculos XVII e XVIII, cujo ápice serão as codificações do século XIX. Exemplo do fenômeno a Lei de 18 de Agosto de 1769, a Lei da Boa Razão portuguesa, marco do ápice do jusracionalismo ao determinar o recurso as fontes da tradição jurídica clássica na atividade de interpretação, apenas quando não fosse possível interpretá-las ou integrá-las de acordo com a *boa razão*. Sobre o papel fundamental desta lei no direito português, veja-se: ALMEIDA COSTA, Mário Júlio. *História do direito português*. 3. ed. Coimbra: Almedina, 2001, p. 366.

elemento necessário da ação humana, e dos reflexos desta sob a perspectiva do direito. A partir da centralidade da vontade, organiza-se a própria idéia de direito privado na modernidade, do que temos seus traços fundamentais até a atualidade.

A vontade como elemento de importância capital, assim, surge do questionamento das instituições medievais produzidas pelo humanismo, que tem na obra do franciscano Guilherme de Ockham um capítulo importante da formação do moderno pensamento jurídico ocidental. Claramente, a noção de livre-arbítrio e do caráter fundamental do querer como condição das atitudes humanas surgem a partir da filosofia ockhamista e produzem notada transformação na própria concepção objetiva de direito[238] da tradição clássica, abrindo caminho para a chamada ruptura da modernidade.

Os próprios significados de bem e mal, no pensamento ockhamiano, constituem-se a partir do querer de Deus.[239] O bom e o justo é aquilo que Deus assim o determina.[240] Daí que a vontade de Deus não sofre interferências externas. Segundo o filósofo franciscano, pode-se mesmo concluir que, tendo a origem das coisas e dos juízos o arbítrio divino, é Deus o fim último da humanidade, não relacionável a nada, na medida em que a ele tudo se relaciona.[241] Nesse sentido, para Ockham, o fundamento da idéia de moralidade situar-se-á na intenção de agir ou não conforme a vontade de Deus.[242]

Relativamente à vontade humana, ao contrário da vontade divina, não constitui a primeira regra diretiva, não estando necessariamente em harmonia com o querer divino, mas vinculada à idéia de

---

[238] Ou o conceito objetivo de *ius*, como objeto da justiça dos romanos, cuja definição clássica de Ulpiano (*"Iustitia est constans et perpetua ius suum cuique tribuens"*) determinava à noção de *ius*, exatamente a representação do que pertenceria a cada um (*"...suum cuique tribuens"*). Originava-se, pois, da experiência prática, ao largo da noção apriorística que a modernidade imputará a noção de direito, como por exemplo a titularidade de direitos inatos defendida pelo jusnaturalismo. Contudo, indica Macintyre que desde o século XIV, o conceito clássico de *ius* passa a ser compreendido diversamente, como *facultas*, passível de ser exercida contra outrem. (MACINTYRE, Alasdair. *Tres versiones sobre la etica*. Madrid: RIALP, 1992, p. 208-209). Tal concepção traduz, em verdade, a descrença reinante com as instituições tradicionais de promoção da justiça, ocupadas que estavam em disputas entre si.

[239] As origens desta construção teórica pertencem a Duns Scotus, o qual segundo MacIntyre, abre a possibilidade de rompimento da estrutura lógica da vontade como elemento distintivo do ato bom, na medida que, ainda em que vincule a bondade ao querer divino, permite a seus sucessores, como Ockham e mais tarde Kant, que estabeleçam a idéia de vontade como apta, mesmo, ao questionamento da própria existência da obrigação de seguir a vontade de Deus, libertando por completo a vontade humana, para o estabelecimento, por si, dos vínculos que considerar pertinentes. Assim: MACINTYRE, op. cit., p. 198.

[240] O que permite mesmo a noção de ódio a Deus como algo digno de mérito desde que determinado pelo próprio Deus, conforme indica OCKHAM. *Opera Theologica*, VII, p. 340-361. apud: GHISALBERTI, Alessandro. *Guilherme de Ockham*. Tradução Luis A. de Boni. Porto Alegre: EDIPUCRS, 1997, p. 250-251.

[241] OCKHAM, Guilherme de. *Opera Theológica*, I, p, 441. apud: Ibidem, p. 249.

[242] Ibidem, p. 249-250.

moralidade em que os atos sujeitos ao poder da vontade do indivíduo se estabelecem a partir da deliberação da reta razão. Todavia, submete-se ao poder da vontade, igualmente, aceitar ou não as conclusões da reta razão (ou da prudência escolástica), sendo que ao aceitá-las, o homem assume consigo os motivos que fundamentam a decisão deliberada.[243]

A essência da filosofia ockhamista, nesse sentido, coloca-se no central papel da vontade para a determinação do caráter bom ou mal do ato humano.[244] Submete-se à vontade o caráter do ato humano, conforme a intenção de conformidade ou não ao divino. Esse papel da vontade, de sua vez, é o cerne para a construção teórica da noção de direito subjetivo, que em Ockham se estabelece a partir da análise lógica e filosófica das faculdades humanas do conhecer e do querer.[245]

O voluntarismo jurídico de Ockham, assim, traduz-se pelo querer, a vontade dispositiva que passa a determinar o caráter das coisas e ações humanas. Conforme Gallego, não caberá se falar, ainda, de um direito natural, em que as coisas são justas em si mesmas, por sua própria natureza, pois tudo está na dependência de uma vontade dispositiva, e não da própria ordem das coisas.[246] Nesse sentido é que se dá a alteração da noção tradicional de direito (*ius*) apoiada na experiência jurídica romana, e da própria moralidade, apoiada na tradição, para a de direito e moral submetidos ao crivo da vontade.

É consentâneo na doutrina jurídica a observação de que na tradição jurídica romana não existia a noção de direito subjetivo, com o conteúdo e significado que hoje se observa. Em verdade, o marcado pragmatismo do direito romano jamais reconheceu ao termo *ius* o sentido subjetivo da atualidade, no sentido de um poder ou faculdade do indivíduo. Em Roma, como demonstrava Ihering no século XIX, a noção de direito pontuava-se por dois elementos: um *substancial*, vinculado a uma finalidade prática, e outro *formal*, caracterizado pelo mecanismo de proteção desse direito, a *actio*.[247] A noção de direito para os romanos, em larga medida, era de algo estranho ao sujeito, no sentido de que não lhe era qualidade própria ou coisa de que era

---

[243] Ibidem, p. 258.

[244] Ibidem, 261.

[245] COLEMAN, Janet. Guillaume d'Occam et la notion de sujet. *Archives de philosophie du droit*, Paris,v.34, p. 25-32, 1989, p. 27.

[246] GALLEGO, Elio A. *Tradición jurídica y derecho subjetivo*.Madrid: Dykinson, 1999, p. 107.

[247] IHERING, Rudolf von. *El espíritu del derecho romano en las diversas fases de su desarrollo*. Granada: Comares, 1998, p. 1033. Sobre a *actio* romana e sua aproximação significativa da noção de direito subjetivo, anota Kaser que seu significado oscila "entre o conceito jurídico-processual de ação e o conceito jurídico-privado de pretensão, isto é, do direito que se pode fazer valer por via processual" (KASER. *Direito romano...*, p. 57).

titular,[248] senão um fenômeno que tinha sua origem na experiência prática da qual se originava a regra (*ius*). Daí por que o reconhecimento da noção de *ius* como direito subjetivo, além de imprecisão técnica do conceito, se faz a partir daquilo que Villey denominou de uma *tradução totalmente mecânica*,[249] e portanto sem atenção maior às peculiaridades da época.

As primeiras definições sobre a moderna noção de direito subjetivo, nesse sentido, surgem na história do direito a partir dos humanistas, sobretudo Ockham, que investigando sobre a essência do direito de propriedade, pela primeira vez, caracterizou-o sob a idéia de uma liberdade ou poder (*potestas ...rem temporalem...vindicandi et omni modo... pertaclandi*), idéia que estende a outros grandes conceitos romanos como *ius poli* e *ius fori*, vinculando-os à noção de potestade (*potestates*).[250] A noção de direito (*ius*) advinda dos romanos, então, sofre uma significativa transformação, estabelecendo-se a partir de Ockham, sob a idéia de que todo direito nada mais será do que um poder do indivíduo.[251]

E essa vinculação dos sentidos de direito e de uma potencialidade de ação humana, ao mesmo tempo, indica à noção de direito sua identidade com a idéia de vontade e de poder. Tendo o significado de toda a potestade lícita, mas também sob a idéia de domínio, como um poder de ter, defender e dispor de coisa temporal, do que ninguém poderá ser privado contra a vontade uma vez não existindo causa razoável, do que poderá defender-se em juízo.[252] Nessa perspectiva, a noção romana de *ius* (objetiva), sensivelmente transformada pelo pensamento humanista que lhe imprime um caráter subjetivo, em dado momento põe-se à margem da reflexão jurídica a partir de uma espécie de "absolutização" da definição subjetivista de direito. Essa definição, abstraindo qualquer conteúdo finalístico da noção de *ius*, e determinando aos demais que não os titulares do direito, a

---

[248] Ainda que Ihering venha a afirmar em seguida que o destinatário de todo o direito era o homem, a noção de destinatário não implica a de sujeito de direitos, o que bem demonstra ao questionar, na nota de referência a seguir desta afirmação, questionando sobre ser o homem sujeito de direitos e indicando, em seguida, que dependerá a resposta do significado que se dê à idéia de personalidade jurídica. Ibidem, p. 1033.

[249] VILLEY, Michel. Origins du droit subjectif. In: VILLEY, Michel. *Leçons d'histoire de la philosophie du droit*. 2. ed. Paris: Dalloz, 1962, p. 232.

[250] Conforme VILLEY. Origins..., p. 241.

[251] COLEMAN. Guillaume d'Occam..., p. 31. Trata-se, no caso, de um poder do indivíduo frente à realidade dada, que para Ockham é uma realidade convencional. O poder do indivíduo, assim, situa-se exatamente nas relações que estabelece com estas convenções, o que surge a partir de experiências da vida e do querer frente ao mundo das coisas.No dizer de Judith Martins-Costa, a contribuição essencial de Occam e Scotus será a de colocar a vontade como motor da vida humana, não mais como a concepção de Santo Tomás de Aquino, "serva do intelecto", mas autônoma e criadora, expressão do indivíduo na supremacia das formas de ser. MARTINS-COSTA. *A boa-fé...*, p. 138.

[252] Assim: VIGO, R.L. *Visión crítica de la historia de la filosofia del derecho*. Santa Fe, 1984, p. 49.

sujeição excepcionada apenas pela existência de uma causa razoável, acaba por abrir portas ao fenômeno da "absolutização" do direito subjetivo, cuja manifestação mais eloqüente será a noção de direito de propriedade. Direito de propriedade, este, que constitui o espelho da dominação do homem sobre o mundo, submetendo uma porção física da existência – a *res* – à vontade do titular do direito.

Essa noção de direito subjetivo e, sobretudo, o caráter absoluto que assume a determinado tempo por força da cristalização da idéia de um poder do indivíduo, consolida-se na modernidade a partir da escola jusnaturalista dos séculos XVI a XVIII que, sob o escopo do retorno ao estudo do direito natural, rompe com a tradição clássica de um direito natural objetivo, presente na filosofia desde os gregos, substituindo-o pela noção elementar de um direito natural do indivíduo.[253] Nesse aspecto, o grande mote da revelação de um direito natural individual, que ajuda a compor o ambiente cultural europeu propício à fundamentação teórica do *poder* do indivíduo como *liberdade* do indivíduo, será a própria noção de homem em estado de natureza, cujo alcance *in loco* dispunham os europeus modernos a partir dos selvagens da América recém-descoberta.[254]

O direito natural dos séculos XVI a XVIII, nesse sentido, ao tempo em que se inspirava no caráter benigno do homem ("o bom selvagem"), lhe imprimia a noção de sujeito de direitos, central para a inversão da própria relação entre o homem e o direito, que passa a ser, *a priori*, entre um direito subjetivo determinado e seu titular.

Convencionou-se reconhecer em Grotius o fundador da escola moderna do direito natural, sobretudo em razão da sua obra reconhecida, *De iure belli ac pacis*, que conclui em 1623, e constitui o marco inicial da reflexão jurídica jusnaturalista, que consiste – segundo Wieacker – na "construção de um direito das gentes supra-racional e supra-confessional, deduzido da tradição da teologia moral".[255] E no marco dessa nova reflexão jusnaturalista do direito, a figura do homem como titular de determinados poderes jurídicos que exerce de

---

[253] VILLEY. Origins..., p. 245.

[254] O próprio Hugo Grotius pontificou o princípio da existência humana ao estilo de um comunismo primitivo, expressão da bondade do homem em estado de natureza, que segundo indica, é o exemplo "de alguns povos da América, entre os quais, desde muitos séculos, tudo se tornou comum, sem que eles encontrem nisto nenhum inconveniente, porque vivem sempre de maneira muito simples". Grotius, Hugo. *Le droit de le guerre et de la paix*. LEYDE, 1768, v. I, p. 225. Apud: MELLO FRANCO, Afonso Arinos. *O índio brasileiro e a revolução francesa:* As origens brasileiras da teoria da bondade natural. 3.ed. São Paulo: Topbooks, 1999, p. 206. O escopo desta obra de Afonso Arinos, aliás, é defender que o bom selvagem a que se referem os jusnaturalistas europeus dos séculos XVII e XVIII é no mais das vezes o índio brasileiro, seja pelas expressas referências constantes na obras, como é o caso do "Contrato Social", de Jean Jacques Rousseau, seja observando as injunções políticas e econômicas de cada pensador, como no caso de Grotius, o interesse do Estado holandês em fazer avançar seu Império sobre a América Portuguesa.

[255] WIEACKER. *Historia do direito...*, p. 325.

Responsabilidade Civil da Imprensa por Dano à Honra

acordo com a vontade vai adquirir um caráter central. Desde logo, Grotius trata de reconhecer à origem da própria idéia de direito não só à vontade de Deus, mas também determinados princípios internos do homem, que podem ser referidos a Deus, na medida em que este desejara que os seres humanos os possuíssem.[256] Esses princípios indicariam um novo significado ao termo *direito*, referente às pessoas, como uma qualidade moral que lhes permite fazer ou ter algo licitamente. Tal direito apresenta-se então como *faculdade* ou *aptidão* conforme seja uma qualidade moral *perfeita* ou *menos perfeita* (L. I, I, § IV).[257]

A *faculdade* considerada em si mesmo seria a própria *liberdade* do sujeito, enquanto considerada em relação a outros seria uma faculdade *paterna* ou *senhorial*. Outra classificação de Grotius a de faculdade ordinária ou eminente, sendo a primeira pertinente ao uso privado e a segunda, de maior relevo, dizendo com a que compete à comunidade em relação a seus membros tendo por finalidade o bem comum (L. I, I, §§ V, VI).[258]

De outra parte, reconhece Grotius a possibilidade de a vontade humana intervir no direito natural ditado segundo as regras da *reta razão*. Assim a propriedade, que uma vez instituída pela vontade humana, não torna mais lícito o avanço contra a propriedade do titular, uma vez que se estará violando sua própria vontade, mas sobretudo porque se estaria então a atentar contra o próprio direito natural, contra quem nem mesmo Deus pode se insurgir.[259]

O papel de Grotius, nesse aspecto, surge da formação de uma teoria jurídica geral, a partir do direito internacional, que através da mediação do direito natural de outros jusnaturalistas como Pufendorf, Wolf e Thomasius, é adotada em larga medida pelo direito privado, como, por exemplo, na definição das origens, conteúdo e transmissão da propriedade, a declaração de vontade, a justiça contratual e o casamento.[260]

---

[256] GROTIUS, Hugo. *Derecho de la guerra e de la paz*. Traducción Primitivo Mariño Gomez. Madrid: Centro de Estudios Constitucionales, 1987, p. 36.

[257] Ibidem, p. 54.

[258] Neste sentido vai indicar Grotius uma hierarquia entre as faculdades, indicando que o direito régio não se opõe ao direito paterno ou senhorial, mas em relação às coisas particulares este mesmo direito, em razão do bem comum, observa-se em patamar superior ao domínio ou propriedade dos particulares, uma vez que "todo o membro da República está mais obrigado ao serviço público e bem comum do que a seu próprio credor". GROTIUS. *Derecho de la guerra...*, p. 55.

[259] Refere Grotius que "o direito natural é tão imutável que tampouco Deus pode modificá-lo. Pois, apesar de seu infinito poder, se pode dizer que existem coisas às quais seu poder não chega [...] E como dois não são quatro e Deus não pode fazer com que sejam, da mesma forma o que é intrinsecamente mau não pode fazer que seja bom." Ibidem, p. 58.

[260] WIEACKER. *História do direito...*, p. 327.

Também a escolástica espanhola dos séculos XVI e XVII assume um papel de destaque na construção da moderna concepção de direito subjetivo, sobretudo pelo esforço que realiza no sentido de dar seguimento ao pensamento tomista, todavia profundamente contaminado por um novo conceito de *ius*, que acaba por produzir uma certa ambigüidade, de reverência à obra de Santo Tomás e ao mesmo tempo a assunção do conceito de *ius* como *facultas* do indivíduo.

A obra do dominicano Francisco de Vitória, nesse aspecto, é exemplo da assunção desse novo sentido de *ius* como *facultas* quando versa sobre o domínio, identificando a noção de domínio em sentido amplo e direito.[261] Mas o autor principal para a consolidação do conceito de direito subjetivo no pensamento cristão católico é, fora de dúvida, Francisco Suarez, que através de sua obra capital, *De Legibus*, consagra o sentido de *ius* como "a ação ou faculdade moral de cada um tem sobre sua coisa ou sobre coisa que de algum modo lhe pertence".[262] A partir de Suarez, então, em definitivo, pode-se afirmar que a concepção cristã católica de direito assume o caráter de poder ou faculdade sobre a coisa e afasta-se da idéia de direito como justo, afastando-se da vinculação tradicional de *ius* e *iustitia*, presente na filosofia tomista.

A partir dessa configuração, pois, é que a consideração da pessoa humana como ente autônomo e dotado de poder de agir passa a ser consagrada pelo direito, que para tanto irá lhe conferir espécie de atributo inerente a tal poder e o reconhecimento de sua qualidade, qual seja, o conceito de personalidade.

1.1.1. *A personalidade como atributo jurídico da pessoa*

A personalidade, segundo a técnica jurídica de melhor nota, entende-se como atributo reconhecido a pessoa para ser titular de direitos e obrigações,[263] espécie de investidura social do indivíduo,[264] do que se vai denominá-la, o mais das vezes como capacidade jurídica

---

261 Esta ambigüidade em relação ao novo sentido de *ius*, todavia, não se encontra como unanimidade dentre os escolásticos. Dentre os que se mantém a fidelidade ao pensamento de Santo Tomás está o espanhol Domingo de Soto, que em sua obra *De Iustitia et Iure*, dedica-se longamente à identidade de direito e domínio, inaugurando sua exposição com o conceito subjetivo de *ius* como faculdade para, em seguida, combater a possibilidade da utilização de um mesmo sentido aos vocábulos *ius* e *dominio*, à medida que *direito* estaria intrinsecamente identificado à idéia de justo, objeto da justiça, enquanto *domínio* seria o poder do senhor sobre criados e coisas, de acordo com a vontade, para seu proveito. Neste sentido, o significado de *ius* seria superior e mais extensivo em relação ao *dominio*. Assim: GALLEGO. *Tradición jurídica...*, p. 116-7.

262 SUAREZ, Francisco. *De Legibus*, Livro I, Cap. 2, 5. *apud*: Ibidem, p 118.

263 Assim DE CUPIS, Adriano. *Os direitos da personalidade*. Lisboa: Livraria Morais, 1961, p. 13.

264 CUNHA GONÇALVES. *Tratado de direito civil português*. apud: SANTA MARIA, José Serpa de. *Direitos da personalidade e a sistemática civil geral*. Campinas: Julex, 1987, p. 20.

Responsabilidade Civil da Imprensa por Dano à Honra

ou de direito.[265] O direito civil brasileiro, desde o princípio do seu desenvolvimento, e à luz da doutrina européia, já assentava esse entendimento.

O mestre civilista Antônio Joaquim Ribas, em seu *Curso de direito civil brasileiro*, de 1880, já afirmava que "o direito é a liberdade circumscripta pela lei; quer ella actue sobre a propria personalidade, quer actue sobre um ente exterior".[266]

Já Teixeira de Freitas – conforme se depreende do seu *Esboço de Código Civil* –, referia que: "para nós, para a civilização atual, todo homem é pessoa: pois que não há homem sem a suscetibilidade de adquirir direitos, suscetibilidade que não chamo capacidade de direito tratando-se de pessoas, porque só o seria em relação a entes que não são pessoas".[267]

Clóvis Beviláqua, de sua vez, vai conceituar personalidade, como "o conjuncto de direitos actuaes ou meramente possíveis, e das faculdades jurídicas atribuídas a um ser", ou ainda que "a personalidade jurídica tem por base a personalidade psychica".[268]

Não se há de perceber nesses autores a noção de personalidade como objeto de direitos, merecedora por si de proteção jurídica específica. Entretanto, indicam já a consideração da personalidade como algo intrínseco à condição de ser humano, e mesmo – como inferem as considerações de Beviláqua – reconhecendo a vinculação possível entre a personalidade jurídica e a personalidade psíquica.

Pontes de Miranda vislumbrará a personalidade como um fato jurídico, decorrente do ingresso da pessoa no mundo jurídico.[269] Tanto é que – recorda o mestre brasileiro – "por longo tempo a técnica legislativa fez-se coma simples alusão à 'pessoa, ou a 'ofensa à pessoa, para as regras jurídicas concernentes aos efeitos da entrada do suporte fático em que há ser humano".[270]

A tomada da expressão *personalidade* no seu sentido contemporâneo é o que realizará o professor San Tiago Dantas, ao referir-se sobre a expressão *direitos da personalidade*. Nota o grande mestre do Direito Civil que não se está tratando da personalidade como a capacidade

---

[265] Neste sentido, dentre outros: MOTA PINTO, Carlos Alberto. *Teoria geral do direito civil*. 3. ed. Coimbra: Coimbra, 1996, p. 213; PONTES DE MIRANDA, Francisco Cavalcante. *Tratado de direito privado*. São Paulo: Borsói, 1972, v.1, p. 55.

[266] RIBAS, Antônio Joaquim. *Curso de direito civil brasileiro*: parte geral. Rio de Janeiro: B.L.Garnier, 1880, v.2, p. 5.

[267] TEIXEIRA DE FREITAS, Augusto. *Código Civil*: esboço. Brasília: Ministério da Justiça, 1983, v. 1., p. 14. Trata-se de reedição do original do autor, de 1864.

[268] BEVILAQUA, Clóvis. *Theoria geral do direito civil*. Campinas: Red Livros, 1999, p. 79-81.

[269] PONTES DE MIRANDA. *Tratado de...*, v. 1.

[270] PONTES DE MIRANDA. *Tratado de direito...*, v. 7, p. 5.

de titular direitos e obrigações, mas como um conjunto de atributos inerentes à condição humana, "um homem vivo".[271]

A aquisição de personalidade, entretanto, em se tratando da pessoa natural, vai pressupor a necessidade de sua existência natural, real. Considera-se esta como o repositório psicofísico[272] no qual se assenta a personalidade. Orlando de Carvalho identifica essa nova concepção como se vinculada a uma nova percepção do próprio direito civil, a partir do que denomina a *teoria da pessoa*,[273] em que esse conceito passa à qualidade de conceito elementar da disciplina civilista.

1.1.2. O conceito de pessoa no direito brasileiro

O conceito jurídico de pessoa no direito brasileiro é estabelecido, em termos gerais, pelo artigo 2º do Código Civil, que subordina a aquisição da personalidade ao fato jurídico *stricto sensu* do nascimento com vida. Esse conceito, entretanto, se defronta com uma série de dificuldades, sobretudo de ordem científica, para determinar, em relação aos que ainda estão por nascer, qual a categoria jurídica que integram até o seu advento.

O repúdio mais veemente a todas as formas de escravidão confinou ao passado qualquer espécie de discriminação legal entre os seres humanos, sobre quais deveriam e quais não deveriam ser considerados pessoas. A realidade contemporânea é muito mais complexa, sobretudo porque retira do simples arbítrio do jurista e da maioria política a possibilidade de resolver validamente a questão. Em relação ao atributo da personalidade, duas perguntas restam sem uma resposta definitiva e razoável. Afinal, tem o nascituro personalidade? E ainda: pode-se reconhecer aos embriões algum direito?

Antes de qualquer resposta, dois aspectos a serem considerados. Primeiro, que resposta definitiva é impossível de ser formulada na medida que a própria ciência se ressente da ausência de definições em relação a essas matérias. Segundo, que independentemente da habilidade dos juristas em construir definições e conceitos sobre o tema, problemas concretos envolvendo essas questões apresentam-se cedo ou tarde aos tribunais, provocando decisões judiciais e argumentos que as sustentem.

Sobre o reconhecimento de personalidade ao nascituro, o dissenso definitivamente não é novo. Já no século XIX é conhecida no direito

---

271 SAN TIAGO DANTAS, Francisco Clementino. *Programa de direito civil*: teoria geral. 3. ed. Rio de Janeiro: Forense, 2001, p. 152.

272 Para a expressão: SANTA MARIA. *Direitos da personalidade...*, p. 23.

273 CARVALHO, Orlando de. *Teoria geral da relação jurídica*: seu sentido e limites. Coimbra: Centelha, 1981, v.1, p. 96. No mesmo sentido, indicando o direito civil como o *direito da pessoa*: LETE DEL RÍO, José M. *Derecho de la persona*. 4. ed. Madrid: Tecnos, 2000, p. 25.

brasileiro a posição de Teixeira de Freitas sobre o tema, demais inclusive afirmando o conceito de nascituro, como "o sujeito por nascer, concebido no ventre materno".[274]

O novo Código, a esse respeito, não se envolveu na questão além do que já havia referido a codificação de 1916, ademais porque, parte-se da premissa de que não incumbe ao legislador decidir sobre questões em que não haja o consenso da sociedade, afastando-se a lei da realidade da vida.[275] No mesmo sentido, o professor Miguel Reale, para quem a natureza específica de uma codificação faz com que a mesma não possa "abranger as contínuas inovações sociais, mas tão-somente as dotadas de certa maturação e da devida 'massa crítica', ou já tenham sido objeto de lei".[276] No caso, mais do que conceito social, sequer é possível identificar muitas certezas científicas em relação à matéria.

Ao nascituro, segundo dicção legal, seriam ressalvados direitos, não reconhecida a sua personalidade. O artigo 2º do novo Código Civil refere: "A personalidade civil da pessoa inicia com o nascimento com vida; mas a lei põe a salvo, desde a concepção, os direitos do nascituro". Essa forma de reconhecer a personalidade, a exemplo do que já previa o Código anterior, resulta no direito brasileiro da existência de três correntes distintas de entendimento quanto à personalidade do nascituro. Segundo Pontes de Miranda, podemos distingui-las entre as concepções: a) *natalista*; b) da *personalidade condicional*; c) *concepcionista*.

A primeira, *natalista*, acabou consagrada pela legislação, determinando o marco inicial da personalidade a partir do nascimento com vida. Não resolve, contudo, a previsão de direitos ao nascituro que realiza uma série de normas do Código Civil em vigor, seja reconhecendo, dentre outros, o *status* de filho, a curatela (artigo 1779), herança (artigos 1784 e 1798) ou a representação, na hipótese de adoção (artigo 1621) ou de doação (artigo 542). Por fim, não esclarece – como percebe Almeida – por qual razão o art. 4º do Código Civil de 1916 (art. 2º do Código vigente) refere proteção a direitos, não a expectativa de direitos do nascituro.[277]

---

[274] TEIXEIRA DE FREITAS, Augusto. *Esboço do Código Civi*. Brasília: Ministério da Justiça, 1982, v.1, art. 53.

[275] Constitui esta uma das diretrizes do codificador, apontada por Orlando Gomes, a qual ratificou expressamente o Ministro Moreira Alves. MOREIRA ALVES, José Carlos. *A parte geral do projeto de Código Civil brasileiro:* subsídios históricos para o novo Código Civil brasileiro. São Paulo: Saraiva, 2003, p. 10.

[276] REALE, Miguel. O Código Civil e seus críticos. *Estudos preliminares do Código Civil.* São Paulo: RT, 2003, p. 22.

[277] ALMEIDA, Silmara Chinelato e. Direito do nascituro a alimentos. Uma contribuição do direito romano. *Revista brasileira de direito comparado*, Rio de Janeiro, n. 13, 2º semestre de 1992, p. 108.

Atenta a essas dificuldades, uma segunda corrente, que advoga a denominada *personalidade condicional*, reconhece a personalidade desde a concepção, mas estabelece a condição do nascimento com vida. Aqui se situa o entendimento do primeiro codificador, Clóvis Beviláqua, de resto reproduzido no novo Código. Segundo o ilustre professor cearense, "realmente, se o nascituro é considerado um sujeito de direitos, si a lei civil lhe confere um curador, si a lei criminal o protege, cominando apenas contra a provocação do aborto, a lógica exige que se lhe reconheçam caracter de pessoa [...]".[278]

O terceiro entendimento, denominado de teoria *concepcionista*, distingue-se pelo reconhecimento de personalidade ao indivíduo desde a concepção. Nesse aspecto, a festejada posição de Almeida, pelo qual a personalidade, em qualquer tempo, é condicional, afigurando como tal, apenas, alguns efeitos que se submetem à necessidade do nascimento com vida.[279]

Embora nos pareça que em relação à proteção do nascituro seja correto aproximá-la, quanto aos efeitos, aos que postulam pela teoria concepcionista, não há como afastar algumas questões da maior relevância. Afinal, o Código refere ressalva de direitos desde o nascituro, reconhecendo a personalidade apenas a partir do nascimento com vida.

De outra parte, é reconhecida a proteção constitucional à inviolabilidade do direito à vida.[280] Essa proteção se manifesta, dentre outras formas, pela tipificação do crime de aborto. Por que, afinal, distinguir-se o momento de aquisição da personalidade e de direitos? A nosso ver, embora tormentosa a questão, é solução razoável o reconhecimento dos direitos da personalidade, no sentido contemporâneo a que referimos – de proteção da integridade da pessoa – ao nascituro. É, aliás, o que se observa estar implícito nas legislações mais modernas, como o art. 70 do Código Civil português,[281] de 1966.

1.2 As dimensões da proteção da pessoa pela ordem jurídica

Conforme já tivemos a oportunidade de mencionar, a proteção da pessoa pelo ordenamento jurídico deixou de se configurar de for-

---

278 BEVILÁQUA, Clóvis. *Projecto do Código Civil Brazileiro*: trabalhos da Comissão Especial da Câmara dos Deputados. Projectos primitivos e revistos. Rio de Janeiro: Imprensa Nacional, 1902, I. *apud*: ALMEIDA. *Direito do nascituro...*, p. 109.

279 ALMEIDA. Direito do nascituro..., p. 110-111; no mesmo sentido: MARTINS, Ives Gandra da Silva. Fundamentos do direito natural à vida. *Revista dos Tribunais*, São Paulo, n. 623, p. 27:30, set. 1997.

280 Art. 5º, *caput*, da Constituição da República Federativa do Brasil de 1988.

281 Assim, CAPELO DE SOUSA, Raibindrath. *O direito geral e a teoria da Constituição*. Coimbra: Coimbra, 1995, p. 160-161.

Responsabilidade Civil da Imprensa por Dano à Honra

ma partilhada entre os diferentes âmbitos do direito civil para se apresentar como elemento de integração do mesmo no direito contemporâneo, indicando as normas de direito público fundamento e sentido para as normas de direitos da personalidade.[282]

Gilles Goubeaux, ao abordar a proteção dos direitos da personalidade no ordenamento francês, refere expressamente que este é apenas um dos modos de proteção indicados, razão pela qual traça o paralelo entre a proteção endereçada pelo direito privado e aquela insculpida nas normas de direito penal.[283]

Atualmente, entretanto, um eventual paralelismo entre as tutelas civil e penal da personalidade cede espaço para o influxo de um segundo fenômeno de aproximação e relação entre o direito privado e o direito constitucional. Em outros termos, à expressão que já referimos, a *publicização* ou *constitucionalização* do direito privado.

Segundo a teoria clássica do direito dos séculos XIX e primeira metade do século XX, os vínculos entre o direito público e o direito privado eram totalmente ausentes.[284] E a própria visão da codificação civil como depositária da proteção da autonomia do particular em relação ao Estado[285] – típica do pensamento liberal-burguês – determina que estando afeta aos fins perseguidos pelo indivíduo,[286] se apresentasse, também com um caráter dicotômico em relação à Constituição, a qual inclusive, haveria de estabelecer-se em posição de importância secundária.[287]

Então é que, com o advento do conceito de Constituição não mais restrito aos temas referenciados pelo artigo 16 da Declaração Universal de 1789, mas compreendido a partir da ampla proteção que passa a consagrar aos direitos da pessoa humana, é que se poderá assinalar a mudança na relação entre as normas constitucionais e as situadas no domínio do direito privado.

1.2.1. A proteção da pessoa no direito público: os direitos fundamentais

A proteção jurídica da pessoa, sob a perspectiva histórica, conforme já se observou, desenvolveu-se em grande parte nas fronteiras do direito público, através do reconhecimento jurídico e político dos direitos humanos que, uma vez recepcionados nas Constituições nacionais do século XX, adotaram a terminologia de *direitos fundamen-*

---

[282] PERLINGIERI. *Il diritto civile...*, p. 192-194.

[283] GOUBEAUX, Gilles. *Traité de droit civil:* las persones. Paris: LGDJ, 1989, v.1, p. 245-247.

[284] HESSE. *Derecho constitucional y...*, p. 35.

[285] Neste sentido, as célebres constatações de IRTI, Natalino. L'ettá della decodificazione. *Revista de Direito Civil*, São Paulo, n. 10, p. 15-34, out./dez. 1979, p. 17.

[286] Ibidem, p. 33.

[287] HESSE, op. cit., p. 38.

tais.[288] A expressão, que ao mesmo tempo revela a importância e a função desses direitos reconhecidos à pessoa, embora diga com um significado mais amplo do que os *direitos da personalidade*, abarca grande parte destes.[289]

Sua posição privilegiada no ordenamento jurídico interno, como cláusula essencial das Constituições contemporâneas, faz com que estabeleça diretrizes a todo o sistema.[290] De outro modo, entretanto, o caráter material das normas de direito fundamental vão se caracterizar por conterem as decisões sobre a estrutura normativa básica do Estado e da sociedade.[291]

Daí por que, ao mesmo tempo em que se apresentam como direitos de proteção do sujeito nas relações jurídicas que este desenvolve com o Estado, igualmente se manifesta nas relações jurídicas entre os particulares, a partir do fenômeno de irradiação[292] das normas de direito fundamental para além das fronteiras do direito público. Passa a conformar, igualmente, as normas de direito privado e, de modo especial, do direito civil.[293]

A eficácia horizontal dos direitos fundamentais, na conformação que lhe deu, sobretudo, a atividade do Tribunal Constitucional alemão,[294] determina que estes estabeleçam influência significativa no âmbito das relações entre os privados, as quais poderão se apresentar de diversos modos. São exemplos destes o desenvolvimento jurisprudencial do conteúdo e extensão dos direitos fundamentais, bem como sua consideração na interpretação e aplicação das normas de direito privado.[295] Nesse sentido, uma relação jurídica sob normas de direito privado não mais permanece adstrita a este, operando as normas de direito público e, em especial, os direitos fundamentais, como elemen-

---

288 Incorporados às Constituições nacionais, tornam-se *jurídico-institucionalmente garantidos*, como os caracteriza CANOTILHO. *Direito constitucional...*, p. 359.

289 Ibidem, p. 362.

290 O caráter fundamental *formal* a que se refere ALEXY. *Teoria de los derechos...*, p. 503.

291 Ibidem, p. 505.

292 A expressão é de ALEXY, op. cit., p. 507.

293 HECK, Luis Afonso. Direitos fundamentais e sua influência no direito civil. *Revista da Faculdade de Direito da UFRGS*, Porto Alegre, v. 16, p. 111-125, 1999.

294 Ibidem, p. 114 et seq; CANARIS, Claus Wilhelm. A influência dos direitos fundamentais sobre o direito privado na Alemanha. In: SARLET, Ingo Wolfgang (Org.). *Constituição, direitos fundamentais e direito privado*. Porto Alegre:Livraria do Advogado, 2003, p. 223-244; MENDES, Gilmar Ferreira. Direitos fundamentais: eficácia das garantias constitucionais nas relações privadas – análise da jurisprudência da Corte Constitucional alemã. In: : ——. *Direitos fundamentais e controle de constitucionalidade*. 2. ed. rev. e ampl. São Paulo: Celso Bastos, 1999, p. 211-232; SARLET, Ingo Wolfgang. Direitos fundamentais e direito privado: algumas considerações em torno da vinculação dos particulares aos direitos fundamentais. In: ——. *A constituição concretizada. Construindo pontes entre o público e o privado*. Porto Alegre: Livraria do Advogado, 2000, p. 107-163.

295 CANARIS, op. cit., p. 238-242.

tos de influência na interpretação dessas normas jurídico-privadas,[296] bem como na determinação de limites e possibilidade da ação humana nas diferentes relações da vida.

A doutrina passa a distinguir, então, duas espécies de efeitos dos direitos fundamentais nas relações entre particulares, classificados como *efeito direto* ou *efeito indireto*. O *efeito direto*, defendido, dentre outros, por Nipperdey, reconhece a possibilidade de aplicação desses direitos nas relações entre particulares sem a necessidade de mediação de lei infraconstitucional que especifique o conteúdo da norma de direito fundamental.[297] Já o efeito *indireto* refere a necessidade de que os efeitos dos direitos fundamentais, quando se irradiarem para as relações entre particulares, deverão ser mediados por norma infraconstitucional que lhe estabeleça seu conteúdo concreto.[298] Determina assim um dever ao legislador ordinário de promover a concretização dos direitos fundamentais,[299] ou mesmo do juiz de um litígio,[300] o qual deverá observar tais direitos na elaboração da norma para o caso.

Em direito brasileiro, a aplicação dos direitos fundamentais às relações privadas tem encontrado significativos aportes doutrinários, sobretudo no que diz respeito à proteção da pessoa humana, indicada como eixo central do ordenamento jurídico.[301] A inexistência, em direito privado, de um *conceito-quadro*, a exemplo do direito português (artigo 70 do Código Civil),[302] faz com que, no direito brasileiro, a proteção da personalidade se estabeleça a partir de cláusula geral situada na Constituição,[303] e se constitua como referência normativa

---

[296] GARCÍA TORRES; JIMÉNEZ–BLANCO. *Derechos fundamentales y...*, p. 29-30. Sobre a interpretação dos direitos fundamentais, veja-se: BALAGUER CALLEJÓN, Maria Luisa *Interpretación de la constituición y ordenamiento jurídico*. Madrid: Tecnos, 1997, p. 136-143.

[297] Conforme HECK. *Direitos fundamentais e sua influência...*, p. 118-119.

[298] Conforme Heck, a partir da consideração de que, "no direito civil, o conteúdo jurídico dos direitos fundamentais desdobra-se indiretamente por meio das prescrições jurídico-privadas". Ibidem, p. 119.

[299] BILBAO UBILLOS. *La eficacia de los derechos....*, p. 289-302; MEDINA GUERRERO, Manuel. *La vinculacion negativa del legislador a los derechos fundamentales*. Madrid: McGrawHill, 1996, p. 23 et seq.

[300] BILBAO UBILLOS, op. cit., p. 302 et seq.

[301] TEPEDINO, Gustavo. A tutela geral..., p. 46. BODIN DE MORAES, Maria Celina. A caminho de um direito civil constitucional. *Revista de Direito Civil*, São Paulo, v. 65, p. 21-32, jul./set. 1993, p. 21 et seq. Assim também o professor Eugênio Facchini Neto, que refere-se para tanto, em um *sentido moderno* da constitucionalização do direito privado: FACCHINI NETO, Eugênio. Reflexões histórico-evolutivas sobre a constitucionalização do direito privado. In: SARLET, Ingo Wolfgang (Org.). *Constituição, direitos fundamentais e direito privado*. Porto Alegre: Livraria do Advogado, 2003, p. 11-60.

[302] Sobre o conceito: MOTA PINTO, Paulo. Notas sobre o direito ao livre desenvolvimento da personalidade e os direitos de personalidade no direito português. In: SARLET, Ingo Wolfgang (Org.). *A constituição concretizada*: construindo pontes entre o público e o privado. Porto Alegre: Livraria do Advogado, 2000, p. 61-83.

[303] TEPEDINO, Gustavo. A tutela geral..., p. 44-46. No mesmo sentido: BODIN DE MORAES, Maria Celina. Constituição e direito civil. tendências. *Direito, Estado e Sociedade*, Rio de Janeiro, n. 15, p. 95-113, ago./dez. 1999.

não somente do direito civil, mas de todo o ordenamento jurídico. Trata-se do *princípio da dignidade da pessoa humana*[304] (art. 1º, inciso III), o qual é complementado, segundo Gustavo Tepedino, pela isonomia formal do artigo 5º, bem como a garantia residual do artigo 5º, § 2º, todos da Constituição da República. Tais disposições condicionarão o intérprete e o legislador ordinário, "modelando todo o tecido normativo infraconstitucional com a tábua axiológica eleita pelo constituinte".[305]

A proteção da pessoa e da personalidade no direito brasileiro passa a operar, então, tanto com a consideração da legislação de direito privado, cujo eixo central se estabelece a partir do Código Civil, quanto pelas diretrizes constitucionais expressas, representadas pelos direitos fundamentais estabelecidos na Constituição da República, e pelo princípio da dignidade da pessoa humana, cuja precedência é observada por todo o ordenamento jurídico.

1.2.2. A proteção da pessoa no direito privado: os direitos da personalidade

A consideração dos direitos da personalidade data do final do século XIX. Otto von Gierke, em seu *Deutsches Privatrecht*, não vai indicar diversos direitos subjetivos distintos, mas somente um direito geral de personalidade, que definirá como "aquele que garante ao seu sujeito o domínio sobre um setor da própria esfera de personalidade". E prossegue afirmando que "com esse nome se designam os direitos à própria pessoa, e ao destacar a especialidade do seu objeto, se distinguem todos os demais direitos".[306]

Em que pese a relativa indeterminação do que seria ou mesmo do que se comporia o setor da própria esfera da personalidade, Gierke terminará por identificar a característica fundamental desse direito geral, qual seja, a sua consideração como *direito subjetivo que deve ser reconhecido por todos.*[307]

Os esforços doutrinários de Gierke não foram suficientes, contudo, para convencer o legislador do Código Civil alemão, de modo que

---

[304] Adotamos no caso, o conceito de Ingo Wolfgang Sarlet, para quem a dignidade da pessoa humana é definida como: "qualidade intrínseca e distintiva de cada ser humano que o faz merecedor do mesmo respeito e consideração por parte do Estado e da comunidade, implicando neste sentido, um complexo de direitos e deveres fundamentais, que assegurem a pessoa tanto contra todo e qualquer ato de cunho degradante e desumano, , como venham a lhe garantir condições existenciais mínimas para uma vida saudável, além de propiciar e promover sua participação ativa e co-responsável nos destinos da própria existência e da vida em comunhão com os demais seres humanos". SARLET, Ingo Wolfgang. *Dignidade da pessoa humana e direitos fundamentais*. Porto Alegre: Livraria do Advogado, 2001, p. 60.

[305] Ibidem, p. 47.

[306] PERLINGIERI, *Il diritto civille...*, p. 23.

[307] Ibidem.

Responsabilidade Civil da Imprensa por Dano à Honra

o direito da personalidade só veio a ser consagrado pelo direito positivo europeu, pelo Código Civil suíço, de 1907. No direito alemão, seu desenvolvimento vai ser tributário do uso que a doutrina e a jurisprudência farão da cláusula geral de atos ilícitos presente no § 823 do Código Civil de 1900,[308] o que – segundo afirma Capelo de Souza – vai determinar à personalidade uma crescente e eficaz proteção.[309]

De resto, os direitos da personalidade passarão a merecer proteção de um sem-número de legislações, ora de modo especializado (distintos direitos abarcando as várias esferas da personalidade), ora como um direito geral da personalidade (estabelecendo uma proteção genérica, sem definir expressamente quais esferas ou interesses da pessoa estariam sob tal definição).

Seção II
Os direitos da personalidade

A centralidade do conceito de pessoa no direito moderno é das suas características mais significativas, remarcado – sobretudo – no exame da formação do moderno sistema de direito privado, ancorado nos postulados do direito subjetivo, a proteção da família e a autonomia privada, todos referentes ao indivíduo e as suas diferentes posições nas relações jurídico-privadas. Nos limites do direito público, o respeito às liberdades do indivíduo e o reconhecimento de suas prerrogativas de participação política determinaram a relevância jurídica do homem como sujeito absoluto de direitos, competindo-lhe de modo exclusivo a determinação das conseqüências jurídicas e políticas, decorrentes da potencialidade da sua atuação social. Essa distinção se apresenta na história do direito sob a forma do que Nelson Saldanha denomina *legalismo*,[310] de raízes fincadas nas teorias jusracionalistas de fundamentação do direito e, em especial no âmbito do direito público, os ideais iluministas de respeito ao homem como sujeito principal do jurídico. Assim, a Constituição e o Código Civil surgem como monumentos de determinação dos limites de juridicidade e seu conteúdo. Esses diplomas consagrariam o papel de importância do indivíduo nas suas relações jurídicas, sejam estas públicas ou privadas.

[308] Para o modo de aplicação do § 823 na proteção dos direitos de personalidade, veja-se LARENZ, Karl. *Derecho civil*: parte general. Madrid: EDERSA, 1978, p. 155 et seq. Distingue o autor que a referida disposição indica quatro bens vitais que, lesionados, se equiparam a direitos subjetivos, a saber: a vida, o corpo, a saúde e a liberdade.

[309] CAPELO DE SOUZA. *O direito geral...*, p. 82.

[310] SALDANHA, Nelson. A teoria constitucional e o pensamento jurídico-privado contemporâneo. *Arquivos do Ministério da Justiça*, Brasília, n. 160, out./dez.. 1981, p. 7. Do mesmo autor: *Legalismo e ciência do direito*. São Paulo: Atlas, 1977.

Nesse diapasão, o conceito de personalidade (pressuposto lógico para que se possa afirmar sobre a existência de "direitos da personalidade"), liga-se a outros tantos, que a certo tempo passaram a ser referidos indistintamente, como o próprio conceito de pessoa e de capacidade jurídica. *Direitos subjetivos, direitos humanos* e *direitos da personalidade* determinam-se como conceitos aproximados, representativos de um individualismo igualitário surgido da passagem sobressaltada da sociedade medieval de estamentos e distinções hierárquicas para a modernidade.[311]

Essa concepção desenvolve-se no século XIX, sobretudo na Alemanha, não sendo, todavia, adotada no Código Civil vigente a partir de 1900, uma vez que o seu § 823 – cláusula geral de atos ilícitos – era interpretado pela doutrina e pela jurisprudência alemãs como lesão a bens jurídicos de personalidade, não a um direito subjetivo geral inerente a esta. No mesmo sentido, outras tantas esferas da personalidade foram percebidas na Alemanha da primeira metade do século XX, como dignas de proteção específica, através da técnica de legislação especial. Foram os casos da honra, da liberdade de credo, da força de trabalho e do resguardo da esfera privada.[312]

O cerne da discussão que se punha era o caráter naturalista do conceito de direito da personalidade (*ius in se ipsum*), e da dificuldade de conceber-se direito subjetivo inato, desvinculado dos padrões da ciência jurídica positiva e da sua necessária identificação no contexto de uma relação jurídica. A divergência, na visão de Capelo de Souza, pode ser vislumbrada, entretanto, positivamente, à medida que "solidificou a estrutura dos direitos especiais de personalidade e delimitaram as fronteiras de seu objeto, com o que tais direitos ganham em credibilidade e eficácia".[313]

O combate positivista a esses direitos da personalidade, assim, auxilia sua compreensão para além da concepção de respeito à vontade humana individual e sua recepção nas legislações de diversos países, como no artigo 28 do Código Civil Suíço e no artigo 49 do Código Suíço de Obrigações (complementado por Lei de 16 de dezembro de 1983), nos artigos 5º e seguintes do Código Civil Italiano de 1942, e o artigo 57 do Código Civil grego. Na *common law*, por características do sistema, essa tutela se tem efetivado a partir de distintas

---

311 LAFER, Celso. *A reconstrução dos direitos humanos:* um diálogo com o pensamento de Hannah Arendt. São Paulo: Companhia das Letras, 2001, p. 121. O papel da escola jusracionalista para a construção do suporte teórico destes conceitos é indiscutível. Ao tomar o conceito de razão natural como paradigma para justificação dos postulados teóricos que compunham o cerne do seu discurso, estes juristas acabam por indicar ao ser humano um papel de preeminência, do que se vai retirar a idéia básica destes direitos subjetivos, de que "toda a pessoa é titular de alguns direitos pelo simples fato de ser pessoa".

312 Assim: CAPELO DE SOUZA. *O direito geral...*, p. 92.

313 CAPELO DE SOUZA. *O direito geral...*, p. 82.

Responsabilidade Civil da Imprensa por Dano à Honra

actiones, buscando o reconhecimento de ilícitos extracontratuais (*torts*) relacionados, especificamente, com a ofensa aos direitos da personalidade, como é o caso da *libel* e *slander*, espécies de *defamation* no direito inglês,[314] ou a construção jurisprudencial dos *rights of privacy* do direito norte-americano,[315] cujo reconhecimento compôs uma infinidade de ações reconhecendo agressões específicas a esses direitos.[316] Dessa maneira, tais direitos da personalidade adquirem, no direito moderno, um significativo grau de importância e, em decorrência, conseqüências práticas bastante definidas, seja por via da técnica legislativa – característica dos sistemas de matriz romano-germânica –, ou por meio de instrumentos processuais diversos – nos países de *common law*.

No direito português, é reconhecido que o surgimento de um direito à existência física, contemplando o direito à vida e à integridade pessoal (e sua dignidade moral, deva-se notar[317]), vai permitir a concepção de novos direitos, regulados, no mais das vezes, por normas de direito público, como o direito à saúde, à defesa sanitária e mesmo através de normas típicas de direito civil, como o direito de correção titulado pelos pais em relação aos seus filhos.[318]

A proteção da personalidade admite distintas vias jurídicas. Em direito civil, o meio típico de proteção tem sido o da responsabilidade civil.[319] Embora não tenha jamais indicado à personalidade qualquer espécie de proteção expressa, por intermédio dos direitos subjetivos, o direito alemão passou a protegê-la de modo sistemático, a partir da

---

[314] A respeito, entre nós, veja-se: PORTO, Sérgio José. *A responsabilidade civil por difamação no direito inglês*. Porto Alegre: Livraria do Advogado, 1995.

[315] A partir, sobretudo, do clássico estudo de WARREN; BRANDEIS. *The right to privacy*, p. 193-220.

[316] Segundo Ollier e Le Gall, "the right of privacy really includes four diferents interests [...] These different torts are: (I) intrusion upon the plantiff's seclusion or solitude or into his private affairs; (2) public disclosure of embarassing facts about the plaintiff; (3) publicity wich places the the plaintiff in a false light in the public eye; (4) appropriation, for the defendant's advantage, of the plaintiff's name or likeness". OLLIER, Pierre Dominique; LE GALL, Jean-Pierre. Violation of rigths of personality. In: TUNC, Andre (org.) *International Encyclopedia of Comparative Law*. Boston: Luwer Academics, 1986, v. 10, 2, cap. 10, p. 74.

[317] O projeto primitivo à expressão consagrada era a "integridade física", que, modificado pela comissão revisora, passou a constar como "integridade pessoal" pela maior abrangência do termo. Ibidem, p. 17.

[318] Ibidem, p. 17-18.

[319] Assim, no direito francês, a lição de Gilles Goubeaux: "En effet, la souplesse de cette techinique se prête sans grande dificulté à la défense de la persone en s'adaptant à l'infinie variété des circonstances. Il suffit d'établir l atrilogie: faute-causalité-préjudice, pour que les juges trouvent dans l'article 1382 du Code civil le fondement d'une condamnation à imdemniser la victime. Or, depuis longtemps, les tribunaux considèrent qu'il y a faute à porter atteinte à l'intégrité physique, à lídentité, à l'honneur, à l'intimité... d'autrui, soit délibérément, soit même simplementen en agissant sans prendre des précautions suffisantes". GOUBEAUX. *Traité de droit civil...*, p. 247.

aplicação, pela jurisprudência, da cláusula geral de responsabilidade civil do § 823 do *Burgelichesgesetzbuch* (BGB):

"§ 823 – Quem, por culpa ou negligência, lesar, antijuridicamente, a vida, o corpo, a saúde, a liberdade, a liberdade, a propriedade ou qualquer ou outro direito de uma pessoa, estará obrigado, para com esta pessoa, à indenização do dano daí resultante. Igual obrigação incumbe àquele que infringiu uma lei destinada à proteção de um outro. Se, de acordo com o conteúdo da lei, for possível, mesmo sem culpa, uma infração desta, só caberá a obrigação de indenização no caso de culpa".[320]

Identifica Capelo de Sousa que essa característica do direito alemão terminou por emprestar à proteção da personalidade uma delimitação do seu objeto, indicando-lhe credibilidade e eficácia.[321]

A evolução posterior da proteção da personalidade na Alemanha, já adiantamos, vai estar vinculada à promulgação da Lei Fundamental de Bonn, de 1949, e do seu princípio do livre desenvolvimento da personalidade (artigo 2,1), assim como dos demais direitos fundamentais e sua aplicação às relações privadas, pela jurisprudência do Tribunal Constitucional.

2.1. Conteúdo e características dos direitos da personalidade

Os direitos da personalidade são, antes de tudo, direitos que têm por pressuposto essencial a existência da personalidade, pelo simples fato de que nada pode referir-se ao que não existe. Razão pela qual os direitos subjetivos, pois, vão se referir, necessariamente, ao sujeito de direito. Assinalamos, acima, que a compreensão dos direitos de personalidade só é possível a partir da evolução do próprio conceito de pessoa, pelo qual se chega à noção de matriz jusnaturalista de que todo o ser humano é pessoa, portanto dotado de personalidade e, desse modo, apto a ser titular de direitos subjetivos inerentes a essa condição. Todavia, também assentamos a dificuldade da acepção pela técnica jurídico-positiva desses conceitos a partir de uma mera visão existencial. Daí a preferência inicial pelo reconhecimento de direitos e interesses típicos do homem sujeito de direitos, e só tempos depois, com a aproximação do conceito de personalidade, e direitos da personalidade, com o de dignidade da pessoa humana. Essa aproximação verifica-se, então, sobretudo, a partir de dois documentos da maior

---

320 Código Civil Alemão. Tradução Souza Diniz. Rio de Janeiro: Record, 1960.

321 CAPELO DE SOUZA. *O direito geral...*, p. 82.

Responsabilidade Civil da Imprensa por Dano à Honra

relevância: a Lei Fundamental de Bonn de 1949[322] e a Declaração Universal dos Direitos do Homem da ONU, de 1948.[323]

De qualquer modo, a questão que se apresenta é de quais seriam os direitos da personalidade. E, ainda mais importante, qual o seu fundamento de legitimidade. Afinal, com base na condição de pessoa se está a invocar a titularidade de direitos sem maior esforço argumentativo, e muitas vezes, sem suporte legal expresso. Consensual, nesse aspecto, que ser pessoa significa ter direitos, ou pelo menos determinados direitos.

No caso brasileiro, entretanto, a investigação do conceito de pessoa, antes de tudo, foi motivo de alta indagação jurídico-política em determinada quadra histórica, sobretudo pela investigação sobre os direitos a se reconhecer, a escravos e libertos, na vigência do regime escravocrata no século XIX.[324]

Na perspectiva teórica, entretanto, da maior relevância a compreensão da natureza e estrutura dos direitos subjetivos que denominados "direitos da personalidade", sobretudo considerando-os a partir do seu conteúdo. Afinal, só se poderá justificar o reconhecimento de direitos da personalidade se, a partir do exame do seu conteúdo, for identificada a tutela características de extrema importância para a conservação da pessoa e de sua integridade. O que, evidentemente, pressupõe a importância indicada ao próprio conceito de pessoa humana.

A nosso ver, entretanto, é com Pontes de Miranda que o direito brasileiro vai sistematizar o tratamento dos direitos da personalidade. Segundo se depreende da sua lição, são os direitos da personalidade, direitos subjetivos que se irradiam do fato da personalidade inerente a todos os seres humanos. A personalidade, nesse sentir, "resulta da entrada do ser humano no mundo jurídico".[325] O jurista qualifica tais

---

[322] O art. 1º da Lei Fundamental de Bonn expressamente consagra: "La dignidad humana es intengible. Respetarla y protegerla es obligación de todo poder público". Mais do que isto, na segunda parte do mesmo artigo reconhece os direitos humanos como fundamento da ordem jurídica: "El pueblo alemán, por ello, reconoce los derechos humanos inviolables e inalienables como fundamento de toda comunidad humana, de la paz y la justicia en el mundo".

[323] O art. I da Declaração expressamente reconhece a igualdade do homem em dignidade e direitos: "Artigo I – Todos os homens nascem livres e iguais em dignidade e direitos. São dotados de razão e consciência, e devem agir em relação uns aos outros com espírito de fraternidade". Segundo o art. VI da Declaração: "Todo o homem tem o direito de ser, em todos os lugares, reconhecido como pessoa perante a lei". Trata-se, como bem assinala Comparatto, no princípio supremo de afirmação dos direitos humanos. COMPARATTO. *A afirmação histórica...*, p. 231.

[324] Neste sentido a larga argumentação desenvolvida pelo destacado jurista e político baiano Antônio Pereira Rebouças, ele próprio filho de pai português e mãe liberta, na defesa do reconhecimento de direitos a negros libertos, conforme o excelente estudo de GRINBERG, Keila. *O fiador dos brasileiros:* cidadania, escravidão e direito civil em Antônio Pereira Rebouças. Rio de Janeiro: Civilização Brasileira, 2002.

[325] PONTES DE MIRANDA, Francisco Cavalcanti. *Tratado de direito privado.* 4. ed. São Paulo: RT, 1974, v.7, p. 5-6.

direitos como absolutos, e os faz objeto da mais alta consideração da ordem jurídica, sendo oponível *erga omnes*.[326] E os direitos da personalidade serão direitos oponíveis *erga omnes*, a medida que, na relação jurídica concernente aos mesmos, em um dos pólos estiver o titular do direito, e, no outro, a figura que Pontes de Miranda qualificará como *sujeito passivo total*,[327] ou seja, toda a comunidade. Portanto, trata-se de direitos oponíveis a toda a humanidade.

A personalidade, nesse aspecto, é o que vai acabar por distinguir o homem como sujeito de direitos, sendo-lhe inerente, como atributo de sua dignidade.[328] Nesse sentido, não se trata a personalidade em si de um direito, mas de pré-condição da titularidade de direitos.[329]

Os direitos da personalidade, assim, são direitos que se formam a partir da tutela de determinadas características da pessoa, de modo a conservar-lhe a integridade. São, pois, direitos necessários ao exercício de outros direitos, na medida em que destinados à conservação de características essenciais do sujeito de direitos: a pessoa humana.

Em uma primeira visão, os direitos da personalidade são direitos de exclusividade. Na exata percepção de Diéz-Picazo e Gullón, são poderes de exclusão do Estado sobre a própria pessoa e sua esfera pessoal.[330] Nesse aspecto, representam os direitos relativos a interesses individuais da pessoa que se realizam *de per se*, bastando ao direito protegê-lo da intervenção de terceiros.

Trata-se de direito exclusivo e excludente, oposto por seu titular *erga omnes*, perante o sujeito passivo total.[331] Servem à proteção da pessoa contra terceiros, tendo por finalidade evidente a preservação da sua integridade.[332] Essa, de sua vez, identifica-se, *a priori*, pelo nascimento, do que se há de dizer da sua qualidade inata ao indivíduo, salvo determinados direitos cuja proteção prescindem da realização de atos materiais que os animem.[333]

Essa integridade pessoal, todavia, se há de perceber sob dois aspectos. Tutelam, os direitos da personalidade, um modo de ser *físico* e *moral* da pessoa, razão pela qual o mandamento de integridade deverá respeitar essas duas esferas essenciais do indivíduo.

---

[326] Ibidem.

[327] Ibidem, p. 6.

[328] NERY JÚNIOR., Nelson; NERY, Rosa Maria de Andrade. *Novo código civil anotado*. São Paulo: RT, 2002, p. 9.

[329] Fundamento e pressuposto, na arguta observação de DE CUPIS. *Os direitos...*, p. 15.

[330] DIÉZ-PICAZO, Luis; GULLÓN, Antonio. *Instituciones de derecho civil*. Madrid: Tecnos, v.1, p. 212.

[331] A expressão, aliás, já é consagrada no direito pátrio, como observamos logo acima.

[332] Neste sentido: GOUBEAUX. *Traité de droit...*, p. 243.

[333] Mota Pinto refere a qualidade de inatos a estes direitos, a salvo o direito ao nome, de resto constituído por mero arbítrio legal como direito inerente à personalidade. MOTA PINTO. *Teoria geral...*, p. 206.

De tudo, é possível identificar os direitos da personalidade como extrapatrimoniais (no sentido econômico do termo), embora em alguns casos seja possível a cessão precária e onerosa de alguns desses direitos. De outra parte, são irrenunciáveis e intransmissíveis, na medida que indissociáveis e referentes, obrigatoriamente, ao seu titular.

2.1.1. Conteúdo

A rigor, se possível a construção de relações sucessivas entre direitos e os interesses da pessoa humana, aos direitos subjetivos em geral seria possível indicar a alcunha de direitos da personalidade. Entretanto, em linguagem corrente – conforme afirma De Cupis – a expressão direitos da personalidade segue reservada a um certo grupo de direitos, "sem os quais todos os outros direitos subjetivos perderiam todo o interesse para o indivíduo".[334] Trata-se, desse modo, de direitos essenciais,[335] um *minimum*[336] sem o qual a própria compreensão jurídica da pessoa, enquanto valor concreto, ficaria comprometida.

Esse domínio sobre bens e valores próprios da personalidade[337] não se traduz exclusivamente como direitos subjetivos, mas também como bens jurídicos[338] protegidos por disciplinas legislativas diversas. Encerra, então, a consideração da pessoa sob diferentes dimensões. Com exceção da vida humana cuja existência é pressuposto da própria pessoa, e portanto do fato jurídico que enseja o reconhecimento de direitos da personalidade pela norma, as outras características as quais o direito e a própria cultura comum reconhecem valor, situam-se determinadas projeções da personalidade humana, de natureza física e moral. Nesse sentido, a integridade corporal não se confunde apenas com a garantia do funcionamento do corpo humano, permitindo a continuidade da vida. Protege-o antes de qualquer coisa, contra lesões, bem como se ocupa com a sanidade biológica, física e

---

[334] DE CUPIS. *Os direitos...*, p. 17.

[335] Ibidem. Para crítica do caráter essencial dos direitos da personalidade veja-se Emilio Ondei, para quem este critério de determinação é insuficiente, uma vez que, segundo entende, nem todos os direitos da personalidade são realmente essenciais. Como exemplo de um direito carecedor de essencialidade aponta o direito à imagem, o qual observa que tem um tratamento recente. Observa, ainda, que o caráter de essencialidade, a rigor, poderá submeter-se a um juízo de valor do indivíduo que titula tais direitos, podendo ele próprio reconhecer como essenciais para si alguns direitos, em detrimento dos demais. ONDEI, Emilio. *Le persone fisiche e i diritti della personalità*. Torino: Torinese, 1965, p. 236-237.

[336] Para o conceito de *minimum* existencial veja-se: BENDA, Ernesto. *Manual de derecho constitucional*. Madrid: Marcial Pons, 1996, p. 126 et seq. No mesmo sentido: NOBRE JÚNIOR, Edilson Pereira. O direito brasileiro e o princípio da dignidade da pessoa humana. *Revista de Direito Administrativo*, Rio de Janeiro, n. 219, p. 237-251, jan./mar. 2000.

[337] ONDEI, op. cit., p. 232.

[338] Para distinção entre direitos subjetivos e bens jurídicos, para efeito da proteção dos direitos da personalidade, veja-se, por todos: DE CUPIS. *Os direitos...*, p. 38-39.

psíquica do corpo humano. E nesse sentido, sendo o corpo um elemento unitário, é perfeitamente possível identificar na eventual lesão a quaisquer desses elementos constitutivos da integridade psicofísica, a possibilidade de agressão aos demais.[339]

De outro lado, não é a personalidade humana restrita ao suporte físico da existência da pessoa. Conforme Capelo de Sousa, constitui-se o homem, igualmente, pelos sistemas afetivo, cognitivo e volitivo, designando os atributos humanos do sentimento, da inteligência e da vontade,[340] cujo reconhecimento se observa sob a expressão genérica de integridade moral da pessoa.

É corrente na doutrina a consideração de que o direito à integridade moral exprime-se pelo direito à honra, à dignidade e ao bom conceito do ambiente social.[341] A estas se agregam a intimidade, a vida privada e a imagem, assim como o nome pessoal.

Além destes, Capelo de Sousa vai identificar como integrante da proteção geral da personalidade indicada pelo artigo 70 do Código Civil português uma ampla tutela ao sistema cognitivo da pessoa, protegendo aspectos do entendimento humano na vida de relações, e fundamentando uma série de outros direitos, como o direito à informação entre os contratantes, e a valorização jurídica da ignorância e do conhecimento de certos elementos de fato basilares das relações jurídicas, como a posse de boa-fé e o casamento putativo.[342] No direito brasileiro, entretanto, em que pese a crescente tendência doutrinária em associar o princípio da boa-fé com a norma geral de proteção da pessoa[343] – em especial a partir do princípio constitucional da dignidade da pessoa humana – as normas que contemplam tais relações permanecem situadas em sua seara específica (no caso, no direito das obrigações ou nos direitos reais). Entendemos, contudo, como examinaremos com atenção na segunda parte desse estudo, que a cláusula geral do artigo 187 do Código Civil contribui positivamente para encerrar eventuais disputas nesse sentido, uma vez que permite a abertura do sistema à interpretação construtiva da jurisprudência brasileira, estabelecendo a finalidade econômica e social do direito, a

---

[339] CAPELO DE SOUSA. *O direito geral...*, p. 213-216.

[340] Ibidem, p. 229.

[341] PEREIRA, Caio Mário da Silva. *Instituições de direito civil*. Rio de janeiro: Forense, 1998, v. 1, p. 159.

[342] CAPELO DE SOUSA, op. cit., p. 232-233; Para os exemplos, igualmente: MENEZES CORDEIRO, Antônio. *Da boa-fé no direito civil*. Coimbra: Almedina, 1984, v.1, p.405 et seq.

[343] Assim, dentre outros: TEPEDINO, Gustavo. Direitos humanos e relações jurídicas privadas. *Temas de direito civil*. Rio de Janeiro: Renovar, 1999, p. 55-71. No mesmo sentido, Cláudia Lima Marques, em sua introdução aos nossos Comentários ao Código de Defesa do Consumidor: MARQUES, Cláudia Lima; BENJAMIN, Antônio Herman; MIRAGEM, Bruno. *Comentários ao Código de Defesa do Consumidor:* aspectos materiais. São Paulo: RT, 2003, p. 23-52; e FACHIN, Luiz Edson. O *aggiornamento* do direito civil brasileiro e a confiança negocial. *Repensando fundamentos do direito civil brasileiro*. Rio de Janeiro: Renovar, s.d., p. 115-149.

boa-fé e os bons costumes, como pautas de conduta exigíveis em relação ao exercício de quaisquer direitos subjetivos.

No sentido que se observa na atualidade a disciplina dos direitos da personalidade, é lícito referir que esta se dá a partir da apreensão da pessoa em seu duplo aspecto, considerando-a sob a perspectiva de maior valor na estrutura do indivíduo – suas dimensões física e moral. Mas também não deixa de consagrar uma dimensão relacional entre o indivíduo e o meio social.[344] Essa dimensão relacional da proteção da personalidade vai abarcar, inclusive, a consideração de determinadas projeções da personalidade, em razão da repercussão que as mesmas venham a causar no meio social. É o caso, por exemplo da proteção da honra, da privacidade ou da identidade pessoal, projeções da personalidade que, necessariamente, serão examinadas sob a perspectiva da relação de fato existente entre a pessoa titular do direito e a comunidade.

Desse modo, a proteção da personalidade, que vai para além dos direitos da personalidade, abarca o reconhecimento da autodeterminação da pessoa sob dois aspectos, aos quais convencionou-se denominar liberdades negativa e positiva.[345] A primeira, liberdade negativa, identifica-se essencialmente com o poder de agir do indivíduo, sem que sofra obstrução dos demais.[346] Nega, portanto, à comunidade, interferência em determinada esfera de individual que caracteriza cada pessoa, seu aspecto de integridade.

Já a liberdade positiva concebe o indivíduo como ser humano racional, reconhecendo a possibilidade do mesmo de se autoconduzir de acordo com essa vontade,[347] reserva-lhe espaço para o seu próprio arbítrio. Os direitos da personalidade, tais como recentemente positivados no Código Civil brasileiro, privilegiam o sentido negativo da liberdade, protegendo o indivíduo contra lesões a sua esfera pessoal. A proteção da pessoa de acordo com o sentido dúplice das liberdades reconhecidas ao indivíduo, em direito brasileiro, é de construção recente, obra prioritariamente da doutrina e da jurisprudência, através da interpretação do princípio constitucional da dignidade da pessoa humana (artigo 1°, III, da Constituição da República).

2.1.2. Características

Quanto às suas características dos direitos da personalidade, encontram-se na doutrina as mais distintas referências, dentre as quais, de que se tratam de direitos inatos, não-patrimoniais, imprescritíveis,

---

[344] CAPELO DE SOUSA. *O direito geral...*, p. 243-244.

[345] Assim, veja-se: BERLIN, Isaiah. *Quatro ensaios sobre a liberdade*. Brasília: Editora da UnB, 1981, p. 136.

[346] Ou mesmo como *negação da autoridade*, na expressão de SILVA, J. *Curso...*, p. 235.

[347] BERLIN. *Quatro ensaios...*, p. 142 et seq.

intransmissíveis e absolutos.[348] Do mesmo modo, o novo Código Civil brasileiro, em seu art. 11, qualifica os direitos da personalidade da seguinte forma: "Art. 11 – Com exceção dos casos previstos em lei, os direitos da personalidade são intransmissíveis e irrenunciáveis, não podendo o seu exercício sofrer limitação voluntária". Já o projeto de alteração do novo Código, em tramitação no Congresso Nacional, e que modifica de modo significativo a redação atual do art. 11, abusa da adjetivação, qualificando os direitos da personalidade como *natos, absolutos, intransmissíveis, indisponíveis, irrenunciáveis, ilimitados, imprescritíveis, impenhoráveis e inexpropriáveis.*[349]

A coletânea de características sobre os direitos da personalidade, entretanto, pouco diz, se não identificados os seus traços distintivos um a um, em especial no que tange a aspectos não-consensuais, sobretudo em relação à indisponibilidade e ao caráter inatos desses direitos.

Quanto à oponibilidade geral dos direitos da personalidade, tal significa que os mesmos serão considerados como direitos oponíveis *erga omnes*, o que indica que, na relação jurídica concernente aos mesmos, em um dos pólos ter-se-á o titular do direito, e no outro, a figura que Pontes de Miranda qualificará como *sujeito passivo total*,[350] ou seja, toda a comunidade. A esta caberá exclusivamente o dever de suportar (*pacere*), razão pela qual durante muito tempo utilizou-se para designar tal característica a expressão *direitos absolutos*, modernamente pouco referida em face do entendimento de que os direitos todos têm certo aspecto relativo, quando mais não seja, quando se encontram em conflito uns com os outros. Portanto, trata-se de direitos que cada um dos indivíduos que sejam seus titulares, podem opor a toda a todos os demais, em relação a toda a humanidade.

Para identificar o fundamento dos direitos da personalidade, a doutrina indica as mais diversas fontes. Primeiramente, há os que localizam a origem dos mesmos no direito natural, o que conduz à sua identificação como direitos inatos ou originários, tidos estes como espécies de prerrogativas inerentes ao ser humano, e tão-somente

---

[348] Assim encontramos em DE CUPIS. *Os direitos...*, p. 20; CAPELO DE SOUSA. *O direito geral...*, p. 401 et seq; DIÉZ PICAZO. *Instituciones...*, p. 223, SANTA MARIA. *Direitos...*, p. 31 et seq.

[349] O projeto a que nos referimos é o de autoria do Dep. Ricardo Fiúza, que fora o último relator do projeto do novo Código na Câmara dos Deputados. Justifica o novo projeto algumas reformulações que se fazem necessárias, e que foram preteridas durante a tramitação do projeto original em razão de limitações impostas pelo processo legislativo. Para nós, contudo, trata-se, pelo menos em relação à alteração sugerida do art. 11, algo absolutamente desnecessário. Os adjetivos em lei devem limitar-se aos ditames da necessidade, não sendo prudente ao legislador substituir-se à tarefa da doutrina e da jurisprudência. Na redação original, irrenunciáveis e intransmissíveis são qualificações mais do que suficientes, indicando-se ao exame lógico e racional dos estudiosos e aplicadores da norma ali insculpida, a tarefa de idenificar outras qualidades e dar-lhes efeitos práticos.

[350] PONTES DE MIRANDA, *Tratado...*, v. 7, p. 6.

reconhecidos pela ordem jurídica positiva.[351] No esteio desse entendimento, assinale-se, existirão os que distinguem os direitos da personalidade em dois grupos. No primeiro, qualificados como inatos, restam indicados os direitos à vida, à integridade física e à integridade moral. Em um segundo grupo, os que se qualificam como adquiridos, integrados por aqueles decorrente de expressa e cogente disposição da norma jurídica, dentre os quais situa-se o direito ao nome e sua proteção.[352]

De outro modo, há os autores que preferem identificá-los como produto da evolução social, com o reconhecimento de novos fatos que são introduzidos no suporte fático da norma jurídica – muitos dos quais anteriormente permaneciam no âmbito da moral ou da religião.[353] Nesse sentido, não seriam inatos, mas decorrente de expressa disposição legal, ou do significado que a própria jurisprudência – como fonte do direito – atribuiu a tais conceitos.

Os demais atributos dos direitos da personalidade são identificados basicamente, como sendo: a) oponibilidade *erga omnes*; b) intransmissibilidade; c) imprescritibilidade; d) extrapatrimonialidade e e) indisponibilidade.[354]

A *oponibilidade erga omnes* refere-se à prerrogativa do titular do direito opor o mesmo a qualquer pessoa. Acarreta a consideração dos direitos da personalidade como espécies de direitos sobre a própria pessoa (*ius in se ipsum*), que determinam um dever negativo geral de interferência na esfera jurídica do indivíduo. A *intransmissibilidade*

---

[351] Reconhecem o caráter inato, dentre outros: SANTOS CIFUENTES. Los derechos personalissimos. *Revista del Notariado*, Buenos Aires, 1973, p. 931 et seq; CUNHA GONÇALVES, Luis. *Tratado de direito civil português*. [s.l.: s.n.], 1930, v.3, p. 8; CHAVES, Antônio. *Tratado de direito civil*. São Paulo: RT, 1982, v. 1, t. 1, p. 491; BITTAR, Carlos Alberto. *Os direitos da personalidade*. Rio de Janeiro: Forense Universitária, 1989, p. 7-10; e LIMONGI FRANÇA, R. Direitos da personalidade: coordenadas fundamentais. *Revista dos Tribunais*, São Paulo, n. 567, p. 9-16, jan. 1983.

[352] Assim PEREIRA, Caio Mário da Silva. *Instituições de direito civil*. 19. ed. Rio de Janeiro: Forense, 2001, p. 153.

[353] Assim PONTES DE MIRANDA. *Tratado...*, p. 7. Segundo o eminente jurista, "os direitos de personalidade não são impostos por ordem sobrenatural, ou natural, aos sistemas jurídicos; são efeitos de fatos jurídicos, que se produziram nos sitemas jurídicos, quando, a certo grau de evolução, a pressão política fez os sistemas jurídicos darem entrada a suportes fáticos que antes ficavam de fora [...] é isso que os juristas dizem quando enunciam que só há bem da vida, relevante para o direito, se o direito objetivo o tutela". Em sentido análogo, De Cupis, para quem "não é possível determinar os direitos da personalidade como direitos inatos, entendidos no sentido de direitos respeitantes, por natureza, à pessoa". DE CUPIS. *Os direitos da personalidade...*, p. 18.

[354] Adotamos aqui, os atributos indicados por CAPELO DE SOUSA. *O direito geral...*, p. 410-419. Entre nós, adotam o mesmo entendimento: PONTES DE MIRANDA. *Tratado...*, p. 6-9; BITTAR *Os direitos de...*, p . 11 et seq.; WALD, Arnold. *Curso de direito civil brasileiro*: introdução e parte geral. 9. ed. São Paulo: Saraiva, 2002, p. 122; VENOSA, Sílvio de Salvo. *Direito civil*: parte geral. 3. ed. São Paulo: Atlas, 2003, p. 150-151; MONTEIRO, Washington de Barros. *Curso de direito civil*: parte geral. 39. ed. São Paulo: Saraiva, 2003, p. 97; GONÇALVES, Carlos Roberto. *Direito civil brasileiro*. São Paulo: Saraiva, 2003, v. 1, p. 156.

caracteriza-se pela impossibilidade de transmissão subjetiva dos direitos da personalidade, dada sua vinculação específica com a pessoa.

São também os direitos da personalidade *imprescritíveis*, o que determina que a proteção contra sua violação possa ser exercida independentemente do decurso do tempo. Do mesmo modo assumem caráter *extrapatrimonial*, com uma natureza diversa de qualquer espécie de consideração econômica, ainda que da sua ofensa vá resultar, em regra, o direito à indenização pecuniária. Esta, entretanto, só vai ter lugar exatamente pela impossibilidade de restituição do bem jurídico violado, dada a sua natureza pessoal e intangível.

Diz-se também que são direitos *indisponíveis*. Essa indisponibilidade é oponível ao próprio titular do direito, que não poderá exercê-lo para o extinguir. Também impede o titular que renuncie ao direito por ato de vontade (através de uma disposição contratual, por exemplo). Emilio Ondei identifica que o estabelecimento genérico dessa característica, por si, termina por carecer de efetividade. Observa que indisponibilidade diz respeito a alguns direitos da personalidade, via de regra a partir de disposições legais expressas, situadas no direito civil ou em legislações afetas a outras matérias, como o Código Penal. Isto porque, considerando o caráter múltiplo e complexo do conceito de indisponibilidade do direito, este pode acarretar mesmo a confusão entre a disposição e o exercício de um direito subjetivo.[355]

Entre nós, a distinção entre tais conceitos resta bastante clara nas normas relativas aos direitos da personalidade no novo Código Civil. Quando o artigo 13, ao consagrar o direito da pessoa à integridade corporal, referindo que "salvo por exigência médica é defeso o ato de disposição do próprio corpo quando importar diminuição permanente da integridade física, ou contrariar os bons costumes", grava o direito com a indisponibilidade,[356] afastada apenas nas hipóteses que expressamente consigna, tanto no *caput*, quanto no parágrafo único dessa mesma disposição. É de se observar, ainda, que o caráter restritivo desse direito não impede que o seu titular, exercendo-o, assuma riscos de uma eventual lesão.[357]

Não é o caso da autorização a que fazem menção os artigos 18 e 20 do Código, quando estabelecem a proteção do nome e da imagem da pessoa. Em ambos os casos se está a observar hipótese de exercício do direito nos estritos marcos que a lei estabelece aos mesmos, uma

---

355 ONDEI. *Le persone fisiche...*,p. 242.

356 A respeito do caráter indisponível do direito de integridade corporal, veja-se: BORRELL MACIA, Antônio *La persona humana*: derechos sobre su propio cuerpo vivo y muerto; derechos sobre el cuerpo vivo y muerto de otros hombres. Barcelona: Bosch, 1954, 32 et seq.

357 Assim, por exemplo, a prática de esportes de violência, como o boxe. Discutindo a licitude destas práticas desportivas, Borrel Macia concluirá pelo caráter ilícito e imoral destas modalidades de luta com violência física, que por sua própria natureza causam dano à integridade física da pessoa. Ibidem, p. 62-71. Em sentido contrário: DE CUPIS. *Os direitos...*, p. 84-85.

Responsabilidade Civil da Imprensa por Dano à Honra

vez que constitui o ato do seu titular como espécie de ressalva obrigatória à conduta de terceiros a que visa restringir.

Na prática, entretanto, uma série de direitos cuja efetividade vai se vincular ao exercício pelo seu titular – como o caso do direito à honra e o direito ao nome, por exemplo – o caráter de indisponibilidade vincula-se à impossibilidade de renúncia (conforme previsto no artigo 11 do Código) –, mas não pela necessidade de exercício do mesmo pelo seu titular. Daí por que, havendo ameaça de violação, ou mesmo quando esta já houver se verificado, o exercício do direito ou da pretensão, representados em regra pela provocação da tutela jurisdicional, será condição necessária para sua efetividade. Ainda que, no caso, não se confundam disponibilidade e exercício do direito da personalidade, nessas circunstâncias tais conceitos deverão se aproximar.[358]

Outros autores vão identificar, nesse caso, o caráter relativo dessa indisponibilidade, afirmando que as inflexões da liberdade do homem em sua esfera pessoal podem determinar modificação do próprio objeto da proteção jurídica, como será o exemplo da mudança de religião ou a mudança da configuração sexo-corporal.[359]

2.2. Espécies de direitos da personalidade

Por direitos da personalidade já assentamos que se referem a prerrogativas mínimas indicadas à pessoa, que garantam sua integridade física e moral. Desse modo, não se trata de apenas uma característica específica do indivíduo, mas de uma série delas, às quais legislação e doutrina têm definido, com algumas variações, como sendo o direito à vida, à integridade física, ao corpo, a partes separadas do corpo, ao cadáver, à imagem, à voz, à liberdade, à intimidade, à integridade psíquica, ao segredo, à identidade, à honra, ao respeito e às criações intelectuais.[360]

Dado o desenvolvimento dogmático distinto da personalidade em diferentes países, a questão que se apresenta é justamente sobre a existência de um exclusivo e genérico direito de personalidade – o direito geral de personalidade – ou de diversos direitos, todos guardando as mesmas características. A questão deve ser resolvida considerando dois aspectos, quais sejam: o surgimento e desenvolvimento dos direitos da personalidade no direito interno e as opções do legislador que dele decorrem.

---

[358] Neste sentido, veja-se: ONDEI. *Le persone...*, p. 246-249.

[359] CAPELO DE SOUSA. *O direito geral...*, p. 406-407.

[360] Utilizamos aqui, a classificação de BITTAR *Os direitos de...*, p. 65 et seq.

O direito português do Código de Seabra, de 1867, consagrava como direitos originários, o direito de existir,[361] de liberdade, de associação, de apropriação e de defesa.[362] A previsão desses direitos originários, diga-se, não se estabeleceu no Código português sem alguma polêmica. Segundo demonstra Cunha Gonçalves, distintos membros da Comissão revisora do Código, liderados por Herculano, advogam a eliminação da previsão normativa desses direitos, dada a sua inutilidade e a melhor adequação de que fossem previstos em uma Constituição política.[363]

O argumento essencial para crítica a esses direitos originários busca atingir seu fundamento. Cunha Gonçalves advoga pela inexatidão da assertiva de que seriam resultantes da própria natureza do homem, diante da constatação de todos os direitos, por si, resultam de normas de convívio social, e contam, assim, com uma dimensão de historicidade.[364] Todavia, aquilo que denominara o Código de Seabra como direitos originários, e que mais adiante passou-se a identificar como direitos da personalidade, vai contar com uma proteção não apenas civil, mas de distintos ramos do direito, como o direito penal e o direito público em geral.

2.2.1. O direito geral da personalidade

A opção do Código Civil português de 1966 foi pelo reconhecimento de um direito geral de personalidade, a partir do qual a jurisprudência se ocuparia da aplicação concreta da norma, retirando dela as conseqüências adequadas. Dispõe o art. 70 do Código Civil português: "Art. 70. A lei protege os indivíduos contra qualquer ofensa ilícita ou ameaça de ofensa à sua personalidade física ou moral".

Ao lado da disposição que consagra o denominado direito geral de personalidade, outras normas, como os artigos 483 e seguintes do mesmo Código, consagram a responsabilidade civil pela violação desse direito. De interesse, igualmente, o art. 81 do mesmo diploma, que comina de nulidade a limitação voluntária de direitos da personalidade, quando contrários à ordem pública. E em sua segunda parte, tratando de limitação legal, ao determinar a irrestrita possibilidade

---

361 Segundo Capelo de Sousa, o direito à existência englobava não só o direito à vida e à integridade física, como também o direito ao nome e à reputação. CAPELO DE SOUSA. *O direito geral...*, p. 78.

362 Ibidem. Assim o art. 359 do Código Civil português de 1867: "Dizem-se direitos originários os que resultam da própria natureza do homem, e que a lei reconhece e protege, como fonte e origem de todos os outros. Estes direitos são: 1º O direito à existência; O direito à liberdade; 3º O direito de associação; 4º O direito de apropriação; 5º O direito de defesa."

363 CUNHA GONÇALVES, Luis. *Tratado de direito civil em comentário ao Código civil português*. 2. ed. São Paulo: Max Limonad, 1958, v.3, t.1, p. 13-14.

364 CUNHA GONÇALVES. *Tratado de direito...*, p. 14.

Responsabilidade Civil da Imprensa por Dano à Honra

de revogação pelo titular, ainda que dessa reste a obrigação de indenizar prejuízos às legítimas expectativas da outra parte.

Daí é que, no direito português, a proteção dos direitos da personalidade consolida-se com a previsão dos artigos 1474 e seguintes do Código de Processo Civil, os quais reconhecem a possibilidade de providências inibitórias, prévias à violação do direito.

A solução de um direito geral de personalidade adotada pelo Código Civil português de 1966, segundo informa Capelo de Sousa, coincide com a Proposta de Houin à Comissão de reforma do Código Civil francês, em 1951, e por fim, com a aprovada proposta de Noboyet, que ora consta no Anteprojeto de reforma daquela codificação.[365]

A utilidade identificada no direito português, a partir do art. 70 do Código de 1966, é a possibilidade desse modo de proteção da personalidade reconhecer os diversos bens jurídicos atinentes à personalidade, independente de sua tipificação legal.[366] Ao proteger a personalidade de modo genérico, a norma não está, necessariamente, considerando-a como mera abstração, senão como universalidade concreta.[367] A amplitude dessa proteção apresenta-se, contudo, na medida que esse modo de proteção permite ao intérprete o reconhecimento de distintas esferas da personalidade a serem protegidas.

Optou-se assim, sem que a experiência portuguesa permita afirmar que desconheça, antes do Código de 1966, um sistema de proteção dos direitos da personalidade, pelo recurso a um conceito-quadro de *direito geral*, de modo a permitir a adequação permanente da norma à realidade da vida, dotando a previsão legal de flexibilidade.[368]

Guarda relação, igualmente com o tratamento que no direito alemão se deu à proteção da pessoa, a partir do artigo 2, parte 1, da Lei Fundamental de Bonn, de 1949, o qual estabeleceu que "toda persona tiene el derecho al libre desarollo de su personalidad siempre que no viole los derechos de otra ni atente contra el orden constitucional o la ley moral".[369] O marco da retomada das reflexões de Otto von Gierke na doutrina se dá, após a edição da Lei Fundamental, da obra *O direito da personalidade* (1950), de Heinrich Hubman, no qual há a defesa da existência de um direito geral da personalidade que se apresenta tanto como elemento valorativo, merecedor da atenção incondicionada dos demais homens, quanto a proteção da pessoa contra possíveis perturbações e violações.[370]

---

[365] CAPELO DE SOUSA. *O direito geral...*, p. 88-90.

[366] Assim MOTA PINTO. *Teoria geral...*, p. 209.

[367] Neste sentido, ONDEI. *Le persone fisiche...*, p. 233.

[368] CAPELO DE SOUSA. *O direito geral...*, p. 23.

[369] Versão em espanhol: ALEMANHA. *Ley fundamental para la Republica Federal de Alemania.* Traducción Ernesto Galzón Valdés. Bonn: Departamento de Prensa e Información, 1997.

[370] HATTENHAUER. *Conceptos...*, p. 26-27; CAPELO DE SOUSA, op. cit., p. 139 et seq.

De outro modo, esse direito geral é resultado da consideração da pessoa e da personalidade como um todo, sobre o qual articula-se todo o direito, não se restringindo a norma jurídica apenas em estabelecer restrições ou vedações à ação que lesione ou macule a integridade da pessoa, mas igualmente, no sentido de orientar toda a atividade dos particulares para a promoção da pessoa humana.[371]

A consagração de um direito geral de personalidade, nesse sentido, tem a virtude de aproximar o conceito dos direitos da personalidade da consideração ampla do sentido de pessoa no direito, o qual é consagrado pela norma constitucional sob o signo da dignidade da pessoa humana (art. 1°, III), ou ainda, como *tutela integral da pessoa*. Esta refere-se à expressão cunhada por Gustavo Tepedino[372] para superar a divisão das normas de proteção presentes na legislação infraconstitucional sob diversos títulos, e que guardam como objetivo, igualmente, a proteção jurídica da pessoa humana.

Em direito brasileiro, contudo, não foi esta a opção da legislação civil. O Código vigente optou pelo estabelecimento de normas de proteção da personalidade em disposições específicas para cada um dos direitos reconhecidos. Essa opção, entretanto, não determina um caráter taxativo às disposições presentes no Código, em que pese tenha silenciado o legislador a esse respeito.

2.2.2. Os direitos da personalidade em espécie

O reconhecimento dos direitos da personalidade, como espécie de proteção à pessoa, pode indicar, além de uma proteção ampla, sob a alcunha de um *direito geral*, também uma forma plural de proteção, conferida pela ordem jurídica pela previsão nominal de uma série de direitos, estabelecidos segundo as circunstâncias em que se apresentam. O reconhecimento de uma proteção unificada e genérica, ou detalhada dos direitos da personalidade, constitui-se, no mais das vezes, em opções legislativas inspiradas na tradição jurídica de um determinado ordenamento, ou mesmo no reconhecimento de um significado implícito em uma das opções em destaque. Assim existirá, por exemplo, nos ordenamentos jurídicos que consagram um direito geral, o conceito de que essa forma de proteção legislativa melhor se coaduna com as infinitas possibilidades de manifestação da personalidade humana, ou mesmo como fator de atualização permanente[373] da norma jurídica, conforme já referimos.

Entretanto, para aqueles que entendem pela vantagem da determinação de direitos específicos da personalidade, o argumento de que

---

371 PERLINGIERI. *La personalità umana...*, p. 178.

372 TEPEDINO. *A tutela da personalidade...*, p. 44.

373 CAPELO DE SOUSA. *O direito geral...*, p. 23.

Responsabilidade Civil da Imprensa por Dano à Honra

a tutela geral favorece a atualização da norma ou mesmo uma melhor compreensão da própria expressão da personalidade humana reside sobre um equívoco. Segundo esse entendimento, tais virtudes seriam decorrentes da confusão entre a unidade psicofísica da pessoa e suas diferentes manifestações, com seus elementos. Estes "constituem um bem ou um valor que ingressa como fator de multiplicidade da unidade definitiva da existência pessoal".[374]

Os direitos da personalidade, nesse sentir, são múltiplos porque assim o são os caracteres da pessoa aos quais se reconhece tal importância,[375] a ponto de considerá-los indestacáveis do próprio conceito jurídico de pessoa. Ou como propugna Orlando Gomes, convertem-se em projeções físicas ou psíquicas da personalidade por determinação legal, que os individualiza para prestar proteção.[376]

No direito italiano, notadamente a partir do Código Civil de 1942, primeira grande codificação a consagrar expressamente os direitos da personalidade, optou-se pela previsão exemplificativa desses direitos, nos artigos 5º a 10. É o que Adriano De Cupis salienta tratar-se de uma parcial disciplina legislativa,[377] uma vez que se ocupou somente do direito de disposição do próprio corpo (artigo 5º), o direito ao nome (artigos 6º a 9º) e o direito à imagem (artigo 10º). A precariedade das normas de direito civil, contudo, não significa que deixavam de ser protegidos pela ordem jurídica, sobretudo através de normas penais, as quais se ocupavam da proteção dos mesmos bens jurídicos protegidos sob o conceito de personalidade.

A opção do legislador italiano pela previsão de diversos direitos subjetivos, reconhecendo distintas esferas da personalidade, procura observar o que a doutrina daquele país já identificara, de que as infinitas manifestações da personalidade aduzem distintas prerrogativas a serem reconhecidas e protegidas pelo ordenamento jurídico.[378] De outro modo, os que negam a adequação dessa multiplicidade de direitos, reconhecendo distintas prerrogativas, advogam que a proteção dos direitos da personalidade se observa em relação a uma unidade psicofísica do homem, cujos elementos não guardam suficiente autonomia para a determinação de diversos direitos.[379]

Segundo afirma Emilio Ondei, a opção pela previsão individualizada dos direitos da personalidade pode, entretanto, dar lugar a

---

[374] ONDEI. *Le persone fisiche...*, p. 234 (traduzi).

[375] SANTA MARIA. *Direitos da personalidade...*, p. 32.

[376] GOMES. Orlando. Direitos de personalidade. *Revista Forense*, v. 216. Rio de Janeiro: Forense, outubro-dezembro/1966, p. 5-10. No mesmo sentido, afirmamos: MIRAGEM, Bruno. Direitos da personalidade e direitos do consumidor. *Revista de direito do consumidor*, v. 49. São Paulo: RT, janeiro-março/2004, p. 40-76.

[377] DE CUPIS. *Os direitos...*, p. 33.

[378] Assim, por exemplo, ONDEI. Emilio. *Le persone...*, p. 234-235.

[379] Ibidem.

dificuldades de interpretação, que surgem desde a eleição de um critério para definição de quais as projeções da personalidade deverão ser consideradas para efeito de uma proteção jurídica específica, assim como qual será a extensão da proteção reconhecida a essas espécies individualizadas. Exemplifica, então, com a dificuldade que conceitos como integridade física, honra e privacidade oferecem para sua precisão.[380]

O direito brasileiro, como se observará adiante, vai adotar uma técnica mista, utilizando-se de cláusulas gerais e da previsão individualizada de direitos específicos reconhecidos pela norma, para consagrar os direitos da personalidade no Código Civil.

---

[380] ONDEI, op. cit., p. 234-235.

Parte Segunda

A RESPONSABILIDADE CIVIL DA IMPRENSA POR DANO À HONRA NO NOVO CÓDIGO CIVIL

A evolução do direito contemporâneo, com a consideração da pessoa humana como eixo central do ordenamento jurídico, determinou aos juristas o estabelecimento de formas de proteção que representassem, de modo efetivo, sua importância. No direito brasileiro, o marco desta crescente proteção da pessoa se dá a partir da promulgação da Constituição da República de 1988. Ao consagrar o princípio da dignidade da pessoa humana e, ao mesmo tempo, um elenco inédito de direitos fundamentais consignados expressamente no texto constitucional, o direito brasileiro adota o que alguns autores denominam *personalismo*.[1] Este deu causa à reconstrução do conceito jurídico de pessoa, permitindo, por meio de cláusulas gerais presentes na Constituição, o desenvolvimento jurisprudencial de novas hipóteses de proteção da pessoa humana.[2]

O caráter inovador da Constituição de 1988, em se tratando da proteção da pessoa humana, dentre outras disposições, será estabelecido, de modo destacado, com referência constante no seu artigo 5º, inciso V, de que "é assegurado o direito de resposta proporcional ao agravo, além da indenização por dano material, moral ou à imagem". Ao mesmo tempo, o inciso X do mesmo elenco de direitos fundamentais estabelece que "são invioláveis a intimidade, a vida privada, a honra e a imagem das pessoas, assegurado o direito à indenização pelo dano material ou moral decorrente de sua violação". Dentre as formas de proteção jurídica da pessoa, fez clara opção o constituinte, ao consagrar em norma constitucional, a responsabilidade civil, cujo desenvolvimento histórico em direito privado,[3] a carac-

---

[1] Assim qualifica o primoroso trabalho de BODIN DE MORAES. *Danos à pessoa...*, p. 19.

[2] MARTINS-COSTA, Judith. Os danos à pessoa no direito brasileiro e a natureza de sua reparação. In: MARTINS-COSTA, Judith (Org.). *A reconstrução do direito privado*. São Paulo: RT, 2002, p. 408-446.

[3] Para evolução histórica do conceito de responsabilidade, veja-se: VILLEY, Michel. Esquisse historique sur le mot responsabilité. *Archives de Philosophie du Droit*, Paris, n. 22, p. 45-57, 1977.

teriza, conceitualmente, como instituto próprio da repartição dos riscos sociais.[4]

Em matéria de proteção da pessoa humana, pode-se afirmar que uma das funções principais do direito é sua proteção em relação aos próprios riscos sociais, a qual se efetiva pela previsão de institutos de reparação e, modernamente, da prevenção[5] dos danos à pessoa.[6] Assim, por exemplo, com relação ao estabelecimento dos direitos da personalidade, cuja natureza – como já se observou – determina seu revestimento por características específicas, dentre as quais a sua oponibilidade irrestrita e a indisponibilidade relativa ao próprio titular do direito. Entretanto, diante da impossibilidade fática de os juristas afastarem-se da realidade da vida, o instituto da responsabilidade, ao mesmo tempo em que é vocacionado à reparação do prejuízo decorrente dos riscos sociais, assume também, para muitos, a função de sanção aos comportamentos que promovam esses mesmos prejuízos.[7]

E, em se tratando da pessoa humana, e considerando a mesma como uma unidade indissolúvel, física e moral, sua proteção opera-se em ambas as esferas, também quanto aos danos decorrentes da violação dos direitos da personalidade reconhecidos às mesmas. Daí por que, tendo sido convencionada a classificação dos danos à pessoa dentre os danos extrapatrimoniais,[8] sua verificação, igualmente, prescinde da caracterização do prejuízo econômico da vítima,[9] bem como pode se apresentar apenas em nível interno, afetivo ou no sentimento do indivíduo, imperceptível *a priori,* para outros que não a própria vítima.

Esses danos internos, afetos à esfera psíquica ou de sentimentos da pessoa, aos quais se convencionou denominar danos morais,[10] a rigor representam a ofensa a bem jurídico (portanto tutelado pelo

---

[4] VINEY, Geneviève. De la responsabilité personelle à la répartition des risques *Archives de Philosophie du Droit,* Paris, n. 22, p. 5-21, 1977.

[5] Sobre a prevenção dos danos à pessoa, a magnífica reflexão de MOSSET ITURRASPE, Jorge. *Visión jurisprudencial del valor de la vida humana.* Buenos Aires: Rubinzal-Culzoni, 1994, v.1, p. 13-16.

[6] O que vai caracterizar, segundo a lição de Ricardo Lorenzetti, o fato de que "o direito privado começa a interessar-se pelas conseqüências públicas das ações privadas, seu impacto sobre os demais indivíduos e sobre os bens públicos, e por isso confere status jurídico a bens que antes eram irrelevantes". LORENZETTI, Ricardo Luis. *Fundamentos do direito privado.* Tradução Véra Maria J. de Fradera. São Paulo: RT, 1998, p. 84.

[7] Nesse sentido, veja-se, dentre outros: TERRÉ, François. Propos sur la responsabilité civile *Archives de Philosophie du Droit,* Paris, n. 22, p. 37- 44, 1977.

[8] Embora com eles não se confundam, nem tampouco formem espécie de categoria autônoma, segundo a lição de SEVERO, Sérgio Viana. *Danos extrapatrimoniais.* São Paulo: Saraiva, 1996, p. 47.

[9] MARTINS-COSTA. Os danos à pessoa..., p. 433-434.

[10] Para uma visão ampla do reconhecimento jurídico do dano moral, veja-se: AGUIAR DIAS, José. *Da responsabilidade civil.* Rio de Janeiro: Forense, 1979, v.2, p. 414 et seq; PEREIRA, Caio Mário.da Silva. *Responsabilidade civil.* 7. ed. Rio de Janeiro: Forense, 1996, p. 54-58.

direito), cuja manifestação na vítima se caracteriza por suportar um sofrimento ou perda no âmbito interno, de sua integridade psicológica ou sentimental. No festejado entendimento de Aguiar Dias, a configuração do dano moral, não como decorrência do direito violado, mas a partir da conseqüência causada na vítima, "em geral uma dolorosa sensação experimentada pela pessoa, atribuída a palavra dor o mais largo significado".[11] Ou ainda, como afirma Zanoni, "denomínase daño moral – o agravio moral – el menoscabo o lesión a intereses no patrimoniales provocado por el evento dañoso". Segundo o mestre argentino, sua classificação será observada a partir da natureza do interesse violado e a extrapatrimonialidade do bem jurídico afetado.[12]

Dentre os direitos fundamentais consagrados pela Constituição, e que são característicos da proteção jurídica da pessoa, conforme estabelece o artigo 5º, inciso X – já mencionado –, está o direito à honra. A exemplo de outros previstos na mesma norma constitucional, como a vida privada, a intimidade e a imagem, o direito à proteção da honra, submete-se, na moderna sociedade de massas, a enormes riscos de lesão, decorrente de múltiplos fenômenos, dentre os quais avulta o da multiplicação qualitativa e quantitativa dos meios de comunicação social. Uma das características da pós-modernidade é o surgimento de inúmeros meios de comunicação, o que determina um processo de transformação cultural[13] a partir do qual a comunicação social passou a deter uma importância sem precedentes na formação dos juízos e do conhecimento da comunidade sobre os fatos da realidade.

A atividade dos órgãos de comunicação social, da mesma forma, organizou-se de modo empresarial, dando origem ao que a doutrina especializada convencionou denominar *empresas informativas*.[14] Esse desenvolvimento privado da atividade de comunicação social teve por conseqüência a associação entre a liberdade de expressão e a liberdade de empresa e comércio,[15] no qual se afigura perfeitamente legítima a perseguição do lucro da atividade.

Daí deve-se observar que diante do desafio de produzir o bem objeto de comercialização, que no caso da atividade dos meios de

---

[11] AGUIAR DIAS, op. cit., p. 414.

[12] ZANONI, Eduardo A. *El daño en la responsabilidad civil*. 2. ed. Buenos Aires: Astrea, 1987, p. 287.

[13] MARTIN-BARBERO, Jesús. *Dos meios às mediações. Comunicação, cultura e hegemonia*. Tradução Ronald Polito e Sérgio Alcides. 2. ed. Rio de Janeiro: Editora UFRJ, 2001, p. 203-204.

[14] Para Guilherme Cunha Pereira, trata-se de empresas cuja atividade material é a venda ou a prestação de serviços informativos. CUNHA PEREIRA. *Liberdade e responsabilidade...*, p. 26. Em sentido semelhante: PINILLOS Y SUAREZ, Pedro J. *La empresa informativa. Prensa, radio, cine y televisión*. Madrid: Ediciones del Castillo, 1975, p. 41; NIETO, Alfonso; IGLESIAS, Francisco. *Empresa informativa*. Barcelona: Ariel, 1993, p. 80 et seq.

[15] Segundo Martin-Barbero, examinando a experiência norte-americana, esta associação deu causa a que as próprias empresas dêem a si próprias uma *vocação imperial*. MARTIN-BARBERO, op. cit., p. 204.

Responsabilidade Civil da Imprensa por Dano à Honra

comunicação social é a informação em diferentes suportes,[16] os órgãos de comunicação social, em determinadas oportunidades, terminam por atentar contra alguns dos direitos fundamentais da pessoa humana. Por essa razão, o próprio constituinte, ao consagrar a liberdade dos meios de comunicação social, o fez de modo a reconhecer esta em estrita compatibilidade com os direitos fundamentais da pessoa, conforme se observa no artigo 220, *caput* e § 1°, da Constituição da República. Dentre os direitos a serem observados nos termos do texto constitucional, está o direito à proteção da honra, previsto no artigo 5°, inciso X, cuja preservação, no que se refere ao exercício da liberdade de imprensa, resta consignado no mencionado § 1° do artigo 220.

Trata-se a violação do direito à honra pela imprensa, sem dúvida, de uma das questões mais controvertidos da doutrina e da jurisprudência brasileira contemporânea. E as razões da controvérsia têm sua sede, sobretudo, em duas questões. A primeira refere-se à imprecisão terminológica do conceito de honra consagrado na legislação, o que envolve a indeterminação do conteúdo das qualidades características da pessoa assumidas sob o conceito. A segunda diz respeito às dificuldades de identificação, no caso concreto, da distinção entre o exercício regular do direito de informar pela imprensa – considerado o caráter dúplice da liberdade de imprensa, nas liberdades de informar e de pensamento – e a violação ao direito à proteção da honra.

E a essas dificuldades, enfrentadas pelos tribunais brasileiros já há alguns anos, somaram-se, com a aprovação do novo Código Civil, as disposições que o mesmo contém acerca dos direitos da personalidade, os quais, ao fazer referência expressa ao termo *publicação*, remetem de modo indiscutível à disciplina jurídica da atividade de imprensa. No que tange ao direito à proteção da honra, este é disciplinado, de modo implícito no artigo 17, e de modo expresso no artigo 20 da nova lei, a qual vai consagrar a tutela reparatória e preventiva do direito da personalidade em questão.

E, considerando que a liberdade de manifestação do pensamento e de informações é regulada, desde 1967, pela Lei Federal n. 5.250, conhecida genericamente como Lei de Imprensa, outra questão que sobressai é a identificação da lei aplicável em matéria de responsabilidade civil de imprensa. No caso, se deve haver a aplicação da lei especial, mais antiga, ou da lei geral, representada pelo novo Código Civil, em relação à disciplina jurídica da atividade da imprensa, em especial quanto à responsabilidade civil dos meios de comunicação.

---

[16] Conforme anota Cunha Pereira, a classificação predominante na doutrina é a dos jornais e periódicos considerados como mercadoria, produto, enquanto a transmissão das freqüências de TV é tida por um serviço. CUNHA PEREIRA. *Liberdade e responsabilidade...*, p. 27. Este, aliás, é o entendimento da Corte de Justiça da Comunidade Européia. Ibidem, p. 73.

Ao mesmo tempo, o Código Civil, ao prever limites objetivos ao exercício de todos os direitos subjetivos, através da cláusula geral do artigo 187 do Código Civil, qualifica como ato ilícito o exercício de direito pelo seu titular, que exceda a sua finalidade econômica e social, a boa-fé e aos bons costumes. Conforme sua previsão legislativa, tal disposição consagra o instituto do abuso do direito, de extensa evolução histórica,[17] e estabelecido como cláusula de ilicitude objetiva, ensejando, na presença de dano, o dever de indenizar – consoante sua aplicação combinada com a cláusula do artigo 927 do mesmo Código.

Daí por que, com o objetivo de caracterizar a responsabilidade civil por dano à honra pelo exercício da atividade da imprensa, à luz das disposições do novo Código Civil, é que se pretende nessa parte examinar, primeiramente, a distinções e inter-relações do direito à proteção da honra e outros direitos relativos à proteção jurídica da pessoa humana. Essa análise, de sua vez, terá por finalidade identificar uma definição útil ao exame, em seguida, dos pressupostos da responsabilidade civil da imprensa, por violação desse direito da personalidade, bem como a identificação do artigo 187 como fonte de deveres específicos a serem observados pelo exercício da atividade dos meios de comunicação social.

---

[17] Para a evolução histórica do abuso do direito em direito comparado e no direito brasileiro, veja-se o clássico de MARTINS, Pedro Baptista. *O abuso do direito e o ato ilícito*. 3. ed. histórica com considerações preliminares à guisa de atualização de José da Silva Pacheco. Rio de Janeiro: Forense, 1997, p. 81-118.

Capítulo I

A HONRA COMO DIREITO SUBJETIVO DA PERSONALIDADE NO NOVO CÓDIGO CIVIL

Dentre os direitos subjetivos reconhecidos à pessoa humana, o direito à honra é dos que maior atenção tem merecido por parte dos operadores do direito, por intermédio da atividade legislativa, doutrinária ou jurisprudencial. Isto é favorecido pela extensão do significado que encerra o termo, bem como sua disposição, via de regra, em cláusulas gerais cujo preenchimento de significado imprime certa flexibilidade à aplicação do direito,[18] fomentando sua utilização.

Em grande medida, a preservação da honra é uma das preocupações centrais do direito desde os primórdios romanos, em que pese a inexistência de uma definição concreta e precisa sobre seus contornos conceituais.[19] Dentre as diferentes *actiones* romanas, a *actio iniuriarium*[20] converteu-se no modo, por excelência, de expressão do significado da máxima latina, comum à época, *honoris causa et vita aequiparantur* ("a honra e a vida se equiparam").[21]

Conforme comenta Max Kaser, as lesões de pessoas que em um primeiro momento se referiam a danos produzidos contra a integridade física da pessoa, sobretudo a partir das previsões da Lei das XII Tábuas, em um segundo estágio são ampliadas, sob o conceito de *iniuria*, que indicava além das lesões corporais, *todo o agravo consciente da personalidade de outrem*. Essa extensão conceitual dos danos a pessoa, então, dão causa a uma espécie de édito geral dos pretores, incluindo casos concretos como o *convicium* contrário aos bons costumes, a difamação pública por insultos e troças, em arruaça em frente de casa, o ataque à reputação moral de uma mulher honesta ou de um adolescente, dentre outros.[22]

A tradição jurídica que se forma a partir de então valorizará continuamente o conceito de honra e sua distinção aos membros da

---

[18] Nesse sentido: ENGISCH, Karl. *Introdução ao pensamento jurídico*. Lisboa: Calouste, 1987, p. 188; MARTINS-COSTA. *A boa-fé...*, p. 286.

[19] AMARANTE, Aparecida. *Responsabilidade civil por dano à honra*. Belo Horizonte: Del Rey, 1991, p. 16.

[20] A respeito, veja-se: KASER. *Direito romano...*, p. 281.

[21] AMARANTE, op. cit., p. 16.

[22] KASER, op. cit., p. 289.

comunidade. Assim, por exemplo, o conceito de honra extravasará mesmo à própria figura da pessoa, sendo reconhecida como uma qualidade ou aptidão de outras criações humanas como as pessoas jurídicas,[23] o Estado[24] e, no âmbito do direito religioso, às autoridades da Igreja[25] e ao próprio Deus.[26]

Segundo aponta Bernard Beignier, entre os séculos XVI e XVII a honra seria atributo reconhecido como um monopólio da nobreza nas realezas européias, inclusive servindo de instrumento para a luta desse grupo contra as transformações do mundo moderno.[27] A partir de então e no decorrer dos próximos séculos,[28] o conceito de honra associa-se intimamente a outros conceitos, como dignidade e integridade e mesmo com a idéia de satisfação ou imposição de caráter natural e necessário do cumprimento de um dever. O conceito de honra ainda não surge com exclusividade como um conceito inerente à pessoa, mas como uma qualidade ou aptidão decorrente de estado ou condição. Assim, por exemplo, afigura-se a honra do militar de pertencer a um determinado exército, ou a de qualquer indivíduo a quem seja permitido ingressar em um determinado grupo social, normalmente de acessibilidade restrita. Nesses casos, e em muitos outros, a expressão característica da distinção tem seu significado traduzido pela noção de honra.

As amplas possibilidades de uso dessa expressão, ao mesmo tempo, deram margem, historicamente, a que, sob o conceito de honra, se estabelecesse uma distinção entre grupos humanos com o propósito de acentuar uma superioridade suposta e, com isto excluir das vantagens próprias daquela condição superior, os que não fossem detentores dessa mesma qualificação. A honra assim foi assumida nesse tempo, não apenas como decorrência de situação ou condição de um indivíduo ou de um grupo, mas como pressuposto de sua identificação, o que acarretou, em determinadas situações, a desconsideração do critério de igualdade de todos os seres humanos,[29] esta de nítida matriz liberal.

Assim observa-se, em diferentes graus, a utilização do conceito de honra nacional como elemento de distinção dos alemães em relação

---

[23] BEIGNIER. *L'honneur...*, p. 241-257.

[24] Ibidem, p. 260-278.

[25] Na doutrina católica, veja-se o exame das disposições de direito canônico por AMARANTE, op. cit., p. 22-27.

[26] BEIGNIER. *L'honneur...*, p. 322-340.

[27] Para o professor francês, esta honra, associada à noção de dignidade da nobreza, aparece de modo perceptível na literatura do período, como por exemplo nas obras de Blaise de Montluc e de William Shakespeare. Ibidem, p. 24.

[28] Ibidem, p. 25 et seq.

[29] Sobre o tema, sob a perspectiva da igualdade jurídica, veja-se a distinção de Robert Alexy entre a igualdade de fato e igualdade *de iure*. ALEXY. *Teoria de los derechos...*, p. 407 et seq.

a outros povos, segundo a retórica nazista de Adolf Hitler e outros próceres do III Reich alemão.[30] Ou como utilizado pelo Marechal Petain, na França, para justificar o questionado regime de colaboração com os nazistas que, liderado por ele, promoveu o sacrifício da união nacional em nome da honra da nação.[31]

Essas concepções, no caso do regime nazista, serviram, inclusive, para mitigar o conceito de liberdade no significado decorrente da tradição ocidental moderna,[32] determinando o condicionamento do indivíduo pela necessidade permanente de preservação de sua honra, o que, no caso do pensamento nazista, se vinculava a sua atuação em favor e em razão do Estado.[33]

Em que pesem tais dificuldades de precisão do seu significado conceitual, entretanto, o direito à proteção da honra, como atributo intrínseco da pessoa humana foi previsto de modo expresso na Declaração Universal dos Direitos do Homem, de 1948. Esta, em seu artigo 12, expressamente estabeleceu: "Ninguém será sujeito a interferência na sua vida privada, na de sua família, no seu lar ou na sua correspondência, nem a ataques à sua honra e reputação. Toda a pessoa tem direito à proteção da lei contra tais interferências ou ataques". O Pacto Internacional dos Direitos Civis e Políticos da ONU, de 1966, em seu artigo 17, reafirma então o texto de 1949, com ligeiras variações terminológicas.

No continente americano, o documento de maior repercussão em matéria de direitos humanos – a Convenção Interamericana de Direitos Humanos – também conhecida como Pacto de San José da Costa Rica, de 1969, vai estabelecer em seu artigo 5º que "toda a pessoa tem o direito que se respeite sua integridade física, psíquica e moral". Ao mesmo tempo, o seu artigo 11, § 1º, vai determinar que "toda a pessoa tem direito ao reconhecimento da sua honra e ao reconhecimento de sua dignidade". Ao mesmo tempo, entretanto, a Convenção Interamericana vai ter um caráter de certo ineditismo, na medida em que vai consagrar, em seu artigo 14, os modos de proteção dos direitos consagrados no artigo 5º daquela disposição.

No âmbito do direito civil, o direito à proteção da honra está, desde o princípio, abrangido sob o elenco múltiplo dos direitos da personalidade. A característica especial desses direitos já fora identi-

---

[30] Nota Beignier, que o recurso ao conceito de honra é contante nos textos do principal ideólogo do partido nazista alemão, Alfred Rosenberg. BEIGNIER. *L'honneur...*, p. 33.

[31] Ibidem, p. 32.

[32] A qual associa os conceitos de liberdade e de segurança jurídica, segundo a lição de: RADBRUCH, Gustav. *El hombre en el derecho*. Buenos Aires: Depalma, 1989, p. 113.

[33] Assim a declaração de Herman Goering, uma das principais lideranças nazistas, ao tomar posse como Presidente do Parlamento alemão, em 1933: *"Un noveau chapitre s'ouvre aujourd'hui et dans ce chapitre, la liberté et l'honneur constitueront la base même du nouvel Etat"*. Conforme BEIGNIER. *L'honneur...*, p. 33.

ficada por Demolombe, para quem os direitos que tivessem por objeto a liberdade, a honra e o corpo da própria pessoa não seriam nem móveis, nem imóveis, sendo direitos de uma natureza especial regidos por princípios totalmente distintos.[34] Saleilles, em estudo acerca da teoria das obrigações civis no direito alemão, em 1890, já indicava dentre os direitos da personalidade, a honra como um elemento essencial constitutivo da pessoa humana.[35]

Ao longo do século XX, o direito à proteção da honra assentou-se como espécie de direito subjetivo reconhecido à pessoa nos diversos ordenamentos jurídicos ocidentais. Sua evolução, entretanto, não se deu de modo autônomo, mas vinculado a outros direitos subjetivos, sobretudo o direito à preservação da vida privada,[36] da intimidade,[37] o direito à imagem e o direito à identidade pessoal.[38] Estes foram

---

[34] DEMOLOMBE, C. *Cours de Code Napoléon*. Paris, 1852, v.9, p. 6 et seq.

[35] Assim refere Saleilles: "et le texte ajoute qu'il faudra comprendre au nombre des droits absolus, non seulement les droits patrimoniaux, mais certains droits ayant pour objet la personne homaine dan ses éléments essentiels: la vie, la santé, la liberté, l'honneur". Saleilles, Raimond. *Essai d'une théorie génerale de l'obligation d'apreès le projet de Code civil allemand*. Paris, 1890, p. 343 et seq. apud: BEIGNIER. *L'honneur...*, p. 45.

[36] Segundo Szaniawski, reside na doutrina francesa a distinção do direito ao respeito à vida privada em dois sentidos. Em sentido amplo, abrangendo todas as regras jurídicas que têm por finalidade a proteção da vida pessoal e familiar. Em sentido estrito, que segundo o autor tem merecido maior destaque, com o escopo de proteger a pessoa contra atentados particulares, visando a proteger o segredo da vida privada. SZANIAWSKI, Elimar. *Direitos da personalidade e sua tutela*. São Paulo: RT, 1993, p. 119-120. Nesse sentido, a lição de Pierre Kayser, para quem o direito de se opor à divulgação da vida privada se reparte em outros direitos, como o direito ao segredo, à própria imagem e à própria voz, bem como um direito de se opor à investigação da vida privada. KAYSER, Pierre. *Les droits de la personalité. Aspects théoriques et pratiques*, p. 469. apud: SZANIAWSKI, op. cit., p. 121.

[37] Em direito norte-americano, o direito à intimidade e o direito à privacidade não observam maior distinção. Em verdade, a partir do entendimento jurisprudencial da Suprema Corte dos Estados Unidos da América, com destaque para o Judge Cooley, com a construção conceitual de um direito de estar só (*right to be alone*), Samuel Warren e Louis Brandeis redigem na presitigiosa Harvard Law Review o texto-líder em matéria de direito à privacidade em direito americano e de enorme repercussão em outros ordenamentos jurídicos, qual seja, *Right to privacy*, no qual acentuam a necessidade de estabelecer um conteúdo de proteção da pessoa, sobretudo em razão da criação de novos inventos e, sobretudo, pelo surgimento de uma esfera de inviolabilidade pessoal (*inviolable personality*). Segundo Warren e Brandeis "Debido a la naturaleza de los medios con los que se invade la intimidad, el daño infligido guarda, a simple vista, un parecido con los agravios contemplados por la ley de difamación y libelo, mientras que una reparación legal de este daño debería considerar únicamente los sentimientos heridos, como causa sustantiva de la acción. Sin embargo, el principio en que se basa la ley de difamación abarca un tipo de consecuencias radicalmente diferente de aquellas que exigen ahora nuestra atención. Esta contempla solamente los prejuicios causados a la reputación, los daños causados al individuo en sus relaciones externas con la comunidad, al hacerle perder la estima de sus concidadanos". WARREN; BRANDEIS. *El derecho...*, p. 28 Prossguem então, definindo a finalidade desse novo direito subjetivo, qual seja, "tanto garantir àquelas pessoas cujos assuntos não são causa de preocupação legítima para a comunidade que não tenham de se ver arrastadas a uma publicidade indesejável ou indesejada, como proteger a toda pessoa, seja quem seja, por seu status ou por sua posição social, de ver divulgado, contra sua vontade, assuntos que pudesse preferir, em verdade, manter reservados" (traduzi). Ibidem, p. 62-63.

[38] DE CUPIS. *Os direitos...*, p. 165 et seq. Segundo o professor italiano, em entendimento que é seguido por boa parte dos ordenamentos jurídicos que consagram os direitos da personalidade,

reunidos ou especializados pela doutrina sob terminologia diversa, como o direito ao segredo,[39] o direito de estar só,[40] direito ao resguardo,[41] dentre outros.

Em direito brasileiro, a distinção entre esses diferentes direitos foi feita com precisão por Carlos Alberto Bittar, o qual adotou a distinção entre direitos físicos, direitos psíquicos e direitos morais. Aglutina, então, sob a definição dos direitos psíquicos, a liberdade (de pensamento, de expressão, de culto, etc.), a intimidade (estar só, privacidade ou reserva), a integridade psíquica (incolumidade da mente) e o direito ao segredo (sigilo, inclusive profissional). Dentre os direitos de cunho moral, foram colocados os direitos à identidade (nome e outros sinais individualizadores); à honra (reputação ou consideração social), ao respeito e às criações intelectuais.[42] Essa relação, conforme o autor, não tem conteúdo taxativo, admitindo-se o surgimento de outros mais, a partir da evolução do pensamento jurídico em razão da defesa dos valores fundamentais da estrutura humana.[43]

De valor referir, entretanto, que em direito brasileiro a menção no texto da Constituição dos direitos à intimidade e à vida privada (art. 5º, inciso X) determinou à doutrina a tarefa de distinção e de delimitação conceitual de cada um deles. Assim é que, de modo geral, esta se produziu reconhecendo à intimidade um conteúdo intersubjetivo, relacional, enquanto a vida privada vai representar o conceito de solidão, o direito de estar só, isolamento.[44]

O direito à honra, nesse sentido, não se confunde com qualquer outra expressão, em termos doutrinários. Trata-se de um direito subjetivo reconhecido à pessoa que diz com espécie de consideração pessoal, vinculando-se ao conceito de apreço pela comunidade. Daí por que, sua identificação, para efeitos de responsabilidade civil pela violação do direito, não prescinde da exata delimitação terminológica do conceito em destaque, o que se há de fazer sem perder de vista a legislação existente em direito brasileiro e, em especial, o novo Código Civil.

---

a exemplo do direito civil italiano, o direito à identidade pessoal envolve tanto o direito ao nome como o direito aos modos acessórios de designação da pessoa, com destaque para o pseudônimo. DE CUPIS. *Os direitos...*, p. 280 et seq. Nesse sentido, entre nós, a disposição expressa do Código Civil, em seu artigo 19.

[39] Segundo Szaniawiski, trata-se de expressão predileta da doutrina francesa, inclusive consagrada pela legislação de proteção da vida privada aprovada na França, na década de 1970. SZANIAWISKI. *Direitos da personalidade...*, p. 120.

[40] Entre nós: COSTA JÚNIOR, Paulo José. *O direito de estar só:* a tutela penal da intimidade. São Paulo: RT, 1970.

[41] DE CUPIS. *Os direitos...*, p. 129.

[42] BITTAR. *Os direitos da...*, p. 63-64.

[43] Ibidem, p. 64.

[44] SAMPAIO, José Adércio Leite. *Direito à intimidade e à vida privada.* Belo Horizonte: Del Rey, 1998, p. 268.

Seção I
Conceito e extensão do direito subjetivo à proteção da honra

Em termos dogmáticos, resta indiscutível o reconhecimento na Constituição da República e no Código Civil do direito subjetivo à honra. Igualmente em termos doutrinários e jurisprudenciais,[45] resta consolidada a consideração da honra como um dos bens jurídicos que se reconhece à pessoa. Entretanto, apenas alguns são os que a mencionam expressamente como direito subjetivo,[46] o que em termos jurisprudenciais é contornado pela mera expressão de ofensa à honra, sem classificá-la, entretanto, como direito subjetivo ou bem jurídico. Em parte, é possível associar uma eventual dificuldade no estabelecimento da honra como direito subjetivo no direito brasileiro, ao fato de, em termos legislativos, esse possuir tradição em matéria penal, cujo tratamento técnico-dogmático vai distinguir os elementos objeto de proteção como *bens jurídicos tutelados*.[47] Assim é que, em matéria

---

[45] Apelação cível – Ação de indenização por danos morais – Cartão de crédito – Débito pago – Inclusão do nome do autor no SPC – Crédito negado – Indenizabilidade evidente – Critérios de fixação. A inclusão indevida de débito em nome de usuário de cartão de crédito no cadastro de inadimplentes do SPC e SERASA, quando já havia feito o pagamento da fatura de acordo com o escritório pela administração do cartão, configura ilícito civil que gera indenização por danos morais, ademais, *a reputação pessoal integra-se no direito da personalidade, como atributo da honra do ser humano*. A indenização por dano moral não pode ser fonte de enriquecimento sem causa, e nem inexpressiva e irrisória a tal ponto de não produzir no causador do mal impacto bastante para dissuadi-lo de ulterior e similar ilícito. Indenização fixada em R$ 20.000,00 (vinte mil reais) e, em atendimento ao princípio da proporcionalidade, arbitro os honorários advocatícios em 10% do valor da condenação. (Tribunal de Justiça do Espírito Santo. Ap.Civ. 024990160855. 2ª Câm. Civ. Rel. Des. Maurílio Almeira de Abreu; julg. 09/04/2001).

[46] Em direito brasileiro, dentre outros: AMARANTE. *Responsabilidade civil...*, p. 54 et seq; BITTAR. *Os direitos da personalidade...*, p. 125; DOTTI. *Proteção...*, p. 85; PONTES DE MIRANDA. *Tratado...v. 7*, p. 44; GARCIA. *Responsabilidade civil...*, p. 87; COELHO, Fábio Ulhôa. *Curso de direito civil, v. 1*. São Paulo: Saraiva, 2002, p. 210; SANTIAGO DANTAS, *Programa...*, p. 158; SILVA, J. *Curso de direito...*, p. 212; NADER, Paulo. *Curso de direito civil*: parte geral. Rio de Janeiro: Forense, 2003, p. 215; GAGLIANO, Pablo; PAMPLONA FILHO, Rodolfo. *Novo curso de direito civil*: parte geral. São Paulo: Saraiva, 2002, v.1, p. 182; WALD. *Direito civil...*, p. 121; RIZZARDO, Arnaldo. *Parte geral do Código Civil*. Rio de Janeiro: Forense, 2003, p. 161; GOMES. Direitos de personalidade, p. 9; LIMONGI FRANÇA. Direitos da personalidade..., p. 13-14; e PEREIRA. *Instituições...*, p. 159.

[47] Assim, por todos, o magistério de Manuel da Costa Andrade, para quem o fenômeno da extensão da proteção da personalidade faz com que haja, no direito penal, uma multiplicação dos bens jurídicos merecedores de tutela, em contrariedade, inclusive, com o fenômeno moderno da descriminalização. ANDRADE, Manuel da Costa. *Liberdade de imprensa e inviolabilidade pessoal*. Coimbra: Coimbra, 1996, p. 13-14. No mesmo sentido, José Paco, que ao versar sobre os delitos contra a honra, em primeiro, busca identificar o bem jurídico tutelado, afirmando que "las sanciones de la calumnia, injuria y difamacion tutelan, indistintamente, el honor, el decoro y la reputación." Segundo refere, "el bien inmaterial de naturaleza intrínseca y los bienes inmateriales del decoro, y la reputación, de naturaleza extrínseca, componen el patrimonio moral de la personalidad. El honor corresponde a los valores morales; el decoro a la honra o al respeto por los valores fisicos, intelectuales y morales, ¡a reputación a la aquilitación social del patrimonio moral personal". PACO, Jose. *Delitos contra el honor*. 3. ed. Buenos Aires: Valerio Abeledo, 1947, p. 15. No mesmo sentido Jayme Weingartner Neto, que, ao examinar o direito português, reconhece a honra como bem jurídico que associado à própria Constituição, é inte-

da regulação jurídica da atividade da imprensa no Brasil, a origem da intervenção estatal localiza-se nos primeiros anos após a independência política,[48] através de atividade legislativa em matéria penal para proteção da honra.

Ao mesmo tempo em que se identifica na opção legislativa de regulamentação penal da atividade de imprensa sob o argumento de que representavam um aspecto conservador ou antidemocrático, é preciso fixar que a tutela penal era a via natural para a sanção dos delitos de imprensa. Sobretudo aqueles que diziam com a violação da integridade moral da pessoa, afetando-lhe a higidez mental ou a reputação social, uma vez que, em direito privado, o reconhecimento da natureza extrapatrimonial do dano à personalidade é uma realidade típica do século XX. Assim é que se consolidaram como normas típicas de sanção por ofensa à honra os crimes de calúnia, injúria e difamação, cuja conformação básica leva em consideração o bem jurídico violado e o modo de violação, opção típica dos países de direito continental. Nos países anglo-saxônicos, a repressão a tais ofensas é operada a partir de outros critérios, inclusive o meio pelo qual foi cometido o ato ofensivo.[49]

É de se considerar, entretanto que, embora a tradição jurídica brasileira contribua para uma eventual dificuldade de delimitação do conteúdo e extensão do direito à proteção da honra, o problema não é nossa exclusividade. No direito francês, por exemplo, Bernard Beignier inaugura suas ilustradas considerações acerca da proteção jurídica da honra questionando, justamente, acerca da existência autônoma ou não de um direito subjetivo à honra.[50] Para tanto, examina a construção histórica do conceito de direitos da personalidade,

---

grado por um conceito que recepciona um sistema de valores, os quais não podem ser traduzidos de modo exclusivo, a partir de um código homogêneo. WEINGÄRTNER NETO, Jayme. *Honra, privacidade e liberdade de imprensa:* uma pauta de justificação penal. Porto Alegre: Livraria do Advogado, 2002, p. 60.

[48] Em verdade, já na Constituição do Império, de 1824, o artigo 179 ao estabelecer a liberdade de comunicação, previa a punição dos excessos cometidos, o que se daria por meio de lei infraconstitucional. O Código Criminal do Império, de sua vez, incorporou tipos específicos de prevenção de abusos. Contudo, Darcy Arruda Miranda vai identificar apenas em 1833, com a solicitação pelo governo, de providências das Câmaras Legislativas contra os abusos da imprensa, a origem da efetiva punição dos crimes de imprensa. Esta iniciativa governamental, então, redundou no Decreto governamental de 18 de março de 1837, que estabelecia medidas de facilitação do procedimento criminal de repressão ao abuso. MIRANDA, D. *Comentários...*, p. 74.

[49] Assim, em matéria de responsabilidade civil, a distinção dos conceitos de *libel* e *slander* no direito inglês, sendo, historicamente, o primeiro a difamação escrita e a segunda cometida oralmente. A *libel* é considerada atualmente, então, como possuidora de um maior grau de intencionalidade. Atualmente, com a evolução dos meios de comunicação, as categorias de *libel* e *slander* perderam sua referência de sentido na forma de difusão da informação danosa, para acentuar o caráter permanente (*libel*) ou efêmero (*slander*) da difamação. Conforme PORTO. *Responsabilidade...*, p. 60-61.

[50] BEIGNIER. *L'honneur...*, p. 43 et seq.

bem como as críticas a essa concepção,[51] optando por reconhecer um direito subjetivo à proteção da honra, a partir da identificação, nesta de conceito autônomo merecedor de proteção.[52]

Parece-nos correta a definição. O conteúdo do direito subjetivo em questão é a proteção de um determinado atributo da personalidade sob a perspectiva do próprio titular do direito, bem como a compreensão das suas qualidades essenciais pela comunidade. Para sua determinação conceitual no direito brasileiro, entretanto, parece-nos útil o exame dos tipos penais referidos sob a definição de *crimes contra a honra*, presentes no Código Penal. No caso: *calúnia* (art. 138), *difamação* (art. 139), e *injúria* (art. 140). E no que se refere ao cometimento desses delitos através dos meios de comunicação social, nos artigos 20, 21 e 22 da Lei de Imprensa em vigor.

O próprio Código Civil, ao referir a regra matriz de determinação da indenização decorrente de danos à integridade moral do indivíduo, utiliza esses conceitos no artigo 953, em que estabelece: "Art. 953 – A indenização por injúria, difamação ou calúnia consistirá na reparação do dano que delas resulte ao ofendido." De indicar-se, todavia, a existência de divergência no direito brasileiro, quanto à necessidade de condenação criminal para caracterização dos tipos penais relacionados na norma do Código Civil.[53] Para fins de investigação conceitual da honra, entretanto, essa questão não guarda maior relevo,

---

[51] No caso, a famosa objeção de Paul Roubier em sua obra *Droits subjectifs et situations juridiques*, de 1963, à existência dos direitos da personalidade como direitos subjetivos, preferindo qualificar sua proteção a partir da categoria de situações jurídicas. Para tanto, argumenta que a noção de direito subjetivo encerraria em si uma noção de poder de agir do seu titular, para satisfação de um interesse, e não a mera conseqüência da norma e pressuposto do reconhecimento de determinada proteção jurídica, como no caso da personalidade. Ibidem, p. 47-49.

[52] Ibidem, p. 91. No mesmo sentido o direito belga, conforme: DE PAGE, Henri. *Traité elementaire de droit civil belge.* 10. ed. Bruxelles: Émile Bruylant, 1948, v.1, p. 293.

[53] Assim o TJRS, decidindo, ainda, sob a égide da codificação anterior: " Responsabilidade civil. Crítica desportiva. Liberdade de manifestação de pensamento. Exercício abusivo. Expressões injuriosas. Transmissão radiofônica. Dano moral. Liquidação. Critérios. A liquidação do dano relacionado com calúnia, injúria e difamação não se atém aos efetivos preestabelecidos nos artigos 138 e 140 do Código Penal, porque, contrariamente à orientação de determinada parcela da doutrina, a incidência do art. 1.547 do Código Civil não dispensa a tipificação do crime de injúria ou de calúnia. Além disso, a mudança do valor da pena criminal de multa tornaria exageradamente excessivo o valor da indenização, contrariando o princípio da razoabilidade que orienta a reparação do dano. A Carta Magna de 1988 veio suplantar, através de seu art. 5º, inc. X, as barreiras tarifárias estabelecidas na chamada Lei de Imprensa, restando confiada ao prudente arbítrio do juiz a estimativa do valor da reparação. Avaliação da culpa. Novo critério que tem em conta variações subjetivas do *standard* proposto como modelo geral, na doutrina tradicional. Indivíduo que, na situação concreta, ou no cumprimento de seus deveres, podia dispor de informações ou potencialidades físico-psíquicas notavelmente superiores às do homem médio. Consoante novo critério de avaliação da culpa, que tem em conta variações subjetivas do *standard* proposto como modelo geral, na doutrina tradicional, quando entra em jogo a responsabilidade de sujeitos que disponham de potencialidades físicas e intelectuais, notavelmente superiores às do homem médio, estas devem conduzir à maior severidade na apreciação da conduta do agente. Sentença reformada em parte." (Tribunal de Justiça do Rio Grande do Sul. Apelação Cível nº 70002693265. Relatora: Desa. Mara Larsen Chechi. j. 12 dez. 2001).

sendo, de resto, resolvida pelo disposto no artigo 935 do próprio Código.

Dos mencionados tipos penais, presentes no Código Penal e na Lei de Imprensa, observa-se como elemento conceitual do crime de *calúnia*[54] a imputação falsa a alguém, de fato definido como crime. Em relação à *difamação*,[55] o conteúdo encerra-se na imputação a alguém de fato ofensivo à sua reputação. Já no caso da *injúria*,[56] esta se consubstancia na mera ofensa à dignidade ou ao decoro.[57] Do exame superficial dos conceitos nota-se que apenas a calúnia exige, para sua caracterização, a falsidade da imputação pelo autor da ofensa. Em relação à difamação, dois são os seus elementos essenciais: a) que haja imputação de um fato a alguém; b) que este seja suficiente para ofender sua reputação. Por fim, no que se refere à injúria, a definição legal não exige a associação de um fato à vítima da ofensa, mas simplesmente a ofensa, a qual se dirige aos conceitos genéricos de dignidade e decoro.

A mera transposição conceitual indicaria que a reputação, a dignidade e o decoro seriam assim especializações do bem jurídico honra, cujo significado encerraria a todos os demais conceitos – uma vez que estão todos inseridos nos denominados *crimes contra a honra*. Entretanto, este não é o significado que se observa na doutrina clássica de direito brasileiro sobre o tema.

Campos Maia, em obra de enorme valor, já fazia, em 1929, a distinção dos conceitos de reputação, honra e decoro. Por reputação, indicava ser "o valor pessoal de um indivíduo na opinião dos outros. Della póde-se dizer que é o crédito na ordem social e do credito, que é a reputação na ordem econômica".[58] Por decoro, designava "a dignidade de que o homem sóe revestir-se pela sua compostura, pela conveniencia e pela discreção dos seus actos, das suas attitudes, dos seus gestos. Póde ser tambem a dignidade que deriva da posição".[59]

Sobre o conceito de honra, entretanto, afirmava que: "a honra de um indivíduo está nesse mesmo indivíduo: é o culto da fidelidade aos princípios rígidos do dever, da verdade, da justiça, da probidade, do bem sob todas as suas fórmas".[60] Assinala então, que ao contrário do

---

[54] "Art. 138 – Caluniar alguém, imputando-lhe falsamente fato definido como crime (...)"

[55] "Art. 139 – Difamar alguém, imputando-lhe fato ofensivo à sua reputação (...)"

[56] "Art. 140 – Injuriar alguém, ofendendo-lhe a dignidade ou o decoro (...)"

[57] No magistério de Nelson Hungria, injúria é *"a manifestação por qualquer meio de um conceito ou pensamento, que importe ultraje, menoscabo ou vilipêndio contra alguém"*. Então sintetiza o eminente penalista que se trata de dirigir à vítima qualquer expressão ou sentido que *"exprima desprezo, escárnio ou ludíbrio"*. HUNGRIA, Nelson. *Comentários ao código penal*. 3.ed. Rio de Janeiro: Forense, 1953, v. 6, p. 81.

[58] CAMPOS MAIA, L. de. *Delictos de linguagem contra a honra*. 2. ed. São Paulo: Saraiva, 1929, p. 56.

[59] Ibidem, p. 56-57.

[60] Ibidem, p. 57.

que vislumbra a doutrina alemã, a honra não se restringe à definição do valor pessoal correspondente à posição que o indivíduo ocupa entre seus concidadãos, o que de resto se confunde com os conceitos de reputação e de decoro. Ao contrário, afirma que "a honra não depende do mundo. O que o mundo póde dar ou recusar é a consideração ou a reputação, cousa essa correspondente, menos á realidade que ás aparencias".[61] De outra parte, a reputação encerra em si não apenas o reconhecimento do valor pessoal, mas também do valor profissional e da capacidade para uma dada posição, indicando aqui o dupla repercussão, patrimonial e extrapatrimonial, de sua violação.

Reunindo a série de definições esposadas, percebe-se a convergência de todas elas na proteção da honra como preservação de determinados atributos ou qualidade possuídos pelo seu titular. As dificuldades, entretanto, não diminuem. A identificação dessas qualidades integrantes do conceito genérico de honra, por si só, provocaria distinções. Basta lembrar da discussão empreendida por Campos Maia com a doutrina estrangeira em relação às qualidades integrantes da definição de honra e, notadamente, os conceitos de probidade e de virtude. Como bem assinalou o jurista de São Paulo, "ha diferença, e grande, entre probidade e virtude. Aquella constitue um dever, um imperativo da moral; esta não. Todo o homem tem obrigação de ser probo; de ser virtuoso, nenhum".[62]

Dessa dificuldade em precisar-se o conteúdo do direito de proteção da honra, que antes de qualquer outra preocupação classificatória, abarca a própria imprecisão semântica de sua expressão nuclear, é que em primeiro lugar deve-se perseguir a definição do direito subjetivo à honra para, em seguida, estabelecer o conteúdo específico do seu elemento principal de sentido.

Em termos dogmáticos, três são as fontes normativas básicas para promover a distinção do direito subjetivo de proteção à honra, de outros direitos com proximidade conceitual. A expressão *honra* é referida no artigo 5º, inciso X, da Constituição da República, no título XX do Código Penal brasileiro, assim como no artigo 20 do Código Civil atual. Parece-nos adequado, contudo, dar a partida desse exame a partir da Constituição, em face da sua característica contemporânea, como complexo normativo que constitui o modelo organizativo da comunidade.[63] Pois bem, a Constituição da República dispõe em seu artigo 5º, inciso X, que "são invioláveis a intimidade, a vida privada, a honra e a imagem das pessoas [...]". Ao estabelecer esse conceito, a

---

[61] Ibidem, p. 57-58.

[62] CAMPOS MAIA. *Delictos...*, p. 61.

[63] PERLINGIERI. *Il diritto civile...*, p. 67-68.

Constituição, a rigor, distinguiu os quatro conceitos com significados diversos, reconhecendo a todos como direitos fundamentais.[64]

Em relação à proteção da honra, a doutrina brasileira desenvolveu uma impressionante coleção de definições. Para José Afonso da Silva, "a honra é o conjunto de qualidades que caracterizam a dignidade da pessoa, o respeito dos concidadãos, o bom nome, a reputação". Considera, então, que é direito fundamental da pessoa resguardar essas qualidades.[65]

No magistério de Pontes de Miranda, "a dignidade pessoal, o sentimento e consciência de ser digno, mais a estima e consideração moral dos outros, dão o conteúdo do que se chama honra". Afirma, pois, que "há direito de personalidade à honra, o que faz as lesões à honra serem atos ilícitos absolutos. O direito à honra é direito absoluto, público e subjetivo". Ensina ainda que não há necessidade, em direito privado, de que para seu reconhecimento tenha de ocorrer a identificação dos crimes de calúnia, difamação ou injúria.[66]

Já para Carlos Alberto Bittar o direito à honra vai compreender o bom nome e a fama, a estima que o titular do direito desfruta na comunidade, junto aos ambientes familiar, profissional, comercial, dentre outros em que convive. Abrange também o sentimento pessoal de estima, ou de consciência da própria dignidade.[67]

Esta também é a opinião de Adriano De Cupis, que distingue como elementos conceituais da honra tanto o valor íntimo do homem, quanto a estima dos outros, o nome e a boa fama, o sentimento ou consciência da própria dignidade.[68]

Rabindranath Capelo de Sousa defende uma delimitação mais restrita do direito à honra. Para o jurista português, a honra apresenta-se como projeção da consciência social dos valores de cada indivíduo. Não se confunde, assim, com os bens ou valores pessoais em si mesmos, causa da projeção social, nem com o sentimento individual sobre a própria honra.[69]

Em que pese eventual divergência terminológica, e mesmo a observação de Capelo de Sousa, resumindo a honra como espécie de projeção para comunidade, o que indica característica exclusivamente externa da consideração endereçada à pessoa, entendemos que o di-

---

[64] SILVA, J. *Curso...*, p. 212.

[65] Ibidem.

[66] PONTES DE MIRANDA. *Tratado...*, v.7, p. 44-45.

[67] BITTAR. *Os direitos da personalidade...*, p. 125. O professor paulista, contudo, distingue o direito à honra e o direito ao respeito, indicando a esse último a dignidade, ou sentimento do valor moral, ou honorabilidade (que repele epíteto desqualificador quanto à higidez moral da pessoa)" e o decoro, sentimento ou consciência da própria respeitabilidade (a que repugna o atributivo depreciativo, de ordem psíquica ou física). *Op. cit.*, p. 131.

[68] DE CUPIS. *Os direitos...*, p. 111.

[69] CAPELO DE SOUSA. *O direito geral...*, p. 301-302.

reito à proteção da honra, ou exclusivamente o conceito de honra, reparte-se em duas dimensões bastante marcadas. Compõem-no, tanto uma dimensão íntima, pertinente ao próprio indivíduo titular, quanto determinadas qualidades suas, quanto à projeção externa desses atributos, promovendo a estima e consideração social. Daí por que se indicar simplesmente a proteção ao nome, reputação e boa fama, como sinônimos de honra, equivale à desconsideração de uma importante parcela do seu significado.

A Constituição da República consagra a proteção da esfera de integridade psicológica da pessoa sob quatro conceitos-matrizes: vida privada, intimidade, honra e imagem. Todos estão associados a qualidades ou características individuais de cada pessoa e seu direito a preservá-las de algum modo. E ao promover essa proteção, a Constituição indica sob o conceito de vida privada e intimidade uma série de qualidades ou atributos pessoais que o indivíduo tem a prerrogativa de afastar do conhecimento e juízo da comunidade. Um terceiro conceito, a imagem (cujo conceito aprofundamos no item 1.1.1., *infra*), caracteriza-se como a preservação dos elementos físicos de apresentação da pessoa. Já à honra incumbe a proteção da integridade pessoal do indivíduo, de modo intrínseco, na percepção da pessoa sobre as qualidades que possui, ou de modo extrínseco, como direito à estima social decorrente da projeção legítima das qualidades que possui.

O direito à proteção da honra, dessa maneira, pode a nosso ver ser colocado como um direito subjetivo de preservação individual da própria estima em relação a determinados atributos pessoais dos quais se é detentor, bem como sua projeção pública, do modo a granjear a consideração social da comunidade.

A partir dessa definição conceitual, a dificuldade inicialmente mencionada para a caracterização da honra não desaparece completamente, mas desloca-se para a atividade de identificação de seus elementos, quais sejam, os atributos pessoais que se colocam sob a proteção genérica da expressão. É certo que o conceito de honra não põe a salvo de qualquer espécie de referência, ou juízo crítico dos demais integrantes da comunidade, *todos* os atributos ou características de uma pessoa. Assim como a proteção da vida privada não pressupõe a oposição de reserva sobre todas as informações pessoais do indivíduo. Considerando a natureza gregária da vida humana, é certo que uma das conseqüências necessárias da convivência social é um mínimo de *bilateralidade recíproca*.[70] O conceito de relação social assim – como afirma Max Weber – não possui um sentido normativamente justo ou metafisicamente verdadeiro. Compõem-se, ao contrá-

---

70 WEBER, Max. *Economia y sociedad.* Traducción José Medina Etchevarría. México: Fondo de Cultura Económica, 1997, p. 21.

rio, de uma probabilidade de que uma conduta social, "de caráter recíproco por seu sentido, tenha existido, exista, ou possa existir".[71]

A identificação de quais os atributos serão merecedores dessa proteção jurídica, igualmente, deve ser vislumbrada sob a mesma perspectiva, essencialmente flexível. Assim é que a consideração individual e social em razão de determinados objetos e, no caso, acerca de atributos intrínsecos da pessoa humana, submete-se a uma série de circunstâncias variáveis, pertencendo ao mundo da cultura.[72] Por isso terminam por sofrer modificações substanciais no tempo e no espaço.[73]

O ponto de inflexão da proteção jurídica da honra reside, assim, na compreensão sobre quais atributos pessoais suscetíveis de serem relacionados dentre os que se devem preservar da interferência externa através da oponibilidade *erga omnes*, característica do direito subjetivo que os envolve.

Entretanto, o que desde logo é perfeitamente possível reconhecer em relação a esse direito subjetivo é a relação necessária que deve existir entre a titularidade dos atributos ou qualidades consideradas sob tutela, e sua pretensa projeção para a comunidade. O direito subjetivo à proteção da honra contém em si a consideração de que a projeção social pretendida pelo titular do direito sobre qualidades que se afirma titular, tem por pressuposto lógico o efetivo domínio desses atributos.[74] A projeção social, nesse sentido, é mero reflexo dos atri-

---

[71] Ibidem, p. 22.

[72] Segundo o magistério de Miguel Reale, a cultura se forma também a partir da atividade de experiência do ser humano, o experienciar, levando-o a formulação de juízos sobre os fatos. Estes de sua vez dão ensejo à configuração de fatos valiosos, os quais formam a própria noção de cultura, que em conjunto com os fenômenos da natureza promovem a construção da própria história. REALE, Miguel. *Experiência e cultura*. Campinas: Bookseller, 1999, p. 20. Sobre a definição conceitual de cultura, do mesmo autor: REALE, Miguel. *Paradigmas da cultura contemporânea*. São Paulo: Saraiva, 1999, p. 1-4. Examinando estas considerações: BRANCO, Gerson Luiz Carlos. O culturalismo de Miguel Reale e sua expressão no novo Código Civil. In: MARTINS-COSTA, Judith; BRANCO, Gerson Luiz Carlos. *Diretrizes teóricas do novo Código Civil brasileiro*. São Paulo: Saraiva, 2002, p. 2-87. Já José Reinaldo de Lima Lopes, referindo especificamente ao conceito de cultura jurídica, salienta que em relação à mesma é preciso distinguir entre a visão que dela possuem os profissionais do direito e o homem comum. Trata-se de uma rede de valores e atitudes relacionados ao direito que determina quando as pessoas buscam o direito e o governo e quando deles se afastam. Nesse sentido, entende importante não resumir a cultura jurídica à intelecção do direito, mas também a uma ação, pelo que resta claro que se trata a mesma da prática do direito que determina, em uma situação social concreta, como se vivencia e experimenta o direito. LOPES, José Reinaldo de Lima. *Direito e transformação social*: ensaio interdisciplinar das mudanças no direito. Belo Horizonte: Nova Alvorada, 1997, p. 104-105.

[73] REALE. *Experiência e...*, p. 262 et seq. MARTINS-COSTA, Judith. Direito e cultura: entre as veredas da existência e da história. In: MARTINS-COSTA, Judith; BRANCO, Gerson Luiz Carlos. *Diretrizes teóricas do novo Código Civil brasileiro*. São Paulo: Saraiva, 2002, p. 170-187. Segundo a eminente professora, *"a historicidade é marcada pelas recíprocas implicações de tempo e valor"*. Ibidem, p. 172-173.

[74] Em sentido contrário, o entendimento de Oliveira Mendes, para quem o fomento do comportamento digno, ou pelo menos não indigno, de todos os homens, por via da consideração social, importa que "aquele que se comporta dignamente ou, pelo menos, não indignamente, com o

butos de que o titular do direito é detentor,[75] o que não quer dizer que a mera veracidade da representação apresentada à comunidade é o único critério a ser observado para verificação da ofensa à honra. Na hipótese de a pessoa efetivamente ser possuidora do atributo pessoal específico, o exame sobre a possibilidade da sua exposição pública ter de se concentrar em outros elementos de convicção, como a adequação ou regularidade do ato,[76] bem como a vida privada, a intimidade e a imagem da pessoa.

1.1. Honra e apreço social

A sociedade contemporânea é a do tempo do espetáculo, e o ser humano, o seu ator. O ser humano em suas relações com a comunidade, como refere Richard Sennett, não age da forma como naturalmente o faz na intimidade. O indivíduo, ao contrário, apresenta a sociedade uma representação daquilo que de fato é, construindo laços sociais com base em imagens dissociadas da sua existência real. Assume o papel de ator, cuja expressão do sentimento é sua identidade, pelo que o homem em público possui uma identidade enquanto ator.[77] Há na verdade uma extensão da intimidade para o domínio do público. A própria atividade de imprensa, em razão disso, transforma-se.

único fito de granjear consideração social, muito embora tal comportamento não traduza a sua honra interna, deve ver protegida aquela sua 'dignidade' ou não indignidade exteriormente vertida, quanto mais não seja para que mantenha uma convivência de harmonia com seus interesses e valores que a ordem jurídica visa prosseguir". Continua, exemplificando: "Com efeito, o homem violento, agressivo, despojado de valores espirituais e morais, mas que se comporta exteriormente de forma pacífica ou, pelo menos, nõa antijurídica, e como se portador fosse daqueles valores, já que pretende dar uma imagem digna ou, pelo menos, não indigna, muito embora não concordante com sua personalidade, a fim de granjear consideração social, obviamente deve ver protegida a consideração social que assim conseguiu granjear, pois ao fim e ao cabo ter-se-á de reconhecer que o mesmo, apesar de tudo, pretende ser digno ou, pelo menos, não indigno – já não em função de si mesmo, (daquilo que verdadeiramente é) mas em função dos outros e da sociedade". MENDES, Antônio Jorge Fernandes de Oliveira. *A honra e sua tutela penal*. Coimbra: Almedina, 1996, p. 22-23.

[75] Nesse sentido, para ilustrar, decisão do TJRJ: "Ação de Indenização. Danos Morais. Notícia na imprensa. A reportagem jornalística, retratando fatos que ensejaram, a lavratura de auto de prisão em flagrante dos Autores e, posterior recebimento de denúncia formulada contra um deles, não gera a responsabilidade do jornal que tem o dever de informar, sem extrapolar os limites que lhe são fixados. O *animus narrandi*, desde que não contenha descrição tendenciosa dos fatos, nem deixe transparecer a má intenção de afrontar a honra alheia não enseja a condenação de empresa jornalística. Prática de atos que se enquadram no artigo 230, do Código Penal. Crime de Rufianismo. O exercício de tal atividade demonstra que os Autores, de há muito haviam se despedido de qualquer sentimento de honorabilidade, pelo que representa uma cínica afronta à Justiça baterem às suas portas, para pleitear o ressarcimento por danos morais que não sofreram, pois só se macula a honra de quem a tem. Improcedência da ação. Recurso desprovido." (Tribunal de Justiça do Rio de Janeiro. Apelação Cível n° 2000.001.06076, Relator: Des. Miguel Pacha. julgado em 30/05/2000. Publicado em 23/08/2000).

[76] Retornamos ao tema, aprofundando o exame no item 2.2.2., *infra*.

[77] SENNETT. *O declínio do homem...*, p. 138 et seq.

Responsabilidade Civil da Imprensa por Dano à Honra

O que antes se apresentava como difusão de informações sobre assuntos públicos, do interesse da comunidade, através da divulgação de fatos, atualmente desenvolve uma nova espécie de abordagem. A divulgação dos problemas gerais da comunidade passa a ser feito através de exemplos particulares, buscando gerar uma identificação. Para tanto, recorre-se a dramatizações ou à narrativa de exemplos particulares aproximando-se o indivíduo da notícia, como um espetáculo diretamente vivido.[78]

A vida individual, assim, converte-se em um espetáculo a ser mostrado, de modo que a própria competência e sucesso individual não basta em si,[79] sendo preciso que seja também levado e cultivado pelos outros. Tais circunstâncias determinam, então, uma espécie de tensão coletiva causada pelo aumento contínuo dos níveis de expectativa individual, de modo que o desempenho pessoal nunca seja percebido com satisfação.[80]

A cultura contemporânea valoriza o novo, a dignidade do presente e a forma como o indivíduo se apresenta para a comunidade. Esse culto à imagem ou representação que o indivíduo constrói de si mesmo. Um fenômeno que demonstra como poucos essa característica da cultura atual é o fenômeno da moda, cuja afirmação se dá no século XX como modo de expressão da liberdade e ao mesmo tempo de afirmação do indivíduo perante o mundo.[81] Estar na moda, ao tempo que reforça a auto-estima pessoal,[82] fornece a imagem que a pessoa faz de si para o mundo. Representativa a indicação de Giiles Lipovetski, para quem, no atual estado da cultura, o visual não é mais um elemento decorativo, mas constitutivo do posicionamento e da originalidade.[83]

---

[78] PROST, Antoine.Vincent. *História da vida privada:* da Primeira Guerra aos nossos dias. Tradução: Denise Bottman. São Paulo: Companhia das Letras, 1992, p. 149. No mesmo sentido, a observação de Dana Polan, para quem, nesses casos, o que se apresenta como interssubjetividade acaba por se transformar em serialidade. POLAN, Dana. O pós-modernismo e a análise cultural da humanidade. In: KAPLAN, E. Ann. *O mal-estar do pós-modernismo:* teorias e práticas. Tradução Vera Ribeiro. São Paulo: Jorge Zahar, 1993, p. 64-105.

[79] Ibidem, p. 150-151.

[80] SENNETT. *O declínio do homem...*, p. 406-407.

[81] LIPOVETSKI, Gilles. *O império do efêmero*: a moda e seu destino nas sociedades modernas. Tradução Maria Lúcia Machado. São Paulo: Companhia das Letras, 1989, p. 103.

[82] Sobre a ânsia individual de busca pelo estético, um fenômeno característico da nossa época é o consumismo, fenômeno que se prende à busca de satisfação pessoal através do consumo de bens e serviços de modo permanente. Trata-se, entretanto, como indica Campbell, de um processo ilusório, que invariavelmente leva à frustração, em face da associação entre a atual capacidade humana de produção de bens e serviços e o caráter ilimitado que a busca do prazer assume na sociedade contemporânea. A busca do prazer passa a ser um dos princípios de vida na sociedade de massas. CAMPBELL, Colin. *A ética romântica e o espírito do consumismo moderno.* Tradução Mauro Gama. São Paulo: Rocco, 2001, p. 287.

[83] CAMPELL. *A ética...*, p. 216.

Nesse contexto é que a honra pessoal assume um papel de destaque. O retrato da sociedade contemporânea, de constante busca da estima pessoal, realiza-se, sobretudo, com a construção de uma imagem pessoal que transmita à comunidade as qualidades e atributos dignos de consideração social. A proteção jurídica da honra pessoal converte-se então em garantia do apreço social, ou melhor dizendo, a proteção dos esforços individuais pelo reconhecimento social.

Em alguma medida, todos os seres humanos dependem do apreço social para a concretização dos seus objetivos de vida. Circunscritos a um grupo menor de pessoas, ou projetadas de modo genérico para a comunidade, os atributos pessoais de cada indivíduo é que determinam o conteúdo das relações que os outros desejarão desenvolver consigo.

Daí por que, no direito contemporâneo, a proteção da honra vincula-se com tanta intensidade ao conceito de apreço social. O que em tempos anteriores concentrava-se apenas sobre o conceito de dignidade pessoal (ser honrado era ser probo, e tal qualidade bastava em si mesma),[84] hoje desloca sua importância para a consideração social devida ao indivíduo, a qual passa inclusive a ser reconhecida pelo direito de modo autônomo, através da objetivação do conceito de honra, e a definição de uma *honra objetiva* (item 1.2.2., *infra*). Em direito francês, como nota Beignier, a Corte de Cassação (*Cour de cassation*) em reiterados entendimentos associa, necessariamente, os conceitos de honra e consideração.[85] Esta também tem sido, desde muito tempo, a tendência do direito brasileiro.[86]

De modo paradoxal, contudo, ao tempo em que o direito à proteção da honra considerada como proteção do apreço social assume importância crescente para tutela jurídica da pessoa, de outro lado torna-se cada vez mais difícil identificar quais os elementos ou características abrangidos por essa proteção. Em outros termos, quais os atributos da pessoa que são dotados de um tal grau de essencialidade capaz de dar causa ao apreço social, considerando as múltiplas e infinitas opções colocadas à disposição do público.[87]

A proteção da honra como projeção externa das qualidades do indivíduo faz-se para indicar-lhe o reconhecimento social. Contudo, mais do que isto, interessa cada vez mais às pessoas o apreço e a consideração da comunidade, razão pela qual, inclusive, determinará

---

84 Assim, por exemplo, a manutenção da honra como um compromisso moral, capaz de ser defendido inclusive com a própria vida, como demonstra o reconhecimento jurídico do duelo como um modo de solução privada dos atentados à honra pessoal.

85 BEIGNIER, *L'honneur...*, p. 157.

86 Assim, por exemplo, HENRIQUES DE SOUZA, Brás Florentino. *Dos responsáveis nos crimes de exprimir o pensamento*. Recife, [s.n.], 1866, p. 7.

87 KUMAR, Krishan. *Da sociedade pós-industrial à pós-moderna*: novas teorias sobre o mundo contemporâneo. Tradução Ruy Jugmann. Rio de Janeiro: Jorge Zahar, 1997, p. 115.

à esfera pública âmbitos da sua personalidade antes indicados à reserva da vida privada.

As conseqüências desse fenômeno para o direito são observadas, então, pelo conteúdo ou significado reconhecido à proteção constitucional da vida privada, intimidade, honra e imagem das pessoas. Ainda que gravados pela característica da indisponibilidade, tais direitos, mesmo não podendo ser objeto de renúncia pelo seu titular, têm seu âmbito de proteção definidos em alguma medida pela conduta do titular na valorização ou resguardo de determinados interesses ou características. Assim nos direitos de proteção da intimidade e da vida privada, em que as informações sob reserva são definidas pelo arbítrio do titular do direito a partir de sua conduta pessoal, assim como no direito à honra, em que a projeção das qualidades para a comunidade deverá estar associada com os atributos efetivamente titulados.

1.1.1. Direito à proteção da honra e direito à imagem: convergências e distinções

A dificuldade de precisar o conceito de honra, dado o seu pluralismo semântico, faz com que em inúmeras vezes, os mesmos sejam utilizados em sentido idêntico. Como já afirmamos, a Constituição, ao proteger a integridade moral da pessoa humana, a consagra a partir da proteção da vida privada, intimidade, honra e imagem das pessoas. No caso da proteção da imagem, a doutrina, desde muito tempo, questiona sobre sua autonomia conceitual, justamente porque tendo por conteúdo a proteção da projeção externa de qualidades da pessoa, estaria a confundir-se com o direito à honra, de maior tradição conceitual. Distingue-se, a partir daí, a imagem como referência apenas à representação física da pessoa, protegendo-a de reproduções por quaisquer mídias. Óbice a tal entendimento, entretanto, estaria no fato de tratar-se a imagem apenas de um atributo vinculado ao corpo, insuscetível de constituir-se em uma categoria autônoma.

Pontes de Miranda, quando versou sobre os direitos da personalidade, suscitou o problema, afirmando que "o problema de técnica legislativa e, pois, *de iure contendo,* é o de se saber se convém, ou não, que se tutele o uso exclusivo da própria imagem, ou contra o uso dela por outrem, com prejuízo ou violação de outro direito, ou se a imagem tem de ser considerado mero elemento fático. *De iure condito,* primeiro se há de perguntar se existe direito à própria imagem absoluto; depois, se esse direito é direito de personalidade por si".[88]

Ensina o mestre brasileiro, então, que se a tutela da imagem depender da tutela jurídica da integridade física da honra ou da vida

---

[88] PONTES DE MIRANDA. *Tratado...,* v. 7, p. 52.

134 *Bruno Miragem*

privada,[89] não há por que protegê-lo de modo autônomo. Da mesma forma, se dá com a identificação da imagem e a identificação pessoal, pelo que se insere, dentro da classificação proposta, como direito subjetivo que ao lado do nome compõe o direito de identidade pessoal.[90]

Daí por que, o direito à imagem – segundo Pontes de Miranda – pode ser definido como o direito da personalidade que tem por conteúdo a reprodução das formas, ou da voz, ou dos gestos, de modo a identificá-la. Entretanto, não se confundem o direito à imagem e à voz, uma vez que o caráter de identificação instantânea da primeira determina-lhe como componente da identidade individual, ao contrário da segunda.[91]

Com relação ao direito à imagem, em regra, refere a doutrina sobre a necessidade de consentimento do titular do direito.[92] Mas a questão é definir se a exposição sem o consentimento, ainda que presumida, ofende o direito subjetivo à imagem.[93]

A definição triunfante, entretanto é a da autonomia do direito subjetivo à imagem, tendo por pressuposto que o sujeito é proprietário dele mesmo, assim como de seu reflexo físico, cuja reprodução não consentida enseja *per se* a pretensão à reparação. Da mesma forma, a proteção à reprodução da imagem de si mesmo tem como conseqüência a proteção de outros direitos da personalidade.[94] A expressão de significados através da imagem gráfica é uma das características dos modernos meios de comunicação. Assim, por exemplo, o fato da publicação de uma fotografia não autorizada da pessoa, ao tempo em que fere por si o seu direito à imagem, da mesma forma poderá violar, pela informação que transmite sobre fatos, outros direitos da pessoa como à proteção da sua honra ou o respeito à vida privada,[95] bem como violação à proteção legal endereçada ao vulnerável.[96]

---

[89] Sobre a tese de assimilação da proteção da imagem pelo direito à vida privada: GOUBEAUX. *Traité de droit...*, p. 287-288.

[90] Ibidem.

[91] Ibidem, p. 53. Em sentido contrário, reconhecendo a proteção da voz como conteúdo da proteção de um direito subjetivo específico: BITTAR. *Direitos da personalidade*, p. 95-96.

[92] GOUBEAUX, op. cit., p. 299-300.

[93] Assim se pronunciou o STJ: "CIVIL. RESPONSABILIDADE CIVIL. DANOS MORAIS. A publicação, em jornal, de fotografia, sem a autorização exigida pelas circunstâncias, constitui ofensa ao direito de imagem, não se confundindo com o direito de informação. Agravo regimental não provido." (Superior Tribunal de Justiça. Agravo Regimental no Agravo de Instrumento nº 334134 / RJ, Relator: Min. Ari Pargendler. julgado em 11/12/2001. Publicado DJU de 18/03/2002, p. 248).

[94] GOUBEAUX, *Traité de droit...*, p. 288-289.

[95] Assim o Superior Tribunal de Justiça: "Civil. Direito à imagem. Reprodução indevida. Lei n. 5988/73 (art. 49, I, f. Dever de indenizar. Código CIvil (art. 159). A imagem é a projeção dos elementos visíveis que integram a personalidade humana, e a emanação da própria pessoa, e o eflúvio dos caracteres físicos que a individualizam. A sua reprodução, conseqüentemente, somente pode ser autorizada pela pessoa a que pertence, por se tratar de direito personalíssimo,

Carlos Alberto Bittar define o direito de imagem como aquele que a pessoa tem sobre a sua forma plástica e os respectivos componentes distintos (rostos, olhos, perfil, busto, etc.), que o individualizam no seio da coletividade.[97] Resume, afirmando-o como o vínculo que une a pessoa a sua expressão externa.[98]

No direito brasileiro, distinguem-se os que reconhecem na proteção constitucional da imagem o direito subjetivo que tutela os aspectos essenciais da expressão física do indivíduo; e aqueles que associando seu conceito com o de honra, fixam seu conteúdo como o conjunto de características apresentadas socialmente pela pessoa.[99]

O direito à imagem, entretanto, não merece tutela exclusiva sob a perspectiva dos direitos da personalidade. Tendo por conteúdo a representação de forma visível do indivíduo, de modo a indicar-lhe a identidade pela qual torna-se reconhecido pela comunidade. Trata-se de uma dupla dimensão,[100] cujo elemento finalístico serve tanto à preservação da vida privada da pessoa em relação à apreciação externa, quanto à adoção da sua imagem como elemento de identificação pessoal originária de apreço social (aproximando-a da honra).

De outro modo, constitui o direito à imagem, dentre os direitos da personalidade, aquele cuja marca de indisponibilidade desaparece

---

sob pena de acarretar o dever de indenizar que, no caso, surge com a sua própria utilização indevida. É certo que se pode cometer o delírio de, em nome do direito de privacidade, estabelecer-se uma redoma protetora da pessoa para torná-la imune de qualquer veiculação atinente a sua imagem; todavia, não se deve exaltar a liberdade de informação a ponto de consentir que o direito à própria imagem seja postergado, pois a sua exposição deve condicionar-se à existência de evidente interesse jornalístico que, por sua vez, tem como informações, isso quando a imagem divulgada não tiver sido captada em cenário público ou espontaneamente. Recurso conhecido e provido." (Superior Tribunal de Justiça. Recurso Especial 58101/SP. Relator: Min. César Asfor Rocha. julgado em 16/09/1997).

[96] Decidiu o Tribunal de Justiça do Estado do Rio de Janeiro: "Ação ordinária. Fotografias de menor púbere publicadas em jornal. Falta de autorização. Dano material e moral não comprovados. Violação, todavia, do direito à imagem que enseja direito à indenização". (Tribunal de Justiça do Rio de Janeiro. Apelação cível 4324/95. Relator: Des. Humberto Perri. julgado em 07/03/1996; publicado em 07/05/1996).

[97] BITTAR. *Direitos da personalidade*, p. 87.

[98] Ibidem, p. 88.

[99] Adotando o direito de imagem como proteção da expressão física da pessoa, entre outros: BITTAR. *Os direitos da personalidade*, p. 92; GUERRA, Sylvio. *Liberdade de imprensa e direito de imagem*. Rio de Janeiro: Renovar, 1999, p. 55-56; ARAÚJO, Luiz Alberto David. *A proteção constitucional da própria imagem*. Belo Horizonte: Del Rey, [s.d.], p. 31; AFFORNALLI, Maria Cecília Naréssi Munhoz. *Direito à própria imagem*. Curitiba: Juruá, 2003, p. 46; DONNINI, Oduvaldo; DONNINI, Rogério Ferraz. *Imprensa livre, dano moral, dano à imagem e sua quantificação à luz do novo Código Civil*. São Paulo: Método, 2002; p.64-65; CALDAS, Pedro Frederico. *Vida privada, liberdade de imprensa e dano moral*. São Paulo: Saraiva, 1997, p. 27-29; e, com grande profundidade, o trabalho de SAHM, Regina. *Direito à imagem no direito civil contemporâneo, de acordo com o novo Código Civil*. São Paulo: Atlas, 2002, p. 36 et seq; DUVAL, Hermano. *Direito à imagem*. São Paulo: Saraiva, 1988, p. 45 et seq; CHAVES, Antônio. Direito à imagem e direito à fisionomia. *Revista dos Tribunais*, São Paulo, n. 620, p. 7-14, jun. 1987.

[100] AZURMENDI ADARRAGA, Ana. *El derecho a la propia imagen*: su identidad y aproximación al derecho a la información. Madrid: Civitas, 1997, p. 30 et seq.

de modo mais sensível. É cediço reconhecer à imagem, na era da informação, uma importância incomparável.[101] Os sentimentos e opções individuais são, na atualidade, diretamente influenciados pelo apreendido através da percepção sensorial do ser humano, em especial, pela percepção visual. Tais circunstâncias provocaram a admissão de novos contornos à proteção jurídica da imagem humana, reconhecendo sua potencialidade econômica e, com isso, o caráter patrimonial que pode assumir com a disposição do indivíduo sobre sua própria figura.[102]

Tais circunstâncias determinaram que a proteção civil da imagem ultrapassasse a previsão superficial do Código Civil de 1916, no artigo 666, inciso X, que conferia à pessoa prejudicada o direito de se opor à reprodução de sua imagem em retratos e bustos de encomenda particular, para assentar-se sobre um complexo emaranhado de problemas jurídicos.[103] Nesse sentido, essa dimensão patrimonial do direito de imagem terminou por contemplar previsões específicas no âmbito da regulação dos direitos autorais e os direitos conexos ao direito de autor, bem como disposições relativas ao direito de arena.[104]

As distinções entre o direito subjetivo à proteção da honra e à imagem são evidentes, e devem ser preservadas em benefício de ambos. O direito à imagem restringe-se à proteção jurídica da apresentação física da pessoa, na representação sensível do seu corpo sem o seu consentimento. Nesse sentido, admite-se a possibilidade de esse consentimento ser objeto de negócio jurídico oneroso. Entretanto, continua a tratar-se de direito indisponível,[105] a exemplo dos demais direitos da personalidade, em face da impossibilidade do titular do direito desfazer-se ou renunciar ao mesmo.

Não se confunde com a proteção da honra, porquanto a esse direito diga respeito a proteção da consideração social sobre distintos

---

[101] Em grande medida, o recurso à imagem física do indivíduo resulta das dificuldades de afirmação das identidades no mundo contemporâneo. A identidade, como atributo cultural ou conjunto de atributos culturais inter-relacionados, depara-se com um momento de pluralidade, e a possibilidade de reconhecimento de identidades múltiplas. Isto acarreta tensão quanto às possibilidade de fixação de uma identidade única. CASTELLS. *A era da informação..*, v. 1, p. 22 et seq. Entendemos, pois, que esta impossibilidade de identificação de critérios uniformes para construção de identidades únicas determina, pelo menos no mundo ocidental, o recurso a elementos de reconhecimento mútuo de todos os indivíduos, no caso, a imagem humana. Esta linguagem, utilizada em diversos âmbitos da atividade humana na atualidade, define-se como informação estética, a qual, segundo Coelho Netto, compõe-se da mensagem estruturada ambiguamente em relação a um determinado sistema de signos, e que desperta a atenção do receptor, antes de mais nada, para a forma da própria mensagem. COELHO NETTO, J. Teixeira. *Semiótica, informação e comunicação*. São Paulo: Perspectiva, 2001, p. 169.

[102] DUVAL. *Direito à imagem*, p. 31-33.

[103] Nesse sentido: RODRIGUES, Sílvio. *Curso de direito civil*, v. 1. São Paulo: Saraiva, 2001, p. 94.

[104] SAHM. *Direito à imagem...*, p. 227 et seq.

[105] PONTES DE MIRANDA. *Tratado...*, v. 7, p. 63.

atributos da personalidade em relação à própria estima do titular do direito e da comunidade em geral. Em que pese a utilização indevida da imagem possa ensejar dano à honra, uma vez associada a informações desabonadoras da pessoa representada na mesma, ambos distinguem-se de modo inequívoco. Ao mesmo tempo, ao contrário da imagem, para a qual se admite a possibilidade de parcial disposição patrimonial, a honra é insuscetível de ser objeto negocial a qualquer título. Trata-se de direito que tutela atributos pessoais intransferíveis e irrenunciáveis, cuja integridade realiza-se exclusivamente pela abstenção da comunidade em relação ao seu titular.

1.1.2. Honra e respeitabilidade

A identificação existente entre os conceitos de honra e imagem, a rigor, deriva da identidade de ambas as expressões com um terceiro significado, já introduzido nas decisões da jurisprudência brasileira, qual seja, o conceito de *respeitabilidade*. A expressão de respeitabilidade, embora não se confunda com o direito subjetivo à honra, é passível de ser identificada como integrante do sentido que assume o mencionado direito no ordenamento jurídico brasileiro. A respeitabilidade, entretanto, sobretudo a partir de sua leitura jurisprudencial, não assume sentido unívoco, senão que é associada, em algumas circunstâncias à noção de dignidade ou integridade de determinada função ou investidura, ou mesmo como espécie de consideração social especial,[106] que inclusive fundamentará o reconhecimento jurídico ulterior de dada situação de fato.[107]

Igualmente em determinados setores do direito privado, em que pese não esteja expressamente consignada a expressão de respeitabilidade, esta é elemento conceitual da proteção jurídica de determinadas posições jurídicas subjetivas e mesmo de instituições jurídicas produto de uma dada formulação social e jurídica. Assim, por exemplo, no direito de família, onde o regime jurídico da relação dos

---

[106] "Ação de reintegração ao serviço público. Policial militar. Os critérios que regem a atividade do militar e da corporação a que pertence alcançam o exame da compatibilidade da sua conduta com a dignidade e *respeitabilidade que necessita ostentar*. Não é, portanto, necessária a prática de ato delituoso típico para que possa a corporação utilizar a discricionariedade decidindo pela exclusão. Recurso provido." (Tribunal de Justiça do Rio Grande do Sul. Apelação Cível nº 598286391, Terceira Câmara Cível, Relator: Perciano de Castilhos Bertoluci. Julgado em 26/11/1998)

[107] "Dissolução de sociedade de fato. União estável. Aplicação intertemporal da lei n. 9289/96. Tendo a sociedade de fato decorrente da convivência *more uxorio* iniciado antes da Constituição Federal, mas terminado já sob a égide da lei n. 9278/96, aplicam-se as disposições desta lei para reger a sociedade dessa vinda. A natureza da relação iniciada antes da carta magna não sofreu alteração alguma, apenas conquistou a *respeitabilidade social* que sempre lhe foi devida além da indispensável proteção e regulamentação jurídica, assemelhando-a em tudo ao casamento civil. Recurso provido." (Tribunal de Justiça do Rio Grande do Sul. Apelação Cível nº 599387677, Sétima Câmara Cível, Relator Des. Luiz Felipe Brasil Santos, julgado em 06/10/1999)

cônjuges entre si, ou mesmo dos que guardam relações de parentesco trazem de modo implícito, o necessário conceito de respeitabilidade. E tal é o nível de identidade que se vai perceber entre esse conceito e o de honra propriamente dita, que em termos doutrinários, admitir-se-á o tratamento da questão sob a terminologia genérica de *honra familiar, honra matrimonial* ou *honra parental*.[108] E nesse capítulo, eventual desconsideração dessa respeitabilidade exigível às relações familiares importará, mesmo, a ruptura de dada relação familiar e mesmo, em alguns sistemas jurídicos, a figura do repúdio do cônjuge ofendido.[109]

Em direito brasileiro, é verdade, preferiu o legislador, nessa matéria, indicar ao conceito de honra, a tais circunstâncias em que há de privilegiar a respeitabilidade em relação à regulamentação jurídica da família. Assim, por exemplo, nos artigos 1557 e 1558, quanto às hipóteses de anulação do casamento, ou mesmo no artigo 1814, relativamente ao direito das sucessões, prevendo a hipótese de indignidade do herdeiro.

Isto não significa, entretanto, que o conceito de respeitabilidade é completamente estranho à norma. Quanto mais porque será previsto no artigo 1566 como um dos deveres jurídicos atribuíveis aos cônjuges na constância da relação matrimonial (*respeito e consideração mútuos*). O mesmo, diga-se, será estabelecido aos companheiros, durante a união estável, a teor do que dispõe o artigo 1724 do Código.[110]

Em aproximação ao conceito de honra expresso como direito subjetivo, embora não se afirma sobre a existência de um direito ao respeito, dada a possível identidade de significado que poderia ser apresentada entre os conceitos de honra e respeitabilidade, a distinção conceitual entre ambas parece-nos de interesse, sobretudo em face da utilização, pelo artigo 20 do Código Civil, de ambas as expressões. A respeitabilidade, nesse sentido, tal qual é estabelecida no direito positivo brasileiro, parece-nos atributo genérico reconhecido à pessoa, e que é tutelado juridicamente pelos diferentes direitos subjetivos afetos à proteção das diferentes manifestações da personalidade.

Assim, no que diz respeito à honra, caracteriza-se como um dever jurídico de não lesar, e nesse sentido, não causar diminuição de qualquer espécie à consciência da pessoa de si mesma ou à consideração que terá dos outros. Insere-se, portanto, na esfera do dever

---

108 BEIGNIER. *L'honneur...*, p. 433 et seq.

109 Ibidem, p. 461.

110 É certo, entretanto, que esse respeito não é o mesmo de que se trata no âmbito das relações entre pais e filhos, por exemplo. Nesse caso, examinando a relação entre as expressões honra e respeito, Bernard Beignier vai identificar na concepção de honra uma espécie de obrigação positiva (*ut facias*), ao passo que em relação ao respeito, vincula-se este, nitidamente, a espécie de obrigação negativa (*ne facias*), relacionado diretamente ao conceito de obediência. Op. cit., p. 470-471.

jurídico, na medida em que se reconheça, conforme propõe Oliveira Mendes, a "obrigação e o dever de cada cidadão se comportar relativamente aos demais com um mínimo de respeito moral cívico e social".[111] E assinala que esse respeito não diz com meras impertinências, mas à linha demarcatória entre um comportamento regular e aquele ofensivo a direito.[112]

De outra parte, a noção de respeitabilidade confunde-se com o conceito de consideração social. Inclusive, porque em sentido comum, o respeito percebe-se como algo estranho ao sujeito, estabelecido a partir de uma determinada relação da vida em que exista interação com o outro, de quem será recebido, e ao mesmo endereçado, o devido respeito.

Grosso modo, a respeitabilidade será conceito abrangido pelo conceito de honra, sempre que diga respeito a uma realidade do sujeito, a algo efetivamente vivido, e não apenas como projeção exterior de uma realidade inexistente. Não se confundem, mas se complementam, sendo exigida dessa complementação, uma conduta compatível com a consideração reclamada.

1.2. O conteúdo jurídico da honra

Até aqui foram inúmeras as referências às dificuldades da precisão de um conceito jurídico de honra e, conseqüente dificuldade prática de reconhecimento do direito subjetivo de proteção à honra para efeito da caracterização de sua lesão e sua tutela preventiva ou ressarcitória no âmbito civil. Em verdade, como examinamos (item 1, *supra*), a principal dificuldade na caracterização da lesão à honra reside na identificação de quais os atributos ou qualidades da pessoa colocam-se sob a proteção genérica da honra.

Em língua portuguesa, a honra é princípio ético de conduta conforme a probidade, virtude e coragem. É também o sentimento individual sobre a própria dignidade, ou a consideração devida à pessoa por seus dotes intelectuais, artísticos ou morais. E ao mesmo tempo em que pode ser traduzida como esplendor e grandeza, também assinala a noção de deferência ou homenagem, respeito e consideração. Assim como remete à identificação de um título ou cargo honorífico.[113]

Para Arnaldo Rizzardo, "os conceitos de honra e dignidade se aproximam, equivalendo à reputação, ou à consideração social que

---

[111] MENDES. *O direito à honra e a sua tutela penal*, p. 39.

[112] Ibidem.

[113] HONRA. In: HOUAISS, Antônio; VILLAR, Mauro de Salles. *Dicionário Houaiss de língua portuguesa*. São Paulo: Objetiva, 2001, p. 1550.

cada um merece. Todavia, enquanto a honra envolve mais o meio social, o grupo de pessoas onde se vive, a dignidade já compreende também um autoconceito de si mesmo".[114]

Segundo Capelo de Souza, a honra abarca tanto os atributos (os quais prefere referir como valores) individuais "emergentes da sua mera pertença ao gênero humano, até aqueloutros que cada indivíduo vai adquirindo através do seu esforço pessoal".[115]

No mesmo sentido, Adriano De Cupis, para quem "toda a criatura humana tem em si mesmo o bem da própria honra".[116] Este vai defender que a dignidade pessoal é atributo inato do indivíduo, o qual não requer outra condição senão a mera existência. Além disso, a posição que o indivíduo adquire na sociedade, o gênero da atividade que pratica, as qualidades pessoais que se desenvolvem com a idade, são todos elementos de que a honra individual pode sofrer maior ou menor desenvolvimento, revelando-se por um modo ou por outro. Mesmo o sexo, a raça, a nacionalidade, conferem à honra outros aspectos especiais, no entanto, o conceito de honra, ainda que proteiforme, conserva a sua fundamental unidade.[117]

A dignidade da pessoa humana considerada como atributo essencial reconhecido a todos os seres humanos, por si só ingressa em sua dimensão ético-jurídica, como espécie de dignidade individual que, a não ser quando a atuação concreta da pessoa invista contra a consideração determinada *a priori* em seu favor, deve ser integralmente respeitada. Entretanto, para Capelo de Sousa, a dignidade humana essencial não se confunde com a proteção dos bens causantes da projeção social, os quais são objeto – no sistema de tutela da personalidade que propõe[118] – de proteção específica.[119] A dignidade da pessoa humana, como atributo inato e insuscetível de supressão de qualquer ser humano, em qualquer circunstância, indica à pessoa, para além das suas expressões essenciais, uma honorabilidade média, em todos os seus outros domínios, a não ser que os seus atos demonstrem o contrário.[120]

Para além disso, é possível reconhecer ao conceito de honra um *caráter supletivo* para eventual vazio normativo sobre de atributos não individualizados ou especificados, mas que por sua natureza inserem-

---

[114] RIZZARDO. *Parte geral...*, p. 161.

[115] CAPELO DE SOUSA *O direito geral...*, p. 301.

[116] DE CUPIS. *Os direitos...*, p. 115.

[117] Ibidem.

[118] O jurista português retira do direito geral de personalidade português no âmbito da proteção do espírito humano, a proteção do sentimento, da vontade e da inteligência, as quais se traduzem pela qualidade de caráter, sua imagem de vida e a direção de vida. CAPELO DE SOUSA. *O direito geral...*, p. 229 et seq.

[119] Ibidem, p. 302-303.

[120] Ibidem, p. 304.

se sob a proteção geral da dignidade da pessoa humana.[121] Nesse sentido, em que pese a dignidade da pessoa humana constitua, na expressão de Perez, uma categoria pessoal despersonalizada, absoluta e não relativa a cada sujeito, a honra protege uma dignidade personalizada e relativa a um determinado indivíduo.[122]

A proteção jurídica da honra, ou ao contrário, a ofensa à honra, é utilizada não apenas para tutelar a projeção de atributos ou qualidades pessoais, mas de fato abrange todos os caracteres da personalidade que sejam considerados como merecedores de determinada proteção jurídica, mas que não estejam abrangidos, de modo satisfatório, por nenhuma outra definição. Assim, por exemplo, a exposição da pessoa a situação vexatória que não implique necessariamente a desconsideração das qualidades subjetivas da vítima da ofensa, ou sua omissão na projeção para o público de uma determinada situação de fato. Nesse caso, o caráter jocoso, ao qual não se reconheça plausibilidade, determinará, por si só, a natureza ofensiva do ato.[123]

Daí por que, a essa noção de honorabilidade pressuposta de todos os seres humanos, agregam-se o bom nome e a reputação, representados pelos atributos determinantes de cada indivíduo, bem como, pelos demais valores adquiridos no âmbito moral, sexual, intelectual, familiar, profissional ou político.[124] Elementos que, a rigor, comunicam-se com o próprio direito ao desenvolvimento da personalidade.

A honra como objeto de proteção jurídica, dessa maneira, vai se compor de dois aspectos essenciais. Um *imanente*, dizendo com a própria pessoa, e outro *transcendente*, de exterioridade.[125] Em relação aos atributos da própria pessoa, e sua própria estima dos mesmos, temos uma primeira concepção da sua proteção. Esta estende-se também para os outros domínios de atuação da pessoa, que não necessariamente estão associadas à sua relação com a comunidade, como no

---

[121] GONZÁLEZ PEREZ, Jesús. *La degradación del derecho al honor: honor y libertad de información*. Madrid: Civitas, 1993, p. 34.

[122] Ibidem, p. 35.

[123] Assim, a decisão do TJRS: "Responsabilidade civil. Lei de Imprensa. Tiro no pé de brigadiano durante assalto. Ridicularização por jornal. Dano moral. 1. Decadência: inaplicabilidade do prazo decadencial do artigo 56 da lei n. 5250/67 aos pedidos de indenização por danos morais por falta de recepção pela Constituição Federal de 1988. Precedentes recentes do STJ. Preliminar afastada. 2. Ato ilícito: ridicularização por jornal de pequena cidade de tiro no pé sofrido por policial da Brigada Militar durante assalto, dando a entender que teria sido desferido por ele próprio. Disparo, na realidade, efetuado por um dos assaltantes. 3. Dano moral: agressão à honra do policial militar que foi ferido em serviço. Arbitramento da indenização pelos danos morais em 60 SM. Sentença de procedência modificada. Apelação do autor parcialmente provida. Apelação do jornal requerido desprovida." (Tribunal de Justiça do Rio Grande do Sul. Apelação Cível nº 70003124583. Relator Des. Paulo de Tarso Vieira Sanseverino. julgado em 05/12/2001).

[124] GONZÁLEZ PEREZ. *La degradación...*, p. 35. Sobre a honra familiar, veja-se o estudo de MEULDERS-KLEIN, Marie-Thérèse. Vie privée, vie familiale et droits de l'homme. *Revue Internationale de Droit Comparé*, Paris, n. 4., p. 767-794, oct./déc. 1992.

[125] Conforme a lição de LETE DEL RÍO. *Derecho de la persona*, p. 267.

caso da honra que diga respeito à família, à opção sexual, ou ao respeito intelectual ou político, dentre outros. Em todos esses casos, a proteção do atributo ou qualidade da pessoa, ao mesmo tempo em que não vai se referir necessariamente a uma projeção social dos mesmos para a comunidade, não estará afeta a algum conceito exclusivo de correção ou adequação.[126] Assim, por exemplo, a honra sexual faz referência a uma determinada orientação da vida sexual de cada indivíduo, independente de qual seja, assim como a honra profissional vai envolver um elenco de atributos pressupostos de uma determinada categoria profissional.

E, em todos esses casos, identificando-se a honra com atributos parciais do indivíduo (a opção sexual) ou indistintamente relacionados a um grupo ou categoria profissional, reconhece-se a possibilidade fática de ocorrer a ofensa às mesmas, o que ensejará iguais conseqüências jurídicas reconhecidas tradicionalmente para a ofensa à honra no âmbito do direito civil: as hipóteses de tutela preventiva e ressarcitória. Essa tendência, aliás, tem sido contemplada em direito estrangeiro, com amplas possibilidades de proteção desse direito. É o caso de uma interessante decisão da Corte Constitucional da Espanha, que reconheceu a possibilidade de proteção da dignidade de grupos étnicos, sociais e religiosos sem personalidade jurídica. Para tanto, a Corte espanhola baseou-se, essencialmente, em dois fundamentos. Primeiro, que a ausência de personalidade jurídica que permita a representação formal de um grupo não impede que qualquer deles tenha reconhecida sua legitimidade ativa para impugnar a intromissão indevida na honra de todo o grupo, sob pena de assim não sendo, inviabilizar a adequada proteção dos direitos fundamentais estabelecidos pela ordem constitucional. Segundo, que a ausência de instrumentos hábeis à proteção da honra coletiva, permitiria, com maior facilidade, o surgimento de campanhas racistas, discriminatórias ou xenófobas, contrárias assim à igualdade, a qual é um dos valores superiores da Constituição espanhola.[127] Entre nós, a possibilidade de tutela de direitos coletivos ou difusos opera-se, sobretudo, pela figura

---

[126] Interessante a esse respeito o entendimento de Aurélia Maria Romero Colomo que, ao examinar o conceito de honra à luz do direito à igualdade e da garantia contra a discriminação presentes no artigo 14 da Constituição da Espanha, indica que na sua definição não poderão ser usados nenhuma espécie de distinção quanto ao sexo, à raça, à condição social, etc. COLOMO, Aurélia Maria Romero. *Libertad de información frente a otros derechos en conflicto:* honor, intimidad y presunción de inocencia. Madrid: Civitas, 2000, p. 40. Trata-se, a nosso ver, de idêntica interpretação a ser dada em direito brasileiro, sobretudo em consideração ao fundamento originário do direito à honra, bem como dos demais direitos da personalidade em nosso ordenamento, qual seja, o princípio da dignidade da pessoa humana.

[127] STC 214/1991 [RTC 1991/214], F, 3º , de acordo com a transcrição de; BASTIDA FREIJEDO, Francisco J.; VILLAVERDE MENÉNDEZ, Ignacio. *Libertades de expresión e información y medios de comunicación:* prontuario de jurisprudencia constitucional, 1981-1998. Pamplona: Aranzadi, 1998, p. 118.

da substituição prevista na legislação processual. Ao mesmo tempo, a ausência de representação formal por si só, não impede a tutela desses direitos, para o que pode ser utilizada a legitimação constitucional do Ministério Público para atuar em favor dos interesses da sociedade (artigo 129, inciso II e § 1º, da Constituição da República), regulada no plano infraconstitucional na Lei Federal n. 7347/85 – a Lei da Ação Civil Pública.

Assim é possível reconhecer, em primeiro lugar, que o conceito de honra, o qual constitui o direito subjetivo de sua proteção, envolve o reconhecimento indistinto e *a priori*, de atributos ético-sociais valorizados pela comunidade, a não ser que a atuação concreta e comprovada da pessoa tenha afastado essa *presunção de integridade pessoal*. Trata-se, portanto, de qualidades apreciadas socialmente, as quais são presumidas como atributo de todos os seres humanos como decorrência do princípio da dignidade da pessoa humana, sendo afastada a presunção, exclusivamente, na hipótese de atuação concreta e comprovada do indivíduo em sentido contrário às qualidades que lhe são presumidas.

Essas qualidades, entretanto, pela variação espaço-temporal que se deve reconhecer ao apreço social (conforme examinamos 1.1., *supra*) estão associadas, em caráter de relativa permanência, apenas a conceitos genéricos como probidade, respeito, cordialidade, fraternidade, dentre outros. Outras qualidades cujo apreço sincero não seja objeto de um razoável consenso da comunidade, não recebem, de forma instantânea, a proteção da ordem jurídica através de sua inserção no direito à honra. O que não significa, evidentemente, que não sejam merecedoras de apreço, mas apenas o exame das circunstâncias poderá determinar se uma específica qualidade ou atributo pessoal questionado por qualquer modo, enseja ou não ofensa à honra.

No que se refere à projeção para a comunidade dos atributos ou qualidades pessoais, esta é considerada tanto como uma prerrogativa associada à posse de determinadas qualidades, cujo desrespeito ensejaria a violação da dignidade pessoal, atentando contra a integridade psicológica e sentimental da pessoa, quanto de forma autônoma, tomada a consideração social em si mesma.

No primeiro caso, trata-se do que se tem convencionado denominar de *honra subjetiva*, em que a conservação da consideração e estima social associa-se à estima que a pessoa tem de si mesma, bem como ao gravame psicossomático decorrente da projeção equívoca, ou de atributos não pertencentes à pessoa, ou da omissão dos mesmos quando as circunstâncias indicassem a razoabilidade de sua manifestação. Em sentido diverso, ainda, há os que distinguem a honra subjetiva sem nenhuma relação com a projeção pública da pessoa, mas simplesmente decorrente da estima que a própria pessoa tem sobre si mesma, e os atributos de que é titular, sem qualquer relação com a consideração social, que eventualmente poderá divergir do seu entendimento individual.[128]

No segundo caso, em que a consideração social decorrente de uma determinada projeção externa da pessoa é tomada de forma autônoma, convencionou-se denominar *honra objetiva*. Nesse caso, não há necessidade de que a falsidade ou o equívoco da projeção externa da pessoa para a comunidade promova nesta uma alteração psicológica ou um gravame em seus sentimentos. Ao contrário, a falsa projeção, *per se*, será caracterizada como ofensa à honra.

Como afirmamos, a doutrina e a jurisprudência vêm construindo com desenvoltura a distinção entre as concepções subjetiva e objetiva de honra. Considerando a importância que a atividade de imprensa tem na determinação do nível de consideração social da pessoa pela comunidade, é que o exame desses conceitos, bem como seu aprofundamento em face da jurisprudência brasileira, é que estabeleceremos a distinção a seguir.

1.2.1. A honra subjetiva

O direito de proteção à honra – afirmamos – responde a duas dimensões distintas. Referindo-se em ambas as hipóteses, a qualidades ou atributos merecedores de apreço individual ou pessoal, distinguem-se quanto à intensidade com que vão considerar uma *dimensão isolada* da pessoa, e sua própria estima das qualidades que julga possuir, e uma *dimensão relacional*, cujo elemento tônico é justamente a percepção que as demais pessoas com quem se relaciona, ou em nível mais genérico, a comunidade, tem das qualidades que o indivíduo julga possuir.

A honra subjetiva ou interior, assim, é a estima que cada homem ou mulher nutre em relação à respectiva pessoa,[129] seu sentimento em relação ao próprio valor.[130] Nesse sentido, a proteção da honra subjetiva associa a tutela da higidez mental e de sentimentos da pessoa.[131]

---

[128] Assim Costa Andrade, lembrando a conhecida manifestação de Otto Von Bismarck, que afirmou: "A minha honra não está na mão de ninguém, para além das minhas próprias mãos e, por isso, ninguém pode cobrir-me de honrarias; a honra que eu trago no meu peito satisfaz-me inteiramente, e ninguém aqui é juiz e pode decidir se eu tenho a tenho ou não". ANDRADE, M. *Liberdade de imprensa...*, p. 79.

[129] COELHO, Fábio Ulhôa. *Curso de direito civil...*, p. 211.

[130] ANDRADE, M, op. cit., p. 78.

[131] "Recurso Especial. Direito Processual Civil e Direito Civil. Publicação não autorizada de foto integrante de ensaio fotográfico contratado com revista especializada. Dano moral. Configuração. – É possível a concretização do dano moral independentemente da conotação média de moral, posto que a honra subjetiva tem termômetro próprio inerente a cada indivíduo. É o decoro, é o sentimento de auto-estima, de avaliação própria que possuem valoração individual, não se podendo negar esta dor de acordo com sentimentos alheios. – Tem o condão de violar o decoro, a exibição de imagem nua em publicação diversa daquela com quem se contratou,

E como a própria noção de consciência está afeta à percepção reconhecida aos seres humanos, razão pela qual a honra subjetiva só pode ser reconhecida às pessoas naturais.

A dificuldade em termos de proteção da honra subjetiva é precisar qual a medida de estima por si próprio é lícita que o direito reconheça ao indivíduo. Em outras palavras, o maior desafio da adequada tutela jurídica da honra subjetiva é determinar o grau de subjetividade individual quanto à intensidade e ao caráter lesivo de uma suposta ofensa à dignidade pessoal.[132] Embora o direito tenha construído, sobretudo na prática jurisprudencial, interpretações preferenciais quanto às condutas sociais desejadas, estas não são, sobretudo em termos conceituais da auto-estima individual, algo que se possa estabelecer sob padrões médios de generalidade.[133]

---

acarretando alcance também diverso, quando a vontade da pessoa que teve sua imagem exposta era a de exibi-la em ensaio fotográfico publicado em revista especializada, destinada a público seleto. – A publicação desautorizada de imagem exclusivamente destinada a certa revista, em veículo diverso do pretendido, atinge a honorabilidade da pessoa exposta, na medida em que experimenta o vexame de descumprir contrato em que se obrigou à exclusividade das fotos. – A publicação de imagem sem a exclusividade necessária ou em produto jornalístico que não é próprio para o contexto, acarreta a depreciação da imagem e, em razão de tal depreciação, a proprietária da imagem experimenta dor e sofrimento." (Superior Tribunal de Justiça. Recurso Especial 270730/RJ. Rel. p/ Acórdão Min. Nancy Andrighi; julgado em 19 dez. 2000; publicado 07 maio 2001, p. 139).

[132] "Responsabilidade civil. Notícia em jornal. Ofensa à honra subjetiva comprovada. Ofende a integralidade moral da pessoa citada, a notícia que a coloca como integrante de quadrilha de falsificadores de apólices de seguro. Posterior absolvição na jurisdição criminal por falta de provas. Benefício da dúvida que se concede ao réu no processo crime, mas não concedeu ao autor desta demanda que, na notícia publicada aparecia como integrante da quadrilha e não como simples informante da polícia, pois sequer ainda indiciado. A investigação feita no inquérito abrange fatos que podem não ser verdadeiros e a sua divulgação, por isso, acarreta na responsabilidade do órgão de imprensa, quando, ao fim e ao cabo, esses fatos não ficam comprovados. Embargos infringentes acolhidos. Votos vencidos." (Tribunal de Justiça do Rio Grande do Sul. Embargos Infringentes nº 70002657187. Relator: Des. Carlos Alberto Bencke, julgado em 23/11/2001).

[133] "Responsabilidade Civil. Divulgação em jornal da identificação de adolescente. Fato que teria sido praticado no interior de um estabelecimento de ensino. Dano moral. Arbitramento. O principio sigiloso deveria ser observado sempre nas notícias da imprensa, que, entretanto, divulga antes mesmo da condenação o nome e a qualificação dos indiciados, sem qualquer reserva, nao obstante a proteção dispensada pela lei aos menores e adolescentes. A notícia identificadora do adolescente, prevista como sanção administrativa no ECA (art. 247 da Lei n. 8.069/90), pode configurar também dano moral, comprovada a violação da intimidade e da vida privada do menor, expondo a terceiros fatos e elementos particulares da sua esfera reservada. Nem se diga que a condenação do jornal à reparação civil é forma de censura judicial, a impedir publicação de determinadas matérias jornalísticas, pois a liberdade de imprensa, consagrada na Carta Magna, está em harmonia com a dignidade dos direitos da personalidade privada das pessoas e entre eles o direito à vida privada e à honra subjetiva. Fixação judicial do dano moral que deve ser arbitrado com moderação para evitar o enriquecimento sem causa, de acordo com os princípios da razoabilidade e da proporcionalidade. Honorários de advogado no percentual legal do par. 3º, do art. 20 do CPC. Recursos não providos." (Tribunal de Justiça do Rio de Janeiro. Apelação cível 2003.001.05041. Relator: Des. Paulo Gustavo Horta. julgado em 24/06/2003; publicado em 28/07/2003, p. 114415-114424)

Ramón Pizarro, em prestigioso estudo no direito argentino, sobre a sistemática dos danos morais, entende que a honra subjetiva representa o "estado de consciência individual, de auto-estima razoavelmente justificado pelo homem, como ser feito à imagem e semelhança do seu Criador".[134] Um conceito eminentemente subjetivo, de viés, inclusive, religioso, que demonstra a profunda dificuldade de determinação do conceito à luz de um critério geral. Em verdade, mais do que o conteúdo específico dos atributos valorados individual e socialmente, na prática terá uma importância ainda maior a associação entre situações de fato, reais ou ilusórias, e um determinado juízo que seja formulado em relação à mesma.

Daí por que não há, em direito civil, espécies taxativas de tutela à honra como em direito penal. No âmbito do direito privado, a ofensa à honra subjetiva abarcará situações em igual número quanto forem as hipóteses criadas pelos indivíduos para o atentado, ou mesmo o desprezo pela honra alheia.[135]

1.2.2. A honra objetiva

Das dimensões reconhecidas à proteção jurídica da honra, é a denominada honra objetiva a que tem alcançado maior repercussão, como uma relativa novidade. Constitui-se com caráter nitidamente relacional, uma vez que a sua tutela não se preserva exclusivamente sobre o titular do direito de proteção da honra, mas sim em relação a outros indivíduos que mantenham com aquele relações efetivas ou potenciais (nesse último caso, a comunidade considerada de forma una).

A honra objetiva constitui a proteção da reputação baseada em fatos,[136] e por isso confunde-se em termos dogmáticos, doutrinários e

---

134 PIZARRO, Ramón Daniel. *Daño moral*: prevención, reparación, punición, el daño moral en las diversas ramas del derecho. Buenos Aires: Hamurabi, 2000, p. 406.

135 CAPELO DE SOUSA. *O direito geral...*, p. 306. Indica o jurista português, a hipótese mencionada por Ihering como reconhecida pela *actio iniuriarum* romana, do vizinho que depositava lixo no terreno alheio, de modo sucessivo, com o fito de amesquinhar a personalidade deste e desprezando sua capacidade de reação, pelo fato do se encontrar em situação social predominante.

136 1 – PROCESSUAL CIVIL – Despacho saneador – Nulidade – Inocorrência. Não ocorre nulidade, quando o juiz deixa de sanear, formalmente, o processo, após ser frustrada a tentativa de conciliação. O saneamento da relação processual ocorre de forma permanente, considerada a tramitação própria. Não se há de cogitar de ato único e solene, a ser procedido em fase exclusiva.Precedente do STF. 2 – DANO MORAL – Conceito – Indenização – Fixação – Princípio da razoabilidade. I – Qualificam-se como morais os danos em razão da esfera da subjetividade, ou do plano valorativo da pessoa na sociedade em que repercute o fato violador, havendo-se, portanto, como tais aqueles que atingem os aspectos mais íntimos da personalidade humana (o da intimidade e da consideração pessoal), ou o da própria valoração da pessoa no meio em que vive e atua (o da reputação ou da consideração social). II – Nesse contexto, constitui violação grave à pessoa humana fazer denúncia infundada à Polícia, para provocar instauração de inquérito, que resultou em ação penal julgada improcedente. III – A tarefa, difícil, de fixar o valor do dano moral fica a critério do juiz, que, relacionado direta e especificamente à "quaestio

jurisprudenciais, com outras dimensões da pessoa tuteladas pelo direito, como por exemplo a proteção do nome e da imagem (conforme examinamos no item 1.1.2.).[137] Como afirma Costa Andrade, a honra objetiva abrange "a representação que os outros têm sobre o valor de uma pessoa, a chamada reputação ou bom nome".[138] Trata-se da *gut Rufe*, de extensa referência no direito alemão.[139]

A proteção da reputação pela honra objetiva, ao mesmo tempo, relaciona-se com o direito à reserva quanto a opiniões desabonadoras, em relação às quais não se encontre qualquer espécie de justificativa razoável para a sua manifestação. Por justificativa razoável, em que pese a impossibilidade da fixação de um conceito estanque, dado o caráter essencialmente variável *in concreto*, do conceito de razoabilidade, podem-se incluir, dentre outros, as *razões de interesse público*.

A honra objetiva, de outra sorte, não restringe o seu alcance exclusivamente a um conceito ético-social. Atualmente é correto afirmar que o seu desenvolvimento mais significativo tem sido observado no âmbito econômico, em que a proteção da reputação de um dado agente econômico, e ao contrário, sua ofensa pela imputação de atributos ou informações desabonadoras, são fatores de ganhos ou perdas patrimoniais, respectivamente. Como defende Adriano De Cupis, "a reputação da pessoa no campo econômico permite à mesma conseguir bens patrimoniais. A coesão entre aquele bem e este é muito íntima, mas isto não elimina a necessidade de distinção".[140]

---

sub litem", se encontra apto a detectar o valor compatível às lesões havidas, valendo-se, quando necessário, de peritos especializados, dosando, assim, de modo adequado, a sanção cabível, após ponderar, com equilíbrio e razoabilidade, as variáveis em questão, atento para não provocar o enriquecimento da vítima, levando o ofensor à miséria. (Tribunal de Justiça da Paraíba. Apelação Cível nº 2000.002087-7. 2ª Câmara Cível, Rel. Antonio Elias de Queiroga, julgado em 30/05/2000, publicado em 06/06/2000).

[137] APELAÇÃO CÍVEL – AÇÃO DE INDENIZAÇÃO POR DANOS MORAIS E MATERIAIS – PUBLICAÇÃO DE REPORTAGEM JORNALÍSTICA INDICANDO O APELADO COMO MEMBRO DE QUADRILHA DE ASSALTANTES – AUSÊNCIA DE AVERIGÜAÇÃO DE VERACIDADE DOS FATOS POR PARTE DA APELANTE – FIXAÇÃO DOS VALORES – LEI DE IMPRENSA – INAPLICABILIDADE – RECURSO IMPROVIDO. 1) Ficou devidamente evidenciado que a ora Apelante agiu com omissão ao publicar a foto do Apelado, indicando-o como membro de uma quadrilha que havia praticado um assalto a banco, sem antes averigüar a realidade do conteúdo da informação prestada por pessoa estranha ao mundo jornalístico. Logo, inquestionável o dever da Apelante em indenizar o ora Apelado por danos morais, decorrentes da violação à sua honra e *imagem*, a partir de uma publicação jornalística caluniosa, mesmo que, posteriormente, desmentida. 2) Com amparo no artigo 5º, inciso X, da Constituição Federal/88, cabe ao Magistrado, dentro de seu livre convencimento motivado, arbitrar o valor que entende correto para reparar a dor sofrida pelo agente ofendido, não podendo mais ser aceita a tarifação imposta pela Lei de Imprensa, na fixação dos danos morais decorrentes de publicação em jornal. 3) Recurso improvido. (Tribunal de Justiça do Espírito Santo. Apelação Cível nº 035980294546, 3ª Câmara Cível, Rel. Des. José Eduardo Grandi Ribeiro, julgado em 28/05/2002, publicado em 25/06/2002).

[138] ANDRADE. *Liberdade de imprensa e inviolabilidade...*, p. 79.

[139] Ibidem.

[140] DE CUPIS. *Os direitos...*, p. 128. No mesmo sentido: IGLESIAS, Sérgio. *Responsabilidade civil por danos à personalidade*. Barueri: Manole, 2002, p. 50.

Em verdade, a boa fama de uma pessoa promove e amplia suas possibilidades de êxito, o qual não se restringe a apenas um determinado âmbito de interesse particular, mas em diversas aspirações da existência humana, sobretudo em nossa época. A consideração social indica para aquele que dela goza, de confiança, crédito moral e oportunidades[141] junto à comunidade. Ao contrário, o descrédito social decorrente de má reputação além de eventual lesão a estima da pessoa por si mesma (honra subjetiva), acarreta em muitas situações prejuízo econômico e outros gravames inerentes a tal circunstância na vida de relações.

E muitas são as hipóteses de violação da honra objetiva em sua dimensão econômica, reconhecidos pela doutrina e pela jurisprudência. O abalo da confiança[142] que a pessoa goza quanto a sua higidez econômica e patrimonial, a imputação de faltas variadas no desempenho de uma atividade econômica específica,[143] a concorrência desleal, a imputação de um comportamento negocial contrário à lei ou aos usos e costumes, são as hipóteses mais comuns de ofensa à honra objetiva,[144] capazes de causar prejuízo econômico.

---

[141] PIZARRO. *Daño moral...*, p. 407.

[142] "Posse e propriedade sobre bens móveis. Propriedade industrial e concorrência desleal. Ação de indenização por danos materiais e morais, c/c cominação de obrigação de não fazer, e ação cautelar de busca e apreensão e exibição de documentos. Danos emergentes em prática de contrafação: não constitui rubrica indenizável sob esta classificação os honorários advocatícios contratuais pagos pela parte que contratou advogado para postular judicialmente seus direitos. O mesmo sucede com as despesas extra judiciais previstas no art. 20, § 2º. , do CPC. Dano moral caracterizado mediante lesão à honra objetiva das empresas-autoras. Circulação de mercadorias contrafeitas comprovada. Liquidação por arbitramento, em face da exatidão do número de peças contrafeitas, não sendo caso de aplicação do 103, parágrafo único, da lei nº 9.610/98 (lei de direitos autorais). Multa cominatória fixada com eqüidade retributiva e adequada à capacidade econômica das empresas rés. Prova plena da prática de contrafração em relação à co-ré. Atacadão central. Indícios concatenados e suficientes para a sua inclusão no veredicto condenatório-cominatório. Em julgamento unificado, apelo parcialmente provido." (Tribunal de Justiça do Rio Grande do Sul. Apelação Cível nº 70004555710. Relator: Des. Aymoré Roque Pottes de Mello, julgado em 27/03/2003)

[143] "INDENIZAÇÃO. DANO MORAL. OCORRÊNCIA. PESSOA JURÍDICA. CABIMENTO. 1 – Dano moral. A indenização dos danos morais causados à pessoa jurídica afigura-se possível se e quando atingida a sua honra objetiva. Agência de turismo que contrata empresa para obtenção de vistos. Prestação de serviço não cumprida a contento, causando danos com reflexos na honra objetiva da agência contratada, atingindo seu conceito e boa fama, elementos que são considerados pelo consumidor no momento da contratação. Apelação provida." (Tribunal de Justiça do Rio Grande do Sul. Apelação Cível n. 70005465505. Relator: Des. Paulo Antônio Kretzmann, julgado em 16/03/2003).

[144] "Civil. Responsabilidade civil. Danos morais. Pessoa jurídica. Possibilidade. Honra objetiva. Doutrina. Precedentes do Tribunal. Recurso provido para afastar a carência da ação por impossibilidade jurídica. – A evolução do pensamento jurídico, no qual convergiram jurisprudência e doutrina, veio a afirmar, inclusive nesta corte, onde o entendimento tem sido unânime, que a pessoa jurídica pode ser vítima também de danos morais, considerados esses como violadores da sua honra objetiva." (Superior Tribunal de Justiça. Recurso Especial nº 134993 / MA. Relator: Min. Sálvio de Figueiredo Teixeira. julgado em 03/02/1998. Publicado DJU de 16/03/1998, p. 144).

De outra parte, circunstância intimamente vinculada ao reconhecimento de uma dimensão objetiva à honra, determinando a proteção da reputação, é a admissão da possibilidade da ocorrência do dano moral das pessoas jurídicas.[145] Em verdade, precede esta, o reconhecimento dos direitos da personalidade às pessoas jurídicas, cuja proteção opera de acordo com sua estrutura e organização, bem como com as finalidades às quais se vincula.[146] Entretanto, considerando que muitos dos direitos da personalidade dizem respeito à proteção de atributos intrínsecos à pessoa natural, não se há de reconhecer à pessoa jurídica igualdade de tutela,[147] mas apenas naquilo que se seja adequado às características peculiares à sua forma de existência.[148]

No que tange especificamente à proteção da honra da pessoa jurídica, Pontes de Miranda ensina que estas "também podem ser ofendidas em sua honra, porque é comum às pessoas físicas e às jurídicas o bem da reputação, da boa fama".[149] A honra da pessoa jurídica, aliás, é reconhecida pelo Anteprojeto de Código Penal, de 1984, em seu artigo 142, a exemplo do que já havia ocorrido no Código Penal de 1969, em seu artigo 147.[150]

O direito brasileiro consagra, no ordenamento civil,[151] a proteção dos direitos da personalidade da pessoa jurídica de modo expresso,

---

[145] "Responsabilidade civil. Dano moral. Pessoa jurídica. Ressarcimento. A pessoa jurídica é detentora de honra objetiva fazendo jus à indenização por dano moral sempre que o seu bom nome, reputação ou imagem forem atingidos no meio comercial por algum ato ilícito. Após a Constituição de 1998 a noção de dano moral não mais se limita ao *pretium doloris* abrangendo também qualquer ataque ao nome ou imagem da pessoa física, ou jurídica, com vistas a resguardar a sua credibilidade e respeitabilidade. Desprovimento do recurso da ré e parcial provimento ao recurso da autora" (Tribunal de Justiça do Rio de Janeiro. Apelação cível 2000.001.18740. Relator: Des. Maria Henriqueta Lobo. julgado em 7/03/2001. Publicado em 04/05/2001).

[146] CAPELO DE SOUSA. *O direito geral...*, p. 597. BITTAR. *Os direitos da...*, p. 13; MONTEIRO. *Curso...*, p. 128; RIZZARDO. Arnaldo. *Parte geral...*, p. 171; ALVES, Alexandre Ferreira de Assumpção. *A pessoa jurídica e os direitos da personalidade*. Rio de Janeiro: Renovar, 1998, p. 81 et seq.

[147] CAPELO DE SOUSA, p. 597.

[148] "PESSOA JURÍDICA. CRIMES DE CALÚNIA, INJÚRIA E DIFAMAÇÃO. NOVA DEFINIÇÃO JURÍDICA. A pessoa jurídica não pode ser sujeito passivo de calúnia e injúria. Pode, no crime de difamação, já que em tal delito, a ofensa atinge a honra objetiva do difamado e a pessoa jurídica também goza de reputação e conceito, que podem ser abalados por campanha difamatória. Tratando-se de crime contra a honra, contudo, não pode o juiz dar nova definição jurídica ao fato descrito na inicial. Tal como ocorre no âmbito cível, tratando-se de ação privada por crime contra a honra, o juiz não pode inovar condenando por difamação, se a vontade do autor é punir o ofensor por calúnia ou injúria. À unanimidade, rejeitaram a queixa." (Tribunal de Justiça do Rio Grande do Sul. Queixa-Crime nº 70005775051. Relator: Des. Gaspar Marques Batista, julgado em 24/04/2003).

[149] PONTES DE MIRANDA. *Tratado...*, v. 7, p. 45.

[150] Segundo COSTA JÚNIOR, Paulo José. *Direito penal*. 6ª ed. São Paulo: Saraiva, 1999, p. 286.

[151] Em sentido diverso no direito penal, em que a tipicidade dos crimes contra a honra no Código Penal, segundo interpretação do Superior Tribunal de Justiça, exclui a ofensa à pessoa jurídica. Em relação aos crimes de imprensa, regulados pela Lei n. 5250/67, esta possibilidade

no artigo 52 do Código Civil, que refere: "Aplica-se às pessoas jurídicas, no que couber, a proteção dos direitos da personalidade." A jurisprudência, de sua vez, é pacífica ao reconhecer essa proteção,[152] mesmo antes da vigência do Código novo, como demonstram as inúmeras decisões que redundaram na edição da Súmula n. 227, do Superior Tribunal de Justiça, a qual estabelece, expressamente, que *a pessoa jurídica pode sofrer dano moral.*

No que tange ao direito à honra objetiva, sua ofensa, uma vez que tem relação com o abalo da boa fama, da reputação da pessoa, de modo autônomo em relação a eventuais repercussões psicológicas ou sentimentais possíveis (o que é domínio exclusivo das pessoas naturais), é perfeitamente possível em relação à pessoa jurídica, a qual terá direito à proteção com fundamento no artigo 53 do Código Civil.

é admitida. Assim: "PENAL. PROCESSUAL. DIFAMAÇÃO. PESSOA JURÍDICA. SUJEITO PASSIVO. INADMISSIBILIDADE. TRANCAMENTO DA AÇÃO PENAL. ATIPICIDADE DA CONDUTA. *HABEAS CORPUS.* 1 – Pode-se falar em reputação da pessoa jurídica, o que equivale ao conceito de honra objetiva, mas o Código Penal, ao definir o crime de difamação, refere-se à alguém, pessoa humana. 2 – Ressalva feita quanto aos crimes cometidos por meio da imprensa, frente à autorização expressa dada pela Lei 5.250/1967, arts. 20 a 22, e 23, III. 3 – Não havendo enquadramento típico para a conduta imputada, é de se trancar a ação penal. 4 – *habeas corpus* conhecido; Ordem concedida." (Superior Tribunal de Justiça. *Habeas Corpus* 7391/SP. Relator: Min. Edson Vidigal; julgado em 22/09/1998. Publicado no DJU de 19/10/1998, p. 113)". Em sentido diverso, admitindo a possibilidade de difamação, esta decisão do TJRS: "CRIMES CONTRA A HONRA. PESSOA FÍSICA E JURÍDICA. REPRESENTAÇÃO. ATIPICIDADE. SUCUMBÊNCIA. 1 Soma das penas que ultrapassa o limIte da lei 10.259/101. Competência desta Corte para julgamento do recurso. Inteligência da Súmula 243 do STJ. 2. A pessoa jurídica pode ser sujeito passivo do crime de difamação, por se tratar este de ofensa à honra objetiva, caracterizada na sua reputação e credibilidade, cujo abalo reflete em sua vida econômica. Não pode, entretanto, ser vítima de calúnia e injúria. 3. Falta de representação válida porque expirado o mandato de presidente daquele que outorgou a procuração ad judicia. 4. A narrativa de testemunha, em comissão parlamentar de inquérito, descrevendo fatos dos quais teve conhecimento através de terceiros, sem a intenção de caluniar, injuriar ou difamar, não configura crime contra a honra por ausência do elemento subjetivo. 5. Princípio da sucumbência quanto à verba honorária. Não aplicável nas ações penais por inexistência de previsão legal. O Código de Processo Penal trata apenas das custas processuais. Rejeitada a preliminar. Recurso improvido." (Tribunal de Justiça do Rio Grande do Sul. Recurso em sentido estrito nº 70004596722. Relator: Des. Vanderlei Teresinha Tremeia Kubiak, julgado em 27/11/2002).

[152] "Processo Civil. Se o autor faz prova do fato constitutivo do seu direito, incumbe ao réu fazer a prova em sentido contrário (arts. 333, I e II, do CPC). Civil. Dano Moral. Pessoa Jurídica. Admissibilidade. Direito de preservar seu nome, imagem e reputação, para resguardar sua credibilidade, perante seus associados e categoria que representa, diante de ofensas que violam sua honra objetiva. Prejuízo comprovado. Pessoa Física. Honra subjetiva violada. Incidência do dano moral. Prova confinada às ofensas e aos reflexos desta sobre a pessoa atingida. Fixação do *quantum*, deve levar em conta a extensão do dano, dimensionando-o diante dos critérios de razoabilidade, proporcionalidade, e, no caso, do tempo decorrido. Sentença mantida, em parte. Primeiro recurso negado. Segundo apelo provido parcialmente." (Tribunal de Justiça do Rio de Janeiro. Apelação cível 1999.001.09499. Relator: Des. José C. Figueiredo. julgado em 31/08/1999. Publicado em 04/10/1999, p. 77403).

Seção II
O direito à proteção da honra no novo Código Civil

É consolidado na doutrina que os denominados danos afetivos são ressarcíveis de modo autônomo dos danos corporais,[153] em hipóteses como o sentimento religioso, a tranqüilidade e, no caso sob exame, à honra da pessoa. Trata-se de uma proibição geral de atentar contra a estrutura afetiva alheia.[154] De que maneira tais agressões à personalidade de alguém afetam sua integridade psicológica ou sentimental não pode ser determinado de modo específico pelo direito, e nem esta é sua função. A verificação de um dano à integridade moral alheia se dá através de dois momentos expressamente delimitados. Primeiro, o juízo do titular do direito quanto ao caráter gravoso do ato cometido por outrem, e sua aptidão para gerar dano à sua esfera pessoal. Segundo, o entendimento do juiz, segundo regras de experiência, sobre o caráter danoso ou não da conduta.[155]

O novo Código Civil, ao consagrar os direitos da personalidade dos artigos 11 a 21 menciona expressamente a proteção da integridade corporal, de vida, nome, imagem, honra, boa fama, respeitabilidade, bem como a vida privada. Não tem caráter inédito, se considerarmos a proteção que já endereçava a jurisprudência em relação a essas esferas da personalidade, bem como a tutela que indicava a doutrina e a jurisprudência. Entretanto, seria equivocado deixar de reconhecer em relação à disciplina do Código Civil, qualquer novidade.

Em especial no que diz com o modo e o conteúdo da proteção dos direitos da personalidade, o Código Civil apresenta uma técnica original de reconhecimento de proteção da pessoa no ordenamento jurídico-privado, optando pela adoção de um sistema misto, que alterna disposições aplicáveis a todos os direitos subjetivos em questão

---

[153] CAPELO DE SOUSA. *O direito geral...*, p. 231.

[154] CAPELO DE SOUSA. *O direito geral...*

[155] O exame judicial se concentra na avaliação dos fatos levados ao seu conhecimento e sua aptidão para dar causa ao dano. Não se confunde com a prova do dano, que em termos de direitos da personalidade, são presumidos da sua violação (danos *in re ipsa*). Nesse sentido o entendimento do Superior Tribunal de Justiça: "RESPONSABILIDADE CIVIL. DANO MORAL. VIOLAÇÃO. DIREITOS DA PERSONALIDADE. INTIMIDADE. VEICULAÇÃO. LISTA TELEFÔNICA. ANÚNCIO COMERCIAL EQUIVOCADO. SERVIÇOS DE MASSAGEM. 1. A conduta da prestadora de serviços telefônicos caracterizada pela veiculação não autorizada e equivocada de anúncio comercial na seção de serviços de massagens, viola a intimidade da pessoa humana ao publicar telefone e endereço residenciais. 2. No sistema jurídico atual, não se cogita da prova acerca da existência de dano decorrente da violação aos direitos da personalidade, dentre eles a intimidade, imagem, honra e reputação, já que, na espécie, o dano é presumido pela simples violação ao bem jurídico tutelado. 3. Recurso especial parcialmente conhecido e provido." (Superior Tribunal de Justiça. Recurso Especial 506437/SP. Relator: Min. Fernando Gonçalves. julgado em 16/09/2003. Publicado no DJU de 06/10/2003, p. 280).

(artigos 11 e 12), com a disciplina específica de cada um dos direitos, segundo a orientação que presidiu a redação da nova lei.[156]

Os direitos da personalidade, tal como estabelecidos no Código, seguem a doutrina ao destacá-los da disposição voluntária do titular do direito, seguindo a lógica que preside a proteção desses direitos e de outros mais, da proteção do homem contra si mesmo e as circunstâncias da vida comunitária. É certo, como já foi mencionado, que ao qualificar os direitos da personalidade como indisponíveis, o legislador pretendeu endereçar-lhes um grau de tutela de maior intensidade. Entretanto, essa tutela não é mais efetiva pelo fato de que se é indisponível ao titular do direito dispor do mesmo, a ponto de perder essa titularidade (irrenunciabilidade e intransmissibilidade), a impossibilidade de limitação voluntária deve ser relativizada quanto aos seus efeitos, em face da realidade da vida. O artigo 11 do Código Civil estabelece: "Art. 11. Com exceção dos casos previstos em lei, os direitos da personalidade são intransmissíveis e irrenunciáveis, não podendo o seu exercício sofrer limitação voluntária". Se não se pode limitar o direito, o mesmo não se diz quanto ao conteúdo da proteção. Ao mesmo tempo em que não pode renunciar ou transmitir o direito à privacidade (artigo 21), o titular do direito pode determinar quais os elementos da sua vida pessoal estarão sob proteção legal a esse título. Da mesma forma, a proteção à honra, boa fama ou à reputação (artigo 20), a que identificamos todos sob o conceito de honra (conforme item 1.2, *supra*), não preserva esses bens jurídicos de modo autônomo, como resultado ou impressão geral da comunidade. Ao contrário, o protege contra ofensas de terceiros que possam influir no conceito geral que a seu respeito faça a comunidade. Trata-se antes de um limite a terceiros, e não ao próprio titular do direito, cuja impressão geral da comunidade, para que lhe seja possível o gozo da estima social, continuará dependendo de si mesmo e da forma como conduz a própria vida.

No que toca ao direito à honra, a imprecisão terminológica que lhe afeta se faz sentir sobremodo pela redação dos artigos 17 e 20 do Código. Apenas o último apresenta expressa referência ao mesmo, mas mesmo assim, como *um* dos *diversos* bens jurídicos protegidos pela norma em questão. Já em relação ao artigo 17, porquanto refira-se textualmente à proteção do nome, seu sentido parece-nos mais amplo do que a mera tutela do nome como signo de identidade pessoal. A luz do sistema de proteção dos direitos da personalidade pelo Código

---

[156] Segundo Judith Martins-Costa, o novo Código vem densificar o princípio da dignidade da pessoa humana previsto na Constituição da República. MARTINS-COSTA, Judith. O novo Código Civil brasileiro: em busca da ética da situação. In: MARTINS-COSTA, Judith; BRANCO, Gerson Luiz Carlos. *Diretrizes teóricas do novo Código Civil brasileiro*. São Paulo: Saraiva, 2002, p. 126.

Civil, o artigo 17 parece dirigir-se à proteção da honra no sentido dúplice de consciência pessoal da própria dignidade e sua projeção para a comunidade. Tais questões, sobre as quais aprofunda-se o exame adiante (item 2.2., *infra*), não chegam a comprometer a essência da proteção endereçada pelo novo Código Civil à proteção da personalidade, porquanto sua interpretação e aplicação tenham de ser observadas pelos Tribunais brasileiros à luz das normas constitucionais de proteção da pessoa humana – e em especial, o princípio da dignidade da pessoa humana. Assim aliás, propõe Gustavo Tepedino, para quem: "cabe ao intérprete ler o novelo de direitos introduzidos pelos arts. 11 a 23 do Código Civil à luz da tutela constitucional emancipatória, na certeza de que tais diretrizes hermenêuticas, longe de apenas estabelecerem parâmetros para o legislador ordinário e para os poderes públicos, protegendo o indivíduo contra a ação do Estado, alcançam também a atividade econômica privada informando as relações contratuais. Não há negócio jurídico ou espaço de liberdade privada que não tenha seu conteúdo redesenhado pelo texto constitucional".[157]

Essa interpretação constitucional das disposições do novo Código Civil, todavia, ainda que permita a ampliação das possibilidades de tutela da personalidade expressamente previstas em seus artigos, pressupõe a necessidade de compreensão exata dessas mesmas disposições e sua interpretação articulada como outras disposições da mesma lei, e as demais que integram em distitntos diplomas, o ordenamento jurídico brasileiro.

2.1. A técnica legislativa do Código Civil no reconhecimento dos direitos da personalidade

Segundo Judith Martins-Costa, o modelo jurídico dos danos à pessoa, previsto no novo Código Civil, é paradigmático da ligação interssistemática entre a Constituição e o Código Civil, e da importância no âmbito do direito privado, do princípio da dignidade da pessoa humana. Para a professora gaúcha, a conexão entre as disposições do Código Civil relativas aos direitos da personalidade e o instituto da responsabilidade civil, os direitos fundamentais e o princípio da dignidade da pessoa humana – com matriz constitucional – permite que seja reconstruído permanentemente o modelo da responsabilidade civil dos direitos da personalidade.[158] Tomando o exemplo

---

[157] TEPEDINO, Gustavo. Crise das fontes normativas e técnica legislativa na parte geral do novo Código Civil de 2002. In: TEPEDINO, Gustavo (Coord.). *A parte geral do novo Código Civil: estudos na perspectiva civil-constitucional.* Rio de Janeiro: Renovar, 2002, p. XXVI.

[158] MARTINS-COSTA. O novo Código Civil..., p. 126.

da cláusula geral do artigo 21 do Código Civil, de proteção da vida privada, sugere a aplicação conexa das normas constitucionais e civis incidentes, propugnando a imputação, ao final, de responsabilidade objetiva por lesão à privacidade consagrada no Código Civil, forte nos artigos 187 e 927, parágrafo único do mesmo, que consagram a responsabilidade objetiva.[159] Da mesma forma vai propor Danilo Doneda, inspirado pela celebrada doutrina italiana de Perlingieri sobre o tema,[160] que os direitos da personalidade no Código devem ser interpretados de modo a abarcar a proteção jurídica contra toda a ofensa ao valor da pessoa humana.[161]

Essas proposições demonstram, em primeiro lugar, a tradição legislativa em relação aos direitos da personalidade, da sua previsão exemplificativa no texto legal.[162] Esta sua concepção como *numerus apertus*, de parcial tratamento legislativo, conservam-se, em grande medida, pela ausência de um limite objetivamente determinado ao desenvolvimento da personalidade humana, cuja proteção confunde-se com a própria liberdade individual.

Cada codificação é produto de uma época dada,[163] e sua aplicação respeita as demais normas integrantes do universo normativo. Assim o é com o novo Código Civil brasileiro, em especial no que concerne aos direitos da personalidade. Sua aplicação respeitará, antes, o sentido indicado a todo ordenamento pela Constituição da República.

No que se refere às influências que presidiram a elaboração do novo Código Civil brasileiro, estão notadamente o projeto do professor Orlando Gomes, que não chegou a ser deliberado pelo Congresso Nacional na década de 1960, e que trazia a contribuição dos Códigos Civis da Suíça, Itália, Grécia, México, Peru, e do Anteprojeto de Código de França.[164] Da mesma forma foi decisiva a contribuição do Código Civil português de 1966, conforme foi expressamente referido pelo Ministro Moreira Alves,[165] um dos responsáveis pela redação do anteprojeto que originou a lei em vigor.

Contudo, em que pese a reconhecida influência do Código Civil português de 1966 no anteprojeto brasileiro, relativamente ao modo

---

[159] MARTINS-COSTA. O novo Código Civil..., p. 127.

[160] PERLINGIERI. *La personalità...*, p. 174.

[161] DONEDA, Danilo. Os direitos da personalidade no novo Código Civil. In TEPEDINO, Gustavo (Coord.). *A parte geral do novo Código Civil*: estudos na perspectiva civil-constitucional. Rio de Janeiro: Renovar, 2002, p. 47.

[162] Assim DE CUPIS. *Os direitos de personalidade*, p. 33.

[163] A respeito da influência histórica e social, em relação ao Código Civil de 1916, veja-se: GOMES, Orlando. *Raízes históricas e sociológicas do Código Civil brasileiro*. São Paulo: Martins Fontes, 2003, p. 24 et seq.

[164] MOREIRA ALVES. *A parte geral...*, 2003, p. 10.

[165] Ibidem, p. 17 et seq.

de reconhecimento e proteção dos direitos da personalidade, a opção portuguesa pela consagração de um direito geral acabou não subsistindo. Ao contrário, o novo Código adota uma espécie de solução mista, na medida em que reconhece de modo genérico a proteção dos direitos da personalidade nas cláusulas gerais dos artigos 11 e 12, detalhando quais sejam esses direitos e o suporte fático de sua aplicação nos artigos 13 a 21.

De se notar, nesse aspecto, uma das características peculiares das normas do novo Código relativas à matéria. A nova legislação brasileira, ao mesmo tempo em que não adota a solução de um direito geral de personalidade, também não reconhece, na linha da opção italiana, uma série de direitos especiais, de suportes fáticos sensivelmente amplos.

A opção intermediária do novo Código brasileiro, ao mesmo tempo em que reconhece a utilidade da norma de determinação das características essenciais do direito subjetivo ("art. 11. Com exceção dos casos previstos em lei, os direitos da personalidade são intransmissíveis e irrenunciáveis, não podendo o seu exercício sofrer limitação voluntária"), assegura-lhe pela disposição seguinte, a conseqüência jurídica da sua violação ("art. 12. Pode-se exigir que cesse a ameaça, ou a lesão, a direito da personalidade, e reclamar perdas e danos, sem prejuízo de outras sanções previstas em lei"), e a legitimidade para promover a sua proteção ("Parágrafo único. Em se tratando de morto, terá legitimação para requerer a medida prevista nesse artigo o cônjuge sobrevivente, ou qualquer parente em linha reta, ou colateral até o quarto grau").[166]

De outra parte, o Código, ao consagrar os direitos da personalidade "em espécie", não vai limitar-se a uma referência genérica de cada um deles, mas irá ocupar-se, nos artigos 13 a 21, de estabelecer com precisão o suporte fático da norma de reconhecimento desses direitos. Em outros termos, a exatidão das circunstâncias fáticas, das hipóteses em que se devem reconhecer os direitos da personalidade, encerra um campo bastante limitado, e extremamente objetivo para o seu reconhecimento, se interpretados exclusivamente pelo método gramatical.

Assim, o direito ao próprio corpo não se percebe como mera declaração genérica do reconhecimento de um direito, mas a partir da faculdade de disposição gratuita *post mortem* (artigo 14).

A integridade física é reconhecida como direito indisponível a partir da vedação dos atos de disposição do próprio corpo que importarem na sua diminuição permanente (artigo 13, *caput*). Ao mesmo

---

[166] Em relação a essa disposição o Projeto de Lei da Câmara dos Deputados 6909/2002, de autoria do Dep. Ricardo Fiúza, a que já referimos, inova positivamente ao pretender incluir o companheiro dentre os legitimados para requerer a proteção.

156

Bruno Miragem

tempo, excepciona a lei a possibilidade de admissão de disposição para fins de transplante, na forma estabelecida por norma especial (artigo 13, parágrafo único).

O direito à vida, de outro modo, é reconhecido pela lei em norma de suporte fático extremamente restrito, referindo que a vedação legal que se constranja alguém para que se submeta a tratamento médico, ou intervenção cirúrgica, com risco de vida (artigo 15). A vida humana enquanto bem jurídico, nesse sentido, só é protegida em específica circunstância de caráter terapêutico ou medicinal, na qual a norma jurídica reconhece a faculdade do paciente de submeter-se ou não a um determinado risco de sacrifício da vida. Há portanto o reconhecimento da autonomia individual na escolha da submissão ou não a um determinado risco. Não se há entretanto de reconhecer ao titular do direito à vida, a faculdade de renunciar a esse direito, dado o caráter cogente da norma, a teor das características dos direitos que lhe são endereçados no artigo 11 (tais direitos são "intransmissíveis" e "irrenunciáveis"). A disposição do artigo 15 do Código, como veremos adiante, está mais vinculada à figura do consentimento informado, segundo regras que Raquel Sztajn, em interessante trabalho, indicou como decorrentes do uso profissional e a conduta do homem prudente. Lateralmente, preleciona a prestigiada autora paulista, deve ser considerada a regra da preferência do paciente.[167]

O artigo 14 do novo Código estabelece o direito ao nome, estabelecendo que no mesmo estão compreendidos a titulação do prenome e do sobrenome, o que vincula – em se tratando de pessoas naturais – a um direito subjetivo mais amplo: o direito à identidade. No que é pertinente às pessoas jurídicas, esse direito ao nome é reconhecido como proteção de bem que, embora imaterial, no caso da personalidade moral, acaba por adquirir um caráter econômico.

A proteção ao nome é determinada também pelo conteúdo do artigo 18, cujo preceito veda a utilização do nome alheio em propaganda comercial (publicidade). Nessa hipótese, poder-se-á examinar adiante que o direito ao nome é tomado tanto em sua dimensão pessoal quanto patrimonial, protegido em ambas as dimensões. O artigo 19, de sua vez, reconhece ao pseudônimo, adotado para finalidades lícitas, a mesma proteção de outro modo reconhecido ao nome.

Os direitos de integridade moral, todavia, também têm sua previsão legislativa intimidada pela adoção de um suporte fático restrito, conforme se depreende, por exemplo, do artigo 17. Consagra essa disposição que: "o nome da pessoa não pode ser empregado por outrem em publicações ou representações que a exponham ao desprezo público, ainda quando não haja intenção difamatória". A restrição

---

167 SZTAJN, Raquel. *Autonomia privada e direito de morrer:* eutanásia e suicídio assistido. São Paulo: Cultural Paulista, 2001, p. 32.

evidenciada no suporte fático da norma é de que o direito à proteção da honra, de que trata o dispositivo, não se estende, pelo menos em sentido literal, para muito além da atividade da imprensa ou mesmo, ao utilizar a expressão "representações", para alguma espécie de atividade de projeção pública. E inova sensivelmente ao prescindir do dolo para caracterizar a responsabilidade pela lesão, o que nos levará a questionamento de outra ordem, qual seja, se excluindo a necessidade de que seja configurada o dolo indica apenas a modalidade por culpa em sentido estrito; ou se a exclusão do elemento intencional relativo à difamação termina por excluir todo e qualquer elemento subjetivo, determinando responsabilidade de natureza objetiva. Essa questão, entretanto, aprofundaremos adiante.

O direito à vida privada, de outro modo, é o único direito subjetivo adotado de modo genérico, no art. 21 do Código, *verbis*: "a vida privada da pessoa natural é inviolável, e o juiz, a requerimento do interessado, adotará as providências necessárias para impedir ou fazer cessar ato contrário a essa norma."

Como garantia de preservação dos direitos de integridade moral, o novo Código Civil traz em seu art. 20 a faculdade de o atingido pelo ato arbitrário fazer cessar a atuação que ofender sua honra, boa fama e respeitabilidade, sem prejuízo da indenização devida pela violação já consumada. Da mesma forma, estende a legitimação para requerer a medida, na hipótese de morto e ausente, aos cônjuges, ascendentes ou descendentes do titular do direito violado.

Os direitos da personalidade no novo Código Civil, desse modo, ao mesmo tempo em que não dizem respeito à integralidade das esferas jurídicas da pessoa, ensejam um modo de proteção original, conjugando cláusulas gerais relativas a todos os direitos previstos na lei civil, com outras que destacam proteção específica para cada aspecto objeto de consideração pela norma. Ao mesmo tempo, o novo Código acompanha o entendimento mais atual da doutrina e da jurisprudência, que afasta dos direitos da personalidade a exclusividade da regra dano-reparação, para contemplar também hipóteses de tutela preventiva, em que a proteção jurídica é efetivada antes da realização do dano.

2.1.1. Modelo misto: Cláusulas de proteção geral e direitos em espécie

O Código Civil brasileiro adota modelo tipicamente original de tutela dos direitos da personalidade. Ao contrário do modelo alemão, que concentra a proteção dos direitos da personalidade na cláusula geral de atos ilícitos, do § 823 do BGB, assim como do Código Civil português de 1966 – o qual consagrou o direito geral de personalidade no seu artigo 70 – o Código brasileiro optou pela proteção especializada dos diversos direitos da personalidade. Mas nem por isso adotou integralmente a opção italiana do Código Civil de 1942, prevendo apenas os direitos em espécie.

Optou o legislador brasileiro, pelo que entendemos, em constituir um modelo misto. Na parte inaugural da previsão legislativa correspondente, os artigos 11 e 12 fixaram as bases conceituais dos direitos da personalidade, determinando suas características essenciais, bem como sua forma de proteção. E ainda que iniciativas contemporâneas pretendam estender a relação de atributos que o legislador originário endereçou aos direitos da personalidade, entendemos que a concepção vigente, nesse particular, é a mais adequada para um texto de lei. Na verdade, assim como o Código não se substitui à sociedade, conforme as célebres considerações de Miguel Reale sobre as críticas ao então anteprojeto,[168] também não o faz em relação à doutrina. Quando o novo Código estabelece em seu artigo 11 que "salvo os casos previstos em lei, os direitos da personalidade são intransmissíveis e irrenunciáveis, não podendo o seu exercício sofrer limitação voluntária", afirma. Desse modo, a indisponibilidade dos direitos da personalidade por seu titular. Ao contrário de projeto em tramitação no Congresso Nacional, que pretende indicar um número maior de características, bem como uma relação exemplificativa dos direitos da personalidade.[169]

Em que pesem os excelentes objetivos perseguidos pelo autor do projeto de reforma da redação originária do artigo 11, entendemos que, em primeiro lugar, a exemplificação, ainda que não exaustiva, não merece ter lugar na lei,[170] uma vez que se reconhecendo a tutela geral da pessoa por intermédio do princípio constitucional da pessoa humana, o universo de atributos da pessoa, em qualquer caso, não terá seu elemento nuclear na lei civil, mas na Constituição da República. Ao mesmo tempo, as qualidades reconhecidas aos direitos da personalidade não estão melhores na redação projetada do que no texto em vigor, com vantagem para o segundo em razão de sua maior clareza e precisão.

De outro lado, o artigo 12 do Código, ao estabelecer que a lesão ou a ameaça aos direitos da personalidade poderão ser impedidas sem prejuízo de perdas e danos e outras sanções previstas em lei, o legis-

---

[168] REALE. *O novo Código Civil...*, p. 21.

[169] Assim o projeto de autoria do Deputado Ricardo Fiúza, relator do projeto do novo Código em sua fase final de tramitação legislativa: "Art. 11 – O direito à vida, à integridade físico-psíquica, à identidade, à honra, à imagem, à liberdade, à privacidade, à opção sexual e outros reconhecidos à pessoa são natos, absolutos, intransmissíveis, indisponíveis, irrenunciáveis, ilimitados, imprescritíveis, impenhoráveis e inexpropriáveis." FIÚZA, Ricardo. *O novo Código Civil e as propostas de aperfeiçoamento.* São Paulo: Saraiva, 2003, p. 35.

[170] Já alertava Pontes de Miranda quanto à absoluta inconveniência da introdução de definições ou explicações em lei, considerando que tal diminui sua característica impositiva. PONTES DE MIRANDA, Francisco Cavalcante. *Sistema de ciência positiva do direito.* 2.ed. São Paulo: RT, 1972, v. 2, p. 104-105.

lador permitiu a ampla tutela dos direitos da personalidade, cuja aplicação deverá obedecer igualmente aos ditames da Constituição da República. Da mesma forma, a legitimação consagrada no parágrafo único do mesmo artigo 12 garante a extensão da tutela dos direitos da pessoa, mesmo depois da sua morte.[171]

Quanto à proteção dos direitos em espécie, conforme já tivemos a oportunidade de mencionar (item 2.2., supra), o Código não avançou significativamente em relação ao que já dispunham a doutrina e a jurisprudência. Examinado de forma isolada, inclusive, é possível interpretar as disposições dos artigos 13 a 21, determinando-lhes um alcance mais restrito do que já tem sido construído pelo direito brasileiro.

Ao mesmo tempo, há um certo descompasso entre as disposições sobre os direitos da personalidade no Código e a realidade da vida, sobretudo no que se refere aos direitos de integridade moral. Das disposições do Código relativas à integridade moral do indivíduo, observa-se que a lei civil destinou um amplo espaço à tutela do nome, em prejuízo da imagem e da honra, confinados, nominalmente, ao artigo 20, bem como a vida privada prevista no artigo 21. Da mesma forma, não desenvolveu os direitos de identidade pessoal, que em absoluto se restringem ao nome da pessoa, assim como deixou de tratar da integridade psíquica da pessoa, cujo reconhecimento cada vez mais se vincula a sua integridade corporal, bem como sua proteção contra o que a doutrina estrangeira, com muita competência, tem reconhecido nos danos biológicos e à saúde.

Em que pesem essas faltas, todavia, a previsão normativa dos direitos da personalidade no novo Código Civil tem o condão de promover o fomento do diálogo de complementaridade entre a legislação civil e a Constituição,[172] assim como a utilização, para proteção da pessoa humana, das cláusulas gerais dispostas na própria codificação. Com destaque, na esfera da responsabilidade civil, do arranjo normativo, para proteção dos direitos da personalidade, de forma

---

[171] "Art. 12 – [...] Parágrafo único: Em se tratando de morto, terá legitimação para requerer a medida prevista nesse artigo o cônjuge sobrevivente, ou qualquer parente em linha reta, ou colateral até o quarto grau." O artigo em questão também é objeto de projeto de lei visando à reforma da sua redação, de autoria do Deputado Ricardo Fiúza. Nesse caso, é adequada a mudança proposta no que diz respeito à inclusão do companheiro, ao lado do cônjuge, dentre os titulares da legitimação extraordinária para requerer a proteção dos direitos da personalidade do morto. A respeito, veja-se a íntegra da proposta e sua justificativa em: FIÚZA. *O novo Código Civil...*, p. 39.

[172] Nesse sentido: MARTINS-COSTA, Judith. O novo Código Civil..., p. 126; MELLO, Cláudio Ari. Contribuição para uma teoria híbrida dos direitos de personalidade. In: SARLET, Ingo Wolfgang (org.). *O novo Código Civil e a Constituição*. Porto Alegre: Livraria do Advogado, 2003, p. 67-98; e estudando especialmente as relações do novo Código Civil com o Código de Defesa do Consumidor, a reflexão de: MARQUES; BENJAMIN; MIRAGEM. *Comentários...*, p. 23-52.

combinada com as cláusulas gerais de atos ilícitos dos artigos 186 e 187 do Código, e a disposição expressa do artigo 927 e seu parágrafo único, que fixa o dever de indenizar em razão dos danos oriundos desses atos ilícitos, conforme veremos adiante.

2.1.2. Formas de proteção dos direitos da personalidade no Código Civil

Os direitos de personalidade, uma vez que apreendidos sob os atributos de inviolabilidade da pessoa e da sua oponibilidade *erga omnes*, não são adequados à lógica de proteção dos direitos patrimoniais em geral, cujo dano a direito alheio é recomposto, em regra, pela reparação objeto da responsabilidade civil, indicando-se mesmo que a própria indenização tenha por paradigma o dano causado, servindo o grau de culpa, segundo disposição do artigo 944 do novo Código Civil, para permitir a redução do *quantum* indenizatório, não sua majoração.[173]

A tutela da personalidade, dado o seu caráter de essencialidade e a importância que assume em nível constitucional, não se restringe a mesma lógica dos danos patrimoniais em geral, e por diversas razões. Primeiro, porque em se tratando de ofensa aos direitos da personalidade, o dano moral é reconhecido *in re ipsa*, bastando a prova da ocorrência do fato lesivo.[174] Segundo porque, tal qual estabelecido

---

[173] Assim o artigo 944 do novo Código Civil: "Art. 944 – A indenização mede-se pela extensão do dano. Parágrafo único – Se houver excessiva desproporção entre a gravidade da culpa e o dano, poderá o juiz reduzir, eqüitativamente, a indenização."

[174] Em relação ao *quantum* indenizatório, este será fixado dentro de padrões próprios, a partir das características do direito violado, como por exemplo a estima social gozada pela pessoa antes da lesão (no caso do direito à honra), ou mesmo a obtenção de vantagem econômica da vítima fruto da lesão (como no caso de ofensa ao direito à própria imagem). Entretanto, a conhecida dificuldade em precisar os danos causados determina que os mesmos sejam determinados a critérios relativos ao próprio direito violado, assim como à eventual sanção do ofensor, através das denominadas perdas e danos punitivas (as punitive damages, de origem no direito norte-americano). A respeito, veja-se: MONATERI, Pier Guiseppe; BONA, Marco. *Il danno alla persona*. Padova: CEDAM, 1998, p. 259-260. Entre nós, veja-se decisão do Tribunal de Justiça do Rio de Janeiro: "RESPONSABILIDADE CIVIL DE CONCESSIONÁRIA DO SERVIÇO DE ENERGIA ELÉTRICA. FURTO. INDICIAÇÃO EM INQUÉRITO POLICIAL. ILÍCITO NÃO COMPROVADO. DANO MORAL. RESPONSABILIDADE CIVIL. DENUNCIAÇÃO DE FURTO DE ENERGIA ELÉTRICA INSTAURAÇÃO DE INQUÉRITO POLICIAL COM GRANDE REPERCUSSÃO NA IMPRENSA. FURTO NÃO CONFIRMADO PELA PERÍCIA. INQUÉRITO ARQUIVADO. DANO MORAL – CABIMENTO Estabelecimento de propriedade dos autores onde funcionava um motel invadido por policiais civis e militares, peritos criminais e funcionários da Light sob acusação de furto. de energia, fato amplamente divulgado pela imprensa, causando humilhação e constrangimento aos autores, que foram levados para a Delegacia Policial e tiveram suspenso o fornecimento de energia elétrica. Laudo pericial criminal que concluiu que os cabos localizados não foram utilizados para o furto de energia elétrica, com o conseqüente arquivamento do Inquérito Policial. O dano moral não pode ser provado pelos meios comuns, utilizados para a comprovação do dano matérial. Ele resulta configurado com a prova da ofensa. Abuso por parte da concessionária, que se valeu de meios extremos desnecessários em razão de uma suspeita de furto, que não confirmada. Provimento do recurso com a reforma da sentença, para julgar procedente em parte o pedido, condenando a apelada ao pagamento de indenização por dano moral arbitrada em R$ 30.000,00 (trinta mil reais), para cada um dos dois autores,

no ordenamento jurídico brasileiro, na esteira das próprias características dos direitos da personalidade, sua proteção responde a tutela integral da pessoa, conforme já tivemos a oportunidade de examinar.

Daí por que a proteção dos direitos da personalidade não se resolve com a reparação, senão, igualmente, com a possibilidade jurídica de prevenir a efetivação do dano à pessoa. Essa questão, que ademais está vinculada à própria preservação, no âmbito do processo civil, à efetividade do provimento jurisdicional, em se tratando da proteção dos direitos da personalidade, refere a necessidade de efetiva proteção endereçada à pessoa.

Em processo civil, a antecipação do provimento jurisdicional ou mesmo a tutela inibitória que se reconhece em determinadas situações, representam a harmonização dos direitos fundamentais à efetividade da providência judicial e à segurança jurídica,[175] dos sujeitos de uma dada relação jurídico-processual. No que refere à tutela inibitória em específico, seu reconhecimento se caracteriza pelo fato de que a atividade judicial se dá a *priori*, antes que o dano se consuma, em razão de sinais inequívocos de sua ocorrência.[176]

Em direito brasileiro, a tutela inibitória tem sua matriz dogmática no artigo 461, introduzido no Código de Processo Civil pela reforma legislativa de 1994.[177] Esta indicou o mencionado artigo nos seguintes termos: "Art. 461. Na ação que tenha por objeto o cumprimento de obrigação de fazer ou não fazer, o juiz concederá a tutela específica da obrigação ou, se procedente o pedido, determinará providências que assegurem o resultado prático equivalente ao do adimplemento". O referido artigo traz consigo, ainda, a previsão da antecipação do provimento jurisdicional no § 3º, cuja violação enseja a aplicação de multa e outras medidas necessárias ao cumprimento da obrigação, forte o que estabelecem os §§ 4ª e 5º, *verbis*: "§ 3º Sendo relevante o fundamento da demanda e havendo justificado receio de ineficácia do provimento final, é lícito ao juiz conceder a tutela liminarmente ou mediante justificação prévia, citado o réu. A medida liminar poderá ser revogada ou modificada, a qualquer tempo, em decisão fundamentada; § 4º O juiz poderá, na hipótese do parágrafo anterior ou na sentença, impor multa diária ao réu, independentemente de pedido do autor, se for suficiente ou compatível com a obrigação, fixando-lhe prazo razoável para o cumprimento do

---

corrigidos a partir desta data e acrescidos de juros legais a contar da citação, além das despesas processuais e honorários advocatícios de 20% sobre a total da condenação." (Tribunal de Justiça do Rio de Janeiro. Apelação Cível nº 2003.001.11397. Relator: Des. Cássia Medeiros. Julgado em 26/11/2003. Publicado DJU 30/10/2003).

[175] ZAVASCKI, Teori Albino. *Antecipação da tutela*. São Paulo: Saraiva, 1997, p. 65.

[176] GRINOVER, Ada Pelegrini. A tutela preventiva das liberdades: *habeas corpus* e mandado de segurança. *Revista de Processo*, São Paulo, n. 22, p. 26-37, abr./jun. 1981, p. 27.

[177] Lei federal n. 8.952, de 13 de dezembro de 1994.

preceito; § 5° Para a efetivação da tutela específica ou a obtenção do resultado prático equivalente, poderá o juiz, de ofício ou a requerimento, determinar as medidas necessárias, tais como a imposição de multa por tempo de atraso, busca e apreensão, remoção de pessoas e coisas, desfazimento de obras e impedimento de atividade nociva, se necessário com requisição de força policial [...]."

Tais disposições constituem um importante instrumento no âmbito da efetivação da proteção dos da personalidade,[178] bem como, associada às medidas reparatórias, representando o desestímulo à conduta ilícita[179] caracterizada por sua ofensa.[180]

O novo Código Civil consagrou na cláusula do artigo 12 essa possibilidade, ao reconhecer a prerrogativa do titular do direito reclamar "que cesse a ameaça ou a lesão, a direito da personalidade, e reclamar perdas e danos, sem prejuízo de outras sanções previstas em lei". Como exemplo dessas outras sanções, aliás, podemos mencionar aquelas advindas do provimento judicial determinado com base no artigo 461 do Código de Processo Civil. No caso, com fundamento no que dispõe o § 1° do mesmo artigo, os valores cujo pagamento é imposto a título de multa por descumprimento de obrigação de não fazer (*astreintes*), cumulam-se com a indenização cabível pelo dano, conforme previsto no artigo 12 da codificação civil.

Ao mesmo tempo, considerando que a proteção aos direitos da personalidade por lei limita expressamente a liberdade individual, no que se refere à determinação dos atributos objeto de regulamentação legal, é intuitivo que todo o ato que contrarie a disciplina jurídica

---

[178] ARENHART, Sérgio Cruz. *A tutela inibitória da vida privada*. São Paulo: RT, 2000, p 233 et seq.

[179] Em relação ao desistímulo, assim decidiu o Superior Tribunal de Justiça: "CIVIL E PROCESSUAL CIVIL. RESPONSABILIDADE CIVIL. IMPRENSA. NOTÍCIA JORNALÍSTICA IMPUTANDO LEVIANA E INVERÍDICA A JUÍZA FEDERAL. FRAUDE DO INSS. PÁLIDA RETRATAÇÃO. RESPONSABILIDADE TARIFADA. INAPLICABILIDADE. NÃO-RECEPÇÃO PELA CONSTITUIÇÃO DE 1988. DANO MORAL. *QUANTUM* INDENIZATÓRIO. CONTROLE PELO SUPERIOR TRIBUNAL DE JUSTIÇA. PRECEDENTE. RECURSO PARCIALMENTE PROVIDO I – A responsabilidade tarifada da Lei de Imprensa não foi recepcionada pela Constituição de 1988. II – O valor da indenização por dano moral sujeita-se ao controle do Superior Tribunal de Justiça, sendo certo que, na fixação da indenização a esse título, recomendável que o arbitramento seja feito com moderação, observando as circunstâncias do caso, aplicáveis a respeito os critérios da Lei 5.250/1967. III – Sem embargo da leviandade da notícia jornalística, a atingir a pessoa de uma autoridade digna e respeitada, e não obstante se reconhecer que a condenação, além de reparar o dano, deve também contribuir para desestimular a repetição de atos desse porte, a Turma houve por bem reduzir na espécie o valor arbitrado, inclusive para manter coerência com seus precedentes e em atenção aos parâmetros legais." (Superior Tribunal de Justiça. Recurso Especial n° 295175/RJ. Relator Min. Sálvio de Figueiredo Teixeira. Julgado em 13/02/2001. Publicado DJU 02/04/2001, p. 304).

[180] MARTINS-COSTA. Danos à pessoa..., p. 403. Não é demais lembrar que esta é uma tendência observada em diversas áreas do direito, como por exemplo o direito do consumidor, conforme o artigo 6°, inciso VI, do Código de Defesa do Consumidor, ou no direito ambiental, caracterizado pelo princípio da precaução. Sobre o tema, veja-se: GHERSI, Carlos Alberto. *Modernos conceptos de responsabilidad civil*. Buenos Aires: Cuyo, 1995, p. 133.

estabelecida pela lei civil na proteção da personalidade, não deverá ser reconhecido pelo direito. Daí por que se vai cominar o mesmo ato como inválido, o que por si só pode ser considerado sanção específica decorrente da ofensa aos direitos da personalidade.

Ensina Ricardo Lorenzetti que, no direito civil, a tutela inibitória permite prevenir o dano antes que ele se produza, bem como a indicação de condutas obrigatórias na ordem social. Trata-se na visão do jurista argentino, de uma garantia jusfundamental, o que fundamenta sua distinção em relação às formas tradicionais de ação e proteção substantiva.[181]

Ao estabelecer a proteção dos direitos da personalidade em relação à ameaça de lesão, o legislador do Código Civil indicou na lei, a distinção que a doutrina há algum tempo já vinha realizando, determinando a possibilidade de tutelas preventiva e repressiva na proteção de tais direitos.[182] A esse respeito, aliás, a precisa visão de Carlos Alberto Bittar, para quem os direitos da personalidade compreendiam diversos modos de reação, dentre os quais a cessação da prática lesiva, reparação de danos, persecução penal, bem como a cominação de pena.[183]

De outro lado, o mesmo artigo 12 do Código Civil prevê a hipótese de reparação dos danos causados. Trata-se, pois, da conseqüência jurídica típica da ofensa a direito subjetivo no âmbito privado, qual seja, a tutela reparatória.[184]

Para tanto, a exegese do artigo 12 do Código articula-se com uma série de outros comandos normativos do mesmo diploma legal, tendo relevo os artigos 927 e seguintes, relativos à responsabilidade civil. Em relação aos danos causados aos direitos da personalidade, a presunção de dano moral é absoluta,[185] conforme largamente desenvolvido pela jurisprudência brasileira.

Já no que respeita às regras para fixação da indenização do dano causado por ofensa aos direitos da personalidade, o atual Código Civil estabelece, ao lado da norma geral aplicável a todas as hipóteses de imputação da responsabilidade civil (artigo 944), as disposições dos artigos 948 a 951, bem como os artigos 953 e 954. Estabelecem as mencionadas disposições, critérios de fixação da indenização na hipótese de morte (artigo 948), ofensa à saúde (artigo 949), injúria, difamação e calúnia (artigo 953) e ofensa à liberdade pessoal (artigo 954), assim como as disposições auxiliares dos artigos 950 e 951. Prevê

---

[181] LORENZETTI. *Fundamentos...*, p. 336-337.

[182] Conforme GAGLIANO; PAMPLONA FILHO. *Novo curso...*, p. 186-187.

[183] BITTAR. *Direitos da personalidade*, p. 48.

[184] AGUIAR DIAS. *Da responsabilidade...*, v. 1, p. 20-21.

[185] AMARANTE. *Responsabilidade civil...*, p. 266; SZANIAWSKI. *Direitos de personalidade...*, p. 269 et seq.; CAPELO DE SOUSA. *O direito geral...*, p. 458.

o artigo 950 regras de fixação do *quantum* indenizatório na hipótese de a ofensa vir a causar prejuízo no desempenho das atividades profissionais da vítima. Já o artigo 951 refere-se à hipótese de morte causada por culpa estrita do profissional no desempenho da sua atividade (negligência, imprudência e imperícia).

Ao mesmo tempo, os artigos 944, parágrafo único, e 945 do Código Civil, que estabelecem critérios gerais para fixação do valor da indenização por danos, uma vez que não excluem os direitos da personalidade do seu âmbito de aplicação, devem ser considerados para efeito da determinação do *quantum*. Estabelece o artigo 944, parágrafo único, então, que "se houver excessiva desproporção entre a gravidade da culpa e o dano, poderá o juiz reduzir, eqüitativamente, a indenização". Já o artigo 945 refere que: "se a vítima tiver concorrido culposamente para o evento danoso, a sua indenização será fixada tendo-se em conta a gravidade de sua culpa, em confronto com a do autor do dano".[186]

Essas disposições, ainda que de caráter genérico – e, portanto, de aplicação extensiva a todas as hipóteses de imputação de responsabilidade civil, no caso dos direitos da personalidade – assumem certo relevo, sobretudo naquelas hipóteses em que, havendo o dano, este poderia ter sido evitado se a conduta da vítima fosse pautada por padrões médios de diligência e cuidado. E aqui não se estaria tratando de hipótese de exclusão da responsabilidade, uma vez que a conduta do ofensor seria decisiva para a causação do dano, mas simplesmente de fixação de indenização eqüitativa, em consideração à contribuição de cada um dos agentes, autor e vítima, para a consecução do prejuízo.

A problemática da quantificação do dano em direito brasileiro assumiu uma configuração inovadora com edição da Constituição da República de 1988. A partir do estabelecido no artigo 5°, inciso V da norma fundamental, a qual consagra o direito à indenização por danos material moral e à imagem, a doutrina e a jurisprudência construíram a tese amplamente difundida nos tribunais brasileiros, que

---

[186] Deve haver, entretanto, o prudente arbítrio do juiz em relação às circunstâncias do caso, como demonstra o STJ: "Processo Civil. Liquidação de sentença. Nulidade Danos morais. Lei de imprensa. *Quantum* indenizatório. I – A indenização por dano moral objetiva compensar a dor moral sofrida pela vítima, punir o ofensor e desestimular este e outros membros da sociedade a cometerem atos dessa natureza. II – Segundo reiterados precedentes, o valor da indenização por dano moral sujeita-se ao controle desta Corte, recomendando-se que a sua fixação seja feita com moderação. III – Conforme jurisprudência desta Corte, com o advento da Constituição de 1988 não prevalece a tarifação da indenização devida por danos morais. IV – Se para a fixação do valor da verba indenizatória, consideradas as demais circunstâncias do ato ilícito, acaba sendo irrelevante o fato de ter havido provocação da vítima, não é nula a decisão que, em liquidação de sentença, faz referência a tal fato. Não há, no caso, modificação na sentença liquidanda. V – Recurso especial conhecido e parcialmente provido."(Superior Tribunal de Justiça. Recurso Especial n° 168945/SP. Relator Min. Antônio de Pádua Ribeiro. Julgado em 06/09/2001. Publicado DJU 08/10/2001, p. 210).

vincula a fixação do valor da indenização ao princípio da reparação integral.[187] Em que pese a inexistência, no texto da Constituição, de expressa menção a esse fato, é consolidado o entendimento jurisprudencial pelo qual as disposições infraconstitucionais ou mesmo decorrentes de cláusulas em negócios jurídicos, que estabeleçam valor de indenização dissociada do dano causado são consideradas como ineficazes, porque contrastantes com a norma constitucional. Até porque, segundo é razoável ao tratarmos da matéria de responsabilidade civil que, do ponto de vista conceitual, a reparação integral é consectário lógico do significado de indenização, autorizando-se mesmo a identificação de um princípio da reparação integral como espécie de princípio informador da disciplina.[188]

É o que ocorre, por exemplo, na indenização decorrente da aplicação da Lei de Imprensa (Lei n. 5.250/1967), cujo artigo 51, que previa limites pré-determinados para a indenização, é considerado pela jurisprudência como não recepcionado pela Constituição.[189] O mesmo observa-se em relação às hipóteses de indenização com fundamento no Código de Defesa do Consumidor, no qual vai incluir-se, de igual forma, a ilicitude cominada às cláusulas que restrinjam a responsabilidade do fornecedor por vícios, podendo ser estabelecida apenas em circunstâncias justificáveis.[190]

O problema da determinação do *quantum* indenizatório para danos decorrentes da ofensa aos direitos da personalidade é uma realidade não apenas em direito brasileiro. Em direito comparado, nota-se que as soluções para o arbitramento de danos à pessoa obedecem a dificuldades sensíveis para sua precisão.[191] A questão em destaque integra as discussões sobre as funções da indenização, como esteio da própria finalidade da responsabilidade civil. Assim, ao passo que se

---

[187] Nesse sentido, veja-se: BODIN DE MORAES. *Danos à pessoa...*, p. 303 et seq; BITTAR, Carlos Alberto. *Reparação civil de danos morais*. 3.ed. rev. e atual. São Paulo: RT, 1999, p. 104-116.

[188] Nesse sentido: COUTANT-LAPALUS, Christelle. *Le principe de la réparation intégrale en droit privé*. Aix-en-Provence: Presses Universitaires d'Aix-Marseille, 2002, p.63 et seq.

[189] Na doutrina, entre outros: MIRANDA, D. *Comentários...*, p. 734; BUENO DE GODÓI. *A liberdade de imprensa...*, p. 118-119; GARCIA. *Responsabilidade civil...*, p. 469-472; SANTOS, Antônio Jeova dos. *Dano moral indenizável*. São Paulo: Lejus, 1999, p. 184; BITTAR, op. cit., p. 110. Em sentido contrário, apontando a possibilidade do tarifamento, sobretudo em razão da relevância da atividade de imprensa: MARTINS DA SILVA, Américo Luiz. *O dano moral e a sua reparação civil*. 2. edição rev. e atual. São Paulo: RT, 2002, p. 168; STOCCO, Rui. *Responsabilidade civil e sua interpretação jurisprudencial*. 4. ed. rev. e ampl. São Paulo: RT, 1999, p. 184.

[190] Conforme estabelece o artigo 51, inciso I do Código de Defesa do Consumidor. Sobre o tema, veja-se os comentários de Cláudia Lima Marques, no nosso: MARQUES; BENJAMIN; MIRAGEM. *Comentários...*, p. 627-630. No mesmo sentido, a excelente exposição do professor CAVALIERI FILHO, Sérgio. *Programa de responsabilidade civil*. 3.ed. São Paulo: Malheiros, 2002, p. 453-460.

[191] Em direito argentino, vejam as reflexões de: MOSSET ITURRASPE, Jorge. *El valor de la vida humana*. v.1, p. 98 et seq.; GHERSI, Carlos Alberto. Cuantificación económica del daño: valor de la vida humana. Buenos Aires: Astrea, 1999, p. 99 et seq. No direito italiano, de outro modo: MONATERI; BONA. *Il danno...*, p. 211 et seq.

observam as funções de reparação dos danos materiais e compensatória em relação aos danos extrapatrimoniais decorrentes da lesão à esfera moral inerente à personalidade, ainda se há de reconhecer a existência de duas outras funções típicas, punitiva e dissuasória. A primeira, refere-se à espécie de gravame imposto ao ofensor do direito, em razão de que, com o seu ato, ofendeu o sentimento ético-jurídico da comunidade.[192] A segunda função não se trata propriamente de uma função da indenização, senão do próprio instituto da responsabilidade civil. Por meio deste, busca-se de modo autônomo a promoção de uma conduta futura de potencial ofensor do direito, com vista a evitar a ocorrência de um dano.[193]

Em geral, mesmo os sistemas jurídicos que não tenham critérios expressos para a fixação dos danos admitem o agravamento da sanção na hipótese de circunstâncias demonstrem a consciência e, mesmo, a malícia do ofensor do direito.[194] Ao mesmo tempo, é tradição que coexistam em relação à personalidade os sistemas civil e penal de proteção jurídica, uma vez indicada a tutela da personalidade de modo integral.[195]

De outra parte, em relação aos danos extrapatrimoniais decorrentes da ofensa aos direitos da personalidade, muitos sistemas jurídicos observaram a necessidade de construir hipóteses de responsabilização mais amplas do que a regra geral de reparação, o qual é uma resposta tímida do princípio do *restituto in integrum,* dada a inaplicabilidade deste às lesões à personalidade, em face da natureza extrapatrimonial das mesmas, insuscetível de avaliação econômica *a priori.* Daí por que, em vários países, como Alemanha, Áustria, Grécia, Suíça e Polônia, dentre as funções da indenização elege-se a satisfação da vítima.[196] Essa satisfação compensatória tem por objetivo o oferecimento de uma vantagem à vítima, através da entrega, para esta, de uma determinada soma em dinheiro, a qual ela deverá destinar à procura das satisfações ideais ou materiais que estime convenientes.[197] Trata-se, no caso, de uma resposta factível à ofensa, em face da irreparabilidade *in natura* dos danos extrapatrimoniais decorrentes da ofensa ao direito.

De outra parte, ganha relevo, a partir sobretudo do direito norte-americano, a adoção das chamadas indenizações punitivas (*puniti-*

---

192 FACCHINI NETO, Eugênio. Da responsabilidade civil no novo Código. In: SARLET, Ingo Wolfgang. *O novo Código Civil e a Constituição.* Porto Alegre: Livraria do Advogado, 2003, p. 151-198.

193 Ibidem, p. 164. Com profundidade, veja-se o exame de PIZARRO. *Daño moral...,* p. 339 et seq.

194 OLLIER; LE GALL. Violation..., p. 77.

195 Ibidem, p. 78-79.

196 OLLIER; LE GALL. Violation..., p. 80-82.

197 MARTINS DA SILVA. *O dano moral...,* p. 62.

Responsabilidade Civil da Imprensa por Dano à Honra

ve damages), cujo conteúdo é fixado em vista do grau de culpa do ofensor do direito ao violar o dever que lhe incumbia observar.[198] O direito brasileiro tem indicado movimentos bastante claros da doutrina e da jurisprudência, em favor do reconhecimento de um caráter punitivo à indenização decorrente da imputação de responsabilidade civil.

Em direito brasileiro, a doutrina tradicional não admite a possibilidade da indenização punitiva, cujo apreço confunde a distinção no direito continental entre o direito privado e o direito penal, e o fato de que pertence aos domínios desse último o exercício da pretensão punitiva, diretamente pelo Estado ou, ao menos, por seu intermédio. Assim ensina Pontes de Miranda, para quem o princípio da responsabilidade não está em punir culpas, mas sim de que o dano sofrido tem de ser reparado.[199] No mesmo sentido a defesa de Wilson Melo da Silva, que fundamentando na máxima consagrada em nosso direito *nulla poena sine lege*, defende que a fixação da indenização vincula-se no *quantum* reparador, e não na culpa do ofensor.[200]

Sobretudo no âmbito da proteção da pessoa humana e sua integridade psicofísica, avança no direito brasileiro o reconhecimento do caráter punitivo da indenização civil. Nesses casos, os critérios a serem observados associariam a identificação do grau de culpa do ofensor e sua capacidade econômica, de modo a impor-lhe sanção com efeitos de exemplaridade. Assim, por exemplo, o entendimento de Maria Celina Bodin de Moraes, que reconhece a possibilidade excepcional de aplicação das perdas e danos punitivas em determinadas hipóteses, quando haja necessidade de uma resposta à sociedade em relação a uma determinada conduta ultrajante ou insultuosa, causadora de dano perceptível coletivamente ou de forma reiterada.[201]

Clayton Reis, ao contrário, defende que a indenização não persegue o exercício de uma função punitiva, mas sim que se destina produzir a indenização por equivalência, dos valores das pessoas envolvidas no processo.[202] Na fixação do *quantum* indenizatório, então, o arbitramento dos danos extrapatrimoniais não poderá descuidar, a exemplo do que defende a doutrina alemã, de propiciar a

---

[198] A respeito, veja-se: PIZARRO. *Daño moral...*, p. 371 et seq. De outro modo, a consideração de Christelle Coutant-Lapalus, para quem é possível reconhecer no direito privado contemporâneo, a combinação do caráter reparatório e punitivo da indenização, conforme a presença de determinadas circunstâncias a serem examinadas à luz do direito. COUTANT-LAPALUS. *Le principe de la réparation...*, p. 504 et seq.

[199] PONTES DE MIRANDA, Francisco Cavalcante. *Tratado de direito privado*. São Paulo: Borsói, 1968, v. 22, p. 183.

[200] MELO DA SILVA, Wilson. *O dano moral e sua reparação*. 3. ed. Rio de Janeiro: Forense, 1983, p. 573.

[201] BODIN DE MORAES. *Danos à pessoa...*, p. 262-263.

[202] REIS, Clayton. *Os novos rumos da indenização do dano moral*. São Paulo: Forense, 2002, p. 230-231.

superação da ofensa sofrida, assim como propiciar satisfações à vítima de modo a compensar as perdas decorrentes da lesão[203] do modo mais próximo da realidade.

O Código Civil de 2002 não contemplou dentre suas disposições acerca da responsabilidade civil, o instituto da indenização punitiva. Ao contrário, quando tratou da matéria estabeleceu a possibilidade de redução da indenização em razão do seu cotejo com o grau de culpa do ofensor em uma determinada hipótese de responsabilização. Entretanto, sua adoção pela prática dos tribunais é uma realidade, inclusive por indicação do Superior Tribunal de Justiça,[204] que apenas reconheceu sua competência para a função de coibir o excesso na fixação do *quantum*.[205] A dificuldade de aplicação da indenização punitiva, sem qualquer dúvida, está na ausência absoluta de critérios, o que, muitas vezes, determina o caráter excessivo e irreal dos valores fixados a esse título.[206]

Entretanto, a adoção do modelo bipartido de proteção dos direitos da personalidade é, contemplando a reparação e prevenção dos

---

[203] REIS. *Os novos rumos...*, p. 231.

[204] BODIN DE MORAES. *Danos à pessoa...*, p. 328.

[205] "Processo Civil e Direito Civil. Recurso especial. Indenização. Danos morais. Controle pelo STJ. Inaplicabilidade do art. 1547 do CCB. Lei de Imprensa, arts. 51 e 52. Ressarcimento tarifado. Não recepção pela Constituição de 1988. I – Não mais prevalece, a partir da Constituição em vigor, a indenização tarifada, prevista na Lei de Imprensa, devida por dano moral, por publicação considerada ofensiva à honra e à dignidade das pessoas. Precedentes. II – A norma constante do art. 1547, parágrafo único, do Código Civil, não se compatibiliza com o sistema de dias-multa, que veio a ser adotado pelo Código Penal, de maneira genérica, para todos os crimes. Precedentes. III – O valor da indenização por dano moral não escapa ao controle do STJ. Assim se entendeu em razão dos manifestos e freqüentes abusos na estipulação das verbas indenizatórias, especialmente os decorrentes de dano moral. Precedentes. IV – Os insultos associados à pessoa considerada autoridade pública devem ser necessariamente punidos, de maneira a desestimular o agressor a repetir atos dessa natureza. V – Recurso especial conhecido, em parte, e, nessa parte, provido." (Superior Tribunal de Justiça. Recurso Especial nº 162545 / RJ. Relator Min. Antônio de Pádua Ribeiro, julgado em 05/06/2001. Publicado DJU 27/08/2001, p. 326). No mesmo sentido: "RESPONSABILIDADE CIVIL. DANOS MORAIS. OFENSA VEICULADA PELA IMPRENSA. LEGITIMIDADE PASSIVA *AD CAUSAM*. LIMITAÇÃO PREVISTA PELA LEI Nº 5.250, DE 09.02.67. *QUANTUM* DA INDENIZAÇÃO NÃO JUSTIFICADO PELA DECISÃO RECORRIDA. ADEQUAÇÃO DESDE LOGO PELA INSTÂNCIA ESPECIAL. – 'São civilmente responsáveis pelo ressarcimento de dano, decorrente de publicação pela imprensa, tanto o autor do escrito quanto o proprietário do veículo de divulgação (súmula nº 221-STJ). – A limitação prevista pela Lei de Imprensa quanto ao montante da indenização não foi recepcionada pela Constituição Federal de 1.988. Admissibilidade de fixação do *quantum* indenizatório acima dos limites ali estabelecidos. – Não esclarecimento pelo Tribunal *a quo* acerca dos critérios adotados para a determinação do montante da condenação. Acertamento do valor, desde logo, pela instância excepcional, por aplicação do princípio da instrumentalidade do processo, valendo-se dos critérios preconizados pela doutrina e jurisprudência, com razoabilidade e moderação. Recurso conhecido, em parte, e provido parcialmente, nos termos do voto do Sr. Ministro Cesar Asfor Rocha, vencidos, em parte, o Relator e o Ministro Aldir Passarinho Júnior, que lhe davam provimento em menor extensão." (Superior Tribunal de Justiça. Recurso Especial nº 148212 / RJ. Relator Min. Barros Monteiro. Julgado 07/12/2000. Publicado DJU 10/09/2001, p. 392).

[206] OLLIE; LE GALL. Violation..., p. 85.

Responsabilidade Civil da Imprensa por Dano à Honra

danos decorrentes da lesão a esses direitos, indiscutivelmente, de grande validade para a tutela da pessoa humana no ordenamento jurídico brasileiro, como já se afirmou.

2.2. A proteção jurídica da honra no novo Código Civil

O direito à proteção da honra é de se afirmar, preliminarmente, não foi expressamente delineado no novo Código Civil. Nem por isto, entretanto, é correto afirmar que está ausente da proteção indicada pela nova lei aos direitos da personalidade. Pelo contrário.

A expressão *honra* é utilizada no Código Civil em apenas quatro oportunidades,[207] sendo apenas uma delas no capítulo referente aos direitos da personalidade. Nas demais, relativas à matéria própria ao direito de família e ao direito das sucessões, o vocábulo honra é utilizado para designar a dignidade pessoal do cônjuge ou do autor da herança, nesse último caso, inclusive, prevendo-se a incidência da definição jurídico-penal de crime contra a honra.

Interessa-nos, entretanto, a proteção jurídica da honra sob a perspectiva dos direitos da personalidade, o que no caso específico, insere-se no Capítulo II, da Parte geral do Código Civil. Nesse caso, observe-se que a expressão honra é referida exclusivamente na redação do artigo 20 do Código Civil, que dispõe: "Art. 20. Salvo se autorizadas, ou se necessárias à administração da justiça ou à manutenção da ordem pública, a divulgação de escritos, a transmissão da palavra, ou a publicação, a exposição ou a utilização da imagem de uma pessoa poderão ser proibidas, a seu requerimento e sem prejuízo da indenização que couber, se lhe atingirem a honra, a boa fama ou a respeitabilidade, ou se destinarem a fins comerciais."

Entretanto, não nos parece encerrar-se aí a proteção jurídica da honra no novo Código Civil. Ainda que parcial, parece que o artigo 17 do Código não restringe sua proteção ao nome pessoal quando refere: "Art. 17. O nome da pessoa não pode ser empregado por outrem em publicações ou representações que a exponham ao desprezo público, ainda quando não haja intenção difamatória."

---

[207] Além da proteção jurídica da honra como direito da personalidade, no artigo 20 do Código Civil, este vai se utilizar do vocábulo, ainda, nas seguintes disposições: "Art. 1.557. Considera-se erro essencial sobre a pessoa do outro cônjuge: I – o que diz respeito à sua identidade, sua honra e boa fama, sendo esse erro tal que o seu conhecimento ulterior torne insuportável a vida em comum ao cônjuge enganado [...]"; "Art. 1.558. É anulável o casamento em virtude de coação, quando o consentimento de um ou de ambos os cônjuges houver sido captado mediante fundado temor de mal considerável e iminente para a vida, a saúde e a honra, sua ou de seus familiares"; e "Art. 1.814. São excluídos da sucessão os herdeiros ou legatários: [...] II – que houverem acusado caluniosamente em juízo o autor da herança ou incorrerem em crime contra a sua honra, ou de seu cônjuge ou companheiro [...]". Sobre o tema, em profundidade: BEIGNIER. *L'honneur...*, p. 433-465.

Em ambos os casos, consideradas as ressalvas que fizemos quanto à redação excessivamente restritiva das hipóteses de tutela dos direitos da personalidade, é de extrema utilidade o exame pormenorizado acerca das disposições relativas aos artigos 17 e 20 do novo Código Civil. Isto porque, embora de forma implícita, ambos os artigos constituem disposições conformadoras da proteção jurídica da honra, como direito da personalidade, no novo Código Civil.

2.2.1. Exegese do artigo 17

O artigo 17 do Código Civil estabelece cláusula geral de proteção do direito ao nome, no novo Código Civil. Dispõe, como já indicamos: "Art. 17. O nome da pessoa não pode ser empregado por outrem em publicações ou representações que a exponham ao desprezo público, ainda quando não haja intenção difamatória". Já antecipamos que o mesmo artigo não deve ser interpretado como pertinente ao direito ao nome, exclusivamente na concepção que lhe indica a distinção técnico-jurídica especializada. Para esta, o direito ao nome caracteriza-se como o direito subjetivo da personalidade que protege o conjunto de palavras com que se identifica e individualiza a pessoa na vida social e que todos têm o dever de respeitar.[208]

A doutrina, desde há muito tempo, tem identificado no direito ao nome não apenas a designação, em palavras, da individualidade pessoal. Ao contrário, o direito ao nome, quando protegido pelo direito, o é de forma a tutelar a identidade pessoal de cada indivíduo, diferenciando-o dos demais. E nesse caso, a proteção da identidade pessoal tem no nome apenas um dos seus elementos distintivos, não o único.

Adriano De Cupis, que em direito brasileiro é acompanhado por diversos outros juristas,[209] indica que em se tratando do direito à identidade pessoal, este se configura essencialmente pelo direito ao nome. Todavia, também a imagem exerce essa função, razão pela qual não pode ser considerada apenas sob o ângulo do resguardo pessoal.[210]

O direito de imagem é freqüentemente associado à identidade pessoal,[211] sobretudo em tempos de valorização da imagem por intermédio dos meios de comunicação de massa. A imagem da pessoa – enquanto representação física – é plenamente adequada à sua identi-

---

208 LETE DEL RÍO. Derecho..., p. 278.

209 Como por exemplo, BITTAR. Os direitos.., p. 120.

210 DE CUPIS. Os direitos..., p. 165-166.

211 Entretanto, segundo Regina Sahm, sua distinção é possível em vista da violação do direito, caso em que, em relação ao direito à imagem, o uso não consentido importa ofensa ao direito, enquanto no direito ao nome, esse uso deve se vincular à mácula efetiva da pessoa que o intitula, imputando-lhe fato em seu desabono. SAHM. Direito à imagem..., p. 190.

Responsabilidade Civil da Imprensa por Dano à Honra

ficação em muitos casos,[212] quando a coletividade, por associação ou identificação de detalhes da fisionomia pessoal, elege dada característica física como pertinente a um determinado indivíduo.

No direito brasileiro, entretanto, a autonomia conceitual dos direitos de proteção da esfera moral da pessoa reporta à Constituição.[213] E esta, como já se afirmou, elege no artigo 5º, inciso X, os direitos à privacidade, à intimidade, à honra e à imagem. A interpretação das normas civis de proteção da pessoa humana devem ser feitas em consideração das normas constitucionais,[214] o que aliás não é novidade em nosso direito.[215]

Daí por que se deva concluir que a proteção à identidade pessoal, ao não se resumir apenas ao nome da pessoa, deve abarcar também – como defende Ramón Pizarro – os aspectos religioso, ideológico, cultural, político e social, transmutando desde seu interior, qualidades, caracteres e condições para individualizá-la em um determinado sentido.[216] Ou como afirma Capelo de Sousa, envolvendo também seu retrato moral.[217]

O artigo 17 do Código Civil, ao estabelecer o direito ao nome da pessoa, para que tenha seu significado em conformidade com o texto constitucional, nos parece que deva ser interpretado de modo extensivo no que se refere ao conteúdo da proteção indicada. Assim, é que, embora seja distinto do nome, ainda que com ele tenha preocupação,[218] a honra pessoal é igualmente protegida pelo artigo 17 do Código. É intuitiva essa conclusão, considerando ainda a associação

---

[212] Notadamente para utilização do prestígio pessoal de alguém, pela utilização do seu nome ou imagem. Conforme: RIGAUX, François. Liberté de la vie privée. *Revue Internationale de Droit Comparé*, Paris, n. 3, p. 539-563, jul./sept. 1991.

[213] Assim: CALDAS. Vida privada..., p. 32.

[214] Como explica Gilmar Ferreira Mendes, "não raras vezes destinam-se as normas legais a completar, densificar e concretizar direito fundamental". Entende o constitucionalista, então, que "a intervenção legislativa não apenas se afigura inevitável, como também necessária. Veda-se, porém, aquela intervenção legislativa que possa afetar a proteção judicial efetiva. Dessarte, a simples supressão de normas integrantes da legislação ordinária sobre essesinstitutos pode lesar não paenas a garantia institucional objetiva, mas também direito subjetivo constitucionalmente tutelado. A conformação dos direitos individuais assume relevância sobretudo no tocante aos chamados direitos com âmbito de proteção estrita ou marcadamente normativo (rechtsnormegeprätgter Schutzbereich), uma vez que é a normação ordinária que acaba por conferir conteúdo e efetividade à garantia constitucional". MENDES, Gilmar Ferreira; COELHO, Inocência Mártires; BRANCO, Paulo Gustavo Gonet. *Hermenêutica constitucional e direitos fundamentais*. Brasília: Brasília Jurídica, 2000, p. 214-215.

[215] Carlos Maximiliano Pereira dos Santos, em sua clássica *Hermenêutica e aplicação do direito*, já assinalava: "Sempre que for possível sem fazer demasiada violência às palavras, interprete-se a linguagem da lei com reservas tais que se torne constitucional a medida que ela institui, ou disciplina". PEREIRA DOS SANTOS, Carlos Maximiliano. *Hermenêutica e aplicação do direito*. 19. ed. Rio de Janeiro: Forense, 2003, p. 251.

[216] PIZARRO. *Daño moral...*, p. 418-419.

[217] CAPELO DE SOUSA. *O direito geral...*, p. 246.

[218] AMARANTE. *Responsabilidade civil...*, p. 91.

entre a tutela civil promovida pelo artigo 17 e a proteção penal do mesmo bem jurídico, através do crime de difamação, previsto no artigo 139 do Código Penal.[219]

Note-se que a proteção do nome se dá em relação à exposição ao *desprezo público*. Este se vincula – como já tivemos oportunidade de tratar à exaustão – à reputação social da pessoa, o que remete diretamente ao conceito de honra objetiva (item 1.2.2, *supra*). Seria desnecessário ao legislador do Código estabelecer proteção ao nome enquanto mero sinal de identificação, se não fosse para sua proteção contra a utilização que afetasse o conceito do seu titular junto à comunidade. Até porque, em relação às regras de determinação e alteração excepcional do nome, permanece vigente a Lei n. 6.015, de 31 de dezembro de 1973 – a Lei dos Registros Públicos.

A noção de *desprezo público*, por si só, é considerada tímida para a adequada proteção da pessoa,[220] que pode ser afetada em sua integridade psicossomática por conta da ofensa praticada de acordo com a situação caracterizada no artigo 17 do Código. Entretanto, é de notar-se que a esfera de subjetividade da pessoa estará adequadamente protegida pelo artigo 20, através da expressa menção à honra, que nesse caso estará compreendida em seus dois sentidos essenciais.

Observe-se ainda, de outro modo, que a questão mais significativa em relação ao artigo 17 está na exclusão da *intenção difamatória*. *Difamar*, conceitualmente, é ofender a reputação social de outrem. No caso da disposição em exame, essa ofensa se dá através de representação ou publicação. Ora, em que pese o significado da expressão *publicação* seja mais restrita, indicando o ato de tornar público, divulgando um fato passado, ou no sentido que lhe atribui a lei de imprensa portuguesa, de 1999, de "reprodução impressa de textos e imagens disponíveis ao público",[221] a expressão *representação* remete a praticamente todas as demais formas de apresentação ao público. *Representa-se*, desse modo, uma situação real ou ideal, o qual pode se dar sem maior compromisso com a realidade, mas nem por isso isenta da capacidade de ofender outrem. É o caso, por exemplo, das representações artísticas.

Dois casos bastante conhecidos do Tribunal Constitucional Alemão traduzem a potencialidade de dano de representações artísticas. No primeiro, conhecido como o *caso da caricatura de Strauss*, o Tribunal vai distinguir na obra artística entre sua aparência externa (significante) e a mensagem que propõe (significado), podendo a mesma ser interpretada de diversas formas. Identificou-se na hipótese, a possi-

---

[219] Nesse sentido: LOTUFO, Renan. *Código Civil comentado*. São Paulo: Saraiva, 2003, v.1, p. 71-72.

[220] COELHO. *Curso...*, v. 1, p. 188.

[221] BRITO CORREIA. *Direito da comunicação...*, v. 1, p. 23.

bilidade da obra artística, em que pese o fato de que mantinha aparência externa distinta de qualquer evento da realidade, permitisse que o público identificasse fatos, pessoas ou situações reais.[222]

No segundo julgado, o famoso *caso Mephisto*, de que já tratamos na primeira parte desse estudo, o Tribunal Constitucional Alemão reconheceu a possibilidade de o exercício da liberdade de criação artística ser causa de difamação, agredindo a honra e a respeitabilidade da pessoa humana. Na ementa da decisão, observam-se os critérios utilizados pelo Tribunal: "un conflicto entre la garantía de la libertad artística y la esfera de la personalidad protegida constitucionalmente, se debe solucionar de acuerdo con los criterios del orden de valores de los derechos fundamentales; en este contexto se debe tener en cuenta de manera especial la dignidad humana, garantizada en el art. 1, num. 1 LF".[223]

Nesse caso, o voto vencido, do Conselheiro Stein, indicava, contudo, que o exercício da liberdade de criação artística jamais poderia dar causa à difamação, uma vez que a obra de arte indicaria àquele que com ela toma contato uma espécie particular de impressão, capaz, inclusive, de dissociar a significante e significado da mensagem, de qualquer fato da realidade.[224]

A exclusão da intenção difamatória, presente no artigo 17, retira do suporte fático da norma, desde logo, o dolo. Este, todavia, é elemento subjetivo da conduta, em matéria de responsabilidade, apenas na sua previsão genérica do Código Penal (art. 139), sendo divergentes os entendimentos[225] quanto a sua necessidade nos crimes de imprensa (art. 21).

A questão essencial é identificar a necessidade ou não da culpa, em seu sentido estrito, como falta genérica ao dever de cuidado, na hipótese do artigo 17 e nas demais disposições de proteção dos direitos da personalidade. Segundo observa Moreira Alves, responsável pela redação da Parte Geral do novo Código, a interpretação do artigo 12 do Código[226] deve ser associada à do artigo 186,[227] *relativo ao ato ilícito, que exige, para configurar-se a culpa.*[228]

---

[222] BVerfGE 75,369; acórdão de 03 de junho de 1987, conforme: FERREIRA, E. Liberdade de criação..., p. 229-285.

[223] BVerGE 30,173, transcrita por SCHWABE. *Cincuenta años...*, p. 174-175.

[224] Conforme: FERREIRA, E. *Liberdade de criação...*, p. 257-259.

[225] Para Darcy Arruda Miranda, a difamação, a calúnia e a injúria só se punem a título de dolo. MIRANDA, D. *Comentários...*, p. 335.

[226] No caso o Professor Moreira Alves refere-se em seu trabalho, ao artigo 14, reportando-se à numeração apresentada no anteprojeto, que entretanto, no Código vigente, restou consignado no artigo 12. MOREIRA ALVES. *A parte geral...*, p. 37.

[227] Ibidem. Servem aqui, as mesmas considerações da nota anterior acerca da divergência na numeração dos artigos. Ao referir-se ao artigo 196 do anteprojeto, considerava o Ministro Moreira Alves, a redação do artigo 186, do Código Civil vigente.

[228] Ibidem.

Das sugestões apresentadas pelo Professor Clóvis do Couto e Silva ao mencionado artigo 12, bem como sua sugestão de redação alternativa da disposição, observa-se que o mesmo admitia a hipótese de lesão não-culposa, ainda que da mesma não admitisse indenização, reconhecendo a culpa como fundamento genérico da responsabilidade civil.[229]

Na hipótese da consideração do artigo 17, entendemos, de modo semelhante aos eminentes juristas, que ainda que exclua a intenção difamatória e, portanto, o dolo, o mesmo artigo preserva a necessidade de comprovação da culpa para efeitos da imputação de responsabilidade civil. Não se confunde essa hipótese, assim, com a cominação de outras sanções, ou mesmo a prevenção do ato danoso, cada qual devendo responder aos requisitos específicos constantes da sua própria disciplina legal.

2.2.2. Exegese do artigo 20

Estabelece o artigo 20 do Código Civil: "Salvo se autorizadas, ou se necessárias à administração da justiça ou à manutenção da ordem pública, a divulgação de escritos, a transmissão da palavra, ou a publicação, a exposição ou a utilização da imagem de uma pessoa poderão ser proibidas, a seu requerimento e sem prejuízo da indenização que couber, se lhe atingirem a honra, a boa fama ou a respeitabilidade, ou se destinarem a fins comerciais." A finalidade da disposição legal é evidente, visando à proteção da honra e imagem da pessoa. Entretanto, a redação do artigo, como foi determinada, enseja algumas reflexões.

Em primeiro lugar, note-se que os bens jurídicos expressamente tutelados pela norma em questão são a honra, boa fama e respeitabilidade da pessoa, bem como a exploração comercial dos mesmos, em razão do que se há de reconhecer a dimensão patrimonial dos direitos da personalidade para além do direito à imagem, mas igualmente a todos os signos distintivos da pessoa capaz de associar a algo, com fins comerciais, o seu prestígio social.[230] Esses conceitos, como já buscamos demonstrar, dizem respeito, em sua maioria, com o direito à honra como proteção da estima pessoal quanto à própria dignidade e a projeção dos elementos que caracterizam essa dignidade para a comunidade.

Entretanto, um primeiro problema surge ao examinarmos os elementos nucleares da disposição legal em comento. Seu núcleo essen-

---

[229] MOREIRA ALVES. *A parte geral...*

[230] Assim: RIGAUX. *Liberté...*, p. 543. Em direito brasileiro, estudando a responsabilidade civil decorrente da exploração do próprio prestígio social, veja-se o excelente estudo de: GUIMARÃES, Paulo Jorge Scartezzini. *A publicidade ilícita e a responsabilidade civil das celebridades que dela participam.* São Paulo: RT, 2001, p. 155 et seq.

cial indica que a divulgação de escritos, a transmissão da palavra, ou a publicação, a exposição ou a utilização da imagem de uma pessoa poderão ser proibidas. O elemento finalístico, de outra parte, vem a seguir, quando refere a proteção da honra, boa fama e respeitabilidade da pessoa, bem como o fato de se destinarem a fins comerciais. Por fim, é possível identificar as ressalvas da proibição, quais sejam: a) o consentimento da pessoa; b) a administração da justiça; e c) a manutenção da ordem pública.

A disposição em comento, tal qual estabelecida no novo Código, tem o claro objetivo de complementar a proteção geral aos direitos da personalidade, estabelecida no artigo 12, no que diz respeito às projeções à comunidade capazes de ofender a pessoa. E o âmbito da aplicação da norma tem sua extensão alargada pela conjugação das expressões *publicação, exposição* e *utilização da imagem*, as quais abarcam praticamente todos os fenômenos da vida capazes de apresentar a situação determinada na norma.

Convém, em primeiro lugar, observar que o artigo em destaque estabelece uma proibição *a priori*, e que, ao mencionar a divulgação de escritos ou a transmissão da palavra, o legislador, se não desejava conscientemente regular a atividade de imprensa, é certo que a partir da redação vigente são de modo precípuo estes os fenômenos que se colocam sob o âmbito de aplicação do dispositivo, ainda que não de modo exclusivo (é possível, certamente, conceber outras formas de divulgação de escritos e palavras de alguém, além dos meios de comunicação social). Entretanto, seja pelo destaque crescente dos processos judiciais de responsabilidade civil movidos contra os órgãos de imprensa, ou mesmo pelo sentido restrito como foi concebida a redação do artigo 20, essa disposição afeta diretamente a atividade de comunicação social.

Nesse sentido, a primeira observação, quanto à aplicabilidade do artigo 20, deve analisar, prioritariamente, sua constitucionalidade. Examinamos na primeira parte desse estudo o marco constitucional da atividade de comunicação social no direito brasileiro. Na oportunidade, identificou-se o artigo 220, § 1º, da Constituição da República como o limite genérico constitucional ao exercício da liberdade de expressão. O artigo 220 consigna: "Art. 220. A manifestação do pensamento, a criação, a expressão e a informação, sob qualquer forma, processo ou veículo não sofrerão qualquer restrição, observado o disposto nesta Constituição. § 1º – Nenhuma lei conterá dispositivo que possa constituir embaraço à plena liberdade de informação jornalística em qualquer veículo de comunicação social, observado o disposto no art. 5º, IV, V, X, XIII e XIV. § 2º – É vedada toda e qualquer censura de natureza política, ideológica e artística [...]."

A Constituição, ao moldar o sistema de exercício da liberdade de expressão por intermédio da atividade de comunicação social, colocou-a sob a proteção genérica contra restrições impostas pelo legislador infraconstitucional. Nesse sentido, é de rigor observar que a norma constitucional não reconhece ao legislador infraconstitucional a competência para estabelecer qualquer espécie de restrição à norma constitucional. Ao mesmo tempo, entretanto, ao consignar, no final do *caput* do artigo 220, a locução *"observado o disposto nesta Constituição"*, a norma em destaque não estabeleceu necessariamente restrições de matriz constitucional, mas sim indicou, claramente, que a conformação do direito à liberdade de expressão, e o seu exercício por intermédio dos meios de comunicação social, seria fixado exclusivamente a partir da disciplina constitucional a respeito da matéria.

Então que ao § 1º do artigo 220, coube determinar expressamente os limites ao exercício do direito subjetivo indicado no *caput*. Quais sejam, o respeito às disposições constantes no artigo 5º, incisos IV, V, VI, X, XIII e XIV, da Constituição da República. Daí por que o estabelecimento de limites ao exercício da atividade de imprensa não pode ser combatido sob o argumento genérico da censura prévia, que de resto – sendo prévia ou posterior – a norma constitucional expressamente proíbe no § 2º do artigo 220. O exame quanto à legitimidade de eventuais limitações possíveis à atividade de imprensa observa-se pela adequação da medida restritiva no plano infraconstitucional, e os limites indicados no artigo 220, § 1º, da Constituição.

Em relação ao artigo 20 do Código Civil, a questão em relevo é se todo o conteúdo da restrição consagrada no mesmo, está em conformidade com a Constituição. Relacionando novamente os bens jurídicos tutelados pelo artigo 20, temos: a) a honra; b) a boa fama; c) a respeitabilidade; e d) a imagem. Em relação aos direitos à honra e à imagem, constituem direitos fundamentais expressamente mencionados pelo artigo 5º, inciso X, e referidos no artigo 220, § 1º, da norma fundamental. Quanto a estes, devem ser tomados em sentido próprio, referindo-se a honra ao direito subjetivo atinente à estima pessoal por determinados atributos de titularidade do indivíduo, em relação aos quais o mesmo tem direito de sua projeção para a comunidade. E o direito à imagem como proteção jurídica do indivíduo, em relação à divulgação da reprodução dos seus aspectos externos, de modo a permitir sua identificação. Protege, nesse sentido, a individualidade do sujeito.

Outras são as referências à boa fama e à respeitabilidade, igualmente protegidas pelo artigo 20. Conceitualmente, a boa fama não se protege de modo distinto da honra, pelo fato de faltar-lhe um fundamento teleológico que a justifique. O que há, ao contrário, é a presunção de honorabilidade, ou respeitabilidade, decorrente de uma presunção geral de boa-fé reconhecida em direito, alcançadas todas estas por uma presunção de integridade individual, decorrente do próprio princípio da dignidade da pessoa humana.

Entretanto, é intuitivo que a boa fama é conceito autônomo, sem qualquer vínculo necessário com a proteção jurídica da pessoa. A boa fama tem seu sentido determinado pela impressão causada no receptor de um estímulo que o determina a realizar um juízo de valor sobre algo. E, mesmo na hipótese em que se admita, ainda que hipoteticamente, uma escala de valores comuns para toda a comunidade, o fato de causar, independente de qualquer razão, uma reação de apreço da comunidade determina ao sujeito a quem se dirige este estima de gozar de boa fama. Em nenhum momento vincula-se o seu significado com a identificação de uma determinada situação real ou ideal vinculada ao indivíduo a quem a fama diz respeito. Nesse sentido, trata-se exclusivamente de um resultado aleatório da impressão geral sobre a pessoa, embora admita-se a garantia de sua presunção relativa (*juris tantum*), reconhecida a todas as pessoas como expressão da sua dignidade.

No caso do direito à honra, é intuitivo reconhecer-lhe uma correlação entre o normativo e o fático, de modo que seja protegido, de modo precípuo, apenas o que a realidade apresenta como correto em relação ao sujeito titular da proteção.[231] Na falta de elementos que permitam esse juízo de correção fática, a presunção milita em favor da sua proteção.

Em relação à boa fama, trata-se apenas do resultado de uma impressão, não sendo dotada de autonomia jurídica suficiente para contrapor-se ao exercício legítimo da liberdade de expressão, nem tampouco um fundamento legítimo que determine sua proteção apartada dos bens jurídicos honra e imagem presentes na disposição.

Já em relação à respeitabilidade, trata-se de conceito análogo ao da honra, indicando duas dimensões próprias, interna e externa, do indivíduo. Internamente, trata-se da preservação de determinados valores tidos culturalmente como desejáveis, autoconduzindo-se de acordo com eles. Em sua dimensão externa, trata-se do atributo daquele que goza do respeito da comunidade. É conceito cuja expressão não se deve afeiçoar a critérios estanques de identificação, nem com as pretensões de uma moralidade uniforme. É equivalente à honra, de modo que, afetando-se esta, afeta-se a respeitabilidade e vice-versa.

Na apurada conclusão de Manuel da Costa Andrade, a proteção da integridade pessoal (de que fazem parte os direitos à honra e à imagem) subsiste pela ordenação da convivência entre a comunicação

---

[231] ANDRADE, M. *Liberdade de imprensa...*, p. 78.

intersubjetiva, e, em razão desta, do contato social e da conflituosidade.[232] Esse espaço de conflituosidade, de sua vez, não só é reconhecido pelo direito, como este lhe determina os aspectos conformadores da liberdade de expressão em razão dos direitos fundamentais de proteção da pessoa (art. 221, § 1º).

O artigo 20 do Código Civil, entretanto, permite a proibição da divulgação dos escritos e a transmissão da palavra, assim como a divulgação da imagem, "salvo se autorizadas, ou se necessárias à administração da justiça ou à manutenção da ordem pública". Ora, desconsiderando a absoluta imprecisão das expressões *administração da justiça* e *ordem pública*, que nada contribui para sua aplicação nas hipóteses de juízo de ponderação favorável à liberdade de imprensa, indicar-se a que a divulgação de escrito ou a transmissão da palavra, quando afetar-lhe a honra, a boa fama ou a respeitabilidade, deverá contar com o consentimento daquele a quem o escrito ou a palavra for pertinente, é submeter a liberdade de expressão e, em especial, a liberdade de imprensa, à conveniência subjetiva, restrição que a Constituição não protege. E ainda que o faça em relação ao direito à honra (artigo 220, § 1º), não há disposição que indique a necessidade de consentimento prévio da pessoa a quem diga respeito, sob pena de, praticamente, eliminar-se a esfera de autonomia da imprensa para atuar, sacrificando a liberdade de expressão a pretexto de conformá-la aos demais direitos em questão.

Não houve em relação ao conflito entre a liberdade de imprensa (art. 220) e os direitos à honra e à imagem (art. 5º, inciso X), reserva legal expressa, devendo as restrições decorrer da própria Constituição.[233] No caso, as restrições à liberdade de imprensa (art. 220, § 1º)

---

[232] ANDRADE, M. *Liberdade de imprensa...*, p. 29.

[233] MENDES. Colisão de direitos..., p. 89-99. Utiliza-se a expressão *restrição* para referir os incisos do artigo 220, § 1º, da Constituição, no sentido que lhe indica Gilmar Ferreira Mendes, ao noticiar a divergência doutrinária dentre os que defendem a existência de cláusulas restritivas de direitos apenas em normas legais, rejeitando-as em relação às normas constitucionais, hipótese em que seriam restritivas de direitos. Conforme afirma o eminente constitucionalista: "se se considerar como restritiva a cláusula que obsta à concretização de um princípio de direito fundamental, então tem-se que admitir, do ponto de vista ontológico, tanto aquelas restrições estabelecidas pelo legislador com respaldo expresso da Constituição, quanto essas limitações decorrentes diretamente do texto constitucional devem ser consideradas como cláusulas de restrição de direitos". MENDES; COELHO; BRANCO. *Hermenêutica...*, p. 228. Da mesma forma as conclusões de: SCHMITT, Rosane Heineck. Direito à informação: liberdade de imprensa x direito à privacidade. In: SARLET, Ingo Wolfgang. *A constituição concretizada*: construindo pontes entre o público e o privado. Porto Alegre: Livraria do Advogado, 2000. p. 211-241; FERREIRA, Cristiane Catarina Oliveira. *Liberdade de comunicação*: perspectiva constitucional. Porto Alegre: Nova Prova, 2000, p. 98 et seq; PEÑA MORAES, Guilherme. *Direitos fundamentais*: conflitos e soluções. Niterói: Frater et Lebor, 2000, p. 66 et seq; STOFFEL, Raquel. *A colisão entre direitos de personalidade e direito à informação*. São Leopoldo: Unisinos, 2000, p. 37. JABUR. *Liberdade de pensamento...*, p. 329 et seq. Em profundidade, no direito alemão: ALEXY. *Teoría de los derechos...*, p. 268 et seq.

deverão submeter-se, no plano constitucional, pela sua ponderação em relação aos demais direitos que eventualmente estejam em conflito; no caso em exame, os direitos à imagem e à honra – sem prejuízo das demais reservas estabelecidas no artigo 220, § 1º. Esta ponderação deverá ser feita segundo a proporcionalidade, a qual pressupõe, segundo a lição de Gilmar Ferreira Mendes, "não só a legitimidade dos meios utilizados e dos fins perseguidos pelo legislador, mas também a adequação desses meios para consecução dos objetivos pretendidos (*Geeignetheit*), e a necessidade de sua utilização (*Notwendigkeit oder Erforderlichkeit*)".[234] A utilização do princípio pela Suprema Corte brasileira permite vislumbrar a existência de um controle de legitimidade da lei restritiva de direitos estabelecidos na Constituição, em consideração da sua necessidade, adequação e proporcionalidade (justa medida).[235] Nesse sentido, o controle da constitucionalidade da lei poderá determinar sua inconstitucionalidade na hipótese em que esta lei seja dispensável, pelo fato de ser inexigível; inadequada, uma vez que careça de utilidade para obtenção da finalidade perseguida; ou não razoável, na hipótese do ônus imposto ao atingido seja desproporcional ao objetivo perseguido.[236]

O artigo 20, no que fundamenta possibilidade de proibição prévia da divulgação de escrito e da transmissão da palavra, bem como a divulgação da imagem das pessoas, parece ofender o direito fundamental à liberdade de expressão e de imprensa. Supondo, por exemplo, que a divulgação de escrito e a transmissão da palavra sejam realizados com fundamento em fatos verdadeiros, não abrangidos pela proteção jurídica da intimidade e da vida privada, a proibição de sua veiculação, pelo autor da expressão divulgada poderá requerer, com sucesso, a proibição da divulgação em qualquer caso, com fundamento no artigo 20 do Código Civil. Ora, considerando ser a possibilidade de proibição a regra, das quais se excepcionam as situações em que há o consentimento, ou se dêem em benefício da administração da justiça ou da manutenção da ordem pública, a rigor, a proibição de divulgação seria determinada, restringindo a liberdade de expressão para além da sua conformação constitucional.

A própria redação do artigo 20 do Código Civil inverte o sentido lógico das disposições constitucionais sobre a matéria. Enquanto no texto constitucional, a liberdade de expressão é a regra a ser respeitada, apenas conformando-se pelas disposições relacionadas no artigo 220, § 1º, o artigo 20 do Código Civil estabelece a proibição como

---

[234] MENDES, Gilmar Ferreira. A proporcionalidade na jurisprudência do Supremo Tribunal Federal. In: ——. *Direitos fundamentais e controle de constitucionalidade*. 2· ed. rev. e ampl. São Paulo: Celso Bastos, 1999, p. 71-87.

[235] Ibidem, p. 80.

[236] MENDES. A proporcionalidade..., p. 87.

180

regra, em vista à proteção, inclusive, de conceitos convertidos em bens jurídicos ausentes da Constituição (respeitabilidade e boa fama), ou associados a outros (honra e imagem).

Tratando-se de fato verdadeiro, cuja divulgação não se limite pelos direitos fundamentais estabelecidos pelo artigo 5º, X, da Constituição (vida privada, intimidade, honra e imagem), será lícita sua proibição com fundamento no artigo 20 do Código Civil, sobretudo em vista ao direito fundamental à informação verdadeira (artigo 5º, inciso XIV), igualmente conformador da liberdade de imprensa, na sede constitucional do artigo 220, § 1º? Parece-nos clara, nessa hipótese, a absoluta adequação *a priori*, da divulgação do fato, uma vez que não viole nenhuma norma ou valor constitucional, dentre os quais a boa fama e a respeitabilidade encontram-se apenas de modo mediato, pela presunção de integridade pessoal reconhecida em consideração ao princípio da dignidade da pessoa humana (artigo 1º, inciso III).

A proteção prévia do titular do direito à honra em relação a danos eventualmente promovidos pela imprensa não é exclusiva do direito brasileiro. Ao contrário, diversos ordenamentos jurídicos estrangeiros prevêem a possibilidade de ações defensivas, de prevenção contra o ato danoso. Assim, por exemplo, no direito suíço, a *action en prévention de l'atteinte*, a qual, promovida pela vítima, permite ao juiz realizar previamente a adequação do conteúdo a ser divulgado, de modo a impedir o dano, quando razões suficientes o autorize.[237] Do mesmo modo, a *action en cessation de l'atteinte*, pela qual, estando sendo produzido o dano, indica ao juiz o poder de fazer cessar mesmo.[238] No mesmo sentido o direito francês, o qual prevê a possibilidade de intervenções prévias de natureza administrativa ou judicial, nas hipóteses de assegurar a manutenção ou restabelecimento da ordem pública, a manutenção dos meios de prova de infrações, e na hipótese de prevenção de atentados particularmente graves aos direitos da pessoa.[239]

No caso do direito brasileiro, dada a conformação constitucional específica da liberdade de comunicação social no texto constitucional, a aplicação do artigo 20 do Código Civil deverá ser precedida de interpretação própria, a qual se conhece no direito constitucional contemporâneo como interpretação conforme a Constituição.[240] Esta tem

---

[237] BARRELET, *Droit de la communication...*, p. 391.

[238] Ibidem, 392.

[239] DERIEUX, Emmanuel. *Droit de la communication*. 4ª ed. Paris: LGDJ, 2003, p.125 et seq.

[240] Segundo o magistério de Gilmar Ferreira Mendes, a importância da interpretação conforme a Constituição observa-se graças à sua flexibilidade, que permite uma renúncia ao formalismo jurídico em nome da idéia de justiça material e da segurança jurídica. MENDES, Gilmar Ferreira. *Jurisdição constitucional*. 2. ed. São Paulo: Saraiva, 1998, p. 221-222.

lugar sempre que determinada disposição legal oferece diferentes possibilidades de interpretação, sendo algumas delas incompatíveis com a própria Constituição.[241]

Segundo Luís Roberto Barroso, a interpretação conforme a Constituição congrega essencialmente quatro elementos: 1) trata-se da escolha de uma interpretação da norma legal que a mantenha em harmonia com a Constituição, dentre outras possibilidades de interpretação admitidas; 2) tem por objetivo a identificação de um sentido possível para a norma, o qual não é o mais evidente; 3) além da eleição de uma linha de interpretação, excluem-se as demais que indicariam resultado contrário à Constituição; e 4) trata-se de mecanismo de controle de constitucionalidade pelo qual se reconhece como ilegítima uma determinada interpretação da norma legal.[242]

O mesmo Barroso, ao examinar especificamente a constitucionalidade do artigo 20 do novo Código, observa que "o dispositivo veio a tornar possível o mecanismo de proibição prévia de divulgações (até então sem qualquer previsão normativa explícita), que constitui, no entanto, providência inteiramente excepcional. Seu emprego só será admitido quando seja possível afastar, por motivo grave e insuperável, a presunção constitucional de interesse público, que sempre acompanha a liberdade de informação e de expressão, especialmente quando atribuída aos meios de comunicação".[243] Concordamos com o entendimento em questão. A solução, que se dará no caso, impõe ao interessado na proibição de divulgação do fato o ônus da prova em relação aos prejuízos que podem decorrer da divulgação da informação em questão. E nesse caso, a presunção de legitimidade deve ser estabelecida em favor da divulgação da informação, sob pena de grave comprometimento dos objetivos do direito constitucionalmente assegurado de liberdade de expressão em nosso ordenamento.

O resultado dessa interpretação do artigo 20 do Código Civil parece ser a admissão da proibição da divulgação de escritos, a divulgação da palavra, ou ainda a reprodução da imagem da pessoa, quando esta determine a ofensa aos direitos à honra e à imagem, reconhecidos no próprio artigo 20, e previstos no artigo 5°, inciso X, da Constituição da República. Da mesma forma, na hipótese de tra-

---

[241] Ibidem, p. 222.

[242] BARROSO, Luís Roberto. *Interpretação e aplicação da Constituição*. 3. ed. rev. e atual. São Paulo: Saraiva, 1999, p. 181-182.

[243] BARROSO, Luís Roberto. Colisão entre liberdade de expressão e direitos da personalidade. Critérios de ponderação. Interpretação constitucionalmente adequada do Código Civil e da Lei de Imprensa. *Revista trimestral de direito público*, n° 36. São Paulo: Malheiros Editores, 2001, p. 24-53.

tar-se de fato verdadeiro, que não esteja abrangido sob a proteção da vida privada ou da intimidade, a aplicação do artigo 20 do Código Civil deverá resultar da ponderação entre as normas constitucionais do artigo 5º, incisos X e XIV, constituindo esta última no reconhecimento de um direito difuso à informação verdadeira.[244]

---

244 Conforme tratamos no item 2.1.2., "A", da Primeira Parte desse trabalho.

Capítulo II

O DANO À HONRA PELA IMPRENSA E SUA REPARAÇÃO NO NOVO CÓDIGO CIVIL

A disciplina da responsabilidade civil por dano à honra pela imprensa tem assumido, na última década, em direito brasileiro, o caráter de reação pelo Poder Judiciário ao exercício abusivo ou antijurídico da atividade dos meios de comunicação de massa. Entretanto, ao lado dessa característica, não são poucos os casos em que o recurso ao Poder Judiciário tem sido utilizado como estratégia de intimidação dos veículos de comunicação, no exercício da liberdade de imprensa reconhecida na Constituição. A responsabilidade civil, nesse sentido, é sempre a conseqüência, *a posteriori*, de eventuais danos causados pela violação de direito, o que no caso da atividade de imprensa deve ser considerado na totalidade dos casos em que a ilicitude da conduta e o dano associam-se em caráter definitivo. Isto porque, como já foi mencionado exaustivamente nas páginas precedentes, a liberdade de expressão e sua subespécie, a liberdade de imprensa, são direitos fundamentais consagrados pela Constituição brasileira, de modo que a restrição ao seu exercício só pode ser reconhecida em respeito à integridade de outro direito fundamental.[245]

A responsabilidade civil, entretanto, supõe em doutrina clássica, pelo menos três elementos para sua configuração, quais sejam: o dano, a conduta imputável e o nexo de causalidade, reconhecido como o liame lógico entre os dois primeiros.[246] É certo que parte da doutrina em matéria de responsabilidade[247] reconhece a imputabilidade como um elemento autônomo, que vai acrescer aos três já mencionados. Nesse sentido, afirma-se genericamente que a conduta do agente não é um elemento suficiente para a imputação de responsabilidade, se-

---

[245] Segundo conhecido entendimento doutrinário, os direitos fundamentais só se restringem entre si, no que seria adequado tratar da questão como conformação desses direitos, não simplesmente restrição. Nesse sentido já foi referida a exposição de ALEXY. *Teoria de los...*, p. 268 et seq.

[246] CAVALIERI FILHO. *Programa de... 1*, p. 34.

[247] A respeito, veja-se o exame da doutrina majoritária, feito por: JORGE, Fernando Pessoa. *Ensaio sobre os pressupostos da responsabilidade civil*. Coimbra: Almedina, 1999, p.52-55. Não segue, entretanto, esse entendimento o professor português, o qual prefere adotar o entendimento tradicional. Defende que em matéria de responsabilidade civil os pressupostos reduzem-se a apenas dois: o ato ilícito e o prejuízo reparável. JORGE. *Ensaio...*, p. 55 et seq.

não que deve ser conjugada com a noção de imputabilidade (para o que se utiliza a expressão *nexo de imputabilidade*), uma vez que esta deverá ser reprovável, não podendo para tanto contar com circunstância que a justifique ou torne impossível outro comportamento exigível nas mesmas condições.

O primeiro diz com a conduta do individual que por ação ou omissão contribui decisivamente para violação de direito alheio e a causação de um dano. Trata-se aqui, à evidência, de responsabilidade por ato próprio, pelo qual é imputado ao autor da conduta ônus de arcar com as conseqüências que esta causou.[248]

De acordo com a clássica definição de Savatier, a falta (*faute*[249]) é *a violação, intencional ou não de um dever que o agente tinha de conhecer e observar*. Dois elementos à compõem: a violação de um dever e a imputabilidade, considerando esta última a possibilidade de conhecer e observar o dever.[250] Adota o renomado jurista francês, concepção de sua época, vinculando a conduta imputável à presença da culpa como seu elemento característico, ainda que reconhecesse expressamente a insuficiência desse critério.[251] Modernamente, outros autores têm preferido referir apenas a ilicitude da conduta como seu elemento característico em responsabilidade civil, preferindo não se ater ao elemento interno desta, em que a culpa poderá ou não estar presente. Admitem-se assim, as possibilidades de ilicitude subjetiva e objetiva, estando por distingui-las a presença da culpa na modalidade subjetiva, sendo prescindível em relação à ilicitude objetiva.[252]

Em nosso direito, a doutrina majoritária admite como pressupostos da responsabilidade civil o ato ilícito e a reparabilidade do dano,[253] indicando ainda a relação de causalidade que deve haver entre ambos.[254]

No que se refere ao dano, trata-se de pressuposto lógico da responsabilidade civil, uma vez que configura o prejuízo a ser ressarcido. Nesse sentido, pode ser qualificado em sentido comum, como o pre-

---

[248] GONÇALVES, Carlos Alberto. *Responsabilidade civil*. 6. ed. São Paulo: Saraiva, 1995, p. 26.

[249] A respeito do problema de compreensão em direito comparado que a equívoca tradução do termo francês *faute* causou ao desenvolvimento doutrinário da responsabilidade civil, José de Aguiar Dias refere que este deve ser traduzido em língua portuguesa por *erro*, ou no menos correto *falta*, mas não por *culpa*, que vem a ser o estado moral de quem pratica o ato ilícito. AGUIAR DIAS. *Da responsabilidade...*, p. 4.

[250] SAVATIER, René. *Cours de droit civil*. 2. ed. Paris: LGDJ, 1949, v.2, p. 114. (tradução livre do autor).

[251] Ibidem, p. 120-121.

[252] PESSOA JORGE. *Ensaio...*, p. 61-63.

[253] Assim: PONTES DE MIRANDA, Francisco Cavalcanti. *Tratado de direito privado*. São Paulo: Borsói, 1973, v. 36, p. 76; AGUIAR DIAS. *Da responsabilidade...*, v. 2, p. 3.

[254] GONÇALVES. *Responsabilidade...*, p. 27. Os que não reconhecem a relação ou nexo de causalidade como elemento autônomo, o reconhecem como um requisito de reparabilidade do dano: JORGE, op. cit., p. 388 et seq.

juízo causado à alma, aos bens ou ao corpo de alguém, bem como em sentido jurídico, como o prejuízo sofrido pelo titular de direito em razão da violação deste por fato alheio.[255] São requisitos para configuração do dano reparável, através da responsabilidade civil, sua certeza, atualidade e subsistência.[256] O requisito da certeza do dano vincula-se à sua existência efetiva, ao tempo da conduta que o determinou, ou mesmo futuro, mas que entretanto venha a se efetivar. Contrapõe-se assim à eventualidade do dano, a qual, na hipótese em que viesse a ser reconhecida pelo direito, permitiria que fossem ressarcidos danos que jamais teriam sido causados, ensejando enriquecimento sem causa, o que o direito rejeita.[257]

A atualidade do dano se diz daquele que existe ou que já existiu ao tempo da ação que o causou, certo, e não traduzido como mera hipótese.[258] Certeza e atualidade, desse modo, se encontram associadas para excluir da possibilidade de reparação o dano exclusivamente hipotético, eventual ou circunstancial, que pode vir a não se produzir.[259]

Ainda em relação ao dano, sobretudo em se tratando esse estudo sobre o dano à honra, espécie de direito da personalidade vinculado à esfera moral da pessoa, não é demais distinguir entre as espécies de danos reparáveis reconhecidos em direito. No caso, é comum distinguir entre os danos materiais e os danos morais, abrangendo o primeiro as perdas suscetíveis de apreciação econômica, seja do patrimônio atual do sujeito, o prejuízo propriamente dito (danos emergentes), ou os acréscimos prováveis ao seu patrimônio no futuro, que a violação de direito atual impediu que se efetivem (lucros cessantes).[260]

Em relação ao dano moral, atualmente de grande desenvolvimento em direito brasileiro e estrangeiro, são conhecidas as objeções originais ao seu reconhecimento jurídico, em especial quanto à sua reparabilidade. Tratando-se de um prejuízo da integridade ou aos atributos da pessoa,[261] sua identificação como um prejuízo reparável encontrou obstáculo na incerteza do direito violado e na identificação

---

[255] AGUIAR DIAS, op. cit., p. 395-396.

[256] PEREIRA. *Responsabilidade...*, p. 39.

[257] A respeito, vejam-se as interessantes reflexões de PEREIRA COELHO, Francisco Manuel. *O enriquecimento e o dano*. Coimbra: Almedina, 1999, p. 36 e seguintes. No mesmo sentido aprofundamos no item 1.1.2., *infra*.

[258] PEREIRA, C. *Responsabilidade...*, p. 40.

[259] Ibidem, p. 41.

[260] Do ponto de vista conceitual, Sérgio Cavalieri Filho distingue os danos emergentes como a efetiva e imediata diminuição do patrimônio da vítima em razão do ato ilícito; por lucros cessantes, define-se a perda do ganho esperável, a expectativa de lucro, na diminuição potencial do patrimônio da vítima. CAVALIERI FILHO. *Programa...*, p. 81.

[261] SAVATIER. *Cours de...*, p. 109.

do dano, bem como da forma da reparação, não faltando quem mencionasse a ilegitimidade ou imoralidade da dor com o dinheiro, bem como a indicação de um excessivo arbítrio judicial na fixação do *quantum* devido.[262]

Não restam dúvidas, e a intensa prática jurisprudencial o demonstra, da ampla reparabilidade do dano moral no direito contemporâneo. Decorrem diretamente da violação dos direitos subjetivos de proteção da personalidade nas mais variadas situações da vida de relações, e não dizem respeito à dor como sensação decorrente do atentado à integridade da pessoa. Caracteriza-se como uma reação da pessoa contra o menoscabo da sua personalidade, o qual dado seu caráter insuscetível de exata apreciação econômica, resolve-se pela via ressarcitória própria da responsabilidade civil, a qual entretanto assume um caráter funcional[263] de compensação da vítima, e sanção do ato ilícito que deu causa ao dano.

Em relação ao nexo ou relação de causalidade, sua indicação como pressuposto da responsabilidade civil afigura-se como exigência lógica, enquanto relação de causa e efeito entre a conduta do agente e o dano causado.[264] Trata-se de uma causalidade eficiente,[265] cuja identificação tem relevância na determinação do sujeito a quem se deverá atribuir o dever de indenizar.

A relação de causalidade é a que resulta com mais evidência ao jurista, uma vez que é identificada tanto do ponto de vista teórico, quanto pela experiência.[266] O agente, nesse caso, por sua conduta, vincula-se ao resultado danoso, de modo que a primeira é pressuposto lógico da segunda. Sem a conduta não haveria dano.

Acrescentando aos três pressupostos clássicos, há os que reconhecem ainda a necessidade de que a imputação seja elemento a ser examinado em apartado, como elemento essencial da responsabilidade civil e do dever de indenizar dele decorrente. A imputação pressupõe a realização de um juízo valorativo sobre a situação de fato cujo exame poderá determinar o reconhecimento da responsabilidade civil. Esse juízo desenvolve-se no plano fático e jurídico.[267] No primeiro caso, no plano dos fatos, a identificação da relação entre o fato danoso e sua autoria desenvolve-se através do que também se denomina atributividade, ao passo que o exame das circunstâncias próprias do

---

262 Inventariando as críticas da doutrina, dentre outros: AGUIAR DIAS. *Da responsabilidade...*, t. 2, p. 423; JORGE. *Ensaio...*, p. 374-375.

263 Conforme PIZARRO. *Daño moral...*, p. 90-91.

264 GONÇALVES. *Responsabilidade civil*, p. 27 e 384.

265 SAVATIER. *Cours...*, p. 126.

266 GHERSI, Carlos Alberto. *Reparação de daños*. Buenos Aires: Editora Universidad, 1989, p. 31.

267 GHERSI, Carlos Alberto. La imputación. *Responsabilidad civil*. 2.ed. Buenos Aires: Hamurabi, 1997, p. 93.

autor do ato danoso e o nível de consciência, discernimento que lhe reconhece o direito se denomina imputação em sentido estrito.[268] A imputabilidade, como ato que se indique a livre determinação do seu autor em perspectiva realística,[269] não é demais afirmar, será elemento essencial na hipótese da responsabilidade civil subjetiva, fundada na culpa.[270]

A evolução da doutrina moderna tem acentuado o significativo desenvolvimento da responsabilidade civil, destacando-se a necessidade das formas de responsabilização previstas pelo direito terem em consideração as conseqüências sociais decorrentes dos danos causados na esfera individual.[271] Com isso, o instituto da responsabilidade civil em direito privado passou a responder a novas exigências, inclusive servindo para a afirmação de novos direitos subjetivos, dentre os quais se inserem os direitos da personalidade, pela via da responsabilidade delitual.[272]

Em direito brasileiro, esta função da responsabilidade civil, de certo modo, foi afirmada pela própria Constituição da República, quando determinou como direito fundamental insculpido no artigo 5º, inciso V, que "é assegurado o direito de resposta, proporcional ao agravo, além da indenização por dano material, moral ou à imagem." A consagração do instituto da responsabilidade civil no elenco dos direitos fundamentais da Constituição, ao mesmo tempo em que promoveu significativa evolução da prática jurisprudencial – como por exemplo o reconhecimento definitivo da ampla reparabilidade do dano moral – passou a ser aplicado de modo articulado com outros direitos fundamentais para, no âmbito do direito privado, imputar a responsabilização por danos decorrentes da ofensa a esses direitos. É o caso do direito à honra, cuja proteção em direito brasileiro vai-se fazer, via de regra, por intermédio da responsabilização civil do ofensor.

O Código Civil recém-editado reforça esse caráter afirmativo da responsabilidade civil. Outro não é o sentido do seu artigo 12, que estabelece os modos de proteção dos direitos da personalidade em geral. Ao mesmo tempo, optou o legislador em partir a definição dos atos ilícitos em duas cláusulas gerais, artigos 186 e 187, ao contrário do Código de 1916, em que a definição de ilicitude era totalmente reduzida à disciplina do célebre artigo 159.

---

[268] Ibidem.

[269] ESPÍNOLA, Eduardo. *Sistema de direito civil brasileiro.* São Paulo: Livraria Freitas Bastos, 1945, v.2, t. 2, p. 262.

[270] JORGE. *Ensaio...*, p. 331.

[271] STOLL, H. Consequences of liability: remedies. In: TUNC, Andre (org.) *International Encyclopedia of Comparative Law.* Boston: Luwer Academics, 1986, v.11, n.2, p. 7.

[272] VINEY, Geneviève. *Traité de droit civil:* introduction à la responsabilité. 2. ed. Paris: LGDJ, 1995, p. 67-68.

Esta parece ser um dos aspectos que maiores possibilidades oferece o Código Civil ao operador do direito, e cuja aplicação adequada terá significativa repercussão, em se tratando do objeto desse estudo, na matéria relativa à proteção dos direitos da personalidade. O legislador, ao partir as cláusulas gerais de ilicitude, estabeleceu ao artigo 186, praticamente inalterada – salvo pela menção expressa ao dano moral – a redação do artigo 159 do Código Civil de 1916. Já em relação ao artigo 187, introduziu no direito positivo brasileiro regra presente com idêntica redação, no Código Civil português, de 1966, e que consagra a disciplina, em norma positiva, da denominada teoria do abuso do direito.

Assim a redação do artigo 186 do Código Civil: "Aquele que, por ação ou omissão voluntária, negligência ou imprudência, violar direito e causar dano a outrem, ainda que exclusivamente moral, comete ato ilícito". Esta cláusula repete os termos do artigo 159 do Código Civil anterior, com duas modificações essenciais. De um lado, reconhece a autonomia do dano moral, ainda que se verifique em caráter exclusivo. Da mesma forma, o dever de indenizar deixa de ser elemento constitutivo da norma de definição do ato ilícito, ainda que esta tenha o dano como elemento essencial a sua caracterização. A conseqüência jurídica típica do artigo 186, segundo se vislumbra da sua análise, é apenas a cominação de ilicitude, cujo dever de indenizar, no sistema do Código estará determinado ao artigo 927, em capítulo próprio da responsabilidade civil.

A nova redação da cláusula geral de ilicitude subjetiva estabelece algumas distinções em relação ao direito anterior. Em primeiro lugar, a gradação da culpa, que pelo artigo 159, segunda parte,[273] do Código Civil de 1916, era remetida para a disciplina da liquidação das obrigações *ex delicto*(artigo 1537 a 1553), bem como solvia, pela indicação dos artigos 1518 a 1532, a legitimação ativa em hipóteses nas quais a culpa poderia ser presumida,[274] foi eliminada do novo texto vigente. Ao mesmo tempo, o dever de reparar o dano deixa de apresentar-se como um elemento constitutivo do conceito de ato ilícito subjetivo para, corretamente, ser indicado como conseqüência da causação do dano (artigo 927).

Nas considerações ainda recentes sobre a moderna redação do artigo 186, a mesma é elogiada pela amplitude do cunho declaratório desta disposição.[275] Entretanto, no que tange à partição da disposição

---

273 Assim a segunda parte do artigo 159 do Código Civil de 1916, ao estabelecer que "a verificação da culpa e a avaliação da responsabilidade regulam-se pelo disposto nesse Código, arts. 1518 a 1532 e 1537 a 1553".

274 Como no caso da responsabilidade pelo fato da coisa, artigo 1527 do Código anterior. Assim: CAVALIERI FILHO. *Programa...*, p. 50-51.

275 LOTUFO. *Comentários...*, v. 1, p. 186.

da responsabilidade por ato ilícito, diverge a doutrina recente sobre a contribuição do parágrafo único do artigo 927, que estabelece hipótese de responsabilidade sem culpa quando a lei expressamente o prever, ou nas hipóteses em que a atividade desenvolvida acarrete risco aos direitos de outrem.[276]

Entretanto, a novidade mais significativa do novo Código parece-nos a disposição do artigo 187, inspirado no artigo 334, do Código Civil português de 1966, a qual consagra, na legislação, a concepção mais atual do abuso do direito. Trata-se de cláusula geral de ilicitude objetiva, a qual prescinde da presença da culpa para sua caracterização, mas que na ocorrência de danos causados pelo exercício de direito subjetivo que exceda aos limites indicados, determina o dever de indenizar, como prevê expressamente o artigo 927. Refere a doutrina, sobre o artigo em questão, que se trata de espécie de norma de ordem pública imperativa,[277] devendo sua aplicação ter prevalência em homenagem aos bens jurídicos que protege. Em sentido contrário, identifica-se que o sistema geral de responsabilidade civil do Código continua a sustentar-se sob o paradigma da responsabilidade subjetiva,[278] permanecendo a responsabilidade objetiva aplicável apenas quando expressamente prevista em lei, ou na hipótese de dano gerado em face do risco da atividade (artigo 927, parágrafo único).

Parece-nos que o artigo 187, ao estabelecer o abuso do direito como hipótese de ilicitude objetiva, o faz considerando a preservação de determinados preceitos caros à ordem jurídica, quais sejam, a finalidade econômica e social do direito, a boa-fé e os bons costumes. E portanto sua utilização concentra-se não mais na conduta do agente, investigando suas razões sob o conceito genérico de culpa, mas em

---

[276] O parágrafo único do artigo 927 estabelece: "Haverá obrigação de reparar o dano, independentemente de culpa, nos casos especificados em lei, ou quando a atividade normalmente desenvolvida pelo autor do dano implicar, por sua natureza, risco para os direitos de outrem". Identificando o caráter positivo da disposição, pelo reconhecimento expresso da responsabilidade pelo risco: LOTUFO. *Comentários...*, p. 497-498; GONÇALVES, C. *Curso...*, p. 452. Apontando a necessidade da cláusula, mas criticando o risco do excessivo arbítrio judicial para a determinação da atividade de risco: VENOSA. *Curso...*, p. 597; RIZZARDO. *Parte geral...*, p. 554-555. Em sentido crítico, Álvaro Villaça de Azevedo, para quem, com a inclusão do parágrafo único do artigo 927, "abriu-se absurda possibilidade de criação de responsabilidade objetiva, sem culpa, por interpretação de situações de risco, sem o respaldo de lei específica, ampliando o campo da insegurança de saber-se, em cada caso, o que se entende por "risco para os direitos de outrem". AZEVEDO, Álvaro Villaça. *Código Civil Comentado*: negócio jurídico, atos jurídicos lícitos, atos ilícitos. São Paulo: Atlas, 2003, v. 2, p. 255. Criticando a indefinição e a imprecisão da disposição: THEODORO JÚNIOR, Humberto. *Comentários ao novo Código Civil*: parte geral 2. ed. Rio de Janeiro: Forense, 2002, v. 3, t. 2, p. 28; Criticando a insuficiência do critério de ilicitude como pressuposto da sanção, em face da existência de atividade lícita que envolva responsabilidade em razão do risco: COELHO, F. *Curso...*, p. 367.

[277] NERY JÚNIOR; NERY. *Código Civil...*, p. 92.

[278] Assim, a conclusão de que "a posição do novo Código Civil corresponde a um compromisso com a responsabilidade delitual subjetiva, isto é, fundado na culpa, como base do sistema normativo".THEODORO JÚNIOR. *Comentários...*, p. 29.

relação aos bens jurídicos protegidos, buscando identificar em uma determinada situação de fato o respeito aos limites fixados pela ordem jurídica para o exercício de direitos. Contudo, tal é a complexidade do tema, bem como sua enorme repercussão em matéria de responsabilidade civil decorrente de ofensa aos direitos da personalidade – em especial pelo exercício da atividade da imprensa – que optamos por aprofundar seus aspectos fundamentais que serão tratados no item 2.2.1., *infra*.

A responsabilidade por perdas e danos é conseqüência jurídica típica da violação aos direitos da personalidade. Entretanto, não tratamos nesta parte de perdas e danos em geral, mas apenas daquelas causadas pela ofensa à honra pelo exercício da atividade de imprensa. Sua configuração assume contornos especiais da responsabilidade civil por danos aos direitos da personalidade em geral, seja por conta das características próprias do direito lesado, ou mesmo pela sua conduta determinante – a atividade de imprensa – a qual se fundamenta em direito fundamental de liberdade considerado em sua dimensão dúplice, como direito subjetivo e, em sentido objetivo, como garantia institucional da própria ordem jurídica estatal.

Seção I
A violação do direito à honra pela imprensa e a ofensa da personalidade no Direito Civil

Dentre os danos a direito pelos quais responde a imprensa, aqueles causados à honra e à vida privada são os que oferecem o maior desafio. Em ambos os casos, os bens jurídicos tutelados têm sua configuração estabelecida por limites sutis e, ao mesmo tempo, suscetíveis ao subjetivismo do próprio titular do direito e daqueles que, eventualmente, envolvem-se em determinada situação. Em relação à vida privada e à intimidade, seus limites flexíveis são determinados pela própria conduta pessoal do indivíduo. A pessoa, exercendo sua liberdade de se autodeterminar, fixa pela própria conduta os limites do que permite o acesso público e aquilo que se reserva a sua esfera pessoal. Em geral, para sua determinação, utilizam-se expressões metafóricas célebres, como "o lugar en que se retira a náscara", ou "o jardim secreto em que se protege da indiscrição".[279] Entretanto, o que se está a identificar, regra geral, é a proteção contra a ingerência não consentida na esfera pessoal do titular desse direito, razão pela qual a investigação da sua conduta é um elemento de enorme auxílio para identificar a ocorrência ou não de ofensa a direito. Se o próprio titular

---

[279] As expressões foram colhidas por DOTTI. *Proteção da vida...*, p. 72.

do direito expôs publicamente elementos de seu exclusivo interesse pessoal, não se deverá reconhecer eventual pretensão posterior de reclamação por ofensa a seu direito de preservação da vida privada e intimidade.

Já no caso do direito à honra, sua proteção e a identidade do dano decorrente da sua violação reporta um aspecto exterior sobre o qual o domínio do aplicador do direito pode não alcançar, bem como pode vincular-se a diferentes interpretações sobre o fato. Ofender a honra, em linhas gerais, será desconsiderar atributos da personalidade do titular do direito ou, por outro lado, divulgar ou manifestar-se sobre o indivíduo, ou situações em que este participe, de modo a causar-lhe o menoscabo da sua personalidade, diminuindo-lhe a consideração social. Enseja por si, como já afirmamos, a responsabilização civil. Entretanto, de se considerar em que medida a honra pode ser lesada em razão do exercício da atividade da imprensa.

É fora de dúvida que, em linhas gerais, há algum tempo os meios de comunicação social deixaram de se dedicar, de modo exclusivo a atividade informativa de interesse público. Ao contrário, segundo percebe a maior parte dos especialistas na matéria, é crescente o recurso a conteúdos de diversão e entretenimento, divulgando situações sem qualquer relação concreta ou aparente com o interesse público.[280] Tais circunstâncias, inclusive, em situações limite, ou mesmo como vocação de determinadas programações – sobretudo em mídia eletrônica – passaram a estabelecer programação com exclusividade para malícia sexual, o mórbido ou o curioso, com repetidas ofensas aos participantes desses programas.

No mesmo sentido, têm-se multiplicado as posições que vislumbram na crescente vocação comercial dos órgãos de comunicação social, uma tendência a que os danos que eventualmente causem no exercício de sua atividade, sejam quais forem, devem ser reparados como conseqüência de um risco, de modo que o fundamento do dever de indenizar deve ultrapassar os limites da culpa para assumir o risco inerente à atividade. Assim defende Lorenzetti, que, identificando nos órgãos de comunicação social esta tendência, observa o surgimento de um novo conflito, entre o indivíduo fraco e a imprensa forte, a partir do conceito de *mercado de idéias*.[281] Trata-se este de um mono-

---

[280] JABUR. *Liberdade de pensamento...*, p. 196; CUNHA PEREIRA. *Liberdade e responsabilidade...*, p. 53-54; GARCIA. *Responsabilidade civil...*, p. 204.

[281] O conceito de mercado de idéias tem merecido atenção na doutrina estrangeira. Assinale-se a respeito a extensa pesquisa espanhola coordenada por Pablo Salvador Coderch, em que a proteção da liberdade de expressão é vislumbrada a partir de sua contribuição para os custos sociais. CODERCH, Pablo Salvador. *El mercado de las ideas*. Madrid: Centro de estudios constitucionales, 1990, p. 399. No direito norte-americano, é de enorme importância o trabalho de Richard Posner, expoente da chamada Escola econômica do direito (Economic analysis of law), intitulado *Free speech in an economic perspective*, sobre o custo de proteção individual pela regulação e limitação do discurso público seria medido a partir de dois elementos. Quais sejam, o

pólio controlado pelos proprietários dos meios de comunicação, que operou a transformação da liberdade de expressão e informação que, de um direito subjetivo ativo à manifestação, passa a ser considerado como um direito de natureza passiva, de receber a informação mais verdadeira possível.[282]

Esta circunstância parece apontar, para alguns juristas, em direção à responsabilidade pelo risco da atividade habitual, uma vez que não seria possível reconhecer caráter distintivo algum, na atividade de imprensa, a qual já teria assumido conteúdo tipicamente econômico. Vai afirmar-se, então, que o reconhecimento à imprensa contemporânea, do mesmo esquema lógico que sustentou regime jurídico das liberdades em outro momento histórico (séculos XVII e XIX), significa negar a realidade, em flagrante desprestígio à proteção das pessoas atingidas por erros, ou mesmo, pela deformação dolosa das informações divulgadas pela imprensa.[283]

Daí por que vai defender-se o reconhecimento da responsabilidade objetiva em consideração ao fato de se tratar o ofício dos meios de comunicação de massa como atividade econômica causadora de riscos sociais.[284] Ou mesmo será aventada a possibilidade da aplicação da legislação de proteção do consumidor para, com fundamento no artigo 14 do Código de Defesa do Consumidor, reconhecer a responsabilidade objetiva por vício de qualidade do serviço.[285]

---

valor da perda social derivada da restrição ou proibição de uma expressão mais ou menos valiosa e o valor do equívoco legal que pode ser cometido quando se pretende estabelecer a distinção entre a informação não valiosa daquela que o é, sem obter, entretanto, êxito nesta iniciativa. Ibidem, p. 47.

282 LORENZETTI. *Fundamentos...*, p. 105-106. No mesmo sentido: NUNES JÚNIOR, Vidal Serrano. *A proteção constitucional da informação e o direito à crítica jornalística*. São Paulo: FTD, 1997, p. 84.

283 PIZARRO. *Responsabilidad civil...*, p. 386 et seq.

284 Nesse sentido: EKMEKDJIAN, Miguel Ángel. *Derecho a la información*. Buenos Aires: Depalma, 1992. Noticia a questão, Enéas Costa Garcia, em seu excelente estudo sobre o tema. Não chega, entretanto, a se posicionar quanto à conveniência da adoção desse entendimento. GARCIA. *Responsabilidade civil...*, p. 183-186.

285 Defende a tese de aplicação do CDC em direito brasileiro Fábio Henrique Podestá, para quem "nos casos envolvendo fato jornalístico, opinião jornalística, propaganda, mensagem e oferta publicitária, amplamente se mostra possível a configuração de uma relação de consumo e a prática de vícios de qualidade do serviço colocado à disposição do consumidor (arts. 12 e 14 do CDC). PODESTÁ, Fábio Henrique. *Interesses difusos, qualidade da comunicação e controle judicial*. São Paulo: RT, 2002, p. 122-123. O autor defende a aplicação do CDC às relações jurídicas entre espectadores e meios de comunicação de massa, a partir dos seguintes pressupostos: a) a informação é um produto colocado à disposição do receptor da mensagem, ainda que também possa ser visto órgão de comunicação como prestador de serviço; b) a atividade de *mass media* insere-se dentro do sistema econômico; c) a atividade dos órgãos de comunicação social atualmente visa ao lucro; d) o receptor da mensagem é destinatário final do serviço. Distingue ainda, que a remuneração do serviço, no caso, não se dá de modo direto (p. 121), ao mesmo tempo em que na relação entre o espectador e o órgão de comunicação social percebe-se franca vulnerabilidade do primeiro (p. 122). A originalidade das conclusões do autor, pelo menos em direito brasileiro, é evidente. Seus fundamentos, da mesma forma, são respeitáveis. Entretanto discordamos, sobretudo em razão da impossibilidade que atualmente se observa na atividade dos

O estágio atual da doutrina brasileira, entretanto, é o do reconhecimento da natureza subjetiva como regra da responsabilidade civil da imprensa, ainda que se possa reconhecer uma certa timidez na investigação da matéria. Seja em homenagem à matriz dogmática da responsabilidade delitual em nosso direito (artigo 186 do Código Civil), ou mesmo em consideração ao fato de que, a princípio, a atividade de imprensa constitui-se sob os marcos da licitude e de reconhecida utilidade pelo ordenamento jurídico positivo, o entendimento majoritário indica a necessidade da culpa como elemento da responsabilização,[286] indicando-se como agravante a assunção de um risco (dolo eventual).[287] A jurisprudência, de outro lado, divide-se em

meios de comunicação social, em identificar uma uniformidade no conteúdo das suas programações. Ao mesmo tempo em que é possível identificar mensagens editoriais em que a única finalidade é a comercialização de produtos ou serviços (há inclusive canais de televisão especializados nesta atividade), ou mesmo as atividades de *merchandising* ou autopromoção da própria grade de programação da emissora, a aplicação do CDC, em nosso entendimento, desconsideraria o fato de que, independente da forma ou dos defeitos que se identifiquem, os meios de comunicação são um importante espaço de debate público, e de manifestação dos interesses sociais divergentes. Nesse sentido, são meios hábeis à constituição do que se pode denominar de relação de cidadania, uma vez que se traduzem no único espaço público abrangente na atual sociedade de massas. A correção das imperfeições do sistema de comunicação social, assim, devem se operar no âmbito do direito público. Em relação ao rádio e à televisão, em razão do regime jurídico próprio da concessão pública que as caracterizam e a aplicação do artigo 221 da Constituição da República. Quanto aos jornais e periódicos, devendo incidir a regulação infraconstitucional ordinária (civil, penal, eleitoral, etc,). Em que pese tenham assumido, por parte de grande parte dos órgãos de comunicação social, um caráter empresarial, não é esta a característica fundamental da liberdade de imprensa prevista conceitualmente e pela Constituição. Assim como ao CDC são pertinentes, como regra, às relações que possuam natureza econômica.

[286] Entre outros: MARTINS DA SILVA, A. *O dano moral...*, p. 350; GARCIA. *Responsabilidade civil...*, p. 178; CASTANHO DE CARVALHO. *Direito de informação...*, p. 236; IGLESIAS. *Responsabilidade civil...*, p. 49; DONNINI, O.; DONNINI, R. *Imprensa livre...*, p. 141; VIEIRA NETTO, Mário Machado. Liberdade de imprensa, dano moral e responsabilidade do veículo de divulgação e do autor da matéria (Súmula n. 221 do STJ). *Revista da Escola da Magistratura do Distrito Federal*, Brasília, n. 6, p. 23-34, 2001.

[287] Assim, o TJRS: "IMPRENSA. ACUSAÇÕES A POLICIAIS MILITARES. DIREITOS INDIVIDUAIS. APARENTE CONFLITO. DANOS MORAIS CONFIRMADOS. Princípios não menos importantes do que a liberdade de expressão, para uma convivência democrática e plural, assegura a todos os indivíduos o direito de responder por atos eventualmente criminosos tão-somente perante o Poder Judiciário, mediante denúncia do Ministério Público, ou seja, diante do seu juiz natural, vedados tribunais de exceção, mesmo que constituídos pela imprensa livre. E mais: tem o direito inafastável, sob pena de falência de todo o sistema jurídico existente, de ser presumido inocente até o trânsito em julgado de sua condenação, salvo exceções especialíssimas e concedidas ao Poder processante, como a sua segregação provisória da sociedade. Não poderia assim a apelante, com os dados com que dispunha, em especial, a versão de envolvidos em ocorrência policial, divulgar o nome dos PMs, que nada mais faziam do que cumprir com o seu dever. O correto seria certamente publicar a notícia, exercendo o seu mister de informar o público, guardando a nominação dos acusados, se fosse o caso, para momento oportuno. Assim, ao tornar pública uma suspeita, mesmo que oriunda de procedimento oficial, o jornal apelante, a toda evidência, assumiu o risco de causar dano aos acusados, caso esses viessem a ser absolvidos, como de fato veio a ocorrer. Quanto aos alegados danos morais, prescindem de maiores comprovações, por decorrerem logicamente da situação indigitada e, de resto, deram azo à indenização bem arbitrada pelo julgador ¿a quo¿, devendo-se ressaltar, por oportuno, que a honra de uma pessoa, máxime em sua atividade profissional, constitui-se em um dos bens incorpóreos mais valiosos do ser humano. APELAÇÃO IMPROVIDA." (Tribunal

relação à questão, sendo já significativo o número de julgados que reconhecem a responsabilidade da imprensa também sob o argumento do risco da atividade.[288]

Trata-se de uma discussão de extremo interesse à luz do novo Código Civil. Argumentos para a defesa de ambos os entendimentos podem ser colecionados em favor da necessidade da culpa ou a mera responsabilidade pelo risco. Entretanto, será inevitável o enfrentamento da questão, à luz do Código Civil, em face do artigo 927, parágrafo único. Em favor da tese subjetiva, milita o artigo 49 da Lei de Imprensa, que expressamente menciona a conduta com dolo ou culpa como pressuposto do dever de indenizar. Nesse sentido, à medida que o artigo 927, parágrafo único, refere-se às hipóteses previstas em lei ou quando a atividade implicar risco, note-se que em relação à atividade da imprensa não apenas não há norma expressa determinando a responsabilidade como, ao contrário, existe norma que especificamente contempla o dolo e a culpa como fundamento do dever de indenizar. Em regra, não se vislumbra do estágio atual da jurisprudência brasileira, o questionamento sobre a recepção desse dispositivo da Lei de Imprensa. E isto considerando descrédito que a mesma tem merecido dos tribunais, à luz do sistema de responsabilidade consagrado pela Constituição.[289]

de Justiça do Rio Grande do Sul. Apelação Cível nº 70004688065. Relator: Luiz Ary Vessini de Lima. Julgado 18/09/2003); No mesmo sentido: "IMPRENSA. RESPONSABILIDADE CIVIL. DIFAMAÇÃO E CALÚNIA DE AUTORIDADE POLICIAL. INQUÉRITO JÁ ARQUIVADO. DANOS MORAIS RECONHECIDOS. Muito embora a imputação tenha partido do agente político, ao assumi-la, sem preocupar-se com as provas existentes sobre o caso, o órgão de comunicação assumiu o risco da imputação feita ao autor, que, na ocasião, exercia a função de Corregedor-geral da Polícia. Não se trata, pois, de mera crítica a atos do Poder Executivo, mas de manifesta difamação e calúnia a um dos seus agentes, que, segundo a reportagem, teria prevaricado no cargo que então ocupava. A matéria, inclusive, foi publicada após o arquivamento do inquérito policial instaurado para apuração do fato, a requerimento do MP. Reconhecido o abuso no exercício da atividade jornalística, os danos morais dele resultantes são evidentes, já que inegavelmente atingida a honra de policial conceituado em sua corporação. APELAÇÃO PROVIDA." (Tribunal de Justiça do Rio Grande do Sul. Apelação Cível nº 70002822922. Relator: Luiz Ary Vessini de Lima. Julgado 14/11/2002).

[288] Nesse sentido, o TJRS: "IMPRENSA. RESPONSABILIDADE CIVIL. PUBLICAÇÃO EM JORNAL. COMENTÁRIOS DESAIROSOS. AUSÊNCIA DE OBRIGATORIEDADE DE INFORMAR. RESPONSABILIDADE DA EMPRESA JORNALÍSTICA. MONTANTE INDENIZATÓRIO. CRITÉRIOS DE FIXAÇÃO. 1 – Ação de indenização que visa a reparação por danos ocasionados pela veiculação, em jornal, de artigo que criticava de forma veemente os educadores de um colégio estadual. A agressividade gratuita, sem qualquer comprovação do que fora informado, implica na responsabilidade daquele que firmou o artigo e daquele que o veiculou. Risco que advém do direito de informar e da manifestação de opinião. Responsabilidade pelos danos causados. Configuração do nexo causal. Responsabilidade da empresa jornalística e daquele que firmou o artigo . 2 – Os critérios de fixação do quantum indenizatório são de ordem subjetiva do julgador, e visam reparar os danos, bem como dissuadir o réu da prática reiterada dos atos lesivos. Apelo dos réus improvido". (Tribunal de Justiça do Rio Grande do Sul. Apelação Cível nº 70002999993. Relator: Paulo Antônio Kretzmann. Julgado em 25/04/2002).

[289] Nesse sentido, as observações de: MENEZES DIREITO, Carlos Alberto. Os direitos da personalidade e a liberdade de informação. *Revista Forense*, Rio de Janeiro, n. 363, p. 29-37, set./out. 2002.

De outro lado, os argumentos reunidos poderão se concentrar sobre duas bases. Primeiro, a consideração dos órgãos de comunicação social como agentes econômicos, uma vez que desempenham atividade econômica visando ao lucro (embora este não precise sua finalidade exclusiva). Nesse caso, será admissível a consideração de que devem assumir o ônus representado pelos riscos sociais criados pela atividade desempenhada,[290] levando a objetivação da responsabilidade. Outro argumento, na seqüência deste, seria de que a atividade de imprensa, em sua conformação atual, representa o exercício de uma posição de poder social, determinando situação de vulnerabilidade do indivíduo, e ensejando sua proteção através da regra de presunção de culpa. Esse segundo argumento, a nosso ver, é relativamente débil, em face da ausência de norma legal que o sustente.

Nossa posição, como demonstraremos adiante, é de que em matéria de atividade de imprensa, não há de se reconhecer fundamento exclusivo, podendo, conforme o caso, sua responsabilidade ser determinada mediante a comprovação da culpa, com fundamento no artigo 49 da Lei de Imprensa ou no artigo 187 do Código Civil, nas hipóteses em que o exercício da atividade violar os limites impostos pela finalidade econômica ou social, pela boa-fé, ou pelos bons costumes.

1.1. Os pressupostos da responsabilidade civil da imprensa por dano à honra

Como já foi mencionado, os pressupostos da responsabilidade civil tradicionalmente admitidos pela doutrina, e dos quais nos servimos no presente estudo, são a conduta, o dano e o nexo de causalidade que os vincula.[291] Tais elementos, entretanto, não têm como ser examinados de forma eficiente, se isolados nos limites de seus respectivos conceitos. De certo modo, revelam uma tendência presente em outros capítulos da responsabilidade civil,[292] que enseja a aproximação dos diferentes conceitos e seu exame sistemático, em vez da manutenção de classificações tradicionais que, a pretexto de simplificarem o problema, conduzem à compreensão parcial do fenômeno.

---

[290] Desenvolve o conceito de risco, relativamente ao artigo 927, parágrafo único: GONÇALVES, Carlos Roberto. *Comentários ao Código Civil*. São Paulo: Saraiva, 2003, v. 11, p. 313.

[291] Dentre outros: ANTUNES VARELA, José de Matos. *Das obrigações em geral*. 7. ed. Coimbra: Almedina, 1987, v. 1, p. 515-516; CUNHA GONÇALVES, Luis. *Tratado de direito civil*. 2. ed. São Paulo: Max Limonad, 1957, v. 12, t. 2, p. 571 et seq; RODIÉRE, René. *La responsabilité civile*. Paris: Arthur Rosseau, 1952, p. 216 et seq; DE PAGE. *Traité elementaire...*, p. 933 et seq.

[292] A respeito dessas aproximações, o trabalho de: BECKER, Anelise. Elementos para uma teoria unitária da responsabilidade civil. *Revista de Direito do Consumidor*, São Paulo, n. 13, p. 42-55, jan./mar. 1995.

A responsabilidade civil da imprensa, que a rigor significa a responsabilidade das pessoas jurídicas que promovem a atividade de difusão de informação e pensamento através da imprensa, ou ainda, dos empregados, colaboradores ou que por qualquer outro modo produzem e divulgam conteúdo por intermédio de um determinado órgão de imprensa,[293] conforme os artigos 49 a 51 da Lei de Imprensa. A determinação da regularidade ou não da conduta no exercício da atividade de imprensa, entretanto, não se vislumbra sem que se observe a ocorrência ou não de dano a outrem, bem como a consideração sobre o mesmo, se reparável ou não, devendo existir relação lógica entre ambos.

E quando o dano de que se está a referir ocorre como conseqüência da violação do direito à honra, a ligação entre os elementos característicos da responsabilidade civil tendem a reforçar seu caráter relacional. Uma vez que a honra é definida em sentido subjetivo como estima pessoal do sujeito por si mesmo, e objetivo, caracterizando a projeção externa dos atributos pessoais valiosos ao titular do direito, a ofensa ao direito será caracterizada apenas quando, em razão de informação ou manifestação de qualquer outra qualidade, divulgada em órgão de comunicação social, haja a diminuição de um ou de ambos os conteúdos do direito. Ao tempo em que a diminuição da honra objetiva pode ser verificada com algum grau de verossimilhança, pela apuração da situação atual da vítima em seu círculo de relações, e junto à comunidade, o mesmo não se pode afirmar em relação à honra subjetiva, cuja ofensa será identificada a partir de um alto nível de subjetividade do aplicador do direito. Daí por que, inclusive, tenha sido construída a tese de que na hipótese de ofensa à honra, como, em geral, aos direitos da personalidade que protegem a integridade moral do indivíduo, há presunção de danos morais.

Entretanto, é necessário observar que a aproximação que ora se propõe não é sobre a existência ou não de danos. O desafio capital, em matéria de responsabilidade da imprensa, será identificar em que medida a conduta do órgão de comunicação deu causa à diminuição da estima pessoal ou da consideração social do titular do direito. A solução desse problema, em alguma medida, segue uma tradição de lógica da responsabilidade civil e penal, em relação a figuras tais quais as causas de justificação em direito penal (que em relação aos crimes de imprensa assumem um alargamento estranho à disciplina jurídico-penal).[294] Nesse caso, afasta-se a sanção por ofensa ilícita ao

---

293 O artigo 12, parágrafo único, da Lei 5.250/1967 (Lei de Imprensa), define quais os órgãos assim considerados para efeito daquela legislação: "Parágrafo único – São meios de difusão da informação, para os efeitos deste artigo, os jornais e outras publicações periódicas, os serviços de radiodifusão e os serviços noticiosos."

294 COSTA ANDRADE. *Liberdade de Imprensa...*, p. 267.

direito de outrem, em razão da expressa previsão de uma segunda norma legal. Na verdade, seja quando em matéria penal haja o que no direito português consigna-se quando "a imputação for feita para realizar interesses legítimos", ou "o agente provar a verdade da mesma imputação ou tiver fundamento sério para, em boa fé, a reputar verdadeira".[295]

Entre nós, a exceção da verdade (*exceptio veritatis*) é prevista na Lei de Imprensa nos artigos 20, § 2º, e 21, § 1º, como excludentes dos crimes de calúnia e injúria, admitindo-se a extensão de seus efeitos à responsabilidade civil, segundo o disposto no artigo 49, § 1º, da mesma lei. Entretanto, a previsão dos artigos 20 e 21 é extremamente limitada. Em relação ao crime de calúnia, o § 2º do artigo 20, admite nos seguintes termos: "Admite-se a prova da verdade, salvo se do crime imputado, embora de ação civil pública, o ofendido foi absolvido por sentença irrecorrível". No § 3º, de sua vez, nova restrição: "Não se admite a prova da verdade contra o Presidente da República, o Presidente do Senado Federal, o Presidente da Câmara dos Deputados, os Ministros do Supremo Tribunal Federal, Chefes de Estado ou de Governo estrangeiro, ou seus representantes diplomáticos". Quanto ao Presidente da República, a restrição justifica-se em razão da dignidade do cargo e, mesmo, de homenagem prestada a estabilidade e ordem pública interna, uma vez que sua credibilidade é elemento atinente à responsabilidade política, cujo foro constitucional para apreciação é o Congresso Nacional através do processo de *impeachment*. Entretanto, em relação às demais pessoas relacionadas na norma, não assiste qualquer razão para sua exclusão da regra geral de prova de verdade. Segundo demonstra Arruda Miranda, em relação aos Presidentes do STF, da Câmara dos Deputados e do Senado, sua inclusão deu-se já no processo de discussão parlamentar da nova lei.[296] Em relação aos Chefes de Estado estrangeiro e seus representantes diplomáticos, esta restou indicada no interesse das relações internacionais do Brasil.

Em relação ao crime de difamação, o artigo 21, § 1º, da Lei de Imprensa admite a exceção da verdade nas seguintes hipóteses: "a) se o crime é cometido contra funcionário público, em razão das funções ou contra órgão ou entidade que exerça funções de autoridade

---

[295] Ibidem, p. 268-269; MENDES, A. *O direito à honra...*, p. 62.

[296] MIRANDA, D. *Comentários...*, p. 323-324. A jurisprudência, da mesma forma, entende que a exceção não colide com a imunidade material dos membros do Poder Legislativo: "IMPRENSA. Difamação. Responsabilidade civil. Deputado Federal. Exceção da verdade. – Não conhecimento do recurso fundado na imunidade do deputado federal por versar matéria constitucional. – Nos termos do art. 49, § 1º, da Lei 5250/67, admite-se a exceção da verdade nos casos ali referidos. Recurso conhecido em parte e provido, para mandar processar a exceção da verdade". (Superior Tribunal de Justiça. Recurso Especial nº 362573/RR. Relator Min. Ruy Rosado de Aguiar. Julgado em 26/03/2002. Publicado DJU 06/05/2002, p. 297)

pública; b) se o ofendido permite a prova". Segundo Arruda Miranda, "a permissão do ofendido tem que ser expressa, após a necessária consulta, embora a lei não esclareça. Não se compreende aí a permissão tácita".[297]

No Código Penal, de sua vez, o artigo 139, parágrafo único, admite a exceção da verdade apenas no crime de calúnia, "quando o ofendido for funcionário público, e a ofensa é relativa ao exercício das suas funções."

Como foi antecipado, o interesse na exceção de verdade em matéria penal justifica-se em matéria de responsabilidade civil, em razão do artigo 49, § 1º, da Lei de Imprensa, que estabelece aplicação extensiva das disposições referentes à matéria penal. Assim a disposição: "Nos casos de calúnia e difamação, a prova da verdade, desde que admissível na forma dos artigos 20 e 21, excepcionadas no prazo da contestação, excluirá a responsabilidade civil, salvo se o fato imputado, embora verdadeiro, diga respeito à vida privada do ofendido, e a divulgação não foi motivada em razão do interesse público".

Parece-nos que essa disposição, quando restringe as hipóteses de prova da verdade às hipóteses previstas nos artigos 20 e 21 da Lei de Imprensa, não tem aplicabilidade em face da ordem constitucional vigente, uma vez que contrasta com o direito fundamental de acesso à informação verdadeira, prevista no artigo 5º, inciso XIV, da Constituição da República. Da mesma forma, em matéria de responsabilidade civil por lesão a direito de personalidade, o direito à honra, tal qual se entende protegido pela ordem jurídica, sustenta-se sobre uma compreensão da verdade, uma vez que protegidas estão a estima da pessoa por si mesma, pelo reconhecimento de seus atributos ou qualidades individuais, e a projeção externa dessa realidade para os demais. Daí por que, em matéria de prova da verdade, nas ações de reparação de danos causados por intermédio da atividade de imprensa, deve-se admitir ao réu a máxima amplitude possível para a formação da prova da verdade, respeitados os limites constitucionais próprios ao direito de livre expressão pela imprensa (artigo 220, §1º). Entendimento contrário parece violar o princípio constitucional do devido processo legal (artigo 5º, inciso LIV), bem como o contraditório e a ampla defesa (artigo 5º, inciso LV), uma vez que será negado recurso essencial a sua defesa, que é a prova da veracidade da informação.

Encerradas essas considerações, passa-se ao exame pormenorizado dos pressupostos da responsabilidade civil da imprensa por dano à honra.

---

[297] MIRANDA, D., op. cit., p. 348.

1.1.1. Conduta ilícita imputável

A ilicitude da conduta é um dos elementos mais significativos da responsabilidade civil por dano à honra em decorrência do exercício da atividade da imprensa. Em se tratando de responsabilidade civil por dano à honra, duas as noções que devem ser afirmadas preliminarmente. Em primeiro lugar, não há hipótese em relação a esta matéria, de responsabilidade civil por fato lícito. A conduta que ofende a honra de outrem é ilícita por si, uma vez que o direito subjetivo resta tutelado expressamente por normas constitucionais e ordinárias. Segundo, não há ofensa à honra de outrem se não existir a violação de algum dos deveres específicos por parte dos órgãos de comunicação social. Desta segunda constatação, duas as conclusões possíveis. De um lado, a estrita observância de todos os deveres exigíveis não serve como meio de defesa válido para os órgãos de imprensa eximirem-se da responsabilidade por danos. Ao inverso, observados integralmente os deveres determinados ao exercício da atividade de imprensa, não há como se imputar a responsabilidade por danos à honra ao órgão de comunicação social.

Esse aparente paradoxo explica-se pela compreensão coordenada dos pressupostos para o reconhecimento do dano à honra em razão da atividade da imprensa. Ora, em consideração à definição de honra, no sentido em que é protegida pelo direito, é reconhecida a possibilidade do indivíduo, por si mesmo, dar causa a diminuições conscientes ou não aos atributos pessoais dignos de consideração social. Assim, se qualquer pessoa, por ação individual, comete atos próprios que diminuam o apreço que a comunidade poderia ter consigo, a causa do dano atribui-se a ela mesma. Divulgando-se tais fatos, uma vez respeitados os deveres próprios de cuidado, veracidade e pertinência, não há como se reconhecer lesão à honra do prejudicado, uma vez que do estrito cumprimento das pautas de conduta pela imprensa emergirá das mesmas uma *versão adequada* sobre os fatos. Nesse particular, note-se que a ilicitude da conduta se vincula ao nexo de causalidade com o dano, de modo que, em matéria de dano à honra, se houver conduta lícita, não haverá nexo de causalidade entre esta e o dano.

O raciocínio que expomos, é preciso que se afirme, diz exclusivamente com o dano à honra, não podendo ser utilizado validamente em relação às demais esferas de integridade moral da pessoa, como imagem, vida privada e intimidade.[298] Seu fundamento reside na dimensão relacional do direito à honra, que admite ao indivíduo conduzir sua vida de modo a permitir que lhe sejam reconhecidos

---

[298] Nesse sentido, as considerações de Pizarro em relação ao direito à intimidade. PIZARRO. *Responsabilidad civil...*, p. 289-290.

determinados atributos, assim como a validade dos mesmos. Tais questões, entretanto, serão examinadas com vagar no item destinado ao nexo de causalidade.

O elemento da conduta do agente na responsabilidade civil é por certo o que desperta maior atenção sob a perspectiva da possibilidade de imputação, dada a necessidade de investigação interna desta para a determinação da conseqüência jurídica própria: a atribuição do dever de indenizar. A semântica do termo *conduta* remete-nos, o mais das vezes, ao de *ação, ato, comportamento humano comissivo* ou *omissivo* que enseje um determinado resultado. Trata-se, nesse aspecto, de um comportamento tipicamente humano, uma projeção externa humana causadora de conseqüências fáticas que, localizadas nas espécies de atuação eleitas pela norma jurídica, tornam-se, por isso, atos jurídicos, em relação aos quais o direito atribui requisitos e conseqüências. Da conduta contrária a direito – entendida como conduta contrária à norma – surge a classificação própria em se tratando dos pressupostos da responsabilidade: o *ato ilícito*.[299] Este se traduz como omissão de um comportamento devido, cuja determinação verifica-se expressamente pela norma, ou de modo implícito, de outros comportamentos exigíveis do titular de um dever.[300] Da mesma forma, a ilicitude há de ser reconhecida a partir da contrariedade a dever cuja fonte normativa identifica-se tanto nas normas civis quanto penais,[301] bem como – em dadas situações – quanto à responsabilidade do indivíduo frente à Administração, em relação a normas editadas no âmbito administrativo.

O ato ilícito com pressuposto da responsabilidade civil, nesse sentir, inserindo-se na tutela genérica de interesses socialmente valiosos, é compreendido em relação à pessoa como *violação de um dever jurídico de não lesar*. Já o que se há de considerar por lesão é termo de

---

299 JORGE. *Ensaio...*, p. 70.

300 Ibidem, p. 72.

301 É conhecida a distinção, demonstrada, dentre outros por Aftalión, entre a tutela penal e civil, estando a primeira afeita à estimação de atos humanos especialmente perigosos e lesivos à convivência pacífica e à tranqüilidade social, ou seja, a tutela reflexa do bem jurídico segurança social. AFTALIÓN, Enrique R.; VILANOVA, José; RAFFO, Julio. *Introdución al derecho*. Buenos Aires: Abeledo Perrot, 1999, p. 891-892. O direito civil, de outro modo, estabeleceria seu paradigma na tutela do interesse individual, na proteção contra violação, dos direitos próprios dos indivíduos, abarcando a órbita de valores de proteção da pessoa, cujo influxo das modernas teorias contemporâneas indicam sua articulação necessária com o direito constiucional (Conforme referimos no item 1.2.1., "B", da I Parte) Nas relações entre a responsabilidade penal e civil, entretanto, embora se distingam quanto à proteção precípua que estejam a determinar, se há comunidade ou aos interesses individuais do titular de direito subjetivo, de algum tempo a doutrina especializada assinala a conexão de ambos como representativos da proteção de interesses sociais comuns. Nesse sentido são clássicas as considerações de: MAZEAUD, Henri; MAZEAUD, Leon. *Traité théorique et pratique de la responsabilité civile*. 4. ed. Paris: Montchrestien, 1945, v.1, p. 229; LARENZ. *Derecho de...*, p. 562. Entre nós, festejado o entendimento de AGUIAR DIAS. *Da responsabilidade...*, v. 1. p. 8.

Responsabilidade Civil da Imprensa por Dano à Honra

necessária atribuição pela norma no exercício de *função valorativa* que lhe é própria, a partir de um juízo prévio de compreensão de determinadas ações humanas como desejáveis ou não sob o prisma da paz social e, modernamente, na proteção da dignidade da pessoa humana. Em razão de uma compreensão valorativa de certos comportamentos sociais é que, por intermédio de determinações de natureza imperativa, prescritiva ou proibitiva, a norma elege condutas em face da lesão a direito que a ordem jurídica pretende evitar.

Contudo, a mera identificação do ato ilícito e sua vinculação à ocorrência de um dano, por si, na teoria clássica da responsabilidade civil, não completavam os requisitos necessários para a imputação de responsabilidade. Era necessário, para a verificação de responsabilidade, a investigação da motivação interna do sujeito que realizou a conduta e sua inclinação ao resultado danoso presumido. Sob a égide da *teoria da culpa*, os juristas clássicos dos séculos XVIII e XIX estabeleceram como elemento necessária da conduta a presença da culpa em sentido amplo, como *conditio sine qua non* para a imputação de responsabilidade e do conseqüente dever de indenizar. Pothier, por exemplo, cuja obra é das principais inspirações do Código Civil francês, identifica nos *delitos* e nos *quase-delitos*, ambos caracterizados sob a égide da ilicitude, a terceira e a quarta causas das obrigações, respectivamente. Ambas, todavia, sob a marca do elemento interno do agente. Nos *delitos*, quando "por ato pelo qual uma pessoa, por dolo ou maldade, causa perda ou dano a outra", enquanto nos *quase-delitos*, identificava-se "o ato pelo qual uma pessoa, sem maldade, mas por imprudência que não seja desculpável, causa algum dano a outro".[302]

A teoria da culpa, demonstra Aguiar Dias, foi resumida de modo definitivo por Rudolf Von Ihering, pela máxima "sem culpa, nenhuma reparação".[303] E, em que pese a evolução legislativa em direção à responsabilidade pelo risco, seu caráter subjetivo mantém-se como regra nuclear do sistema de responsabilidade em direito civil (artigo 186 do Código Civil).

Assim é que, em termos de responsabilidade civil da imprensa, seu fundamento legal do artigo 49 da Lei 5.250/1967, ou mesmo a aplicação direta do Código Civil pela jurisprudência (artigo 186), tem o fundamento da culpa, identificada na conduta dolosa, ou quando o ofensor atua com negligência, imprudência ou imperícia, permanece sendo reclamado como pressuposto da imputação do dever de indenizar.

A doutrina moderna, é consabido, verificada a insuficiência da teoria da culpa, constrói a partir de diversos entendimentos convergentes aquela que será sua antagonista mais famosa: a denominada

---

[302] POTHIER, R. J. *Tratado das obrigações*. Campinas: Servanda, 2001, p. 113.

[303] AGUIAR DIAS. *Da responsabilidade...*, v. 1, p. 42.

teoria do risco. Esta se articula, então, sob o argumento da possibilidade do reconhecimento da responsabilidade sem culpa, fundada no chamado *princípio do interesse ativo*, pelo qual o sujeito que desenvolve em seu interesse uma atividade qualquer, responde pelas conseqüências dela provenientes.[304] Nesse caso, o fundamento da imputação passa a ser o fato da atividade em si, e não o elemento interno do agente capaz de determinar condição psicológica capaz de atuar na determinação do resultado danoso.[305]

Há casos, entretanto, que a mera aplicação da teoria do risco, numa relação de causalidade absoluta entre a conduta e o dano, a partir de um raciocínio lógico-natural, pode levar a situações insustentáveis, em que a mera alegação do prejuízo e a demonstração do nexo causal sirvam de fundamento à imputação de responsabilidade ao agente da conduta. Como já dissemos, tais circunstâncias são absolutamente reprováveis, por exemplo, nas hipóteses em que o conteúdo da conduta for realizado por um exercício de direito, no qual o juízo determinante para imputação de responsabilidade deverá ser a correção, a regularidade do exercício pelo titular do direito. E nesse campo, note-se, é que se situa a investigação da conduta[306] no que é pertinente à responsabilidade civil da imprensa.

A conduta do agente na responsabilidade civil da imprensa deve ser vislumbrada, antes, tendo em conta a peculiaridade da atividade e do modo como se desenvolve. Ao referirmos a atividade de impren-

---

[304] Ibidem, p. 54.

[305] No mesmo sentido, a configuração do dolo eventual, pela assunção do risco: "RESPONSA-BILIDADE CIVIL IMPRENSA. CRÍTICA A ATO JUDICIAL QUE ATINGIU A PESSOA DO MAGISTRADO. LIBERDADE DE INFORMAÇÃO. DIREITO À HONRA E À IMAGEM. A liberdade de imprensa encontra limites no próprio texto constitucional, que também resguarda, em cláusulas pétreas, os direitos individuais. A crítica a ato judicial, por outro lado, não pode atingir indevidamente a pessoa do magistrado, que apenas exerceu a sua missão constitucional, deliberando segundo sua consciência jurídica e livre convencimento, sendo-lhe vedado submeter-se a qualquer outra influência, como eventual repercussão junto à mídia ou opinião pública, razão, aliás, da forma de sua investidura e das garantias que lhe são atribuídas pela sociedade, através do poder constituinte originário. Dolo eventual. Assumir o risco equivale ao querer. Lei de Imprensa. Tarifação. Inaplicabilidade. Indenização. Valor. Critérios. Improcedência em relação à co-ré, que vai mantida. Apelação do autor parcialmente provida, improvendo-se a da ré." (Tribunal de Justiça do Rio Grande do Sul. Apelação Cível n° 70001201532. Relator: Luiz Ary Vessini de Lima. Julgado em 30/11/2000).

[306] O exame da conduta, entretanto, como manifesta-se boa parte da jurisprudência, se dá, no caso da preservação do material divulgado, no seu exame direto, determinando a possibilidade de julgamento antecipado. Assim, a decisão do STJ: "PROCESSO CIVIL. RECURSO ESPECIAL. 1. MATÉRIA CONSTITUCIONAL. Quando o Tribunal *a quo* deixa de aplicar norma legal, para aplicar norma constitucional, o respectivo acórdão só pode ser atacado por recurso extraordinário. 2. DANO MORAL. PROVA PRÉ-CONSTITUÍDA. JULGAMENTO ANTECIPADO DA LIDE. Se o pedido de indenização por dano moral resulta de notas, comentários e charges publicados em jornal, a prova se circunscreve a esses elementos, autorizando o julgamento antecipado da lide. Recursos especiais não conhecidos." (Superior Tribunal de Justiça. Recurso Especial n° 330209/SP. Relator Min. Ari Pargendler. Julgado em 25/09/2001. Publicado DJU 18/02/2002, p. 421).

sa e a imputação de responsabilidade civil, não é demais considerar que o critério de separação de planos sobre o qual nos concentramos, é estabelecido pelo critério dinâmico da realização de uma determinada atuação, não pela competência própria do exercício de uma dada atividade.

A imprensa, nesse sentido, é o meio pelo qual se realiza a atividade (conduta) capaz de provocar dano. E o desenvolvimento da atividade, na sociedade moderna, mesmo por sua importância institucional no regime político democrático, deve pautar-se por pluralismo e abertura dos meios de comunicação à produção da informação e da crítica jornalística. Conceitualmente, portanto, através da atividade dos órgãos de comunicação social, tanto os profissionais de imprensa, quanto membros diversos setores da vida social, acadêmica, política, cultural entre outros, dispõem do veículo de comunicação para, no desempenho da função de informar, ou na formulação de juízos críticos acerca de fatos ou situações, constituírem o debate público sobre as situações de interesse público.

É necessário, portanto, para a correta dimensão da conduta imputável, a distinção quanto aos deveres de profissionais (jornalistas) e não-profissionais, que a rigor podem realizar a atividade, fundado em princípio de liberdade, mas do mesmo modo não lhe pode ser exigido o domínio da técnica inerente à profissionalidade do exercício. No mesmo sentido há de considerar-se quando a imprensa exerce sua atividade de interesse público, ou serve de veículo para espetáculos de entretenimento, de nítido caráter comercial. Aos não-profissionais em geral, assim como ao conteúdo veiculado pela imprensa que não tenha caráter informativo ou de crítica pertinente ao interesse público, não há justificativa que indique aos mesmos a aplicação da Lei n. 5.250/1967. Ao contrário, nas hipóteses em que os órgãos de comunicação social constituem-se mero veículo pelo qual estejam sendo exercidas outras atividades quaisquer, como o comércio, profissões de fé religiosa ou prestação de serviços, tais atividades não possuem qualquer característica distintiva que as afaste da aplicação da legislação ordinária do Código Civil, ou mesmo, quando for o caso, a legislação especial como na hipótese da atividade comercial, a legislação própria de proteção do consumidor.[307]

Os direitos de personalidades de todos os que foram retratados ou de qualquer modo referidos nos respectivos veículos de comunicação, estão em condições de serem lesados, pelo que se há de reclamar de todos o dever geral de não lesar.

No caso da conduta do profissional da imprensa, uma primeira tese a considerar é a da necessidade de identificação do comporta-

---

[307] Nesse particular, concordamos, em parte, com PODESTÁ. *Interesses difusos...*, p. 121-122.

mento culposo do agente. A culpa, nesse caso, em sentido amplo, dentro da lógica que no direito brasileiro tem seus elementos explicitados no artigo 186 do Código Civil. Nesse aspecto, o que se há de identificar sobre o agente é o seu elemento subjetivo próprio, culpa em sentido estrito (violação involuntária de dever, por negligência ou imprudência),[308] ou mesmo a violação voluntária.[309]

De acordo, temos o entendimento de Karl Larenz, indicando a perfeita noção de que ao ato ilícito que fundamenta a responsabilidade, se há de reconhecer sua antijuridicidade e culpabilidade, para o efeito de ser imputável.[310] A antijuridicidade é contrariedade ao direito ou à moral, e se depreende da existência do dano. Quanto à culpabilidade, se não afirmarmos sobre o elemento subjetivo da conduta do autor do ato, não se poderá dizer da sua presença, pelo que não se há falar sobre a imputação de responsabilidade. Nesse sentido, é reconhecida em diversos ordenamentos a presença de justificativas para conduta dos órgãos de comunicação social, que excluem sua ilicitude, como o consentimento da vítima, a presença de interesse

---

[308] Assim, por exemplo, o entendimento do STJ: "Dano moral. Notícia de jornal. Equívoco. Valor da indenização. Lei nº 1.060/50, art. 11, § 1º. Sucumbência recíproca. Art. 460 do Código de Processo Civil. 1. O dano moral, como sabido, é o sofrimento humano, a dor, a mágoa, a tristeza infligida injustamente a outrem, alcançando os direitos da personalidade protegidos pela gala constitucional. Ao contrário de escusar o ilícito, a alegação de erro, equívoco, justifica a reparação pelo dano causado. Isso, como é curial, põe por terra a pretensão da empresa recorrente de ser 'até compreensível pequenos deslizes no ato de informar'. Ninguém tem direito a cometer deslizes com a honra alheia. 2. Está entregue ao prudente arbítrio do juiz a fixação do valor da indenização sendo a melhor técnica a da quantia certa. 3. Reconhecendo embora a divergência jurisprudencial, a melhor interpretação é a que tem por revogado o § 1º do art. 11 da Lei nº 1.060/50 diante da disciplina do § 3º do art. 20 do Código de Processo Civil. 4. Sendo certo o valor indicado na inicial, a fixação de valor inferior pelo juiz, repercute nos ônus da sucumbência. 5. Havendo pedido expresso de desagravo público, o provimento da apelação configura negativa de vigência do art. 460 do Código de Processo Civil. 6. Recurso especial principal conhecido e provido, em parte. 7. Recurso especial adesivo não conhecido." (Superior Tribunal de Justiça. Recurso Especial 109470 / PR. Relator: Min. Carlos Alberto Menezes Direito. Julgado em 15/12/1997. Publicado DJU 21/06/1999, p. 149).

[309] Ou ainda, a identificação de dolo eventual, com a assunção do risco de dano, conforme entendimento do STJ ao qualificar a conduta do veículo de comunicação. Responsabilidade civil. Imprensa (publicação de notícia ofensiva). Ofensa à honra. Dano moral. Valor da indenização. 1. Consoante a decisão recorrida, "Valor indenizatório a ser estabelecido de acordo com o critério do prudente arbítrio judicial de modo a compor o dano moral de modo razoável e que não se ponha irrisório para a empresa jornalística, pondo-se como forma de efetiva proteção na preservação dos direitos constitucionais à intimidade e do nome das pessoas. Inaplicabilidade do tarifamento previsto na Lei de Imprensa, diante do fato de a reportagem beirar o dolo eventual, hipótese a afastar sua incidência, além de se mostrarem irrisórios os valores naquela estabelecidos, também não preencherem os requisitos da reparação e, principalmente, da sua atuação como freio às violações dos direitos da personalidade". Em tal sentido, na jurisprudência do STJ, REsp's 52.842 e 53.321, DJ's de 27.10.97 e 24.11.97. 2. Súmulas 283/STF e 7/STJ, quanto à cláusula "diante do fato de a reportagem beirar o dolo eventual". 3. Inexistência de dissídio jurisprudencial. 4. Recurso especial não conhecido. (Superior Tribunal de Justiça. Recurso Especial 192786/RS. Relator: Min. Nilson Naves. Julgado em 23/11/1999. Publicado DJU 27/03/2000, p. 95).

[310] LARENZ. *Derecho de...*, p. 562-563.

Responsabilidade Civil da Imprensa por Dano à Honra

preponderante, ou expressa autorização da lei.[311] Nesse último caso, considera-se em direito brasileiro, como típica espécie de autorização legal, a excludente presente no artigo 27 da Lei de Imprensa, a qual fornece os marcos de licitude do exercício do direito de crítica pela imprensa.

A responsabilidade pelo exercício da atividade de imprensa, segundo esta visão, só pode surgir do mau exercício, do que podemos inferir, da conexão de sentido necessária entre o exercício da atividade e os direitos-liberdades que a legitima. Nesse aspecto, o mau exercício da atividade confunde-se com o mau exercício do direito subjetivo de que é titular o profissional, exercício irregular, o que autoriza de pronto a identificarmos na espécie a figura do abuso do direito (infração dos limites ao exercício do próprio direito, de acordo com a máxima do *neminem laedere qui sui ius utitur*).[312] De se considerar, entrementes, que a presença da culpa é elemento necessário a sua caracterização, de modo que se impute ao agente, na exata dicção de Larenz, "também aquelas conseqüências da sua atuação que não haja previsto, ou, ainda, que não haja querido, mas com as quais, segundo a previsão humana devia contar e portanto, seriam controláveis por si".[313] Em se tratando de responsabilidade de profissional, o que há de exigir-se, no ordinário do exercício da sua atividade, são as cautelas necessárias, além da técnica do ofício que se investe de profissionalidade.[314]

---

[311] Nesse sentido, dentre outros, veja-se: BARRELET, Denis. *Droit de la communication*. Berne: Staempfli Editions SA, 1998, p. 376 et seq.

[312] "CIVIL E PROCESSUAL CIVIL. RESPONSABILIDADE CIVIL. LEI DE IMPRENSA. NOTÍCIA JORNALÍSTICA. MÉDICO OFENDIDO. ABUSO DO DIREITO DE NARRAR. PRAZO DECADENCIAL. INAPLICABILIDADE. NÃO-RECEPÇÃO PELA CONSTITUIÇÃO DE 1988. NEGATIVA DE PRESTAÇÃO JURISDICIONAL. INOCORRÊNCIA. DANO MORAL. *QUANTUM* INDENIZATÓRIO. CONTROLE PELO SUPERIOR TRIBUNAL DE JUSTIÇA. VALOR RAZOÁVEL. PRECEDENTES. RECURSO DESACOLHIDO. I – O prazo decadencial previsto na Lei de Imprensa (art. 49) não foi recepcionado pela Constituição de 1988. II – O valor da indenização por dano moral sujeita-se ao controle do Superior Tribunal de Justiça, sendo certo que, na fixação da indenização a esse título, recomendável que o arbitramento seja feito com moderação, proporcionalmente ao grau de culpa, ao nível sócio-econômico do autor e, ainda, ao porte econômico do réu, orientando-se o juiz pelos critérios sugeridos pela doutrina e pela jurisprudência, com razoabilidade, valendo-se de sua experiência e bom senso, atento à realidade da vida e às peculiaridades de cada caso. III – Na espécie, o valor fixado a título de danos morais não se mostrou exagerado, notadamente em razão dos precedentes da Turma em casos semelhantes. IV – Não há negativa de prestação jurisdicional quando examinados todos os pontos controvertidos. Ademais, os embargos de declaração não são a via apropriada para que a parte interessada demonstre seu inconformismo com as razões de decidir." (Superior Tribunal de Justiça. Recurso Especial nº 264515 / RJ. Relator Min. Sálvio de Figueiredo Teixeira. Julgado em 13/09/2000. Publicado DJU 16/10/2000, p. 318).

[313] LARENZ. *Derecho de...*, p. 564, tradução livre.

[314] Assim veja-se: ZENO, Vincenzo Zencovich; CLEMENTE, Michele; LODATO, Maria Gabriela. *La responsabilità professionale del giornalista e dell'editore*. Padova: Cedam, 1995, p. 180. Advogam esses autores que guarde o jornalista no desempenho de sua ativdade um método científico que garanta o apuro de suas atividades e, mais, que reforcem seu dever de cautela.

Em sentido diverso, entretanto, fundamentada na observação da atividade de comunicação social, atualmente, como reveladora de nítida vocação econômica, os que entendem que a responsabilidade civil, nesse caso, emerge do risco que a mesma passa a dar causa para a coletividade. Conforme já mencionamos, os autores que defendem esta tese advogam o caráter substancialmente injusto de, sendo fonte de ganhos econômicos para aquele que explora a atividade, os riscos dela emergentes sejam divididos com a comunidade. E, no caso da vítima de danos, arque esta com o ônus de identificar e caracterizar a culpa do órgão e de comunicação social.[315]

A regra no direito legislado brasileiro, segundo o sistema da Lei n. 5.250/1967, como várias vezes referimos, é da necessidade da prova de dolo ou culpa para a caracterização da responsabilidade por fato próprio no exercício da liberdade de manifestação do pensamento e de informação pela imprensa (artigo 49). Da mesma forma, é reconhecida a responsabilidade da empresa que explore a atividade de comunicação social, na hipótese da ofensa ter sido cometida mediante publicação ou transmissão em jornal, periódico ou serviço de radiodifusão ou agência noticiosa pela reparação dos danos causados (artigo 49, § 2º), assistindo-lhe o direito à ação regressiva (artigo 50). Não há, portanto, distinção para a empresa que explore a atividade de comunicação social em relação a quem deu causa à falta, desde que esta tenha sido realizada pelos meios de sua propriedade, pelo que em relação ao mesmo não haverá de se mencionar responsabilidade por ato próprio, mas ao contrário, típica responsabilidade pelo fato de outrem.[316] Note-se, nesse caso, que a responsabilidade da empresa que explora a atividade de comunicação, pela Lei de imprensa, é mais ampla do que o do sistema geral do Código Civil, se considerar-se a responsabilidade pelo fato de outrem, uma vez que esta seria cabível apenas quando o autor do escrito, transmissão ou notícia, ou o responsável por sua divulgação, mantivessem relação empregatícia, situação em que a responsabilidade do patrão decorreria de presunção de culpa, submetendo-se ainda a eventuais discussões sobre o desvio da conduta do empregado.[317] Não ocorreria, entretanto, se a hipótese fosse de responsabilidade pelo risco, de acordo com o que dispõe o artigo 927, parágrafo único, do Código Civil.

A discussão quanto à legitimidade passiva nas ações reparatórias de danos causados pelos órgãos de comunicação social mereceu des-

---

315 Nesse sentido: PIZARRO. *Responsabilidad civil...*, p. 386 et seq.

316 Assim também no direito português, conforme a lição de: REBELO, Maria da Glória Carvalho. *Responsabilidade civil pela informação transmitida pela televisão*. Lisboa: Lex, 1999, p. 162-163.

317 O que observa grande polêmica em nosso direito, conforme refere CAVALIERI FILHO. *Programa...*, p. 142.

taque na jurisprudência. A técnica legislativa da Lei n. 5.250/1967, em que pese tenha consignado a responsabilidade do autor do escrito, do diretor de redação, editor, produtor, bem como o proprietário do órgão de comunicação, dentre outros, o faz de modo que esses só poderiam ser alcançados pela ação regressiva do responsável direto, qual seja, a empresa que explora o meio. O artigo 50 da Lei de Imprensa, refere: "A empresa que explora o meio de informação ou divulgação terá ação regressiva para haver do autor do escrito, transmissão ou notícia, ou do responsável por sua divulgação, a indenização que pagar em virtude da responsabilidade prevista nesta Lei". Nesse sentido, defendeu Rui Stocco, que a legitimidade passiva do jornalista profissional, na hipótese em que tenha sido ele o autor ou responsável pela divulgação da notícia, só há de se admitir na hipótese em que, comprovada sua culpa ou dolo – fundamento da ação de regresso – tenha arcado a empresa com as despesas da indenização.[318] Não seria o caso, entretanto, daqueles que, utilizando-se dos órgãos de comunicação social, através de artigo assinado, entrevista concedida, ou outros meios quaisquer, pelos quais viessem a expressar seu pensamento. Em todos esses casos, a hipótese seria de aplicação da cláusula geral de ilicitude subjetiva do Código Civil.[319]

Outra, entretanto, a posição de Antônio Junqueira Azevedo, que menciona: "[...] posicionar-se pela ilegitimidade passiva dos jornalistas, pessoas físicas, não corresponde a um bom entendimento da própria lei. Nela, a norma, que prevê a responsabilidade das empresas jornalísticas e, inclusive, ação regressiva contra o autor do escrito (artigo 50, da Lei de Imprensa), de forma nenhuma exclui a responsabilidade do autor. Não há nenhum preceito nesses sentido".[320]

Segundo desvela o eminente professor da USP, utilizando-se para tanto da compreensão de Darcy Arruda Miranda sobre o problema,[321] o sentido pretendido pela Lei de Imprensa era o de garantia da idoneidade financeira do legitimado passivo para suportar o pagamento da indenização.[322]

Outra, contudo, a posição do Superior Tribunal de Justiça, que, na Súmula n. 221, firmou seu entendimento no sentido de que "são civilmente responsáveis pelo dano decorrente de publicação pela im-

---

[318] STOCCO, Rui. Lei de imprensa: sujeito passivo da ação de indenização. *Revista dos Tribunais*, São Paulo, n. 752, p. 42-46, 1998.

[319] Ibidem, p. 45.

[320] JUNQUEIRA DE AZEVEDO, Antônio. Algumas considerações sobre a atual Lei de Imprensa e a indenização por dano moral. *Revista Justitia*, São Paulo, v. 177, p. 66-71, jan./mar. 1997.

[321] MIRANDA, D. *Comentários...*, p. 745.

[322] JUNQUEIRA DE AZEVEDO, op. cit., p. 69.

prensa, tanto o autor do escrito, quanto o proprietário do veículo de divulgação", afastando nesse caso a aplicação da Lei de Imprensa.[323]

Daí por que, em matéria de responsabilidade civil da imprensa por dano à honra, sua configuração só pode ser admitida quando comprovada que a causa da ofensa traduziu-se pela atuação direta da imprensa, independente da forma como esta se deu. Sendo o órgão de comunicação o responsável pela lesão à honra, ilícita sua conduta, ensejando, então o dever de indenizar.

---

[323] Entretanto, em se tratando de pessoa jurídica, *a priori*, é excluído o sócio como legitimado passivo. Assim decidiu o STJ: "IMPRENSA. Responsabilidade civil. Sócio da empresa proprietária. O sócio da pessoa jurídica proprietária da revista em que publicada a matéria ofensiva, em princípio, não responde solidariamente com a empresa pela indenização do dano. Recurso conhecido e provido." (Superior Tribunal de Justiça. Recurso Especial n° 336783 / PR. Relator Min. Ruy Rosado de Aguiar. Julgado em 16/04/2002. Publicado DJU 10/06/2002, p. 216). No mesmo sentido: "CIVIL. AÇÃO INDENIZATÓRIA. OFENSAS TRANSMITIDAS EM PROGRAMA DE RÁDIO. DANO MORAL. ACÓRDÃO, EM AGRAVO DE INSTRUMENTO, QUE REINCLUI NA LIDE O DIRETOR-PRESIDENTE DA EMPRESA PROPRIETÁRIA DO VEÍCULO DE COMUNICAÇÃO. LEGITIMIDADE PASSIVA NÃO CONFIGURADA. PERMANÊNCIA NO PÓLO PASSIVO DOS JORNALISTAS RESPONSABILIZADOS PELA DIVULGAÇÃO DA NOTÍCIA E DA PESSOA JURÍDICA DONA DA EMISSORA. SITUAÇÃO DOS PROFISSIONAIS DE IMPRENSA AINDA PENDENTE DE EXAME NA FASE COGNITIVA DA DEMANDA. PERMANÊNCIA ATÉ ULTERIOR EXAME DA PROVA A RESPEITO. LEI DE IMPRENSA, ART. 49, § 2°. SÚMULA N. 221-STJ. I. Inexiste fundamento legal para a manutenção, no pólo passivo de ação indenizatória, do Diretor-Presidente da empresa proprietária da emissora que veiculou noticiários nos quais foram referidas acusações ofensivas à autora, se, como determinado no art. 49, § 2°, da Lei n. 5.250/1967 e na Súmula n. 221 dessa Corte, já integram a lide, como réus, a pessoa jurídica titular da rádio e aqueles que atuaram nos programas. II. Responsabilidade dos jornalistas, contudo, e, por conseguinte, a sua legitimidade passiva *ad causam*, ainda pendentes da apuração e exame da prova pela instância monocrática, onde a lide se acha na fase de conhecimento, eis que há controvérsia, não dirimida naquela sede, a respeito da sua participação no noticiário, se apenas como locutores, ou, se ativamente, como autores ou co-autores dos textos tidos como ofensivos. III. Recurso especial conhecido em parte e, nessa parte, provido." (Superior Tribunal de Justiça. Recurso Especial 57072/RS. Relator: Min. Aldir Passarinho Junior. Julgado em 10/04/2000. Publicado DJU 13/08/2001, p. 158). É de afirmar-se, entretanto, que a legitimação ampla do órgão e dos profissionais da imprensa, não descaracteriza a responsabilidade do autor da ofensa, conforme decidiu o STJ: "DANO MORAL. LEGITIMIDADE PASSIVA DO AUTOR DA MATÉRIA JORNALÍSTICA. 1. O autor pode, quando identificado precisamente o responsável, contra este investir diretamente, sem prejuízo da investida judicial contra o periódico que divulgou a notícia. O autor do ataque à honra não pode escapar da ação de reparação de dano com alegação de não ter legitimação passiva, na cobertura do § 2° do art. 49 da Lei da Imprensa. 2. Recurso especial conhecido pelo dissídio, mas improvido."(Superior Tribunal de Justiça. Recurso Especial n° 122862 / RJ. Relator: Min. Carlos Alberto Menezes Direito. Julgado em 03/03/1998. Publicado DJU 26/10/1998, p. 112). No mesmo sentido: "Ofensas cometidas pela imprensa. Interpretação dos artigos 12, 49 e 50 da Lei 5.250/1967. Possibilidade de o ofendido obter reparação de quem fez as declarações ao jornal ou concedeu a entrevista, não estando adstrito a buscá-la exclusivamente junto a quem as divulgou." (Superior Tribunal de Justiça. Recurso Especial n° 122128 / RJ. Relator: Min. Eduardo Ribeiro. Julgado em 10/03/1998. Publicado DJU 31/08/1998, p. 70). Ou ainda, se entender conveniente, poderá a vítima acionar diretamente o jornalista: "Jornalista. Responsabilidade civil. Dano moral. O autor do escrito ofensivo responde diretamente, perante o lesado, pelos danos causados, sem prejuízo da responsabilidade da empresa jornalística." (Superior Tribunal de Justiça. Recurso Especial n° 57033 / RS. Relator: Min. Nilson Naves. Julgado em 10/11/1997. Publicado DJU 20/04/1998, p. 73).

1.1.2. Dano

A violação do direito de personalidade à honra, em razão do exercício da liberdade de informação e de pensamento, enseja o reconhecimento de danos morais e materiais. Desde logo, fixou-se na jurisprudência o entendimento segundo o qual, na hipótese de violação dos direitos da personalidade, há presunção quanto à ocorrência de danos morais.[324]

O dano moral, segundo bem refere Eduardo Zanoni, é o "menoscabo ou lesão a interesses não patrimoniais, provocados pelo evento danoso, ou seja, por fato ou ato antijurídico".[325] Sua definição se estabelece a partir de dois elementos de identificação: a natureza do interesse lesado e a extrapatrimonialidade do bem jurídico afetado. Juristas brasileiros, como Cavalieri Filho, vinculam a figura do dano moral a partir de sua expressão constitucional no artigo 5º, inciso V, da Constituição, como decorrência do princípio da dignidade humana (artigo 1º, inciso III), de modo que sua configuração resta observada a partir de uma atentado à esta mesma dignidade da pessoa. Segundo defende esse autor, a configuração do dano não vai prescindir, justamente da caracterização desse atentado à dignidade.[326]

O dano moral, entretanto, não se subordina à necessidade de prova da sua ocorrência. Por tratar-se, *a priori*, de lesões internas da vítima, causando conseqüências imperceptíveis aos sentidos alheios, como dor, angústia ou sofrimento, a dificuldade que se observa situa-se justamente na determinação de sua existência e eventual extensão. Para solução da questão, a doutrina tem utilizado técnicas ou expressões variadas, como o emprego da lógica do razoável,[327] por exemplo.

---

[324] "CIVIL. RESPONSABILIDADE CIVIL. LEI DE IMPRENSA. NOTÍCIA JORNALÍSTICA. ABUSO DO DIREITO DE NARRAR. ASSERTIVA CONSTANTE DO ARESTO RECORRIDO. IMPOSSIBILIDADE DE REEXAME NESTA INSTÂNCIA. MATÉRIA PROBATÓRIA. ENUNCIADO N. 7 DA SÚMULA/STJ. DANO MORAL. DEMONSTRAÇÃO DE PREJUÍZO. DESNECESSIDADE. VIOLAÇÃO DE DIREITO. RESPONSABILIDADE TARIFADA. DOLO DO JORNAL. INAPLICABILIDADE. NÃO-RECEPÇÃO PELA CONSTITUIÇÃO DE 1988. PRECEDENTES. RECURSO DESACOLHIDO. I – Tendo constado do aresto que o jornal que publicou a matéria ofensiva à honra da vítima abusou do direito de narrar os fatos, não há como reexaminar a hipótese nesta instância, por envolver análise das provas, vedada nos termos do enunciado n. 7 da Súmula/STJ. II – Dispensa-se a prova de prejuízo para demonstrar a ofensa ao moral humano, já que o dano moral, tido como lesão à personalidade, ao âmago e à honra da pessoa, por vez é de difícil constatação, haja vista os reflexos atingirem parte muito própria do indivíduo – o seu interior. De qualquer forma, a indenização não surge somente nos casos de prejuízo, mas também pela violação de um direito. III – Agindo o jornal internacionalmente, com o objetivo de deturpar a notícia, não há que se cogitar, pelo próprio sistema da Lei de Imprensa, de responsabilidade tarifada. IV – A responsabilidade tarifada da Lei de Imprensa não foi recepcionada pela Constituição de 1988, não se podendo admitir, no tema, a interpretação da lei conforme a Constituição." (Superior Tribunal de Justiça. Recurso Especial nº 85019 / RJ. Relator: Min. Sálvio de Figueiredo Teixeira. Julgado em 10/03/1998. Publicado em DJU 18/10/1998, p. 358).

[325] ZANONI. *El daño...*, p. 287.

[326] CAVALIERI FILHO. *Programa...*, p. 88-89.

[327] Ibidem, p. 88.

Daí por que Zanoni vai defender a avaliação desses danos a partir dos interesses não-patrimoniais reconhecidos à vítima do dano pelo ordenamento jurídico, razão pela qual deverão ser avaliados segundo as condições anímicas ou espirituais decorrentes do fato danoso.[328] Nesse sentido, o dano moral passa a ser configurado, essencialmente, como um dano jurídico, uma vez que suas conseqüências, como a dor, frustrações e sentimentos, não sendo provenientes da própria pessoa que as suporta, mas da violação de um direito da vítima.[329]

Entretanto, no que se refere ao dano moral decorrente da ofensa à honra, é de interesse a distinção atualmente relatada pela doutrina, entre danos morais em sentido subjetivo e em sentido objetivo. Esta divisão acompanha a distinção reconhecida ao conceito de honra e o direito à sua proteção, abrangendo tanto a estima pessoal do indivíduo por si mesmo, quanto a projeção externa dos atributos pessoais desta para a comunidade. No caso da divisão entre danos morais objetivos e subjetivos, a mesma é fundamentada no fato de que existem danos extrapatrimoniais cuja configuração é independente do sofrimento ou aflição da vítima.[330] Seria objetivo, então, o dano decorrente da diminuição da consideração social, que representasse, portanto, o menoscabo da personalidade do indivíduo em relação à comunidade. De outro lado, o dano subjetivo emerge das sensações pessoais, personalíssimas da vítima, causando-lhe sensações de perda e sofrimento em razão do atentado à sua honra, e mesmo do receio em relação ao modo como os demais deverão identificar os atributos objeto da menção desonrosa. Da mesma forma, é de se reconhecer nas hipóteses de danos emergentes de ofensa à honra, em determinados casos, o denominado *préjudice d'agrément*. Este foi vislumbrado em nossa doutrina por Clóvis do Couto e Silva, para fazer referência aos prazeres da vida que, em virtude das lesões sofridas, são retiradas da vítima em sua nova condição.[331] Em que pese digam respeito, a grande maioria dos exemplos citados pelo professor gaúcho, a prejuízos decorrentes de lesão à integridade corporal, não nos parece incorreto afirmar que os mesmos podem ser reconhecidos, em determinadas circunstâncias, às hipóteses de ofensa à honra, sobretudo quando tais

---

[328] ZANONI. *El daño...*, p. 292-293. No mesmo sentido veja-se: BITTAR. *Reparação civil...*, p. 29.

[329] STIGLITZ, Gabriel A.; ECHEVESTI, Carlos A. El Daño resarcible. In: MOSSET ITURRASPE, Jorge. *Responsabilidad civil*. 2.ed. Buenos Aires: Hamurabi, 1997, p. 236-237.

[330] Nesse sentido, a lição de SEVERO. *Os danos...*, p. 44; Igualmente: PIZARRO. *Daño moral...*, p. 95.

[331] Como observa Clóvis do Couto e Silva, esses préjudice d'agrément em visão restrita, limitar-se-iam à impossibilidade de participar de atividades desportivas e culturais. Em conceito amplo, envolveriam a perda de sentidos como o gosto e o olfato. COUTO E SILVA, Clóvis. O conceito de dano em direito brasileiro e comparado. In: FRADERA, Vera (Org.). *O direito brasileiro na visão de Clóvis do Couto e Silva*. Porto Alegre: Livraria do Advogado, 1997, p. 233.

Responsabilidade Civil da Imprensa por Dano à Honra

prazeres da vida digam respeito a situações que necessitem que a vítima tenha de desenvolver interações com grupos sociais que passam a considerá-la em razão das informações ou manifestações divulgadas pelos órgãos de comunicação social em sua desonra.

Nota o professor Eugênio Facchini que, em relação aos danos à saúde – razão de ser originária dos *préjudice d'agrément* – o Código Civil em vigor, através do artigo 949, permite a sua reparação, uma vez tendo previsto a disposição menção quanto a *outros prejuízos*.[332]

A distinção entre danos objetivos e danos subjetivos permitiu a extensão do reconhecimento dos danos morais igualmente às pessoas jurídicas. Pela lógica, é reconhecido às pessoas jurídicas colocarem-se sob a proteção dos direitos da personalidade,[333] sobre o que, aliás, dispõem claramente o Código Civil, em seu artigo 53. Daí por que, reconhecendo à pessoa jurídica a honra objetiva, do mesmo modo determina-se seu direito à reparação pelos danos causados a esta,[334] os quais, em linhas gerais, serão determinados pela perda de credibilidade social, o crédito econômico, ou qualquer outra forma de afetação da projeção externa dos atributos que lhe são característicos.[335] Em nosso direito, aliás, esta posição foi pacificada pelo Superior Tribunal de Justiça, através da Súmula n.227, em que o mesmo consigna que "a pessoa jurídica pode sofrer dano moral".

Quanto aos danos materiais, trata-se da regra geral em matéria de responsabilidade civil, decorrente da própria tradição do direito codificado. A visão patrimonialista sobre a qual assentou-se o direito civil moderno determinou à responsabilidade civil a função de equilíbrio entre os patrimônios jurídicos,[336] razão pela qual a reparação do dano passou a considerar-se a partir da *teoria da diferenciação*, justamente na estimação do patrimônio antes e depois do dano.[337]

---

[332] FACCHINI NETO. *Da responsabilidade...*, p. 189.

[333] KAYSER. Les droits..., p. 445-509. Entre nós: ALVES. *A pessoa jurídica...*, p. 81.

[334] BEIGNIER. *L'honneur...* p. 246-247; ALVES. *A pessoa jurídica...*, p. 123.

[335] Em direito italiano, nota Adriano de Cupis a possibilidade de indenização por danos morais à pessoa jurídica independente de culpa ou dolo, na hipótese em que se caracterize a mesma como concorrência desleal, ou o descrédito de produtos, com o objetivo de especulação. DE CUPIS. *Os direitos...*, p. 125-126. Nota o autor que a reputação social em matéria econômica permite a pessoa conseguir bens patrimoniais. Indica que *"a coesão entre aquele bem e este é muito íntima, mas isto não elimina a necessidade da distinção"*. Ibidem, p. 128.

[336] Nesse sentido, veja-se: VINEY. *Traitè de droit...*, p. 16-24. Ainda: VILLEY. Essai sur le mot..., p. 55-56; FIGUEIRA, Eliseu. *Renovação do sistema de direito privado*. Lisboa: Caminho, 1989, p. 203-208. Entre nós, o magistério de COUTO E SILVA. O conceito de dano..., p. 219.

[337] Foi Friederich Mommsem quem reintroduziu a teoria no direito alemão, no século XIX, após longo tempo de ostracismo, indicando que "la expresión id quod interest hace referencia a una equivalencia o ajuste, que es precisamente, la que sirve de base al concepto de interés. Por interés en sentido jurídico, entendemos, concretamente, la diferencia entrre el monto del patrimonio de una persona en un momento dadoy el que tendría de no haberse producido la irupción de un determinado suceso dañoso". Conforme HATTENHAUER. *Conceptos fundamentales...*, p. 104.

Os danos materiais desde então se apresentam como conseqüência natural da responsabilidade civil, distinguindo-se no direito contemporâneo entre danos emergentes e lucros cessantes. Os *danos emergentes* referem-se ao que efetivamente se perdeu, segundo menciona Aguiar Dias, "o cômputo de direitos apreciáveis economicamente e o passivo patrimonial". Os *lucros cessantes* dizem respeito aos ganhos que de acordo com "uma probabilidade objetiva, resultante do desenvolvimento normal dos acontecimentos conjugados às circunstâncias peculiares ao caso concreto".[338]

Grassava no direito brasileiro, há alguns anos atrás, divergência sobre a cumulatividade da indenização a diferentes títulos, decorrentes da reparação de danos materiais e danos morais.[339] Evoluindo a discussão para a jurisprudência e tendo a mesma chegado ao Superior Tribunal de Justiça, este definiu-se pela possibilidade de cumulação, através da Súmula n. 37, referindo que: "são cumuláveis as indenizações por dano material e dano moral oriundo do mesmo fato".

A ofensa à honra quando caracterizada, enseja reparação de danos morais e materiais. No caso concreto, é interessante notar que os dois sistemas de reparação, da Lei de Imprensa e do Código Civil não guardam relação sobre os critérios adotados para fixação da indenização. Quanto à Lei de Imprensa, seus artigos 51 e 52 estabeleciam a denominada indenização tarifada,[340] limitando as indenizações concedidas com fundamento nesses dispositivos a 20 salários mínimos para o jornalista profissional e 200 salários mínimos para a empresa que explora a atividade. Para o arbitramento da indenização, de sua vez, deviam seguir-se os critérios do artigo 53 da mesma lei. Note-se que tais limites aplicavam-se às indenizações por danos decorrentes

---

[338] AGUIAR DIAS. *Da responsabilidade civil*, v. 2, p. 403.

[339] Assim Cavalieri Filho, *Programa...*, p. 87.

[340] Assim dispõem os artigos 51 e 51 da Lei de Imprensa: "Art. 51. A responsabilidade civil do jornalista profissional que concorre para o dano, por negligência, imperícia ou imprudência, é limitada, em cada, escrito transmissão ou notícia: I – a dois salários mínimos da região, no caso de publicação ou transmissão de notícia falsa, ou divulgação de fato verdadeiro truncado ou deturpado (art. 16, incisos II e IV); II – a cinco salários mínimos da região, nos casos de publicação ou transmissão que ofenda a dignidade ou decoro de alguém; III – a 10 salários mínimos da região, nos casos de imputação de fato ofensivo à reputação de alguém; IV – a 20 salários mínimos da região, nos casos de falsa imputação de crime a alguém, ou de imputação de crime verdadeiro, nos casos em que a lei não admite a exceção a verdade (art. 49, § 1°) Parágrafo único. Consideram-se jornalistas profissionais, para os efeitos deste artigo: a) os jornalistas que mantêm relações de emprego com a empresa que explora o meio de informação ou divulgação ou que produz programas de radiodifusão; b) os que, embora sem relação de emprego, que produzem regularmente artigos ou programas publicados ou transmitidos; c) o redator, o diretor ou redator-chefe do jornal ou periódico; o editor ou produtor de programa e o diretor referido a letra b, inciso III, do art. 9°, do permissionário ou concessionário de serviço de radiodifusão; e o gerente e o diretor da agência noticiosa. Art. 52. A responsabilidade civil da empresa e explora o meio de informação ou divulgação é limitada a 10 vezes as importâncias referidas no artigo anterior, se resulta de ato culposo de algumas das pessoas referidas no art. 50.

de atos culposos, não havendo limitação expressa para indenização relativas a danos causados por dolo.[341]

Contudo, a jurisprudência francamente majoritária dos Tribunais brasileiros, e no próprio STJ, reconheceu que, tratando-se de matéria atinente a dano moral causado pela imprensa, a ampla reparabilidade dos danos morais consagrada pela Constituição da República (artigo 5º, inciso V),[342] fez com que não tenham sido recepcionados os dispositivos da Lei 5.250/1967, que limitam a indenização em causa.[343]

Em que pese o entendimento jurisprudencial pelo reconhecimento da indenização tarifada na Lei de Imprensa, há quem sustente[344] que o fato da Constituição da República referir a necessidade do reconhecimento do direito de resposta proporcional ao agravo, faz com que esta exigência de proporcionalidade pudesse ser cumprida plenamente pelo disposto no artigo 53 da lei em questão.[345] Parece-nos um entendimento adequado às exigências constitucionais sobre a matéria. Considerando que o mencionado artigo 53 não foi revogado expressamente, nem quanto a ele pronunciou-se a jurisprudência sobre sua recepção pela Constituição, é correto que se conserve como útil instrumento para o arbitramento e justificação da decisão judicial. Nesse sentido, a proporcionalidade indicada no artigo 5º, inciso V, como requisito da resposta pelo agravo de qualquer natureza, deve conservar-se também com o objetivo de não permitir a indicação de vultuosas indenizações que, determinadas sucessivamente, podem vir a inviabilizar o livre desempenho da atividade jornalística pelos órgãos de comunicação.

Desse modo, estando ausente determinação expressa, devem ser respeitados pelo juiz, na hipótese da ação de reparação de danos, os critérios determinados pelo artigo 53 da Lei de Imprensa.

---

[341] MIRANDA. *Comentários...*, p. 732-734.

[342] Assim: BITTAR, Carlos Alberto. *O direito civil na Constituição de 1988*. 2. ed. São Paulo, 1991, p. 110. GARCIA. *Responsabilidade civil...*, p. 454.

[343] "LEI DE IMPRENSA. Responsabilidade civil. Valor da indenização. Inexistência de limite. A indenização do dano moral decorrente de ofensa praticada através da imprensa não está limitada ao disposto no art. 52 da Lei nº 5.250/1967. Precedentes. Recurso conhecido e provido em parte." (BRASIL. Superior Tribunal de Justiça. Recurso Especial nº 213811 / SP. Relator Min. Ruy Rosado de Aguiar, j. 04 nov. 1999. *DJ* 07 fev. 2000, p. 166).

[344] DONINNI; DONNINI. *Imprensa livre...*, p. 148.

[345] "Art. 53. No arbitramento da indenização em reparação do dano moral, o juiz terá em conta, notadamente: I – a intensidade do sofrimento do ofendido, a gravidade, a natureza e repercussão da ofensa e a posição social e política do ofendido; II – a intensidade do dolo ou o grau da culpa do responsável, sua situação econômica e sua condenação anterior em ação criminal, ou cível fundada em abuso no exercício da liberdade de manifestação do pensamento e informação; III – a retratação espontânea e cabal, antes da propositura da ação penal ou cível, a publicação ou transmissão da resposta ou pedido de retificação, nos prazos previstos na lei e independentemente de intervenção judicial, e a extensão da reparação por esse meio obtida pelo ofendido."

As ofensas aos direitos da personalidade determinam a presunção de dano moral.[346] Trata-se de presunção absoluta vinculada a lesões à esfera moral da pessoa, não se estendendo aos danos materiais, cuja regra geral é da sua comprovação. Entretanto, o Código Civil previu no seu artigo 953, parágrafo único, acerca das regras de indenização por injúria e difamação, que: "Se o ofendido não puder provar prejuízo material, caberá ao juiz fixar, eqüitativamente, o valor da indenização, na conformidade das circunstâncias do caso." A indenização prevista no direito antigo, pelo artigo 1547, parágrafo único, do Código Civil de 1916 era razão para dúvidas da doutrina. De um lado, afirmava-se que ao estabelecer a indenização por eqüidade em face da falta de elementos suficientes para comprovação de prejuízo material, o legislador afeiçoava-se ao entendimento mais antigo, da impossibilidade de reparação dos danos morais. Desse modo, a indenização, se houvesse, diria respeito a danos materiais. De outro lado, entretanto, os que entendiam pela reparabilidade dos danos morais e materiais de forma autônoma.[347]

O novo Código, pela disposição em apreço, combinada com o artigo 186, consagrou o reconhecimento da reparabilidade dos danos morais e materiais, incumbindo ao juiz a apreciação de todas as circunstâncias do caso, de modo a permitir, de modo eqüitativo, *"a justiça no caso concreto".*[348]

1.1.3. Nexo de causalidade

O terceiro pressuposto da responsabilidade civil é talvez, em matéria de responsabilidade civil da imprensa por dano à honra,

---

346 AMARANTE. *Responsabilidade civil...*, p. 266. Nesse sentido, decidiu o STJ: "CIVIL. RESPONSABILIDADE CIVIL. LEI DE IMPRENSA. NOTÍCIA JORNALÍSTICA. ABUSO DO DIREITO DE NARRAR. ASSERTIVA CONSTANTE DO ARESTO RECORRIDO. IMPOSSIBILIDADE DE REEXAME NESTA INSTÂNCIA. MATÉRIA PROBATÓRIA. ENUNCIADO N. 7 DA SÚMULA/STJ. DANO MORAL. DEMONSTRAÇÃO DE PREJUÍZO. DESNECESSIDADE. VIOLAÇÃO DE DIREITO. RESPONSABILIDADE TARIFADA. DOLO DO JORNAL. INAPLICABILIDADE. NÃO-RECEPÇÃO PELA CONSTITUIÇÃO DE 1988. PRECEDENTES. RECURSO DESACOLHIDO. I – Tendo constado do aresto que o jornal que publicou a matéria ofensiva à honra da vítima abusou do direito de narrar os fatos, não há como reexaminar a hipótese nesta instância, por envolver análise das provas, vedada nos termos do enunciado n. 7 da Súmula/STJ. II – Dispensa-se a prova de prejuízo para demonstrar a ofensa ao moral humano, já que o dano moral, tido como lesão à personalidade, ao âmago e à honra da pessoa, por vez é de difícil constatação, haja vista os reflexos atingirem parte muito própria do indivíduo – o seu interior. De qualquer forma, a indenização não surge somente nos casos de prejuízo, mas também pela violação de um direito. III – Agindo o jornal internacionalmente, com o objetivo de deturpar a notícia, não há que se cogitar, pelo próprio sistema da Lei de Imprensa, de responsabilidade tarifada. IV – A responsabilidade tarifada da Lei de Imprensa não foi recepcionada pela Constituição de 1988, não se podendo admitir, no tema, a interpretação da lei conforme a Constituição." (Superior Tribunal de Justiça. Recurso Especial 85019 / RJ. Relator: Min. Sálvio de Figueiredo Teixeira. Julgado em 10/03/1998. Publicado DJU 18/10/1998, p. 358).

347 Nesse sentido: AGUIAR DIAS. *Responsabilidade civil*, p. 777.

348 CARVALHO FILHO, Milton Paulo de. *Indenização por eqüidade no novo Código Civil*. 2. ed. São Paulo: Atlas, 2003, p. 84.

aquele que maior repercussão possa determinar no enfrentamento prático da questão. Os pressupostos clássicos conduta e dano, embora tenham suas características fixadas de forma autônoma, não dão causa à responsabilidade civil sem que haja entre ambos o elemento de ligação ao qual se convencionou denominar nexo ou relação de causalidade.[349] Como afirmamos, trata-se de elemento de ligação entre os outros dois conceitos, que permite a verificação da relação jurídica-factual básica. Demonstra-os, assim, como causa e efeito previstos na norma que regula a responsabilidade civil como determinante do dever de indenizar.

A doutrina identifica a causa de um dano como o fato que contribuiu para provocá-lo ou para agravar os seus efeitos,[350] devendo ser considerados como tais, os prejuízos que não se teriam verificado se aquele não tivesse sido praticado.[351] Não há unanimidade, contudo, em relação aos modos de aferição da responsabilidade. Daí por que se construíram ao longo do desenvolvimento teórico sobre o tema, distintas teorias com o fito de estabelecer o vínculo lógico útil ao direito para determinação da responsabilidade, e conseqüente dever de indenizar. Referimos aqui as mais relevantes, sobretudo em relação ao nosso estudo sobre o dano à honra decorrente da atividade da imprensa. São elas: a) a teoria da equivalência das condições; b) a teoria da última condição; e c) a teoria da causalidade adequada.

A *teoria da equivalência das condições*, também conhecida como teoria da *conditio sine qua non*, refere que é indiferente reconhecer causas condições do dano, uma vez que um acontecimento deveria ser considerado causa de um dano toda vez que se pudesse afirmar que o mesmo não teria ocorrido se todas as condições não tivessem se realizado, de modo que todas elas seriam, em última análise, sua causa. Em que pese seja utilizada em direito penal para determinação da respectiva responsabilidade, no âmbito civil levaria à extensão não razoável do alcance da responsabilidade.[352]

---

[349] ENNECCERUS, Ludwig; LEHMANN, Heinrich. *Tratado de derecho civil*: derecho de obligaciones. Barcelona: Bosch, [s.d], v. 2, t. 1, p. 65.

[350] NORONHA, Fernando. O nexo de causalidade na responsabilidade civil. *Revista dos Tribunais*, São Paulo, n. 816, p. 733-752, out. 2003.

[351] JORGE. *Ensaio...*, p. 389. Daí a orientação do STJ: "CIVIL E PROCESSUAL CIVIL. OFENSA À HONRA. MATÉRIA VEICULADA EM JORNAL. LEGITIMIDADE PASSIVA DO JORNALISTA. O jornalista responsável pela veiculação de notícia ou charge em jornal, de que decorreu a ação indenizatória de dano moral promovida pelo que se julga ofendido em sua honra, tem legitimidade para figurar no seu pólo passivo. Recurso conhecido pela divergência, mas desprovido." (Superior Tribunal de Justiça. Recurso Especial n° 158717 / MS. Relator Min. Cesar Asfor Rocha. Julgado em 10/06/1998, Publicado DJU 28/06/1999, p. 47).

[352] Sustenta Fernando Noronha, que a utilidade da equivalência das condições em direito penal tem sua razão de ser em face da existência, naquele direito, de dois filtros à determinação da responsabilidade, quais sejam a necessidade de adequação do fato ao tipo previsto na norma e a investigação do elemento subjetivo da conduta que, em se tratando do dolo, revelaria a conduta pré-ordenada à realização de um determinado resultado. Em matéria de responsabili-

Como bem refere Clóvis do Couto e Silva, não é o tempo que revela a responsabilidade em matéria de causação do dano, mas a proximidade lógica.[353] Daí por que uma segunda teoria, denominada *teoria da última condição*, cujo fundamento reside na consideração de que, se o efeito danoso resulta do conjunto das condições necessárias, estas só têm força causal quando estiverem reunidas, o que ocorre apenas quando às mesmas juntar-se a última condição.[354]

Esta teoria, contudo, sofre iguais restrições, uma vez que não resolve o caso de danos decorrentes de causas que tenham concorrido de forma simultânea ou complexa para sua realização. Da mesma forma, não auxilia a resposta àqueles casos em que os danos, tendo sido causados em razão de um fato indubitável, não se manifestam de imediato, separando-se no tempo o dano e o fato que lhe deu causa. Por fim, diz-se que não apresenta uma solução justa, uma vez que reconhece ao último fato todas as conseqüências danosas que desencadeia, de modo a desconhecer a contribuição, para as mesmas, dos fatos precedentes.[355]

O nexo de causalidade, entretanto, não se identifica de modo abstrato, mas em consideração a uma situação concreta.[356] Em razão disso é que uma terceira teoria, da *causalidade adequada*, vai estabelecer o nexo de causalidade em razão de ser o ato ou fato condição essencial para efetivação do dano. É dizer que o ato ou o fato apresenta-se como condição idônea para produzir o dano, o que de sua vez é aferida pelo caráter inevitável do seu efeito. Nesse sentido, é reconhecida como causa a condição que se encontra em conexão adequada com o resultado.[357]

A *teoria da causalidade adequada*, segundo refere Pessoa Jorge, é aquela que goza de aceitação dominante, parte da aferição do nexo de causalidade segundo conhecimentos médios,[358] aquilo que normal-

---

dade civil, ainda que se admitisse a existência de um filtro em consideração da responsabilidade civil subjetiva, a partir do conceito de culpa, em matéria de responsabilidade objetiva a extensão dos danos indenizáveis ficaria sem possibilidade de determinação. NORONHA. O nexo de causalidade..., p. 736-737.

353 COUTO E SILVA, Clóvis. Dever de indenizar. In: FRADERA, Vera (Org.). *O direito privado brasileiro na visão de Clóvis do Couto e Silva*. Porto Alegre: Livraria do Advogado, 1997, p. 195.

354 JORGE. *Ensaio...*, p. 391.

355 MOSSET ITURRASPE. Relación causal, p. 109. Da mesma forma Fernando Noronha, para quem exigir que um fato seja necessário com exclusividade, para produzir todo o dano, parece excessivo NORONHA. O nexo de causalidade..., p. 740.

356 COUTO E SILVA. Dever de indenizar, p. 195. No mesmo sentido Mosset Iturraspe, para quem esta não é tarefa para que o legislador determine uma fórmula pronta, mas que merecerá o exame apurado do juiz, com atenção às peculiaridades do caso concreto. MOSSET ITURRASPE, op. cit., p. 111.

357 AMARANTE. *Responsabilidade civil...*, p. 263.

358 JORGE. *Ensaio...*, p. 392.

mente acontece na vida[359] a partir do que, em razão de um determinado antecedente, se dará provavelmente um conseqüente, o qual será o dano. Entretanto, quanto às exatas dimensões desta teoria da causalidade adequada, vai divergir a doutrina.

De um lado, os que consideram a causa adequada como aquela que favorece a produção do dano. De outro, trata-se simplesmente da causa que não é estranha à produção do dano, não necessitando ocupar a posição imediata anterior ao mesmo. Em outros termos, numa formulação positiva, o fato será conseqüência de um dano, sempre que este constitua uma conseqüência normal ou típica da ocorrência daquele. De outro lado, há os que advogam uma formulação negativa, pela qual a causa adequada é aquela que não é indiferente ao surgimento do dano, ficando excluída a causalidade apenas quando se tratar de conseqüências estranhas ao fato.[360]

Da mesma forma, em direito brasileiro são referidas as chamadas concausas. Trata-se da hipótese em que mais de uma conduta, tendo ou não ligação entre si, contribuem como causas para determinação de um dano. Nesse caso, estaria-se diante da hipótese de co-autoria, sem que a determinação dos danos causados fosse suficiente para determinar, por si só, a imputação da responsabilidade.[361]

Todas estas teorias, mas em especial a causalidade adequada e o conceito de concausa, tem sua utilidade para os limites do presente trabalho, no que se refere à determinação da responsabilidade civil da imprensa por dano à honra. Trata-se de um fato inegável que a imprensa, ao divulgar fatos da realidade, termina por determinar-lhes uma projeção que, no curso normal das relações da vida, não teriam atingido sem esta publicidade. Assim é que, à medida que os órgãos de comunicação social divulgam informação ou crítica[362] em condições de determinar a diminuição da estima e consideração social, ou mesmo de modo a expor a pessoa a reações de deboche, escárnio ou humilhação, é evidente que o dano decorrente da projeção desta ima-

---

[359] NORONHA. *Nexo de causalidade...*, p. 742.

[360] NORONHA. *Nexo de causalidade...*, p. 743-744.

[361] COUTO E SILVA. Dever de indenizar, p. 196. PONTES DE MIRANDA. *Tratado...*, v.22, p. 192.

[362] "IMPRENSA. INFORMAÇÃO JORNALÍSTICA. DANO MORAL. 1 – O ordenamento, constitucional, atento à importância dessa atividade para o desenvolvimento da vida social, garante o direito à plena liberdade de informação jornalística, com a narração de fatos e idéias sem lhes alterar o sentido original, e exige sua observância ao direito coletivo de ser corretamente informado. 2 – Nesse aspecto, a ordem constitucional também estabelece o dever de respeito a direitos alheios, inclusive a responsabilidade de reparação a dano moral. 3 – A matéria jornalística que, de maneira irônica, compara a parte a personagem mentiroso e, sem qualquer indício da sua verdade, divulga fato incompatível com a sériedade do seu trabalho, afigura-se abusiva e afasta-se do exercício da plena informação jornalística. 4 – Nessas circunstâncias, essa divulgação expõe um mau conceito da parte para a sociedade, provoca situação que lhe afeta a dignidade, produz sofrimento psicológico e, como conseqüência, dá causa ao advento de dano moral." (Tribunal de Justiça do Rio de Janeiro. Apelação Cível n° 2003.001.01526, Relator Des. Milton Fernandes de Souza. Julgado em 18/03/2003. Publicado em 22/05/2003).

gem pessoal tem na atuação do órgão de comunicação social um elemento essencial e determinante do resultado danoso.

Entretanto, não se há de concluir por isso, que basta a participação da imprensa na divulgação de fatos ou projeção de opiniões para que esteja, por si só, reconhecida sua responsabilidade. Em primeiro lugar, convém examinar as hipóteses excludentes do nexo de causalidade, as quais, em linhas gerais, aplicam-se à responsabilidade civil da imprensa.

O primeiro caso, quando há o consentimento informado do ofendido quanto à realização de uma determinada matéria jornalística ou mesmo uma entrevista. A eventual afetação da honra por conta de informações ou de atos quaisquer praticados pelo próprio indivíduo em dita matéria jornalística poderá atuar como causa de justificação, afastando o órgão de comunicação da causalidade próxima com o resultado danoso.

Ramón Pizarro relata igualmente, como excludente de responsabilidade, o fato de terceiro estranho pelo qual não se deve responder.[363] Nesse ponto surge a questão de identificar se não seria o caso dos danos decorrentes de entrevistas ou quaisquer outras formas em que a imprensa oferece apenas o modo de uma manifestação tida por ofensiva. Nesse sentido, a análise, à luz da teoria da causalidade adequada e das concausas, fornece elementos sobre a contribuição do órgão de comunicação para a determinação do dano decorrente da ofensa. Ao mesmo tempo, a resposta adequada a esta questão não é possível sem que se considere a necessidade de exigir ou não do órgão de comunicação o comportamento culposo, ou se admissível sua responsabilização pelo risco. E, admitida a necessidade da culpa, regra geral pela qual nos inclinamos em situações como a presente, se não estaria contido em um dever geral de diligência e cuidado o controle[364] das manifestações do entrevistado,[365] ou quem, por qualquer

---

[363] PIZARRO. *Responsabilidad de los medios...*, p. 292-293.

[364] Assim entende Guilherme Düring Cunha Pereira, referindo-se aos veículos impressos, indicando que na hipótese de haver nas entrevistas que publica, afirmação de caráter ofensivo, sempre está em suas mãos, deixar de publicar referida entrevista. CUNHA PEREIRA. *Liberdade e responsabilidade...*

[365] A jurisprudência do STJ vem reconhecendo, no caso, a responsabilidade de quem explora o meio, bem como do jornalista, ainda que a ofensa tenha se realizado sob a forma de declarações do entrevistado. Assim o STJ: "CIVIL E PROCESSUAL. AÇÃO DE INDENIZAÇÃO. DANO MORAL. PUBLICAÇÃO EM JORNAL DE ENTREVISTA CONSIDERADA OFENSIVA A MEMBROS DE COMISSÃO DE LICITAÇÃO. DEMANDA MOVIDA CONTRA O ENTREVISTADO. LEGITIMIDADE PASSIVA *AD CAUSAM*. DENUNCIAÇÃO À LIDE DA EMPRESA TITULAR DO VEÍCULO DE COMUNICAÇÃO E DO REPÓRTER RESPONSÁVEL PELA NOTÍCIA. CPC, ART. 70. LEI DE IMPRENSA, ART. 49, § 2º. SÚMULA N. 221-STJ. I. Se a ofensa à moral dos autores decorreu de notícia divulgada em jornal a respeito de fraude em licitação pública internacional, originada de declarações dadas à reportagem por representante de empresa vencida na concorrência, tem-se configurada a responsabilidade prevista no art. 49, § 2º, da Lei n. 5.250/1967, cabendo a denunciação à lide da repórter que produziu a matéria e a pessoa jurídica titular do diário que a publicou. II. Manutenção, todavia, no pólo passivo, do entrevistado, que

outro meio, tem a oportunidade de participar da divulgação de um fato ou manifestação de opinião.

Situação análoga observa-se nas situações em que a ofensa à honra está contida em espaço caracterizado como estranho à atividade editorial do jornal, como na hipótese de matérias divulgada mediante pagamento, referindo-se a opinião ou informação de um indivíduo, grupo, ou pessoa jurídica devidamente constituída. Nesse caso, entendemos que, sendo o autor do escrito devidamente identificado, não há de se considerar a hipótese de imputar a responsabilidade ao veículo de comunicação que lhe dá suporte, sob pena de se impor ônus em desfavor do veículo, e homenagear a irresponsabilidade do formulador da ofensa, o que parece repugnar o direito.[366]

Por fim, uma terceira hipótese que se amolda às excludentes de responsabilidade em direito brasileiro, o caso fortuito ou a força maior. Na hipótese de excludentes reconhecidas à imprensa, apresentam-se como excludentes de força maior a obrigatoriedade de publicação de sentença judicial que implique a causa de danos a

---

forneceu as declarações ofensivas que embasaram a matéria lesiva. III. Recurso especial conhecido e provido em parte." (Superior Tribunal de Justiça. Recurso Especial nº 261802/MG. Relator Min. Aldir Passarinho Júnior. Julgado em 19/10/2000. Publicado DJU 11/12/2000, p. 211). No mesmo sentido: "Responsabilidade civil. Danos morais. Ofensa irrogada em entrevista publicada em jornal. Ação proposta contra quem figurou, na matéria, como entrevistado. Ilegitimidade de parte passiva *ad causam*. Art. 49, § 2º, da Lei n. 5.250, de 09.01.67. É parte legitima passiva *ad causam* nessas hipóteses a pessoa natural ou jurídica que explora o meio de informação ou divulgação, a quem é facultada por lei a ação regressiva contra o entrevistado para haver a quantia que foi compelida a desembolsar. Recurso especial conhecido e provido para julgar extinto o processo sem conhecimento do mérito (art. 267, inc. VI, do CPC)." (Superior Tribunal de Justiça. Recurso Especial nº 74153/RJ. Relator Min. Barros Monteiro. Julgado em 14/10/1997. Publicado DJU 02/02/1998, p. 110).

[366] Não é este, entretanto, o entendimento do STJ, conforme se observa no seguinte julgado: "CIVIL. RESPONSABILIDADE CIVIL. LEI DE IMPRENSA. MATÉRIA PAGA. OFENSA À HONRA. DANO MORAL. PRAZO DECADENCIAL. INAPLICABILIDADE. NÃO-RECEPÇÃO PELA CONSTITUIÇÃO DE 1988. DOUTRINA. LEGITIMIDADE PASSIVA. AUTOR DA MATÉRIA. ORIENTAÇÃO DA SEGUNDA SEÇÃO. VERBETE. N. 284 DA SÚMULA/STF. RECURSO DESACOLHIDO. I – Ao unificar divergência jurisprudencial existente entre as duas Turmas que a compõem, a Segunda Seção desse Tribunal firmou entendimento no sentido de que todos aqueles que concorrem para o ato lesivo, decorrente da veiculação da notícia, ainda que paga, podem integrar o pólo passivo da ação de responsabilidade civil ajuizada pelo ofendido (REsp n. 157.717-MS, j. 10.6.98). II – O prazo decadencial previsto na Lei de Imprensa (Lei 5.250/1967, e arts. 49 e 56) não foi recepcionado pela Constituição de 1988. III – Ausente argumentação a demonstrar a apontada violação de dispositivos legais elencados, é de aplicar-se o enunciado n. 284 da súmula/STF." (Superior Tribunal de Justiça. Recurso Especial nº 120615/RS, STJ. Relator Min. Sálvio de Figueiredo Teixeira. Julgado em 25/10/1999. Publicado DJU 27/03/2000, p. 106). No mesmo sentido: "Responsabilidade civil. Danos morais. Ofensa irrogada em texto publicitário (matéria paga). Legitimidade de parte da empresa que explora o meio de informação ou divulgação. Ainda que se trate de texto publicitário, a ação de responsabilidade civil decorrente da violação de direito deve ser dirigida contra a pessoa natural ou jurídica que explora o meio de informação ou divulgação, a quem se faculta a ação regressiva contra o autor do escrito para haver quantia que foi obrigada a desembolsar (arts. 49, par. 2., e 50 da Lei n. 5.250, de 9-2-67). Recurso não conhecido." (Superior Tribunal de Justiça. Recurso Especial nº 53483/SP. Relator Min. Barros Monteiro. Julgado em 28/03/1995. Publicado DJU 22/05/1995, p. 14413).

terceiros.[367] Entre nós, aliás, a publicação de sentença condenatória do órgão de comunicação é espécie de reparação não-pecuniária, de matriz penal, por ofensa à honra (artigo 68, da Lei n. 5.250/1967), ao lado do direito de resposta, nas hipóteses de fato não-verdadeiro ou errôneo (artigo 29 da Lei n. 5.250/1967). Da mesma forma, nas hipóteses de requisição administrativa dos meios de comunicação pelo Estado, período em que o conteúdo divulgado pelos meios estará determinado pela direção soberana do ente público, podendo-se caracterizar, na hipótese, fato do príncipe. Em ambos os casos, subordina-se a divulgação dos fatos à expressa determinação estatal, razão pela qual não há de referir-se nexo entre a conduta do órgão de comunicação e o dano eventualmente causado.

De outro lado, ainda em relação à ofensa à honra, é necessário considerar sobre elementos que o caracterizam, a hipótese de divulgação por órgãos de imprensa de fato verdadeiro relativamente à pessoa, cuja extensão do conhecimento a terceiros, bem como ao público em geral, determina ou agrava a diminuição do apreço social em relação a mesma. Nesse caso, segundo a linha de raciocínio que desenvolvemos, não há de se reconhecer hipótese de danos em razão da divulgação do fato pela imprensa, uma vez que o conteúdo da proteção jurídica oferecida situa-se no marco de regularidade que se reconhece a tais condutas divulgadas.

Nesse ponto apresenta-se o que se conhece como *segredo da desonra*,[368] o qual se caracteriza pela prerrogativa da pessoa de manter sob segredo aquilo que diga com sua dignidade pessoal, ainda que se tratem de informações verdadeiras. Nesse sentido, seria reconhecido à pessoa o direito a uma proteção em relação a uma dignidade fictícia, mesmo contra ataques da verdade, o que se admitiria pela restrição das possibilidades de uso da *exceptio veritatis* para excluir eventual responsabilidade por danos. O exame desse tópico sob o item do nexo da causalidade, em que pese retornemos a ela no exame dos deveres específicos atribuíveis à imprensa, tem sua razão de ser para o enfrentamento de uma questão conceitual em relação à matéria. É possível que a imprensa, ao divulgar a verdade sobre algo ou sobre alguém, sem que isto importe na violação da privacidade ou da intimidade, venha a causar dano à honra da mesma?

A resposta à questão sob o prisma do nexo de causalidade pressupõe duas *questões prévias*. A *primeira* delas, se é possível admitir a tutela da chamada honra objetiva sem qualquer espécie de relação de conteúdo com os atributos pessoais efetivamente possuídos pelo titular do direito. Em outros termos, se é defensável a proteção de uma

---

367 PIZARRO. *Responsabilidad civil...*, p. 294.

368 DE CUPIS. *Os direitos da personalidade*, p. 139. Entre nós: CUNHA PEREIRA. *Liberdade e responsabilidade...*, p. 109.

projeção externa de atributos os quais a pessoa não possui na realidade. Inclinamos a dizer que não, o que não significa, por si só, a possibilidade de publicação. Para tanto, entendemos que, além da correção do fato divulgado, há de existir uma relação de pertinência entre o informado e um interesse parcial ou geral justificável do público (nesse sentido tratamos no item 2.1.3. *infra*).

Se admitida a hipótese, como defende Adriano De Cupis,[369] é certo que segundo a causalidade adequada é rigorosamente imputável responsabilidade por danos à imprensa em razão da divulgação do fato danoso. Entretanto, convém questionar como *segunda* questão prévia: a adoção desse entendimento não estaria determinando à liberdade de imprensa um desprestígio de tal magnitude, que seu reconhecimento importaria restrição insuportável a ponto de sacrificar o direito fundamental de liberdade que a fundamenta?

Parece-nos que exclusivamente sob a perspectiva do nexo de causalidade não é possível determinar a solução da questão. É certo que a ponderação dos direitos fundamentais em conflito, nesse caso, deverão considerar as circunstâncias do caso, bem como o respeito aos deveres específicos determinados à atividade de imprensa, dentre os quais tem enorme relevo, para a hipótese, o *dever de pertinência*, do qual trataremos adiante.

1.2. Sistemas de responsabilização: a Lei de Imprensa e o novo Código Civil

As normas sobre responsabilidade civil, de um modo geral, têm no Código Civil sua sede jurídica. Exceção à regra se observa quando, em razão de algum fundamento que determine a certas relações jurídicas caráter especial, estas venham receber tratamento distinto da legislação, afeto ao caráter distintivo que a fez distanciar-se do sistema geral.[370] Esta é a posição que se observou no ordenamento jurídico brasileiro, sobretudo nas últimas duas décadas, relativamente ao reconhecimento de microssistemas em direito privado,[371] os quais se assentaram na identificação de uma qualidade especial da matéria sob regulação, com o objetivo de apartar o sentido de igualdade formal consagrado pelo sistema jurídico geral. Os exemplos mais conhecidos entre nós, certamente, são o Código de Defesa do Consumidor (Lei

---

[369] DE CUPIS. *Os direitos da personalidade*, p. 139-140.

[370] Pontes de Miranda já notava no seu majestoso *Sistema de ciência positiva do direito*, cuja primeira edição é de 1922, a tendência de igualização e simetria do reconhecimento jurídico dos fenômenos sociais, como uma conquista do caráter científico do direito, próprio de sua época. PONTES DE MIRANDA. *Sistema de ciência...*, v.4, p. 203-205.

[371] A respeito, em nosso direito, veja-se: GOMES, Orlando. A caminho dos microssistemas. *Novos temas de direito civil*. Rio de Janeiro: Forense, 1983, p. 42 et seq.

8.078/90) e o Estatuto da Criança e do Adolescente (Lei n. 8.069/90), os quais, sob o fundamento de que se assentam sobre diretrizes constitucionais próprias, estabelecem em apartado ao sistema geral do Código Civil, a regulamentação de situações muitas vezes semelhantes, entretanto em consideração a um aspecto subjetivo, decorrente no caso, da proteção constitucional indicada ao consumidor e às crianças e aos adolescentes.[372]

No caso da Lei de Imprensa, não há, em geral, a impressão doutrinária ou jurisprudencial de que se trate de um microssistema à semelhança dos demais. Tratando-se de uma lei de 1967, é necessário considerar a ausência de um vívido debate no direito brasileiro sobre o tema, quando de sua edição, sob o regime autoritário. Mas mesmo hoje não se percebe na doutrina qualquer menção nesse sentido. A ausência desta consideração, entretanto, é perfeitamente factível, se for referido que a Lei de Imprensa não apresenta as características de unidade interior e adequação valorativa reconhecidas como pressupostos de uma definição sistemática.[373] Na verdade, trata-se de lei específica para regular a responsabilidade em matéria civil e penal por delitos cometidos no exercício da liberdade de informação e de pensamento.[374] Não conta assim, com uma unidade subjetiva, uma vez que é aplicável a todo aquele que se adequar às espécies previstas na norma. Nem tampouco possui uma organicidade objetiva, considerando que regula tanto a responsabilidade penal, quanto a civil, sem descurar da responsabilidade administrativa, no caso das empresas de radiodifusão sob o regime de concessão pública.

Daí por que há de se questionar, com o advento do Código Civil de 2002, quais os seus efeitos em relação à legislação especial da imprensa. Os critérios tradicionais de solução de antinomias, consagrados pelo artigo 2° da Lei de Introdução ao Código Civil, dispõem: "art. 2° – Não se destinando à vigência temporária, a lei terá vigor até que outra a modifique ou revogue. § 1° – A lei posterior revoga a anterior quando expressamente o declare, quando seja com ela incompatível ou quando regule inteiramente a matéria de que tratava a lei anterior. § 2° – A lei nova, que estabeleça disposições gerais ou especiais a par das já existentes, não revoga nem modifica a lei anterior [...]." No caso, a lei de imprensa se considera lei especial em relação

---

[372] Nesse sentido, o nosso: MIRAGEM, Bruno Nubens Barbosa. O direito do consumidor como direito fundamental: conseqüências jurídicas de um conceito. *Revista de direito do consumidor*, São Paulo, n. 43, p. 111-132, jul./set. 2002.; MARQUES, Cláudia Lima. *Contratos no Código de Defesa do Consumidor:* o novo regime das relações contratuais. 4. ed. São Paulo: RT, 2002, p. 304 et seq.

[373] Assim observa, em relação aos sistemas jurídicos: CANARIS, Claus-Wilhelm. *Pensamento sistemático e conceito de sistema na ciência do direito.* Tradução Antônio Menezes Cordeiro. 2. ed. Lisboa: Calouste, 1996, p. 66 et seq.

[374] MIRANDA, D. *Comentários...*, p. 48.

ao Código Civil, sendo este lei nova, da mesma forma que não há de se reconhecer hierarquia entre ambos.

A interpretação pelos critérios tradicionais de hermenêutica,[375] a partir das disposições da Lei de Introdução, determinam que as relações entre a Lei de Imprensa e o novo Código Civil, sejam determinadas de acordo com duas questões: a) primeiro, a existência de incompatibilidade entre as leis; b) segundo, havendo incompatibilidade, qual a norma deve prevalecer.

Em matéria de responsabilidade civil por danos à honra cometidos pela imprensa, não se há de reconhecer, necessariamente, incompatibilidade entre a norma disposta no artigo 49 da Lei de Imprensa, e a estabelecida no artigo 20 do Código Civil, se a interpretação de ambas concentrar-se apenas em seu aspecto semântico. Em relação ao artigo 17 do Código Civil, entretanto, sua compatibilidade com o artigo 49 da Lei de Imprensa dependerá da interpretação que se indique ao mesmo. Conforme demonstramos, ao proteger o nome da pessoa em relação à representação ou publicação que a exponha ao desprezo público, ainda quando não exista intenção difamatória, o legislador do Código excluiu da hipótese o dolo como fundamento da responsabilidade,[376] preservando-se a necessidade de prova da culpa. Entretanto, de acordo com a disciplina geral observada em matéria de imprensa, seja pelos artigos 17 ou 22 da nova lei civil, apresenta-se a questão se as lesões previstas nestas disposições, estando ou não sob o abrigo das cláusulas gerais de ilicitude dos artigos 186 ou 187 do Código Civil, seriam suscetíveis ou não à aplicação da regra do artigo 927, parágrafo único, que estabelece a responsabilidade decorrente do risco da atividade. Essa interpretação – desnecessário afirmar – afastaria completamente a aplicação do artigo 49 da Lei de Imprensa, em relação à responsabilidade do órgão de comunicação social, em que pese mantenha-o em relação à pessoa natural que tenha produzido o conteúdo divulgado, no que se refere à exigência de dolo ou culpa.

As tensões entre a lei geral representada pelo Código Civil e a lei especial de imprensa não são, entretanto, exclusividade do direito brasileiro. No direito francês, por exemplo, há sensível divergência sobre o tema. Aponta Claire Waquet que, em se tratando de direitos fundamentais da pessoa, tem se inclinado a jurisprudência à aplicação de soluções de direito comum, afastando a incidência da norma especial. Prefere-se, assim a aplicação do artigo 1382 do Código Civil francês, cláusula geral de responsabilidade,[377] a fim de sancionar o

---

[375] Para tanto: PEREIRA DOS SANTOS. *Hermenêutica...*, p. 87 et seq. RÁO, Vicente. *O direito e a vida dos direitos*. 4. ed. São Paulo: RT, 1997, v.1., p. 336-337.

[376] LOTUFO. *Comentários...*, v. 1, p. 71-72.

[377] Assim o art. 1382 do Código Civil francês: "Tout fait quelconque de l'homme qui cause à autrui un dommage, oblige celui par la faute duquel il ist arrivé, à le réparer".

exercício abusivo da liberdade de imprensa.[378] Em sentido contrário, entretanto, aponta Cristophe Bigot, assinalando que a Corte de Cassação ao interpretar o artigo em questão, assinalou que em matéria de responsabilidade civil da imprensa, a lei aplicável ao caso deve ser a lei especial, de 29 de julho de 1881, que ao prever as espécies penais condicionaria o reconhecimento da responsabilidade civil, à identificação dos tipos penais respectivos.[379] Desenvolve o jurista francês então, uma série de considerações acerca da inconveniência da utilização combinada de ambas as disposições, considerando, pelo exame dos trabalhos parlamentares da época de aprovação da lei, que a *mens legislatoris* não concebia a aplicação combinada da lei especial com a legislação ordinária,[380] bem como o fato de que a Declaração Universal dos Direitos do Homem e do Cidadão, que em direito francês tem caráter constitucional, estabelece em seu artigo 11 que os eventuais abusos da liberdade de expressão serão *determinados por lei*.[381]

Sobre o tema, Emmanuel Derieux considera que não há se falar em direito francês, do condicionamento da responsabilização civil à identificação de um dos tipos penais previstos pela lei especial de 129 de julho de 1881. Refere então que, embora normas de direito comunitário, e mesmo a Declaração de Direitos de 1789, submetam a liberdade de comunicação às condições, restrições ou sanções previstas pela lei, não há como excluir-se no âmbito da responsabilidade civil, a incidência da regra geral do artigo 1382 do Código Civil (*tout fait quelconque de l'homme, qui cause à autrui un dommage, oblige celui par la faute duquel il est arrivé, à le réparer*). E isto, sobretudo, em face da expressão *fait quelconque*, a qual não pode limitar sua incidência às disposições da lei especial de 1881, bem como às distinções evidentes da lógica que preside a atribuição da responsabilidade civil e da responsabilidade penal.[382]

Convém lembrar, em relação à nossa Lei de Imprensa, que sua edição se deu sob o regime da Constituição de 1967. Esta previa expressamente, em seu artigo 153, § 8°, que a responsabilidade pelos abusos cometidos seriam estabelecidos *nos termos da lei*. Pontes de Miranda ao discorrer sobre esse dispositivo, notava que não se tratavam, na espécie, de limites à liberdade de pensamento, senão que "a lei somente pode apontar os crimes que, com a manifestação de pen-

---

378 WAQUET, Claire. L'application de l'article 1382 du Code Civil à la liberté d'expression et au droit de la presse. In: DUPEUX, Jean-Yves; LACABARATS, Alain. *Liberté de la presse et droits de la personne*. Paris: Dalloz, 1997, p. 81-85.

379 BIGOT, Cristophe. Le champ d'application de l'article 1382 du Code Civil en matière de presse. In: DUPEUX, Jean-Yves; LACABARATS, Alain. *Liberté de la presse et droits de la personne*. Paris: Dalloz, 1997, p. 63-80.

380 Ibidem, p. 64.

381 Ibidem, p. 65.

382 DERIEUX. *Droit de la communication*, p. 560-561.

Responsabilidade Civil da Imprensa por Dano à Honra

samento, se podem cometer, e à justiça cabe aplicá-la, se tais crimes ocorrem".[383] Como bem se afirmou, a Constituição da República de 1988 não remeteu à norma infraconstitucional a conformação da liberdade de expressão, senão que estabeleceu no próprio texto do artigo 220, § 1º, os direitos fundamentais cuja preservação se opunham à liberdade de imprensa ou, nos termos estabelecidos pela própria norma constitucional, à liberdade de comunicação social.

Nesse sentido é que não cabe à lei infraconstitucional estabelecer quaisquer limites à liberdade de imprensa. Entretanto, é igualmente correto entender que incumbe ao legislador infraconstitucional, bem como ao juiz ao aplicar o direito, ter em consideração os direitos fundamentais estabelecidos na Constituição, o que, em relação à liberdade de imprensa, realiza-se pela interpretação da conformação que lhe estabeleceu o artigo 220, § 1º, da Constituição. Consta do artigo em destaque, como já tivemos oportunidade de examinar na primeira parte: "Art. 220. A manifestação do pensamento, a criação, a expressão e a informação, sob qualquer forma, processo ou veículo não sofrerão qualquer restrição, observado o disposto nesta Constituição. § 1º – Nenhuma lei conterá dispositivo que possa constituir embaraço à plena liberdade de informação jornalística em qualquer veículo de comunicação social, observado o disposto no art. 5º, IV, V, X, XIII e XIV[...]."

Da interpretação do artigo em questão nota-se que o constituinte, ao consagrar – de acordo com a tradição da Primeira Emenda à Constituição norte-americana – que "nenhuma lei conterá dispositivo que possa constituir embaraço à plena liberdade de informação", determina que se observem para tanto alguns dos direitos fundamentais da pessoa, relacionados no artigo 5º do próprio texto constitucional. Daí por que não se incluem como embaraço à livre manifestação, as leis infraconstitucionais que digam respeito à especialização dos direitos fundamentais da pessoa referidos no elenco do artigo 5º da Constituição, dentre os quais a proteção de vida privada, intimidade, honra e imagem da pessoa (artigo 5º, inciso X).

É certo que não será qualquer um o conteúdo da legislação infraconstitucional editada a propósito da especialização do conteúdo das disposições dos direitos fundamentais, que deverá ser considerada por si só, constitucional. É necessário que guardem perfeita simetria com a concordância prática estabelecida na própria Constituição para os direitos fundamentais em questão. Se a propósito de garantir a efetividade de um determinado direito fundamental, o legislador infraconstitucional desconsidere a relação de equilíbrio determinada

---

[383] PONTES DE MIRANDA. *Comentários à Constituição de 1967...* v. 5, p. 162-163.

pela própria Constituição, esta norma será, por isso, inconstitucional.[384]

É de notar-se, ao mesmo tempo, que em relação aos direitos de integridade pessoal como o direito à honra, sua proteção efetiva necessita da atuação do legislador ordinário para concretização do disposto na norma constitucional.[385] Trata-se de estabelecer o que Robert Alexy denominará *competências de direito privado*, pelas quais entende-se que incumbe ao Estado "formular normas que são constitutivas para as ações jurídicas de direito privado e, através delas, para criação, modificação e extinção de posições jurídicas de direito privado".[386] O legislador infraconstitucional opera de modo a estabelecer institutos jurídicos de direito privado que determinem, no âmbito de sua regulação jurídica, os direitos fundamentais estabelecidos pela Constituição.

Exemplifica o jurista alemão mencionando decisão do Tribunal Constitucional, a qual consignava que sem o instituto jurídico de propriedade em direito privado não haveria o direito fundamental de propriedade, razão pela qual, o direito fundamental do indivíduo pressupõe o instituto jurídico propriedade.[387]

O Código Civil, em seus artigos 11 a 21, consagra os direitos da personalidade, operando a concretização legislativa dos direitos fundamentais de proteção da pessoa. Ainda que não encerrem todo o conteúdo de proteção da pessoa em direito privado, em razão do caráter de generalidade que devem observar as normas do Código Civil, as regras previstas pela codificação devem ser interpretadas, à luz da Constituição, como concretização legislativa dos direitos fundamentais que esta consagra.

Daí por que o critério de especialidade da Lei de Imprensa não serve, por si só, para determinar a prevalência da sua aplicação em

---

384 MEDINA GUERRERO. *La vinculacion negativa...*, p. 23 et seq. De acordo com o magistério de Gilmar Ferreira Mendes, "a exigência de que o âmbito de proteção de determinado direito somente pode sofrer restrição mediante lei ou com fundamento em uma lei (reserva legal) já seria suficiente para ressaltar a importância vital da vinculação do legislador aos direitos fundamentais. Se a ele compete, em determinada medida, fixar os exatos contornos de determinado direito fundamental, mediante o estabelecimento de limitações ou restrições, mister se faz que tal tarefa seja executada dentro dos limites prescritos pela própria Constituição. O legislador deve ater-se aqui não só ao estabelecido na Constituição (reserva legal simples/reserva legal qualificada), mas também aos chamados limites dos limites (*Schranken-Schranken*), especialmente ao princípio da proteção do núcleo essencial (*Wesensgehaltsgarantie*) e ao princípio da proporcionalidade (*Verhältnismässigkeitsprinzip*)". MENDES. *Direitos fundamentais*, p. 214.

385 Ocorre que "a vinculação do legislador aos direitos fundamentais assume igualmente inequívoco relevo nos direitos fundamentais de índole institucional (garantias institucionais), tais como o direito de proteção judiciária, o direito de propriedade, o direito à honra, à imagem e à privacidade, uma vez que se cuida aqui, de direitos dotados de âmbito de proteção estritamente normativo (*normgeprägter Normbereich*), que, por isso, necessitam de concretização legislativa específica." Ibidem, p. 214.

386 ALEXY. *Teoría de los...*, p. 468.

387 Ibidem, p. 470.

Responsabilidade Civil da Imprensa por Dano à Honra

face do novo Código Civil. Aliás, considerando que a mesma norma, segundo jurisprudência pacífica dos Tribunais brasileiros, possui diversas disposições não recepcionadas pela ordem constitucional em vigor, não apenas a disciplina dos direitos da personalidade (artigos 11 a 21), mas todas as disposições em relação as quais, existindo previsão expressa na lei especial, confrontem a Constituição da República de 1988, passaram a ser reguladas pelo Código Civil.

1.2.1. A Lei de Imprensa

A Lei 5.250/1967, conhecida como Lei de Imprensa, é o último diploma de uma tradição legislativa brasileira de regulação da atividade da imprensa. Nesse âmbito, a tônica da regulamentação legislativa assume, como conseqüência da instabilidade política e ampla presença do Estado na vida nacional, um caráter de controle e, mesmo, de restrições arbitrárias ao livre exercício da atividade da imprensa.[388] A repressão penal dos denominados abusos da imprensa levou à consideração por muito tempo de que qualquer iniciativa no sentido de regulamentar o exercício da atividade de imprensa encerra uma tentativa de censura ou controle, incompatíveis com o regime democrático.

Nesse aspecto, a própria Lei de Imprensa em vigor tem a sua origem marcada pela censura prévia em vigor à época de sua edição, ainda que suas disposições pudessem ser consideradas tênues, frente aos controles que, na prática, eram impostos pelos órgãos de repressão política.[389]

Ocorre que, com a promulgação da Constituição da República de 1988, e o advento da abertura política, a atividade de imprensa passou a expandir-se para além das matérias às quais até então estava confinada em face dos limites permitidos pelo regime de exceção. Passam a ser desenvolvidas pela imprensa brasileira, novas formas de atuação, identificando-a com os conceitos de fiscal da cidadania, mediadora entre a sociedade e o Estado, espaço de preocupação social ou meio para realização de benemerência pública.[390]

Esta nova dimensão da atividade da imprensa, ao lado do extenso elenco de direitos fundamentais consagrado pela Constituição (em especial o caráter autônomo do dano moral, previsto no artigo 5°,

---

[388] Sobre o tema já citamos, na primeira parte desse trabalho, o brilhante estudo de SODRÉ. *História da imprensa...*, p. 60 et seq.

[389] CASTANHO DE CARVALHO. Liberdade de informação..., p. 22. Sobre a repressão à atividade da imprensa, às margens da disciplina jurídica e do controle formal dos órgãos estatais, veja-se a recente obra de GASPARI, Elio. *A ditadura escancarada*. São Paulo: Companhia das Letras, 2002, p. 207-221.

[390] Assim: MARTINS DA SILVA, Luís. Imprensa e cidadania. Possibilidades e contradições. In: GONZAGA MOTTA, Luiz (Org.). *Imprensa e poder*. Brasília: UnB, 2002, p. 47-74.

inciso V), fez com que começasse a surgir, em números extremamente significativos, ações de reparação de danos decorrentes de ofensa à vida privada, intimidade, honra e imagem, decorrentes da atuação dos órgãos de comunicação social. Ao mesmo tempo, o progressivo reconhecimento e aplicação, pelo Poder Judiciário, dos direitos fundamentais consagrados na nova Constituição, não identificou em diversas disposições da Lei de Imprensa, normas adequadas à tutela reclamada pelas vítimas do dano. Por outro lado, como argumento de defesa em relação ao crescente do número de ações judiciais pretendendo o reconhecimento da responsabilidade civil por danos, os órgãos de comunicação social passaram a identificar a existência de uma *indústria do dano moral*. Esta decorreria da aparente simplicidade com a qual passou a ser reconhecida a responsabilidade dos veículos da imprensa por danos morais, em situações nas quais a razoabilidade, ou a compreensão média das pessoas não percebia mais do que um ligeiro dissabor. No mesmo sentido, passou a contribuir para tanto o fato de o recurso ao Poder Judiciário ter se transformado em estratégia de intimidação, sobretudo da classe política, para evitar que a imprensa desempenhe sua atividade de informação à comunidade, dos assuntos de interesse público.

E além do temor da condenação ao pagamento de altas quantias a título de indenização, o recurso à tutela antecipada (artigo 273 do Código de Processo Civil) provocou episódios de proibição da publicação de matérias jornalísticas sob o risco de ofensa à pessoa nelas referida, e a apreensão de jornais e periódicos visando a proibir sua distribuição em descumprimento à ordem judicial. Tais situações fizeram com que surgisse nova expressão cunhada pelos órgãos de comunicação social em desaprovação ao entendimento do Poder Judiciário nas situações referidas: a *censura judicial*.

É certo que existem inúmeras situações em que se observou o equívoco da decisão do Poder Judiciário, estabelecendo restrição indevida à liberdade de imprensa. Ao mesmo tempo, há de reconhecer-se em outros tantos casos o inverso, quando a falta de providência imediata do Poder Judiciário determinou a ocorrência de danos irreparáveis à vítima de erro em matéria jornalística. Da mesma forma, os valores excessivos de certas indenizações por danos morais já foram inclusive percebidas pelo próprio Poder Judiciário, fazendo com que o Superior Tribunal de Justiça passasse a reconhecer sua competência para o controle do *quantum* indenizatório nestas espécies de ações.[391]

---

[391] "CIVIL E PROCESSUAL CIVIL. RESPONSABILIDADE CIVIL. LEI DE IMPRENSA. NOTÍCIA JORNALÍSTICA. ABUSO DO DIREITO DE NARRAR. RESPONSABILIDADE TARIFADA E PRAZO DECADENCIAL. INAPLICABILIDADE. NÃO-RECEPÇÃO PELA CONSTITUIÇÃO DE 1988. DANO MORAL. PEDIDO CERTO, MESMO SE NÃO QUANTIFICADO O VALOR INDENIZATÓRIO. NEGATIVA DE PRESTAÇÃO JURISDICIONAL. INOCORRÊNCIA. *QUANTUM* INDENIZATÓRIO. CONTROLE PELO SUPERIOR TRIBUNAL DE JUSTIÇA. VALOR

Ocorre que a jurisprudência, através de reiteradas decisões, inclusive o entendimento pacificado do Superior Tribunal de Justiça[392] no exercício de sua competência constitucional de zelar pela vigência da lei federal, bem como pela uniformidade da sua interpretação (artigo 105, inciso III, alíneas "a" e "c", da Constituição), passou a identificar, quanto a determinados dispositivos da Lei de Imprensa, hipóteses de não-recepção pela Constituição da República de 1988. É o dos artigos 51 e 52 da lei, que determinam os limites do valor da indenização (o denominado *tarifamento*, ou *indenização tarifada*),[393] bem como o artigo 56, que estabelece o prazo de três meses, contado da data de conhecimento do fato danoso, para o ingresso da ação de reparação civil (a *"decadência"*, ou *prescrição* do direito de ação).[394] O

EXCESSIVO. CASO CONCRETO. PRECEDENTES. DOUTRINA. RECURSO PROVIDO APENAS PARA REDUZIR O VALOR INDENIZATÓRIO. I – Na linha de entendimento da Turma, é 'desnecessária, na ação de indenização por dano moral, a formulação, na exordial, de pedido certo relativamente ao montante da indenização postulada pelo autor'. II – A responsabilidade tarifada da Lei de Imprensa, assim como o prazo decadencial nela previsto, não foram recepcionados pela Constituição de 1988. III – O valor da indenização por dano moral sujeita-se ao controle do Superior Tribunal de Justiça, sendo certo que, na fixação da indenização a esse título, recomendável que o arbitramento seja feito com moderação, proporcionalmente ao grau de culpa, ao nível socioeconômico do autor e, ainda, ao porte econômico do réu, orientando-se o juiz pelos critérios sugeridos pela doutrina e pela jurisprudência, com razoabilidade, valendo-se de sua experiência e do bom senso, atento à realidade da vida e às peculiaridades de cada caso. IV – Na espécie dos autos, o valor fixado a título de danos morais não se mostrou razoável, notadamente em razão dos precedentes da Turma em casos mais graves. V – Não há negativa de prestação jurisdicional quando examinados todos os pontos controvertidos dos autos. Ademais, os embargos de declaração não são a via apropriada para que a parte interessada demonstre seu inconformismo com as razões de decidir." (Superior Tribunal de Justiça. Recurso Especial nº 243093 / RJ. Relator Min. Sálvio de Figueiredo Teixeira. Julgado em 14/03/2000. Publicado DJU 18/09/2000, p. 135).

[392] Nesse sentido, a recente Súmula nº 281, do STJ.

[393] Assim: "CIVIL E PROCESSUAL. AGRAVO REGIMENTAL. INDENIZAÇÃO. LEI DE IMPRENSA. TARIFAÇÃO. INAPLICABILIDADE. REEXAME DE PROVAS. SÚMULA N. 7- STJ. I. Segundo a jurisprudência do STJ, a responsabilidade tarifada prevista na Lei de Imprensa não foi recepcionada pela Constituição de 1988, de sorte que o valor da indenização por danos morais não está sujeita aos limites nela previstos. II. É inadmissível a pretensão de reapreciar-se fatos e circunstâncias da causa em face do enunciado da Súmula n. 7 do STJ. III. Razoabilidade na fixação do *quantum* indenizatório, o que não justifica a excepcional intervenção do STJ a respeito. IV. Agravo improvido." (BRASIL Superior Tribunal de Justiça. Agravo Regimental no Agravo de Instrumento nº 427830 / RJ, Relator Min. Aldir Passarinho Júnior. j. 03 out. 2002. *DJ* 16 dez.2002, p. 343); "DIREITO CIVIL. LEI DE IMPRENSA. DANO MORAL. INDENIZAÇÃO. VALOR. A Constituição de 1988 afastou, para a fixação do valor da reparação do dano moral, as regras referentes aos limites tarifados previstas pela Lei de Imprensa, sobretudo quando as instâncias ordinárias constataram soberana e categoricamente, como no caso, o caráter insidioso da matéria de que decorreu a ofensa. Recurso não conhecido." (Superior Tribunal de Justiça. Recurso Especial nº 326151/RJ. Relator Min. Cesar Asfor Rocha. Julgado em 05/09/2002. Publicado DJU 18/11/2002, p. 221).

[394] Nesse sentido, a jurisprudência pacífica do STJ: "RESPONSABILIDADE CIVIL. LEI DE IMPRENSA. ART. 56. PRAZO DECADENCIAL. INAPLICABILIDADE. CONSTITUIÇÃO DE 1988. PRECEDENTES. RECURSO DESACOLHIDO. – A sistemática da reparação do dano moral prevista na Constituição de 1988 não acolheu o prazo decadencial estabelecido no art. 56 da Lei de Imprensa." (Superior Tribunal de Justiça. Agravo Regimental no Recurso Especial nº 404070/SP. Relator Min. Sálvio de Figueiredo Teixeira. Julgado em 19/11/2002. Publicado DJU 24/02/2003, p. 240).

entendimento, em ambos os casos, é de que tais artigos importam excessiva restrição à ampla reparabilidade dos danos morais, materiais e à imagem, bem como à proporcionalidade a ser reconhecida entre o dano e a indenização em causa. Da mesma forma, o número crescente de decisões prolatadas em ações versando sobre violação de direito de imagem, que vem concluindo pela não-aplicação da Lei de Imprensa na espécie, mas as normas gerais do Código Civil.[395] Daí por que, seja em relação ao direito civil anterior e, atualmente, em face do novo Código Civil, serão aplicáveis a tais matérias as disposições correspondentes previstas na lei geral.

Permanecem, entretanto, perfeitamente aplicáveis, até que nova legislação venha a dispor sobre as mesmas, as disposições de natureza penal relativas aos crimes contra a honra, as obrigações de registro e documentação, bem como os procedimentos de retificação e resposta previstos na lei, sem qualquer ingerência do novo Código Civil, até pela óbvia falta de pertinência temática deste, em relação a tais matérias.

1.2.2. O novo Código Civil

O processo legislativo de redação, tramitação, aprovação e sanção do novo Código Civil, já foi examinado no presente estudo. Convém examinar, entretanto, de que modo a nova codificação, em matéria de responsabilidade civil, pode ser veículo da irradiação de

---

[395] Assim o entendimento do STJ: "Ação de indenização. Danos morais. Publicação de fotografia não autorizada em jornal. Direito de imagem. Inaplicabilidade da Lei de Imprensa. I. – A publicação de fotografia não autorizada em jornal constitui ofensa ao direito de imagem, ensejando indenização por danos morais, não se confundindo, com o delito de imprensa, previsto na Lei nº 5.250/67. Precedentes. II. – Recurso especial não conhecido. (Recurso Especial 207165/SP, Rel. Antônio de Pádua Ribeiro, 3ª Turma, j. 26/10/2004, p. DJU 17.12.2004 p. 512); "Direito de imagem. Não incidência da Lei nº 5.250/67. 1. Tratando-se de direito de imagem e não de delito de imprensa, não se aplica a Lei nº 5.250/67. 2. Recurso especial não conhecido." (Recurso Especial 179815 / RJ, Rel. Min. Carlos Alberto Menezes Direito, j. 05/10/1999, p. DJU 05/10/1999); "Direito à imagem. Não incidência da Lei de Imprensa. Precedentes da Corte. 1. Já assentou a Corte que o direito à imagem, que pode ensejar reparação autônoma, não se configura como delito de imprensa, estando fora do alcance da Lei nº 5.250/67. 2. Recurso especial conhecido e provido." (Recurso Especial 330933/RS, Rel. Min. Carlos Alberto Menezes Direito, 3ª Turma, j. 23/04/2002, p. DJU 10.06.2002 p. 203); "Processo Civil. Agravo no Agravo de Instrumento. Responsabilidade civil. Ação de indenização por danos morais e materiais. Embargos de declaração. Ausência de omissão, contradição ou obscuridade. Decadência. Reexame de provas. Direito de imagem. Lei de Imprensa. Dissídio jurisprudencial não comprovado. – Os embargos de declaração são corretamente rejeitados quando o acórdão recorrido aprecia os temas levantados pelas partes, não havendo omissão, contradição ou obscuridade a ser sanada. – O art. 56 da Lei de Imprensa, que estipula prazo decadencial de três meses para a propositura de ação visando à indenização por danos morais, não foi recepcionado pela Constituição Federal. Precedentes. – A pretensão de simples reexame de prova não enseja Recurso Especial. – A ação de indenização pelo uso indevido da imagem não é regida pela Lei de Imprensa. Precedentes. – Impede a admissibilidade do recurso especial a não realização do cotejo analítico entre o acórdão recorrido e os arestos paradigmas."(Agravo Regimental no Agravo de Instrumento nº 460284 / RJ. Relatora Min. Nancy Andrighi. Julgado 11/02/2003. Publicado DJU 17/03/2003, p. 227).

Responsabilidade Civil da Imprensa por Dano à Honra

direitos fundamentais em direito privado, através, por exemplo, da interpretação das cláusulas gerais,[396] quanto em relação à aplicação das normas ordinárias relativas aos direitos da personalidade,[397] assim como em face às significativas alterações do mesmo em matéria contratual.[398]

No que diz respeito à responsabilidade civil da imprensa, o advento do novo Código Civil, após longa tramitação legislativa, deve ser observada sob dois aspectos, sendo o primeiro de caráter substitutivo ou não da legislação especial anterior, e o segundo em atenção às novas disposições que consagra, inspirado na lógica do sistema aberto[399] que preside sua concepção.

De outro modo, o Código Civil, como eixo central do sistema de direito privado, é estabelecido como base conceitual de todo o direito privado e mesmo de outros setores do ordenamento jurídico.[400] Ou seja, ao fato de os institutos jurídicos de direito privado terem sua definição genérica estabelecida pelas normas do Código Civil, e por esta razão apresentarem-se como obrigatórios para todos os setores jurídicos.

Assim ocorre com a responsabilidade civil. A cláusula geral do Código Civil para responsabilidade – no Código anterior, o artigo 159 e no vigente, o artigo 186 – tem aplicação em todas as situações nas quais não haja elemento que determine expressamente elemento que aponte expressamente a necessidade de aplicação de uma segunda norma de caráter especial. São os casos das normas reguladoras da responsabilidade no Código de Defesa do Consumidor, na Lei da Propriedade Industrial, e na de Direitos Autorais. No caso da Lei de

---

[396] Assim, o entendimento de Judith Martins-Costa, para quem as cláusulas gerais permitem a migração de conceitos e valores entre o Código e a Constituição, permitindo o que denomina como uma integração intersistemática. MARTINS-COSTA, Judith. O direito privado como um sistema em construção: as cláusulas gerais no projeto do novo Código Civil brasileiro. *Revista da Faculdade de Direito da UFRGS*, Porto Alegre, v. 15, p. 129-154, 1998.

[397] Defende sua aplicação, conforme já examinado por nós: Gustavo Tepedino, para quem "as cláusulas gerais do novo Código Civil, poderão representar uma alteração relevante no panorama do direito privado brasileiro, desde que lidas e aplicadas de acordo com a lógica da solidariedade constitucional e da técnica interpretativa contemporânea". TEPEDINO. Crise de fontes..., p. XV-XXXIII.

[398] Conforme demonstra, entre outros: FERREIRA DA SILVA, Luis Renato. A função social do contrato no novo Código Civil e sua conexão com a solidariedade social. In: SARLET, Ingo Wolfgang. *O novo Código Civil e a Constituição*. Porto Alegre: Livraria do Advogado, 2003, p. 127-150.

[399] A expressão é conhecida entre nós a partir da obra de Claus-Wilhelm Canaris, que o registra, em suas conclusões, como uma especialidade da ciência do direito, uma vez que resulta de seu objeto em relação ao qual é da essência do direito ser mutável, como objeto situado no processo da História. Nesse sentido permite mobilidade nas suas formas de obtenção do direito aplicável, sendo possível a colmatação de lacunas, bem como a interpretação sistemática do ordenamento, de acordo com critérios axiológicos derivados do conceito de justiça material. CANARIS. *Pensamento sistemático...*, p. 279-289.

[400] MARQUES; BENJAMIN; MIRAGEM. *Comentários...*, p. 28.

Imprensa, a aplicação do artigo 49 às hipóteses de responsabilidade por danos causados pela imprensa pressupõe qual a interpretação judicial em relação àquela disposição. Um *primeiro entendimento* sustenta-se sobre dois argumentos distintos, quais sejam, o caráter de especialidade da lei,[401] bem como o fato de que não estabelece a aplicação desse artigo em específico, qualquer espécie de prejuízo à efetiva tutela da vítima, uma vez que em ambas as disposições se está a referir a responsabilidade por dolo ou culpa. Um *segundo entendimento*, entretanto, parte do pressuposto de que a mencionada lei não contempla a efetiva tutela das vítimas de danos causados pela imprensa, em face das disposições constitucionais relativas à proteção da pessoa, razão pela qual indica a aplicabilidade da cláusula geral de responsabilidade culposa.

De acordo com esse segundo entendimento, utilizando-se das disposições do Código Civil anterior, a aplicação do artigo 159 remetia a liquidação dos danos imputados ao regime estabelecido pelo artigo 1553 do Código Civil, qual seja, da reparação por arbitramento.[402] Na sistemática atual, relativamente à responsabilidade civil por ofensa à honra determinaria a aplicação, como regra, do artigo 186, combinado com o artigo 927, determinando-se ainda a consideração do artigo 953, em especial o seu parágrafo único, na hipótese de que os danos materiais não possam ser comprovados pela vítima.

Além destas disposições, oferece discussões a possibilidade de aplicação do artigo 927, parágrafo único, a fim de caracterizar a atividade de imprensa como atividade de risco, hipótese com a qual não concordamos. Da mesma forma, deve-se examinar a possibilidade de aplicação do artigo 944, parágrafo único, do Código Civil, que diz respeito à hipótese de redução do valor da indenização a partir de análise sobre a gravidade da culpa do ofensor,[403] bem como do artigo 945, o qual também diz respeito a redução da indenização concedida em razão da concorrência das culpas do ofensor e da vítima.[404] Parece-nos entretanto, que em relação à responsabilidade civil por danos

---

401 "Danos morais. Lei de imprensa. Direito comum. Legitimidade passiva. Existindo lei específica, regulando a responsabilidade civil, em caso de violação de direito, no exercício da liberdade de expressão, essa haverá de ser aplicada e não a norma genérica do artigo 159 do Código Civil. Possibilidade de o ofendido obter reparação de quem fez as declarações ao jornal ou concedeu a entrevista, não estando adstrito a buscá-la exclusivamente junto a quem as divulgou. Súmula 221." (Superior Tribunal de Justiça. Recurso Especial n° 172100/DF. Relator Min. Eduardo Ribeiro. Julgado em 04/06/2000. Publicado DJU 16/10/2000, p. 307).

402 Assim a solução preconizada por Clóvis do Couto e Silva, segundo o comentário de: MARTINS-COSTA. *Os danos à pessoa...*, p. 420.

403 Reconhecendo sua possibilidade de acordo com o sistema de responsabilidade do Código: GONÇALVES. *Comentários...*, p. 520-521.

404 Segundo Carlos Roberto Gonçalves, o grau de culpa, nessa hipótese, deve ser identificado tomando por base o grau de causalidade do ato de cada um. GONÇALVES. *Comentários...*, p. 524.

decorrentes da ofensa aos direitos da personalidade, a regra deve ser a da reparabilidade integral do dano, conforme preconiza o artigo 5º, inciso V, da Constituição da República. Outra solução parece repugnar às diretrizes de proteção da pessoa humana estabelecidas em nossa ordem constitucional.

Daí por que entendemos que entre as disposições do Código Civil e da Lei de Imprensa não há de se cogitar sobre a exclusão das normas entre si, independente do argumento que se utilize em favor de qualquer uma das soluções. Ao mesmo tempo, apontar simplesmente o afastamento da aplicação da lei especial da imprensa, em qualquer caso, em razão de sua incompatibilidade genérica com a Constituição, não merece melhor acolhida, uma vez que não existe revogação expressa da mesma, nem tampouco a contradição manifesta entre as disposições constantes nesta norma e no texto constitucional. Com mais razão, não há de se desconhecer efeitos da edição de um novo Código Civil em relação à responsabilidade civil regulada por lei especial. No esteio do que, inclusive vem construindo a jurisprudência brasileira, a ambas as normas se completam, interagindo suas disposições, entre si, devendo sua aplicação seguir esta orientação.

1.2.3. Coexistência e especialidade. O diálogo dos sistemas de responsabilização da imprensa

A expressão *diálogo* nos parece a que melhor se amolda ao sentido que identificamos no método de interpretação e aplicação combinado das disposições do Código Civil e da Lei de Imprensa em matéria de responsabilidade civil por danos decorrentes da atividade dos órgãos de comunicação social. Ela não é, entretanto, inédita entre nós, tendo sido referida por Cláudia Lima Marques em seu recente estudo sobre as relações entre o novo Código Civil e o Código de Defesa do Consumidor.[405] A jurista gaúcha, de sua vez, incorpora ao direito brasileiro expressão utilizada no direito alemão pelo Professor Erik Jayme, o qual faz menção sobre a existência, no direito contemporâneo, de um *pluralismo de fontes* normativas, a exigir do intérprete e aplicador do direito, a coordenação das mesmas, como requisito para obtenção de uma solução justa para o caso.[406] A esta coordenação, então, denomina *dialogue des sources*,[407] o qual terá como traço distintivo o fato de que não implica a existência de diversas fontes normativas na exclusão, por antinomia, de uma das normas. Ao contrário, sua coordenação, com vistas à solução das contradições apresentadas, deverá ser mais flexível, de modo a permitir maior fineza das distinções

---

[405] MARQUES; BENJAMIN; MIRAGEM. *Comentários...*, p. 23-52.

[406] JAYME. *Identité culturelle...*, p. 36 et seq.

[407] Ibidem, p. 251.

conceituais que porventura existirem.[408] Daí por que não se estaria a tratar, nos tempos atuais, da superação de paradigmas, mas sim da convivência e coordenação destes entre si.[409]

Tais características de coordenação das fontes normativas, segundo vislumbra-se do entendimento de Jayme, derivam da crescente necessidade de obtenção de um sistema eficiente e justo, tendo por fundamento a valorização dos direitos humanos.[410] Trazendo esse argumento para nosso sistema de direito interno, é perfeitamente possível identificarmos na proteção dos direitos fundamentais e, mais especificamente – como propõe, dentre outros, Gustavo Tepedino –, no princípio da dignidade da pessoa humana,[411] o fundamento do sistema jurídico a partir do qual deve haver a articulação e ordenação do conjunto das normas infraconstitucionais, com vistas a sua plena realização.[412]

Em relação ao direito civil, afirma o professor carioca que não há espaço de liberdade privada que não tenha seu conteúdo redesenhado pelo texto constitucional.[413] Nesse contexto, reportando-se à codificação anterior, afirma que a Constituição tornara-se o "elemento de reunificação do direito privado, frente à pluralidade de fontes e a perda de centralidade interpretativa do Código de 1916".[414] Uma das conseqüências diretas da admissão desta influência constitucional será, então, a ampliação das hipóteses de ressarcimento de danos causados à pessoa.[415]

Referia Pontes de Miranda, em seus primeiros trabalhos, a necessidade do jurista, ao interpretar o direito, combinar dispositivos distintos de uma mesma lei, ou de leis diferentes, a fim de percebê-las de acordo com um mesmo sentido ou direção. Se do resultado da interpretação se percebe que ambas indicam sentidos opostos, cada uma deve preservar-se no sistema respectivo.[416] O sistema em que se inserem o Código Civil e a Lei de Imprensa é aquele fundado pela

---

[408] MARQUES; BENJAMIN; MIRAGEM, op. cit., p. 26-27.

[409] Ibidem.

[410] JAYME. Identité culturelle..., p. 251; MARQUES; BENJAMIN; MIRAGEM., op. cit., p. 24. Da mesma forma tratei em trabalho recentemente publicado: MIRAGEM, Bruno. Conteúdo da ordem pública e direitos humanos. Elementos para um direito internacional pós-moderno. In: MARQUES, Cláudia Lima. ARAÚJO, Nádia de. O novo direito internacional. Estudos em homenagem a Erik Jayme. Rio de Janeiro: Renovar, 2005, p. 307-356.

[411] O professor carioca, como já mencionamos no início desse estudo, elege o princípio da dignidade como *cláusula geral de tutela e promoção da pessoa humana* em nosso ordenamento. TEPEDINO. A tutela da personalidade..., p. 48.

[412] Assim referimos no item 1.2.1, Capítulo II, da Parte Primeira.

[413] TEPEDINO. Crise de fontes normativas..., p. XXVI.

[414] Ibidem, p. XX.

[415] Ibidem, p. XXII.

[416] PONTES DE MIRANDA. *Sistema de ciência...*, v. 3, p. 307-308.

Constituição, e cuja conformidade com esta é condição de validade das normas ordinárias.

Como já mencionamos, vêm os tribunais brasileiros examinando a compatibilidade das disposições da Lei de Imprensa com a ordem constitucional vigente, reconhecendo a não-recepção das disposições da lei especial, sobretudo quando implicam a restrição do direito à ampla reparabilidade do dano, reconhecido no artigo 5º da Constituição da República. Nesses casos, o afastamento das normas da Lei de Imprensa remete a solução do caso, naquilo que dizia com a norma afastada, à disciplina do Código Civil. Entretanto, não remete o juiz todo o conhecimento da matéria de responsabilidade civil da imprensa à aplicação das normas gerais do Código Civil.[417] A partir da elaboração de argumentos lógicos,[418] com vistas à obtenção de solução

---

[417] Em verdade, desde algum tempo tem sido admitida, por analogia, a aplicação da lei geral do Código Civil. Assim, essa decisão do STJ, de 1991: "Civil. Ofensa pela imprensa. Danos. Responsabilidade civil. Liquidação. 1. São civilmente responsáveis por danos morais e materiais em caso de ofensa pela imprensa, tanto o autor do escrito, quanto o proprietário do jornal que o veicula. 2. Nos casos do art. 49 da lei 5250/67 admite-se a liquidação do dano moral por aplicação analógica do parágrafo único do art. 1547 do Código Civil." (Superior Tribunal de Justiça. Recurso Especial nº 14321/RS. Relator Min. Dias Trindade. Julgado 05/11/1991. Publicado DJU 02/12/1991, p. 17538).

[418] A utilização de argumentos lógicos, entretanto, pressupõem que sejam estabelecidas, ao mesmo tempo, um diálogo de coerência, de modo a impedir uma excessiva restrição de direito fundamental envolvido, que caracterize sua violação. Ao mesmo tempo em que é admitida a coordenação das duas fontes normativas, o resultado da aplicação dessas fontes não pode indicar uma excessiva lesão ao direito de defesa e as garantias processuais em geral, de uma das partes. Exemplo disso é a aplicação coordenada das normas em matéria de indenização. Ao afastar-se a norma que fixou os limites do tarifamento (artigos 51 e 52 da Lei de Imprensa), é necessário que, sendo percebido o resultado mais gravoso para os órgãos de comunicação social, da mesma forma tenham de ser relativizadas outras normas da Lei contrastada com a Constituição. No caso concreto, faz referência a mesma lei à necessidade de depósito prévio do valor da condenação (artigo 57, § 6º), como requisito para o conhecimento da apelaçãodo órgão de imprensa. A não-aplicação da norma que determinava a indenização tarifada, contudo, deve ser acompanhada do afastamento da norma que reclama o depósito prévio, sob pena de estabelecer-se meio gravoso que, no caso concreto, poderá ser considerado ofensivo aos princípios do devido processo legal substantivo, do contraditório e da ampla defesa. Trata-se, portanto, interpretação coordenada das disposições de ambos os diplomas legais, devendo respeitar-se a coerência lógica na aplicação de normas que possuam unidade de sentido. Assim é que, tendo sido a norma que fixava limites ao valor da indenização, a segunda norma, que fixa a obrigatoriedade do depósito prévio em referência à aplicação da norma afastada, deve, igualmente, ceder espaço para a aplicação de norma ordinária que coadune com os critérios de fixação do quantum indenizatório da lei geral. Nesse sentido: "RESPONSABILIDADE CIVIL – LEI DE IMPRENSA – DANO MORAL INDENIZADO ACIMA DA LIMITAÇÃO IMPOSTA PELO ART. 52 DA LEI DE REGÊNCIA – NÃO RECEPÇÃO DA NORMA PELA CONSTITUIÇÃO EM VIGOR – DEPÓSITO DO ART. 57, § 6º DA MESMA LEI – DESCABIMENTO DE SUA EXIGÊNCIA POR NÃO RECEPCIONADA PELA CARTA FEDERAL – INTERPRETAÇÃO SISTEMÁTICA – RECURSO DESACOLHIDO. I – O depósito prévio à apelação, no valor total da condenação imposta a título de indenização por dano moral advindo da atividade jornalística, foi concebido na vigência de um sistema que previa a indenização tarifada. Adotando-se nas instâncias ordinárias indenização que ultrapasse esse valor máximo, há que se ter, por força de interpretação sistemática do dispositivo que impõe o depósito, por inaplicável também tal exigência." (Superior Tribunal de Justiça. Recurso Especial nº 72415/RJ. Relator Min. Waldemar Zveiter. Julgado em 14/04/1998. Publicado no DJU 31/08/1998, p. 68). Em sentido idêntico: "Responsabilidade civil.

adequada à melhor proteção da pessoa, os tribunais brasileiros vêm construindo soluções eficientes com o fim de promover a proteção da pessoa humana, através da adequada responsabilização por danos.

O Superior Tribunal de Justiça já vinha realizando esta compatibilização em face do direito civil anterior, conforme se observa da seguinte decisão, de lavra do Ministro Ruy Rosado de Aguiar Júnior: *"IMPRENSA. Dano extrapatrimonial. Indenização. Art. 53 da Lei de Imprensa. Recurso especial. Art. 159 do CCivil. – A indicação de violação ao art. 159 do CCivil permite o conhecimento do recurso para o fim de aumentar ou reduzir o valor da indenização, quando evidentemente exagerado ou irrisório. – Os critérios estabelecidos no art. 53 da Lei de Imprensa servem de útil orientação para a definição do valor da indenização pelo dano extrapatrimonial. Recurso conhecido em parte e parcialmente provido".*[419]

No caso, o julgado reconheceu a aplicação da cláusula geral de ilicitude, em razão da não-recepção da norma especial que funda a responsabilidade da imprensa, admitindo, contudo, a aplicação das disposições da lei especial no que diz respeito aos critérios de fixação do *quantum* indenizatório. Combinou, assim, disposições de ambas as leis, que se complementaram de modo a promover a efetiva tutela da vítima do dano, estabelecendo o equilíbrio da indenização concedida.

O novo Código Civil, nesta matéria, estabelece a regra geral do artigo 944, bem como, nas hipóteses de ofensa à honra, do artigo 953.[420] Em que pese seja reconhecida pela jurisprudência a não-recep-

---

Lei de imprensa. Dano moral indenizado acima da limitação imposta pelo art. 52 da lei de regência. Revogação da norma em face da constituição em vigor. Depósito do art. 57 par. 6. Da mesma lei. Descabimento de sua exigência em montante superior ao limite máximo fixado pela lei em questão. Interpretação sistemática. Recurso desacolhido. – O depósito prévio à apelação, no valor total da condenação imposta a título de indenização por dano moral advindo da atividade jornalística, foi concebido na vigência de um sistema que previa a indenização tarifada. Adotando-se nas instâncias ordinárias indenização que ultrapasse esse valor máximo, há que se ter, por força de interpretação sistemática do dispositivo que impõe o depósito, por inaplicável também tal exigência." (Superior Tribunal de Justiça. Recurso Especial nº 39886/SP. Relator Min. Sálvio Figueiredo Teixeira. Julgado em 22/09/1997. Publicado no DJU 03/11/1997, p. 56299).

419 Superior Tribunal de Justiça. Recurso Especial nº 277407/RJ. Relator Min. Ruy Rosado de Aguiar. Julgado em 28/11/2000. Publicado no DJU 12/02/2001, p. 125.

420 "Direito Civil. Responsabilidade Civil. Lei de Imprensa. Ofensas decorrentes de notícias em jornais de grande circulação atribuindo os fatos infamantes de suspeita em assassinatos e má gestão na direção de corporação profissional. Rejeição da prejudicial ele [sic] decadência, em face da orientação vinculante posta pela Súmula nº 44 desse Tribunal: "Não se aplica o prazo decadencial previsto na Lei de Imprensa, quando se tratar de dano moral e a pretensão indenizatória estiver fundada na Constituição Federal." A informação difundida pelo jornais de grande circulação, por sua indiscutível importância no regime democrático de poder que se espera triunfar definitivamente nesse século XXI, garante-se pela liberdade de expressão, mas tal objetividade jurídica, também assegurada pela Constituição da República, cede ao valor da preservação da dignidade humana, que se consubstancia no direito fundamental à honra, nos seus aspectos subjetivo e objetivo. No arbitramento da reparação do dano moral resultante do abuso do direito de informação, extirpada do ordenamento jurídico a orientação contida no art. 51 da Lei nº 5.250/1967, o que resta ao juiz é a aplicação da eqüidade, como lhe determina o

ção dos artigos 51 e 52 da Lei de Imprensa, o mesmo não ocorre com o artigo 53 que, ao indicar os critérios de determinação do *quantum* devido na hipótese de indenização por danos, permanece útil no sentido do que decidiu o STJ, para orientação do julgador na determinação do valor da indenização em conformidade com o disposto no Código Civil.

Esse diálogo de coordenação e compatibilidade das duas normas, de outro modo, não significa sua determinação em desprestígio dos órgãos se comunicação social. É possível reconhecer-se nesta iniciativa, inclusive, a possibilidade de uma adequação do requisito do nexo de causalidade da responsabilidade civil, aos fatos da realidade, de modo a responsabilizar, por exemplo, conduta dolosa que determinou a publicação de informação falsa, causadora de danos à protagonista de matéria jornalística. Nesse caso, tal compatibilidade tanto para redução como para majoração, encontrará no caso concreto o campo de aplicação desses parâmetros estabelecidos pela Lei de Imprensa como instrumentos aptos à obtenção de uma decisão justa no caso, conforme já decidiu o STJ: *"VALOR DO RESSARCIMENTO. RAZOABILIDADE. REDUÇÃO INDEFERIDA. CC, ART. 159. LEI N. 5.250/1967. CPC, ART. 267, VI. SÚMULA N. 7-STJ. I. É parte legitimada, no pólo passivo da lide, respondendo pelos danos morais causados, aquele que presta informações à imprensa ou fornece documentos que não correspondem à realidade, ensejando a divulgação de matéria jornalística inverídica e lesiva à honra da vítima, o qual pode ser demandado escoteiramente, ou em conjunto com o jornalista responsável pela matéria, como* in casu *ocorreu, e a empresa responsável pelo veículo de comunicação. II. Revelando-se razoável,*

---

disposto no art. 127 do Código de Processo Civil pelos termos veementes postos no art. 1.553 do Código Civil de 1916 e que não foram reproduzidos na Lei Comum de 2002 que, no entanto, prevê no seu art. 953: A indenização por injúria, difamação ou calúnia consistirá na reparação dá dano que delas resulte ao ofendido. Se o ofendido dido [sic] não puder provar prejuízo matérial, caberá ao juiz fixar, eqüitativamente, o valor da indenização conformidade das circunstâncias do caso. O juiz deve quantificar a indenização moderadamente (Recurso Especial n° 53.321-RJ, Nilson Naves; RESp 187.283-PB e 215.607-RJ, Sálvio de Figueiredo, que propõe se levem em consideração os parâmetros do grau da culpa, o nível socioeconômico do ofendido e o porte econômico do ofensor orientando-se o juiz pelos critérios sugeridos pela doutrina e jurisprudência, com razoabilidade). Como exige o disposto no art. 126 do Código de Processo Civil, que reproduz o que está no art. 4° da Lei de Introdução ao Código Civil, na resolução das lides deve o juiz aplicar as normas legais; não as havendo, deve se socorrer da analogia, dos costumes e dos princípios gerais do Direito. Nessa perspectiva, é que se fundamenta o arbitramento da quantia que se pretende reparar a lesão à personalidade moral do ofendido. Desprovimento dos recursos e confirmação da excelente sentença condenatória do Juiz de Direito da 34ª Vara Cível da Capital, Doutor Marcos Alcino de Azevedo Torres. ACORDAM os Desembargadores da Sexta Câmara Cível do Tribunal de Justiça do Rio de Janeiro, por unanimidade de votos, em negar provimento ao segundo apelo e, por maioria, em negar provimento ao primeiro recurso, vencido o Desembargador Revisor, que arbitrava a indenização em R$ 30.000,00 (trinta mil reais). (Tribunal de Justiça do Rio de Janeiro. Apelação Cível n° 2003.001.14225. Relator Des. Nagib Slaibi Filho. Julgado em 15/07/2003. Publicado 30/09/2003).

até modesto, o valor da indenização imputada pelas instâncias ordinárias ao réu, não se justifica a excepcional intervenção do STJ a respeito, para reduzi-lo a patamar inferior. III. 'A pretensão de simples reexame de prova não enseja recurso especial' Súmula n. 7-STJ. IV. Recurso especial não conhecido".[421]

Na hipótese em comento, a ré confirmou de modo doloso, versão divulgada depois pela imprensa, com nítida intenção de causar dano em razão da publicação em comento. E o STJ, ao conhecer do caso, informou-se desta circunstância, exatamente, para manter o valor conferido na instância ordinária.

Da mesma forma, o diálogo de coordenação, não pode perder de vista, a adequada proteção dos direitos fundamentais consagrados pela Constituição da República, o que em matéria de direito privado se realiza sob o signo dos direitos da personalidade. Daí por que a conduta que, segundo a compreensão do julgador, reconhece a probabilidade de dano decorrente da publicação de matéria jornalística, mas nem por isso deixa de determinar sua imediata divulgação, deve ser sancionada de tal modo que reconheça, tanto à satisfação da vítima, quanto à função de desestímulo de sua repetição. Esse caráter de desestímulo, aliás, é a tônica do Código Civil segundo se pode depreender do disposto no seu artigo 12. Novamente, é de se reconhecer que o Superior Tribunal de Justiça assim tem decidido, em face do afastamento da indenização tarifada previsto na Lei de Imprensa, conforme se vislumbra do seguinte Recurso Especial: *"Responsabilidade civil. Imprensa (publicação de notícia ofensiva). Ofensa à honra. Dano moral. Valor da indenização. 1. Consoante a decisão recorrida, 'Valor indenizatório a ser estabelecido de acordo com o critério do prudente arbítrio judicial de modo a compor o dano moral de modo razoável e que não se ponha irrisório para a empresa jornalística, pondo-se como forma de efetiva proteção na preservação dos direitos constitucionais à intimidade e do nome das pessoas. Inaplicabilidade do tarifamento previsto na Lei de Imprensa, diante do fato de a reportagem beirar o dolo eventual, hipótese a afastar sua incidência, além de se mostrarem irrisórios os valores naquela estabelecidos, também não preencherem os requisitos da reparação e, principalmente, da sua atuação como freio às violações dos direitos da personalidade'. Em tal sentido, na jurisprudência do STJ, REsps 52.842 e 53.321, DJs de 27.10.97 e 24.11.97. 2. Súmulas 283/STF e 7/STJ, quanto a cláusula 'diante do fato de a reportagem beirar o dolo eventual'. 3. Inexistência de dissídio jurisprudencial. 4. Recurso especial não conhecido".*[422]

---

[421] Superior Tribunal de Justiça. Recurso Especial n° 188692/MG. Relator Min. Aldir Passarinho Júnior. Julgado em 05/11/2002. Publicado DJU 17/02/ 2003, p. 281.

[422] Superior Tribunal de Justiça. Recurso Especial n° 192786/RS. Relator Min. Nilson Naves. Julgado em 23/11/1999. Publicado DJU 27/03/2000, p. 95.

No caso em destaque, conforme relata o Ministro-Relator, há hipótese, segundo sua interpretação, de assunção de risco, própria da identificação de dolo eventual, razão pela qual a ofensa afastou a incidência do tarifamento, segundo entendimento consolidado daquela Corte, indicando a indenização ao *prudente arbítrio do juiz*. Em matéria de atividade de imprensa, entretanto, parece-nos extremamente delicado o reconhecimento do dano eventual. Se, em termos de responsabilidade civil geral, seu reconhecimento não é unívoco, em se tratando da específica atividade de imprensa, preferimos examinar sua configuração a partir da violação do dever geral de cuidado, que no ofício jornalístico cerca-se de providências perfeitamente identificáveis ao exame da técnica e da prudência exigível do homem comum.[423]

A previsão normativa dos direitos da personalidade, desse modo, inova em relação ao direito anterior uma vez que estabelecem, *in concreto*, hipóteses de proteção dos mesmos (artigos 13 a 21), bem como o modo como deve-se dar esta proteção (artigos 11 e 12). Não esgotam a disciplina da proteção da personalidade, mas estabelecem, desde logo, um paradigma normativo em nível infraconstitucional para a tutela da pessoa em direito civil. E, não bastasse sua mera previsão genérica, as disposições consagradas no Código remetem diretamente à atividade de imprensa quando fazem menção à expressão *publicação* no artigo 17 e a *divulgação de escritos* e *transmissão da palavra* no artigo 20, conduzindo o intérprete à necessária compreensão, sob tais signos, para a conduta dos órgãos de comunicação social.

A aplicabilidade do novo Código Civil, nesse sentido, não vai se restringir ao disposto na disciplina específica dos artigos que tratam da matéria de direitos da personalidade e a fórmula clássica de reparação por culpa com a utilização da cláusula geral do artigo 186, combinado com o artigo 927. A conduta ilícita da imprensa, uma vez que decorrente do mau exercício, muitas vezes, de um direito-liberdade de matriz constitucional, tem sido vinculada à categoria jurídica do *abuso do direito de narrar*, ou simplesmente o *abuso do exercício da liberdade de imprensa*.[424] O Código Civil, ao lado da cláusula de ilicitude subjetiva do artigo 186, previu igualmente a ilicitude do exercício abusivo de direitos no artigo 187. Em que pese não se trate, necessariamente, de hipótese de responsabilidade civil, uma vez que não exige para sua configuração o dano, caracteriza como ilícito o exercício que exceda manifestamente aos ditames da finalidade econômica e social do direito, boa-fé e bons costumes. A reparabilidade de eventuais danos causados (que reforçamos, não é elemento essencial da sua identificação), é disciplinada de sua vez, da mesma forma que os

---

[423] Para não deslocar o enfoque, remetemos a discussão para o item 2.1.1., *infra*.

[424] A expressão "abuso", como afirmamos, é correntena identificação da atuação ilícita da imprensa.

decorrentes do artigo 186, qual seja, através da expressa menção aos mesmos do artigo 927 do Código Civil. Trata-se, desse modo, de responsabilidade sem culpa, a qual o juiz e o aplicador do direito têm oportunidade de preencher o significado[425] das expressões estabelecidas na norma como limite ao exercício de direitos, de acordo com os valores sociais vigentes, bem como as diretrizes constitucionais relativas ao tema. Sobre a cláusula geral do abuso do direito e a possibilidade da sua aplicação em matéria de responsabilidade civil por dano decorrente da atividade de imprensa, tratamos adiante.

Seção II
A violação do direito à honra pela imprensa e a ofensa à personalidade no Direito Civil

Como afirma Pietro Perlingieri, as liberdades de informação e de crítica são direitos que não podem ser suprimidos do jornalista, observados os limites que as normas jurídicas indicam à tutela da personalidade dos demais. Da mesma forma, são direitos dos que são prejudicados pela divulgação de informações errôneas a possibilidade de promover sua retificação.[426]

Entretanto, é cediço entre nós que a imputação da responsabilidade civil pressupõe a violação de deveres estabelecidos pelo ordenamento jurídico. Assim é que a identificação dos deveres pertinentes ao exercício da atividade de imprensa é condição elementar para que se reconheçam as hipóteses em que se indica o dever de indenizar aos órgãos de comunicação social.

2.1. Deveres específicos da atividade da imprensa e a proteção da honra no Código Civil

O paralelo entre a proteção da honra e da intimidade sempre fornecem elementos importantes para exata compreensão de ambas.

---

[425] Segundo Martins-Costa, fazendo referência a um *padrão de conduta* ou a *valores juridicamente aceitos*, a concretização das cláusulas gerais *exige que o juiz seja reenviado a modelos de comportamento e pautas de valoração*. Nesse sentido, introduzem no ordenamento um *critério ulterior de relevância jurídica* permitindo *integração intra-sistemática*, pela mobilidade interna do próprio sistema do Código Civil, ou a *integração inter-sistemática*, facilitando a *migração de conceitos e valores entre o Código e a Constituição*. MARTINS-COSTA. O direito privado..., p. 137-141. Alguns desses conceitos, que já tivemos a oportunidade de referir no início desse item, remete à relação atual entre o direito privado e a Constituição, a qual, como bem refere Konrad Hesse, se desenvolve tomando as disposições da norma fundamental em sua *função de guia*, constituindo o direito civil *o meio pelo qual deve aplicar-se o conteúdo dos direitos fundamentais em direito privado*. HESSE. *Derecho constitucional...*, p. 63.

[426] PERLINGIERI. *Il diritto civile...*, p. 396-397.

Responsabilidade Civil da Imprensa por Dano à Honra

Assim é que, em relação ao direito à vida privada, a doutrina brasileira construiu algumas limitações objetivas para sua proteção. Estranhas à prerrogativa do titular do direito de fixar o espaço de reserva dos seus assuntos pessoais, estas limitações apresentam-se em razão da preservação de outros interesses de igual importância.

O que a ordem jurídica protege é a oposição contra a ingerência arbitrária, a qual entretanto, poderá ser mitigada em razão de interesses de natureza pública ou privada que mereçam mesmo grau de distinção pelo direito.[427] René Ariel Dotti oferece nada menos do que dez exemplos do que considera exceções à proteção da vida privada,[428] além do consentimento do interessado. Em relação a esse último apenas, com base no que já se referiu,·e com o respeito que merece o entendimento do ilustre jurista paranaense, não se deve considerar exceção, senão o próprio exercício do direito pelo titular que, ao fazê-lo, retira da esfera de proteção do direito, nas situações que forem do seu interesse, determinadas informações ou elementos relativos a sua pessoa.

Nem todos são, é verdade, exceções que se reconheçam a possibilidade de divulgação pela imprensa, porquanto a finalidade da exceção à proteção da vida privada opera em favor de um determinado interesse específico, encerrando-se a concessão reconhecida na plena satisfação das razões que a justificaram.[429] Ou mesmo, o fato de que determinadas exceções são excessivamente permissivas, tangenciando a arbitrariedade no regime de garantias do Estado Democrático de Direito.[430] Entretanto, o que se deve examinar, no caso, é a existência

---

[427] DOTTI. *Proteção da vida privada...*, p. 182-183.

[428] São eles os seguintes interesses: da segurança nacional; da investigação criminal; da saúde pública; da História; sobre figuras públicas; da Administração Pública; da crônica policial ou forense; da crítica; da cultura; do exercício do direito de ação. Ibidem, p. 194-220.

[429] Por exemplo, o caso da exceção em favor da saúde pública, que se deve reconhecer em hipóteses como o de doenças transmissíveis, a adoção de determinadas medidas, no âmbito da vida privada do doente, que evitem sua proliferação. DOTTI. *Proteção da vida privada...*, p. 204.

[430] É o caso da exceção reconhecida em nome da segurança nacional. Em justiça ao grande jurista paranaense, é preciso observar que suas considerações se deram ainda sob a vigência do regime autoritário, e antes da promulgação da atual Constituição da República. A edição da obra é de 1980, quando o argumento da segurança nacional não apenas era utilizado com finalidade política, como também era argumento jurídico fundado na Lei de Segurança Nacional. Entretanto, como aliás já mencionava o autor em sua obra, a liberdade de expressão não pode servir como veículo de promoção da subversão ao regime democrático. Ibidem, p. 196. Ao contrário, a preservação do próprio Estado Democrático de Direito é pressuposto lógico do próprio exercício da liberdade de expressão, razão pela qual o próprio argumento de indisponibilidade dos direitos fundamentais serve para impedir que sejam exercidos de modo tendente a sua restrição ou extinção. Entretanto, uma distinção bastante ilustrativa dentre os regimes jurídicos das liberdades no direito brasileiro sob a Constituição de 1967 e a atual é que, enquanto a anterior estabelecia, em seu artigo 86, que o dever e a responsabilidade pela segurança nacional se impunha a todas as pessoas nos limites definidos em lei, o regime atual os consagra apenas na própria Constituição, protegendo o regime de direitos e garantias fundamentais em relação ao legislador ordinário. No mesmo sentido veja-se o nosso: MIRAGEM. A liberdade de expressão..., p. 15 et seq.

de limites objetivos, autônomos em relação à vontade do titular do direito, e reconhecidos de forma excepcional, em razão de bens jurídicos protegidos, em regra, sob a justificativa genérica do interesse público.

É possível afirmar que a conduta como elemento da responsabilidade civil por danos decorrentes do exercício da atividade de imprensa, será observada a partir de dois critérios primordiais, um subjetivo e outro objetivo. O *critério subjetivo* é assinalado pelo exame da conduta do agente, e vincula-se à utilização ou não dos conhecimentos técnicos próprios pelo profissional de imprensa, bem como pela observação dos deveres éticos inerentes a esse exercício. Esses últimos podem ser exemplificados em face dos princípios básicos da ética no jornalismo aprovados pela Assembléia da UNESCO de 21 de novembro de 1983, dentre os quais destacam-se os deveres de "respeito ao direito a uma informação verídica, de adesão à realidade objetiva, de responsabilidade social do jornalista, de integridade profissional, de respeito ao interesse público, de respeito à vida privada e à dignidade humana," entre outros.[431]

Já o *critério objetivo* é determinado pelo próprio *conteúdo da informação publicada*, qual seja, a versão jornalística de um determinado complexo de fatos verdadeiros, examinados sobre sua adequação e em razão dos deveres de objetividade e exatidão e pertinência da notícia com sua exposição ao domínio do conhecimento público.

De acordo com o *critério subjetivo*, então, a questão fundamental é o *modo* como se realizou o comportamento do agente, na esfera da conduta pessoal do jornalista ou de outro que divulgou a informação. Critério, pois, que diz respeito a aspectos técnico-procedimentais, bem como atinentes a um comportamento ético e à observação dos deveres ordinários e gerais de cuidado (cautela e prudência). O *critério objetivo*, ao contrário, sustenta-se através da determinação do *conteúdo material* da realização da atividade de imprensa. Diz respeito, portanto, com a determinação exata dos limites objetivos ao conteúdo da informação e da sua projeção pública. A rigor, o que se permite e o que não se permite, no âmbito de licitude e legitimidade do direito-liberdade de informação e de pensamento, que seja divulgado para conhecimento público.

A partir desses critérios é possível identificar três deveres principais, reclamados no exercício da atividade da imprensa. Primeiro, um *dever geral de cuidado*, exigível de qualquer atuação humana, considerado como cuidado médio exigível do homem diligente, mas que em relação ao exercício da atividade de imprensa implica a identificação de determinadas providências concretas. Em segundo lugar, o

---

[431] A respeito, veja-se: AZNAR, Hugo. *Ética y periodismo. Códigos, estatutos y otros documentos de autorregulación.* Barcelona: Paidós, 1999, p. 69 et seq.

dever de veracidade, exigível em consideração de que a liberdade de informação e de pensamento não reconhece o direito de mentir, nem tampouco a manipulação ou deturpação da verdade, razão pela qual há de se considerar como deveres acessórios os de *objetividade* e *exatidão* do conteúdo da informação.

Por fim, o *dever de pertinência*, o qual se articula em duas dimensões: uma *interna*, que se refere à adequação lógica entre o conteúdo dos fatos narrados e as conclusões apresentadas no conteúdo da informação, independente do fato de que se trate da narração de fatos ou da emissão de opinião acerca do fato. E uma segunda dimensão, *externa*, relacionada à relevância ou transcendência do conteúdo objeto de divulgação, que justifique validamente sua exposição para o público. Em relação a esta dimensão externa do dever de pertinência é que se vai reconhecer o *interesse público* como fundamento de legitimação do direito de divulgar determinados fatos verdadeiros, bem como seus limites.

2.1.1. Dever geral de cuidado

O primeiro dos deveres inerentes ao exercício da liberdade de imprensa é o dever geral de cuidado, o qual se impõe, como no restante do direito civil, como espécie de mandamento geral de prudência e diligência próprio da atuação humana social. Evidentemente, contudo, o dever de cuidado, observado frente às circunstâncias próprias da atividade jornalística, deverá ser vislumbrado em face das características desse ofício. Englobara, então, dentre outras providências, a necessidade de acesso e exame de todas as versões sobre o fato, a abstenção em promover juízos de valor antecipados – sem a posse de todas as informações disponíveis – e mesmo a necessidade de projetar, em estágio anterior à decisão de divulgar ou não o fato, as conseqüências identificáveis desta mesma divulgação. As situações da vida em que tais deveres serão colocados em relevo são as mais diversas.

Defende Gregório Badeni a existência de um princípio geral próprio dos sistemas democráticos, de que todos os atos de autoridade pública podem ser amplamente divulgados, sem que se possa determinar responsabilidade jurídica para o emissor da informação, se a difusão de dá com fidelidade aos dados aportados por esta autoridade e pela realidade.[432] Nesse caso, reclama dos mesmos dois requisitos: que a informação seja veraz e que tenha transcendência pública.[433]

Uma questão bastante sensível no domínio desta questão é a que se refere à parcela mais significativa da crônica policial, tradicional

---

[432] BADENI. *Libertad de prensa*, p. 433.

[433] Ibidem, p. 436-437.

espaço nos jornais e periódicos brasileiros, e que mais recentemente tem avançado para a programação de radiodifusão. Trata-se da possibilidade e dos limites da divulgação de notícias sobre investigações criminais em curso, em face do direito fundamental de presunção de inocência (artigo 5º, inciso LVII). Esta questão pode ser examinada em dois aspectos principais, a saber: a) em que medida a presunção de inocência constitucional limita a divulgação de processos criminais em andamento no Poder Judiciário; e b) quais os limites inerentes à informação divulgada, em razão das características específicas do fato narrado, sobretudo em relação à sua potencialidade de gerar dano. No primeiro caso, entendemos que não há como impedir a divulgação do processo, a não ser quando razões muito graves autorizem, como por exemplo nos casos de crimes contra os costumes, em que a preservação da vítima eleva-se à máxima consideração pelo ordenamento jurídico.

Já em relação aos limites que devem ser observados pela imprensa, na divulgação dos fatos do processo, dizem respeito fundamentalmente, ao dever de abster-se de qualquer condenação moral do acusado, até o trânsito em julgado da sentença, assim como a absoluta fidedignidade aos fatos devidamente comprovados em relação ao crime, uma vez que ilações ou simples hipóteses sobre aspectos fáticos não esclarecidos podem determinar, por via reflexa, a condenação moral, diminuindo a estima e consideração social pelo acusado.[434]

A jurisprudência diverge quanto à imputação de responsabilidade do Estado[435] ou do órgão de comunicação social, em decorrência da divulgação da notícia. No caso, ainda que o dano tenha sido causado em razão de ato praticado pela autoridade pública (prisão, indi-

---

[434] Ilustrativo, a esse respeito, decisão do Tribunal de Justiça do Rio de Janeiro: "Dano moral. Ofensas irrogadas pela imprensa. Jornal que, publicando lista de Policiais investigados ou respondendo a processos criminais, o que é meramente narrativo e informativo, diz que os mesmos estão 'envolvidos' com o crime e que costumam se valer de sua condição e arma para obterem dinheiro das pessoas. Depósito recursal inexigível, porque a ação se funda na Constituição Federal e no Código Civil, e porque o art. 57 da Lei de Imprensa não foi recepcionado pela primeira. Decadência inexistente pelos mesmos motivos do afastamento da exigência do depósito recursal. Autor que, respondendo a processo por abuso de autoridade, veio a ser, posteriormente, absolvido, não podendo, porque ninguém é criminoso só por responder a processo penal, deixar de ter reconhecido como ofensivo à honra e nome o teor das notícias divulgadas. Indenização que, mesmo sopesando a função tanto compensatória quanto punitiva da fixação da verba por dano moral, deve ser reduzida. Recurso parcialmente provido." (Tribunal de Justiça do Rio de Janeiro. Apelação Cível nº 2000.001.16856. Relator Des. Binato de Castro. Julgado em 06/03/2001. Publicado 03/04/2001).

[435] "RESPONSABILIDADE CIVIL. INDENIZAÇÃO POR DANOS MORAIS E MATERIAIS. OCORRÊNCIA POLICIAL. É causa de dano moral terem os policiais procedido revista na residência dos autores, em fase investigatória, e deixar que tal fato fosse amplamente divulgado pela imprensa local, máxime considerando que tudo se passou em pequena cidade do interior, onde os fatos dessa natureza possuem grande repercussão negativa. Dano moral que se mostra arbitrado com razoabilidade. Apelos improvidos." (Tribunal de Justiça do Rio Grande do Sul. Apelação Cível e Reexame Necessário nº 70002595106. Relator Des. Marco Aurélio Santos Caminha. Julgado em 04/04/2002).

ciamento, denúncia), identifica-se nos julgados a tendência à responsabilização da imprensa nessa matéria. Entretanto está não é o entendimento unânime na doutrina.

Em recente trabalho, Aparecido Hernani Ferreira defendeu a adequação, no caso, da imputação da responsabilidade objetiva do Estado por erro no indiciamento indevido em inquérito policial.[436] Lembra o autor episódios tristemente célebres como o *caso da Escola Base* (1994), ocorrido em São Paulo, em que os proprietários de uma escola infantil foram acusados pela polícia, com fundamento em depoimentos depois refutados, pela prática de abuso sexual contra os alunos, versão que em seguida foi identificada como completamente falsa. Entretanto, os proprietários da escola já haviam sido caracterizados pelos órgãos de comunicação como criminosos perante a comunidade, vindo a sofrer conseqüências psicológicas, patrimoniais e físicas (agressões), sem paralelo em situações análogas da experiência brasileira. No mesmo sentido, o denominado *caso do Bar Bodega* (1996), no qual, tendo sido presos suspeitos de roubo e homicídio de um estabelecimento comercial, estes confessaram os crimes sob tortura. Entretanto, tendo havido a confissão, passaram a ser tratados pelos órgãos de comunicação social como criminosos, situação esclarecida apenas com a revelação das verdadeiras razões da confissão, e tendo sido identificados e presos os verdadeiros autores do crime. Da mesma forma, a consideração social dos suspeitos foi fortemente abalada com sua apresentação como criminosos para a imprensa.[437]

De outro modo, entretanto o entendimento de Ana Lúcia Menezes Vieira, para quem a divulgação de fatos do processo penal, bem como de sua fase anterior, do inquérito, são limitadas em nosso sistema constitucional, pela presunção de inocência, direito de ressocialização do sentenciado, bem como a necessidade de preservação da neutralidade e imparcialidade do juiz.[438] No mesmo sentido, em relação aos crimes de competência do Júri, tais limites abrangem a necessidade de preservação da imparcialidade dos jurados.[439] Razão pela qual, existindo o desrespeito a qualquer dos limites consagrados na Constituição, estar-se-ia a frente de hipótese de responsabilização pela divulgação que os atingisse.

Em normas internas de conduta, os órgãos de comunicação têm estabelecido condutas a serem observadas nas situações de suspeitas de crime. Assim, por exemplo, o *Manual de ética, redação e estilo* do jornal Zero Hora, de Porto Alegre, o qual indica: que "ninguém po-

---

[436] FERREIRA, Aparecido Hernani. *Dano moral como conseqüência de indiciamento em inquérito policial*. São Paulo: Juarez de Oliveira, 2000, p. 77-90.

[437] FERREIRA, A. *Dano moral...*, p. 101.

[438] MENEZES VIEIRA, Ana Lúcia. *Processo penal e mídia*. São Paulo: RT, 2003, p. 158-183.

[439] Ibidem, p. 246 et seq.

derá ser identificado como autor de um crime até que tenha sido emitida sentença judicial ou que tenha ocorrido prisão em flagrante e não reste nenhuma dúvida quanto à autoria do crime".[440]

Entretanto, em se tratando da divulgação de notícias acerca do cometimento de crimes, as questões controvertidas não se encerram no exame dos limites da informação a ser divulgada em relação aos procedimentos de apuração criminal, ou de instrução judicial.[441] Um dos mais célebres casos da jurisprudência do Tribunal Constitucional Alemão faz referência ao direito reclamado por um criminoso que estava por concluir o cumprimento da pena imposta em razão do crime de homicídio de soldados, em razão de um atentado armado. Trata-se do famoso *caso Lebach*, pelo qual o Tribunal Constitucional Alemão reconheceu ao condenado o direito a que não fosse divulgado documentário relembrando os crimes cometidos. No caso, é interessante notar que restaram contrapostos a liberdade de expressão e o direito de ressocialização do autor do crime – o *direito ao esquecimento*. O Tribunal Constitucional, então, terminou por deferir a pretensão do preso, em face da proteção da sua personalidade, na forma contemplada pela Lei Fundamental. Para tanto, foram relacionados como argumentos afirmados na decisão, o *nível de intervenção do ato* do órgão de comunicação sobre o fato, bem como as *circunstâncias do caso concreto*, dentre as quais a forma duvidosa pela qual se apresentava a estrutura narrativa do referido do programa impugnado.[442]

O dever geral de cuidado considera-se em termos de responsabilidade civil, de acordo com o dever de não lesar, objeto da violação que, a rigor, enseja o surgimento do dever de indenizar. Nesse sentido, entendemos que é representado pelas *cautelas que razoavelmente se exigem para qualquer espécie de atuação humana em sociedade, em consideração especial aos deveres específicos que legitimamente podem ser exigidos em razão de formação ou desempenho de determinada atividade de conhecimento minimamente especializado*. Daí por que vai afirmar o professor Cavalieri Filho, que a violação do dever de cuidado é a própria essência da culpa.[443]

---

440 *Manual de ética, redação e estilo de Zero Hora*. Porto Alegre: LP&M, 1994, p. 13.

441 "Ação indenizatória. Dano moral. Publicação jornalística imputando ao apelante ser o mandante da morte de sua esposa. Condenação, pelo fato confirmatório daquela suspeita. O inquérito e a ação criminal não estão adstritos ao segredo de justiça, inexistindo ilícito se o Delegado ou o representante do Ministério Público dêem conhecimento do que está sendo apurado à imprensa que tem o dever de informar ao público leitor. Inexistência de abuso ou violação à imagem do recorrente, ficando a notícia no limite da informação. Proteção do preso contra sensacionalismo não impede a informação. Lesões a imagem causadas pela própria prática-criminosa e não pela notícia que a retratou. Arts. 41 e 42, VII da Lei 7210/84. -Desprovimento do recurso." (Tribunal de Justiça do Rio de Janeiro. Apelação Cível nº 2000.001.22617. Relator Des. Leila Mariano. Julgado em 26/06/2001. Publicado 04/12/2001).

442 BVerfGE 30,137, de 5 de junho de 1973, transcrita em: SCHWABE. *Cincuenta años...*, p. 172-174.

443 CAVALIERI FILHO. *Programa...*, p. 48.

Responsabilidade Civil da Imprensa por Dano à Honra

Em relação à atividade da imprensa, pode-se afirmar que, até um determinado grau não se reconhece aos órgãos de comunicação social a faculdade, mas o *dever de investigar* determinados fatos objeto de divulgação,[444] como *imputação de um dever específico* de verificação das informações,[445] as quais, quando documentadas, deverão ser tomadas com fidelidade absoluta aos documentos que lhe dão suporte. Nesse caso, é de interesse examinar em que medida a informação proveniente de autoridade pública, ou órgão de Estado, distingue a constatação do cumprimento ou não do dever de averiguação das informações. Em outros termos, se é possível considerar, em relação às informações repassadas diretamente por órgãos do Estado ou seus agentes, que as mesmas são revestidas de presunção de correção ou pelo menos atenuam os deveres exigidos para verificar se estão corretas. Parece-nos que, servindo-se formalmente das informações de órgãos de Estado (excluem-se, pois, as informações obtidas de modo informal ou extraoficial), é possível reconhecer presunção de cumprimento do dever de cuidado, no que se refere às cautelas de verificação.[446] Não se há de exigir do profissional, nesse aspecto, critério de correção da conduta além do razoável.[447] Até porque, no caso de informações oficiais de órgão do Estado ou de seus agentes, não se pode descurar do fato de que os responsáveis por tais informações poderão ser responsabilizados em seu regime jurídico próprio – de direito administrativo, ou mesmo penalmente – pela incorreção proposital das mesmas.[448]

---

[444] ESCOBAR DE LA SERNA. *Derecho de la...*, p. 57.

[445] Nesse sentido: GARCIA. *Responsabilidade civil...*, p. 266.

[446] De acordo com esse entendimento: "Ação ordinária. Danos morais. Notícia veiculada na imprensa. Quando as notícias têm suporte em fatos verdadeiros e levados ao jornal por informante idônea não há como impor qualquer condenação. Aplicação dos arts. 220 e 224 e art. 5, IV e XIV da Constituição Federal. Sentença improcedente. Confirmação." (Tribunal de Justiça do Rio de Janeiro. Apelação Cível nº 1998.001.08706. Relator Des. Otávio Rodrigues. Julgado em 13/10/1998. Publicado 30/11/1998).

[447] "Responsabilidade civil de empresa jornalística. Dano moral. Se o noticiário se baseia em fatos que tem indícios de veracidade, apurados em sindicâncias promovidas por autoridades competentes, inexiste ofensa a reparar. Exercício constitucional do direito de informar. A carta magna assegura a liberdade de imprensa e a lei especial dispõe que a crítica inspirada pelo interesse público não constitui abuso de manifestação do pensamento. Arts. 220 da CF e 27, VIII da Lei 5.250/1967, apelação provida." (Tribunal de Justiça do Rio de Janeiro. Apelação Cível nº 1998.001.114410. Relator Des. Ely Barbosa. Julgado em 30/09/1999. Publicado 05/02/1999).

[448] Não se retira do controle do Poder Judiciário, entretanto, o controle sobre o modo de utilização dessas informações repassadas por agente público, conforme depreende-se do entendimento do TJRS, cuja ementa transcrevemos parcialmente: "Responsabilidade civil do estado. Dano moral. Decadência do direito de ação [...]. A legitimação para residir no pólo passivo da demanda, em matéria de responsabilidade civil extracontratual, decorre da imputabilidade de ato omissivo ou comissivo, que não se confunde com a existência e medida de contribuição para o resultado, nem com o elemento subjetivo. Publicação dos maiores proventos pagos pelo poder executivo, em jornal de circulação no estado. Dados obtidos em listagem elaborada pela Secretaria da Fazenda. Emissão do documento por ordem do Governo do Estado, em atendimento a pedido do presidente da Assembléia Legislativa. Licitude da conduta dos agentes dos poderes Executivo e Legislativo. A solicitação de emissão de documento, contendo valor discriminado dos maiores proventos pagos pelo poder executivo do estado, formulada pelo presidente da

Caracteriza o dever de cuidado exigido do jornalista e dos órgãos de imprensa, como dever de prudência em relação ao seu ofício,[449] o que vai determinar, no caso concreto, o exame quanto ao tempo da divulgação das informações, a solidez da versão[450] a ser divulgada, e a ponderação prévia quanto às possibilidades de causação de danos decorrentes da publicação. Da mesma forma, devem primar pela exposição de todas as posições dos envolvidos no caso,[451] contemplando

Assembléia Legislativa, bem como o atendimento do pedido, por ordem do Governo do Estado, constituem condutas absolutamente lícitas, a luz dos artigos 55, § 2º, e 82, inc. X, ambos da Constituição Estadual, e artigo 193 do Regimento Interno da Assembléia Legislativa. Eventuais excessos, conferidos na publicação daquele documento, só podem ser imputados ao órgão de imprensa, que divulgou a notícia, com caráter sensacionalista e jocoso, e não ao Estado, sob pena de socialização da responsabilidade civil de empresa privada. Erro do agente da administração pública. Relevância causal. Agravamento do dano. Responsabilidade proporcional. O estado responde perante a vítima da publicação, na medida em que o erro de seu agente assumiu relevância causal para agravamento do dano. Sentença reformada em parte." (Tribunal de Justiça do Rio Grande do Sul. Apelação Cível nº 598102903. Relator Desa. Mara Larsen Chechi. Julgado em 26/04/00).

[449] "Danos morais. Lei de Imprensa. Notícia que se abstrai dos fatos para fazer sobressair a atuação de quem estava a cumprir o seu dever profissional, declinando o seu nome e rotulando-o de suspeito do furto. Ausência de Ação Judicial e sequer de inquérito. Notícia veiculada de forma precipitada e extrapolando os limites do direito-dever de informar. Inteligência do art. 27 da Lei 5250/67 (Lei de Imprensa). Procedência do pedido inicial. Provimento da apelação." (Tribunal de Justiça do Rio de Janeiro. Apelação Cível nº 2002.001.25795. Relator Des. Carlos Ferreira Filho. Julgado em 15/04/2003. Publicado em 30/05/2003).

[450] "Ordinária de Responsabilidade Civil. Indenização. Dano moral. Lei de Imprensa. Direito à honra. Fundamento constitucional. Matéria publicada em jornal. Entrevista concedida por telefone. Emprego de termo ofensivo. Alegada utilização pelo entrevistado. Aspecto não demonstrado. Ausência da conduta *ius narrandi*. Ilicitude caracterizada. Dever reparatório que se impõe. Redução da verba fixada. Admissibilidade na hipótese. Dano material. Conseqüente prejuízo econômico-financeiro. Fato incomprovado. Sucumbência recíproca. Cabimento. Improvimento do primeiro recurso. Provimento parcial do segundo. Se a matéria publicada em veiculo de comunicação escrita, fruto de entrevista concedida por telefone, ao narrar os fatos emprega termo ofensivo ao entrevistado, revelador da pratica de crime previsto na legislação penal, atribuindo-lhe o uso desse termo sem, contudo, demonstrar tal utilização pelo mesmo, ao menos através de gravação, método comum em entrevistas como essa, não bastando o testemunho do entrevistador e autor da matéria, significa que a linguagem jornalística, tendente a despertar o interesse do público à reportagem, distanciando-se do *ius narrandi*, extrapolou a liberdade de informar, transitando da órbita do lícito para o ilícito, com o intuito claro de injuriar. Por isso que, nessa situação, o entrevistado, a quem o órgão de imprensa, distorcendo o fato e carente de prova, imputa o envolvimento em um delito penal ou a pratica deste, induvidosamente foi atingido em sua honra, personalidade ou decoro [...]" (Tribunal de Justiça do Rio de Janeiro. Apelação Cível nº 2000.001.12022. Relator Des. Antônio Eduardo F. Duarte. Julgado em 06/02/2001. Publicado 03/05/2001).

[451] "Apelação cível. Ação ordinária de indenização. Responsabilidade civil. Imprensa. Ofensa à honra. Ausência de provas, quanto a veracidade dos fatos veiculados em periódico. Abuso do direito constitucional de informação. A notícia utilizou-se de comentários duvidosos, não se limitando a narrar apenas o ocorrido. Há nexo causal entre a lesão injusta e a conduta inquinada. Caracterizado o dano moral. A declaração dos entrevistados ensejou a instauração de inquérito administrativo arquivado por falta de provas. Não assiste razão à ré/1º apelante, a qual violou o dever de cautela ao dar credibilidade as versões apresentadas por seus entrevistados, sem antes verificar atentamente a veracidade das mesmas. *Quantum* indenizatório razoável. Inalterados os honorários advocatícios fixados na forma da lei. Mantida, *in totum*, a sentença *a quo*. Desprovidos os recursos." (Tribunal de Justiça do Rio de Janeiro. Apelação Cível nº 2000.001.02587. Relator Des. Carpena Amorim. Julgado em 16/05/2000. Publicado 23/06/2000).

o conteúdo da informação divulgada, as considerações de todos os envolvidos na mesma, de modo a estabelecer um equilíbrio entre as versões divergentes. Com tal providência visa-se a oportunizar o acesso à informação por parte daqueles que estão diretamente vinculados a mesma.

Afinal, situa-se dentro das pautas de conduta reclamadas pelo cumprimento do dever de cuidado a imediata retificação das informações equívocas objeto de divulgação pelo órgão de comunicação social, servindo para caracterizar a diligência posterior do órgão de comunicação social que, em que pese possa não eliminar o dano causado, deve servir de critério útil para a determinação da indenização por danos, a par dos critérios previstos no artigo 53 da :ei de Imprensa.

2.1.2. Dever de veracidade

Dentre os deveres imputados à imprensa, cuja violação enseja ato ilícito, está o *dever de veracidade*. Seja o exercício da liberdade de informação ou a liberdade de pensamento, tudo o que se divulgar por intermédio da atividade de imprensa, a rigor deve estar baseado em informações verazes. *Informar é, em primeiro plano, divulgar fatos da realidade passada permitindo acesso ao público destas informações*. De outro modo, o exercício da liberdade de pensamento e da própria liberdade de crítica é considerada sob os marcos da legalidade[452] uma vez que se apóie em informações verazes.[453] Ou seja, a liberdade de crítica, em

---

[452] Assim, decisão do TJRS, que considera ilícita a crítica baseada em descumprimento de dever que não era exigível do agente público: "Imprensa. Responsabilidade civil. Publicação em jornal. Comentários desairosos. Ausência de obrigatoriedade de informar. Responsabilidade da empresa jornalística. Montante indenizatório. Critérios de fixação. 1 – ação de indenização que visa a reparação por danos ocasionados pela veiculação, em jornal, de notícia que criticava de forma veemente o posicionamento de polícial civil. O polícial civil não está obrigado a divulgar as ocorrências do dia. A divulgação pode inclusive prejudicar as investigações. Risco que advém do direito de informar. Responsabilidade pelos danos causados. Configuração do nexo causal. Responsabilidade da empresa jornalística. 2 – os critérios de fixação do *quantum* indenizatório são de ordem subjetiva do julgador, e visam reparar os danos, bem como dissuadir o réu da prática reiterada dos atos lesivos. Apelo do réu improvido." (Tribunal de Justiça do Rio Grande do Sul. Apelação Cível nº 70002430254. Relator Des. Paulo Antônio Kretzmann. Julgado em 22/11/2001).

[453] "LEI DE IMPRENSA. NOTÍCIA. CONCESSÂO DE USO DE IMÓVEL PELO DEMHAB. VENDA DE IMÓVEL A REVELIA DE ORGÂO PÚBLICO. DANO MORAL. INOCORRÊNCIA. Se a notícia veiculada apenas informa fatos efetivamente ocorridos, envolvendo o nome do autor, sem emitir qualquer juízo sobre a sua pessoa, não há se falar em ocorrência de dano moral. No caso, demonstrado que a venda das chaves de imóvel sobre o qual o autor possuía concessão de uso, é ato ilícito, segundo legislação vigente. O órgão de imprensa apenas veiculou tais fatos, aliando a isso informações de ser o autor concorrente a cargo público e invasor de área pública, como o próprio demandante admite. A informação, nessas circunstâncias, apenas atuou dentro do direito/dever que lhe é inerente, máxime em se tratando de matéria que envolve a prática de ato ilícito. Inexistente abuso de direito a autorizar a reparação de dano moral. Apelo improvido." (Tribunal de Justiça do Rio Grande do Sul. Apelação Cível nº 70004977575. Relator: Marco Aurélio os Santos Caminha. Julgado 09/10/2003).

que pese a ampla independência reconhecida à formação da opinião e ao livre convencimento pessoal, restringe-se à interpretação de fatos,[454] ainda que se possa admitir, sem objeções, exercícios de previsibilidade sobre situações futuras. O limite, nesse último caso, é exclusivamente de natureza ético-jurídica, vedando-se o atentado a atributos pessoais[455] com base em exercícios de probabilidade sobre o futuro. Nesse caso, entretanto, o exame da situação não prescindirá da exegese do artigo 27 da Lei de Imprensa,[456] que, se aplicável a tais

---

[454] Nesse sentido a decisão de extremo relevo do Tribunal de Justiça do Rio de Janeiro, em que a crítica de decisão judicial atinge de modo definitivo, os protagonistas do fato divulgado: "Imprensa. Dano Moral. Incide na responsabilidade de compor danos morais a empresa jornalística que, após a absolvição do autor noticia: 'Liberdade para Federais corruptos'. Julgamento levado a efeito pela imprensa desconsiderando decisão judicial. A sentença tem eficácia *erga omnes* como ato de autoridade e por isso não pode ser desconsiderada. A empresa jornalística que abusa do direito de informar excede os limites de seu exercício e por ele deve responder. A distinção entre o dever de informar e o abuso desse direito está entre a urbanidade e sua fidedignidade que a mesma encerra. Notícia ofensiva gera o dever de indenizar o dano moral, sem limites, obedecido o princípio da razoabilidade. A repercussão da notícia ofensiva é mais contundente sob o enfoque social do que a informação da absolvição, gerando problemas irreversíveis e perpétuos para o lesado, seus familiares e amigos. Inequívoca responsabilidade. Sentença justa e escorreita a revelar a perfeita aptidão de seu prolator para o sacerdócio da magistratura. O desacolhimento dos embargos de declaração não ensejam recurso autônomo, porquanto a decisão neles proferida integra-se à decisão supostamente omissa e que é a verdadeira destinatária do recurso da parte. Agravo retido não conhecido. Apelo desprovido." (Tribunal de Justiça do Rio de Janeiro. Apelação Cível n° 2001.001.3515. Relator Des. Luiz Fux. Julgado em 11/12/2001. Publicado 25/02/2002).

[455] "Indenizatória. Publicação, em jornal, de notícia, segundo os autores, inverídica e mentirosa que veio a atingir a honra dos primeiros recorrentes, pessoas de bem e trabalhadoras que sustentam que a imprensa, abusando do direito de informar, divulga informações sem antes procurar ouvir as pessoas atingidas. Rejeição de preliminares. Afastamento de questão regulada à luz da lei de imprensa porquanto sujeitos à ela aqueles que, através dos meios de informação praticarem abusos no exercício da liberdade de manifestação de pensamento e informações. Afastamento de ilegitimidade ativa, dado que o comentário, apesar de genérico, fora feito de forma direta, atingindo uma pequena categoria composta de apenas treze relojoeiros, causando-lhes danos à sua honra. Existência de nexo causal entre a conduta das rés e do dano suportado pelos autores, ensejando o dever de reparar. Não ilidido o direito subjetivo dos autores em pleitear a reparação. A liberdade de expressão, falada ou escrita, deve vir acompanhada de ética e responsabilidade, cabendo ao jornal apurar ou verificar se a declaração era ou não verdadeira, mesmo tratando-se de uma opinião. Conhecimento e improvimento de ambos os apelos." (Tribunal de Justiça do Rio de Janeiro. Apelação Cível n° 2000.001.06867. Relator Des. Raul Celso Lins e Silva. Julgado 09/08/2000, Publicado em 28/09/2000).

[456] Assim o artigo 27: "Não constituem abusos no exercício da liberdade de manifestação do pensamento e de informação: I – a opinião desfavorável da crítica literária, artística, científica ou desportiva, salvo quando inequívoca a intenção de injuriar ou difamar; II – a reprodução, integral ou resumida, desde que não constitua matéria reservada ou sigilosa, de relatórios, pareceres, decisões ou atos proferidos pelos órgãos competentes das casa legislativas; III – noticiar ou comentar, resumida ou amplamente, projetos e atos do Poder Legislativo, bem como debates e críticas a seu respeito; IV – a reprodução integral, parcial ou abreviada, a notícia, crônica ou resenha dos debates escritos ou orais, perante juizes e tribunais, bem como a divulgação de despachos e sentenças e de tudo quanto for ordenado ou comunicado por autoridades judiciais; V – a divulgação de articulados, quotas ou alegações produzidas em juízo pelas partes dou seus procuradores; VI – a divulgação, a discussão e crítica de atos e decisões do Poder Executivo e seus agentes, desde que não se trate de matéria de natureza reservada ou sigilosa; VII – a crítica às leis e a demonstração de sua inconveniência ou inoportunidade; VIII – a crítica inspirada pelo interesse público; IX – a exposição de doutrina ou idéia. Parágrafo único. Nos

hipóteses, excluirá a ilicitude da conduta e, em conseqüência, o dever de indenizar.

O problema da verdade, como já nos reportamos algumas vezes nesse trabalho, é um dos mais sensíveis ao exame da responsabilidade civil da imprensa por dano à honra. Até em razão do direito subjetivo público à informação verdadeira, insculpido no artigo 5°, inciso XIV, da Constituição da República, a veracidade do conteúdo da informação trata-se de um dever indisponível dos órgãos de comunicação social, cujo conteúdo é conformador das liberdades de expressão e de imprensa. Não se reconhece, pois, como conteúdo da liberdade de imprensa, o direito de mentir. Este, aliás, é o fundamento do direito de resposta garantido pela Constituição e regulado por lei, o qual constitui sanção que se identifica com o interesse da coletividade, de uma informação correspondente à verdade.[457]

Não significa, entretanto, que o fato de informar a verdade se constitua em espécie de critério genérico de regularidade do exercício da atividade de imprensa, e que por esta razão excluam a ilicitude da conduta por si mesmo. Não se pode perder de vista que em relação aos chamados delitos de indiscrição ou, no âmbito do direito privado, a violação do direito à privacidade ou à intimidade, via de regra, se constitui a partir da divulgação de informações verdadeiras. Isto não retira o caráter ilícito da conduta do agente, mas ao contrário, caracteriza elemento do delito causado, uma vez que a lesão vai realizar-se justamente pela exposição pública de informações que, em razão de serem verídicas, mas pertencerem à esfera de interesse exclusivamente pessoal do titular do direito, estão subordinadas à prerrogativa absoluta do titular do direito, de mantê-las sob reserva. É possível afirmar assim, que só as informações verdadeiras atingem de forma típica a esfera da intimidade,[458] de modo que nesses casos se há de identificar no âmbito civil, a indiferença quanto à verdade ou inverdade da informação para caracterização da lesão a direito da personalidade. Se verdadeira, mas colocada sob reserva da esfera pessoal, determina ofensa aos direitos de privacidade e intimidade. Se não verdadeira, sua divulgação estará violando o direito à honra, um vez que represente, sob qualquer aspecto, a diminuição da estima pessoal

---

casos dos incisos II a IV deste artigo, a reprodução ou noticiário que contenha injúria, calúnia, ou difamação deixará de constituir abuso no exercício da liberdade de informação, se forem fiéis e feitas de modo que não demonstrem má-fé."

[457] MOREIRA, Vital. *O direito de resposta na comunicação social.* Coimbra: Coimbra, 1994, p. 30-31.

[458] ANDRADE. *Liberdade de imprensa...*, p. 112.

ou da consideração pessoal do indivíduo em razão da mencionada publicidade.[459]

Entretanto, com relação à ofensa do direito à honra, não há de se reconhecer a mesma na hipótese de divulgação de fatos verdadeiros.[460] A honra protegida pelo direito é assentada na idéia do *real valor da pessoa*, determinando a proteção da *merecida posição de respeito*.[461] Diga-se, contudo, que a verdade, como conceito aberto e vago, não consegue compreender todos os elementos a serem considerados na aferição da ocorrência ou não de dano à honra.

Considerando-se que na hipótese do direito à honra, sua proteção vincula-se à proteção de uma projeção externa dos atributos da pessoa, a efetividade da sua preservação não se percebe dissociada da percepção que os outros – que não o titular do direito, nem tampouco aquele que divulgou a informação ou manifestou opinião – terão estabelecido em relação à pessoa. Nesse caso, não basta como prova do cumprimento do dever de veracidade, que se relacione os fatos tais quais eles ocorreram na realidade, senão que na sua divulgação ou utilização como pressuposto de uma determinada manifestação de pensamento ou opinião respeite-se uma mínima adequação lógica que permita ao público percebê-los do mesmo modo como percebe quem os divulga. Daí por que o dever de veracidade na atividade de imprensa não é autônomo, devendo relacionar-se a outros dois *deveres anexos*, que determinam seu cumprimento efetivo, quais sejam, os *deveres de objetividade e de exatidão*.[462]

---

[459] "Dano moral. Matéria jornalística. Nota em coluna de mexericos. Divulgação maliciosa e distorcidas. Redação deliberadamente contumeliosa. Jogo de palavras que, ao invés de informar ao leitor, deturpa fatos com intuito de ofender. Abuso da liberdade de imprensa. Dever de indenizar. Solidariedade entre a empresa de comunicação e o jornalista. Súmula 221 do STJ. Arbitramento da reparação. Inexistência, após a Constituição de 1988, da tarifação da Lei de Imprensa. Súmula 57 desse Tribunal de Justiça. Valor da indenização. Critério do artigo 53 da Lei 5.250. Vinte mil reais. Apelação do autor provida, após a rejeição da preliminar de cerceamento de defesa." (Tribunal de Justiça do Rio de Janeiro. Apelação Cível nº 2003.001.08635. Relator Des. Bernardo Moreira Garcez Neto. Julgado em 10/06/2003. Publicado em 28/08/2003).

[460] Nesse sentido, a decisão do Tribunal de Justiça do Rio Grande do Sul, que reconheceu a um criminoso direito à reparação, em razão do relato do crime cometido por ele, na forma como foi divulgado, continha inverdades, determinando com que fosse apresentado de modo mais ofensivo do que em verdade foi cometido: "Embargos infringentes. Ação de reparação de danos morais. 1. Divulgação de homicídio, contendo inveracidade que afeta a dignidade e a honra do autor. 2. Notícia de que o ato teria sido praticado por tiros desferidos pelas costas, o que não corresponde à verdade, dando conotação de traição e covardia ao evento. 3. Conflito de valores resolvido a favor do autor, em face da inveracidade da notícia. Dever de indenizar os danos morais, tidos como *in re ipsa*. 4. Recurso desprovido. Votos vencidos." (Tribunal de Justiça do Rio Grande do Sul. Embargos Infringentes nº 70002788354. Relator Des. Carlos Alberto Alvaro de Oliveira. Julgado em 07/12/2001).

[461] ANDRADE, op. cit., p. 78.

[462] Servimo-nos aqui, de terminologia semelhante a de: PIZARRO. *Responsabilidad civil...*, p. 156 et seq. Entretanto, na relação dos deveres entre si, e sua contribuição para determinação da ilicitude ou ilicitude da conduta, propomos um entendimento diverso.

Em relação ao *dever de objetividade*, a primeira questão a ser enfrentada é sobre o caráter objetivo ou subjetivo de que se reveste. Segundo Pizarro, "a falta de adequação entre a realidade e o informado priva a notícia de objetividade, e por isto, de exatidão. A verdade da informação não é outra coisa que a reprodução objetiva e exata da realidade pelo meio".[463] A objetividade – seguindo o raciocínio de Ramón Pizarro – não se caracteriza como uma mera atitude exigível de quem informa, mas sim em razão de um resultado.[464] Seguindo raciocínio diverso, de acordo com o mesmo autor, seria alcançada conclusão sobre a existência de objetividade "na medida que exista uma atuação diligente e de boa fé por parte do informador, ainda quando a notícia não chegue a reproduzir fiel e exatamente a realidade".[465] Segundo aponta o autor argentino, "a objetividade e a exatidão da informação não podem ser ponderadas como uma mera atitude do informador. São um resultado e como tal devem ser valorados".[466] Enfim, indica que o exercício da atividade de imprensa representa riscos, e que " não parece justo transferir o risco de possíveis inexatidões ao protagonista da notícia, ainda que a informação provenha de uma fonte veraz".[467] Objetividade, assim, em seu sentido reclamado pelo cumprimento do dever de veracidade, é justamente a restrição, ao menor número possível, dos significados possíveis de serem apreendidos pelo titular do direito. Assim, caracteriza-se como con-

---

[463] Ibidem, p. 157. Na doutrina brasileira, utlizando-se da classificação do jurista argentino: CUNHA PEREIRA. *Liberdade e responsabilidade...*, p. 157 et seq.

[464] "Ação indenizatória. Dano moral. Reportagens jornalísticas imperfeitas e ofensivas da honra de funcionário público. Arbitramento do valor do dano extrapatrimonial. Sentença de procedência do pedido autoral. Apelação da empresa ré. Recurso adesivo do autor. Quando empresa jornalística de porte considerável permite que, mescladas às notícias que até podem refletir legítimo direito de informar, se publiquem excessos indevidos, em jornais que edita, cometendo abuso de direito, civilmente deve responder pela conseqüência nefasta de seu ato culposo, porque, precipitando-se, assume o risco de produzir o resultado danoso, que se apura, e provoca injusta ofensa à dignidade pessoal e funcional de agente público, violando valores jurídicos amparados pelo direito. A liberdade de imprensa não exclui o dever de apurar a veracidade dos fatos que serão informados jornalisticamente, sendo punível, a título de culpa civil, expressões englobantes, generalizadoras, depreciativas, que incutem no leitor juízo indevido sobre o comportamento ético da pessoa atingida pela notícia desabonadora. Encontrando-se, a pretensão indenizatória de dano moral decorrente da atividade jornalística, arrimada no art. 159 do Código Civil, desde a vigência da Constituição/88 não se aplica o previsto na Lei de Imprensa, não mais se admitindo a chamada reparação tarifada. A indenização do dano moral não pode deixar de ser fixada adequadamente, observados os seus fins especiais e o princípio da razoabilidade. Julgado monocrático que dispôs prudentemente sobre todas as matérias versadas nos recursos. Voto vencido, parcial, no sentido da elevação da verba indenizatória arbitrada." (Tribunal de Justiça do Rio de Janeiro. Apelação Cível n° 2000.001.07051. Relator Des. Ronald Valladares. Julgado em 02/04/2002. Publicado em 28/05/2002).

[465] PIZARRO. *Responsabilidad civil...*

[466] Ibidem, p. 158-159. No mesmo sentido inclinam-se os entendimentos de CUNHA PEREIRA. *Liberdade e responsabilidade...*, p. 159-161; FARIAS, Edilson Pereira. Colisão de direitos: a honra, a intimidade, a vida privada e a imagem *versus* a liberdade de expressão e informação. Porto Alegre: Fabris, 1996, p. 132.

[467] Pízarro, op. cit., p. 158-159. Igualmente: CUNHA PEREIRA, op. cit., p. 161.

traponto a certo caráter dúbio, reclamando para tanto, inclusive, o adequado domínio da linguagem.[468]

Qual o exato conteúdo do direito à honra é algo que será estabelecido em razão da influência das idéias sociais vigentes, cuja definição é de rigor que se determine ao Poder Judiciário,[469] quando provocado pela vítima ou eventuais legitimados (artigo 12, parágrafo único, do Código Civil). Nesse sentido, a ele cabe investigar o conteúdo da conduta apontada como ofensiva à honra da pessoa. De outra sorte, deverá fazê-lo pela ponderação entre o padrão de compreensão média da sociedade e a compreensão que dos fatos se percebe ter a própria pessoa objeto da ofensa, cuja prevalência, sendo distinta do significado admitido em termos gerais, deverá se justificar sob argumentos fáticos e juridicamente explicitados, bem como defensáveis sob a perspectiva de proteção da pessoa humana.

Em relação à exatidão, sua distinção revela-se pelo conteúdo da divulgação, a partir da identificação dos principais elementos de sentido da informação divulgada, constituindo-se na exigência de apresentação de todos os elementos essenciais para a compreensão do significado da informação. Da mesma forma revela-se pela atuação, com a máxima diligência possível, para que as informações divulgadas, quando possam determinar a causação de danos, restrinjam-se àquelas essenciais para que o público apreenda o significado pretendido pelo autor do conteúdo divulgado,[470] evitando-se acrescentar

---

[468] Parece-nos paradigmática a reflexão do Desembargador Paulo César Salomão, do Rio de Janeiro, sobre o modo como a utilização da linguagem pode comprometer a adequada percepção do significado das informações divulgadas: "Responsabilidade civil. Publicação de matéria ofensiva. Dano moral. É óbvio que existem vários modos de noticiar sem resvalar para a ofensa e o atentado à honra de pessoas inocentes. Aplicação do art.5°, X, da CF e art.159, do código civil. Os fatos demonstram claramente a lesão à honra, à imagem, ao bom nome e a dignidade dos autores, causando-lhes dor, embaraços, humilhação e constrangimentos. Os valores personalíssimos, que se traduzem no nome, honra, imagem, conduta pessoal e profissional, são constitucionalmente protegidos e clamam por ser respeitados. Um dos defeitos comuns nas reportagens e que basta um pequeno indício – ou nem isso, basta que alguém se refira ao nome de uma pessoa – e ela passa, nas reportagens seguintes, às suítes, a ter seu nome associado a perigosa palavra *envolvido*. *Envolvido* é outro dos truques da imprensa. Protege o jornalista e lança uma sombra sobre a pessoa da qual se fala. *Envolvido* embola culpados e inocentes, suspeitos e vitimas na mesma zona de sombras. Quem não leu o jornal anterior não saberá encontrar a fronteira entre os dois grupos: todos passam a pertencer a categoria suspeitíssima de *envolvidos*. A Constituição de 1988 gizou a ampla liberdade de expressão, mas coíbe o abuso. Estão se tornando corriqueiras as alianças espúrias entre autoridades despreparadas e ávidas por promoção com órgãos de comunicação, explorando o sensacionalismo de noticias plantadas ou fabricadas. Isso sem dúvida, acaba por se constituir em grande fonte de vantagens e lucros para ambos, pois o órgão de comunicação fatura mais, enquanto que a autoridade constrói uma imagem publica austera e heróica. Não é por acaso que as conhecidas fontes das reportagens sempre acabam por se tornar candidatos nas eleições [...]" (Tribunal de Justiça do Rio de Janeiro. Apelação Cível n° 1997.001.06389. Relator Des. Paulo César Salomão. Julgado em 24/08/1999. Publicado em 19/10/1999).

[469] SARAZÁ JIMENA. *Libertad de información...*, p. 113-114.

[470] Assim decidiu o STJ: "Lei de imprensa. Indenização. Notícia abreviada ou resumida. 1. Não pode ser examinada em recurso especial a tese de que a indenização por ação dolosa do autor

elementos que possam modificar ou agravar,[471] de modo dissociado dos fatos, a diminuição da consideração social em relação ao protagonista da situação divulgada.

2.1.3. Dever de pertinência

O *dever de pertinência* determina-se pela necessidade de *adequação lógica entre a divulgação de informações e críticas no exercício da atividade de imprensa, e critérios intrínsecos e extrínsecos de aferição da sua regularidade.* Os *critérios intrínsecos* dizem respeito, basicamente, à adequação entre a versão informada e o fato, razão pela qual se vincula intimamente com a veracidade exigida em relação às mesmas mensagens. De outro lado, os *critérios extrínsecos* dizem respeito aos limites jurídicos da divulgação. Nesse sentido, avultam como critérios extrínsecos o respeito à vida privada e à intimidade, assim como a ofensa aos bons costumes por meio do exercício da atividade de imprensa. No primeiro caso, os critérios intrínsecos determinam uma *pertinência fática* entre a versão jornalística e o fato, ao tempo em que os critérios extrínsecos respeitam a uma espécie de relação que se pode denominar como *pertinência jurídica.*

No âmbito da *pertinência fática,* trata-se de identificar uma adequação lógica entre o conteúdo da informação ou opinião manifestada e sua ocorrência efetiva.[472] Quem divulga a informação tem o dever

---

do escrito ou do responsável pela divulgação não sofre a limitação do artigo 53, se o v. Acórdão não admitiu o fato do dolo. 2. A permissão de publicação de notícia sobre despachos e sentenças de forma resumida ou abreviada (art. 27, IV, da Lei de Imprensa) não alcança os casos de omissão de fato relevante, favorável à pessoa objeto da notícia, indispensável para a avaliação ética da sua conduta, tal como a informação da condenação criminal em primeiro grau, sem registrar a existência de acordão absolutório já transitado em julgado. Recursos não conhecidos." (Superior Tribunal de Justiça. Recurso Especial 36493/SP. Relator Min. Ruy Rosado de Aguiar. Julgado em 09/10/1995. Publicado DJU 18/12/1995, p. 44574).

[471] "Responsabilidade Civil. Noticias em jornal que vão além da mera menção a relatório de Comissão Investigatória de Ilícitos Praticados por Policiais, imputando ao relatório de tal Comissão recomendação de afastamento do autor e menção a bens incompatíveis à sua renda que não constam de tal relatório. Abuso do direito de informar, que excede à liberdade de pensamento e de imprensa protegidos pela Constituição Federal, caracterizando violação à honra e imagem do ofendido, o que é vedado pela Carta Magna, em seu artigo 5., inciso X. Dever ressarcitório configurado. Dano moral. Indenização. Arbitramento que deve se dar considerando a gravidade da ofensa, a repercussão na órbita do ofendido e a capacidade econômica do ofensor, sobretudo sopesando que a vitima, então ocupante de cargo de comando na Polícia Militar, deveria ser espelho para seus comandados. Aspecto, ainda, tanto compensatório à vitima, como punitivo ao ofensor, da verba indenizatória, que, porem, não pode representar valor acima do 'prudente arbítrio' do julgador, que vem sendo preconizado pelo STJ. Recurso provido." (Tribunal de Justiça do Rio de Janeiro. Apelação Cível nº 2001.001.15245. Relator Des. Binato de Souza Castro. Julgado em 06/11/2001. Publicado em 19/02/2002).

[472] Assim o Tribunal de Justiça do Rio de Janeiro: "Responsabilidade civil. Lei de imprensa. A publicação de fotografia não autorizada, em reportagem efetuada sobre inadimplência do pagamento de tarifas de água, vinculando o fato à pessoa fotografada, constitui dano moral, que impõe ao órgão responsável o dever de indenizar. Ofensa à imagem e à privacidade caracterizadas. O valor deve ser arbitrado com moderação, tendo em vista a inexistência de abuso, sensacionalismo ou deturpação da notícia. Sobre a indenização fixada incidem juros de mora e

de zelar por sua integridade, de modo que tem o dever de demonstrá-los com coerência e clareza. Deve haver, para que se observe o cumprimento do dever, uma relação de adequação entre o signo caracterizado pela informação divulgada e o significado que razoavelmente se depreenda da mesma, em consideração ao dever de veracidade que se impõe a quem exerce a atividade de imprensa.

Contudo, no que se refere ao exercício da liberdade de pensamento é que a relação de pertinência fática entre o conteúdo divulgado a esse título, e os fatos que serviram de objeto ao juízo proferido aparece com maior ênfase. Em que pese seja produto da mais expressiva realização da liberdade humana, o ato de divulgação de um determinado pensamento, uma vez que se trata de atuação com a finalidade de causar determinada impressão ao destinatário da mensagem, submete-se à exigência mínima de razoabilidade e adequação lógica entre o juízo realizado e o fato que subsidiou o exame do autor do mesmo.

Em relação à pertinência jurídica, é certo que se associa não apenas com a necessidade de adequação entre a versão e o fato, senão que vai dizer respeito a quais fatos podem ser revelados[473] e o modo como podem ser revelados. Ao mesmo tempo, considere-se que o exame da veracidade dos fatos é pressuposto do exame da pertinência jurídica dos mesmos, uma vez que não assiste aos órgãos de comunicação social o direito de mentir. Entretanto, mesmo havendo a divulgação de um fato verdadeiro, a forma como se divulga o mesmo o distingue em relação a determinados aspectos, determinando, em muitos casos, a deturpação do significado apreendido pelo comum das pessoas, podendo gerar, sobretudo, ofensa à honra do protago-

---

correção monetária. Recursos parcialmente providos." (Tribunal de Justiça do Rio de Janeiro. Apelação Cível n° 2003.001.02868. Relator Des. Carlos C. Lavigne de Lemos. Julgado em 24/06/2003. Publicado em 28/07/2003).

[473] Não há como ser reconhecido, por exemplo, o exercício da liberdade de informação que sirva-se da divulgação de provas ilícitas para conformar sua versão. Assim, decisão do TJRJ: "RESPONSABILIDADE CIVIL OFENSA À HONRA ABUSO DA LIBERDADE DE IMPRENSA – DANO MORAL REPORTAGEM PUBLICADA EM REVISTA – REPRODUÇÃO DE CONVERSA OBTIDA ATRAVÉS DE ESCUTA TELEFÔNICA SEM AUTORIZAÇÃO JUDICIAL PRELIMINAR DE NULIDADE DA SENTENÇA. A audiência de conciliação, prevista no artigo 331 do Código de Processo Civil, é desnecessária na hipótese de julgamento antecipado da lide. Se a ré, instada a indicar e justificar as provas que pretendia produzir, permaneceu silente, não pode alegar cerceamento de defesa com fundamento em não terem sido deferidas as provas requeridas. Não é nula a sentença que fixou a indenização por dano moral em salários mínimos. O autor que deixou a critério do Juiz a fixação do valor da indenização não tem interesse processual em recorrer, para pleitear a elevação do valor fixado. Se a suposta conversa do autor foi obtida por meio de escuta telefônica sem a necessária autorização judicial, a empresa responde pelos danos morais decorrentes da publicação sensacionalista. Rejeição da preliminar de nulidade da sentença; não conhecimento do primeiro apelo na parte relativa ao valor da indenização e confirmação da sentença na parte relativa à verba honorária; e desprovimento do segundo recurso." (Tribunal de Justiça do Rio de Janeiro. Apelação Cível n° 2000.001.19135. Relator Des. Cássia Medeiros. Julgado em 20/02/2001. Publicado em 20/03/2001).

nista da informação, em face do caráter dependente do direito subjetivo que determina sua proteção, em relação à compreensão média da comunidade.

Outra questão enfrentada com extremo interesse são os limites jurídicos à liberdade de pensamento, pelo exercício do direito de crítica. Já tratamos quanto aos requisitos de pertinência fática, identificando a adequação lógica entre o conteúdo da crítica e seu objeto, para efeito da determinação de eventual responsabilidade civil por danos. De outra parte, entretanto, o exercício da liberdade de pensamento através da imprensa submete-se à avaliação de sua pertinência jurídica, uma vez que *não se há de reconhecer legitimidade à crítica que se utilize de modo a atentar contra o próprio regime democrático que à assegura*. Ao mesmo tempo, não se admitem críticas que propaguem conceitos contrários à dignidade da pessoa humana, como aquelas que estimulem juízos discriminatórios ou reações ilícitas do cidadão, por exemplo, promovendo a utilização de violência física. A esse último limite do exercício da liberdade de crítica denominamos em outro estudo, como *manutenção da paz social*,[474] para indicar a ilicitude genérica da divulgação de opinião que promova a violência física.

De outra parte, a pertinência jurídica, muitas vezes, antes de um dever, converte-se em justificativa ou legitimação para a divulgação da informação. Nesse caso insere-se a justificativa do *interesse público*.[475] A amplitude da definição determina a necessidade de sua concreção à luz de um *conceito jurídico de interesse público*, de cunho utilitarista, sob pena da proteção indiscriminada de informações com o objetivo de satisfazer a mera curiosidade do público, o que por si não merece proteção jurídica.

Como regra geral, a linha divisória que se estabelece à atuação da imprensa refere-se à relação efetiva ou não da divulgação de um fato com o interesse público. Esse conceito, aliás, em que pese sua importância, assim como as repetidas vezes em que é invocado como fundamento para determinadas condutas, não possui um significado determinado em direito, sendo a sua interpretação adequada às exigências do caso concreto. No âmbito da responsabilidade civil da imprensa, a doutrina construirá diferentes soluções, como o entendimento de que, para sua definição, é preciso afastar-se de interesses momentâneos do Governo ou Administração, vinculando-o ao con-

---

[474] MIRAGEM. A liberdade de expressão..., p. 16.

[475] "Responsabilidade civil. Responsabilidade civil da empresa jornalística. Abuso no exercício da liberdade de manifestação de pensamento não demonstrado. Reportagem com conotação informativa, movido por interesse eminentemente público. Art. 27, VII, Lei n. 5.250/1967. Lei de Imprensa. A Lei nº 5.250, *ex vi* do seu artigo 27, VII, exclui, expressamente, a imputação de abuso no exercício da liberdade de manifestação do pensamento e de informação, quando esta for inspirada pelo interesse público. Sentença confirmada." (Tribunal de Justiça do Rio Grande do Sul. Apelação Cível nº 70002534576. Relator Des. Clarindo Favretto. Julgado em 18/10/2001).

ceito de bom governo, e à formação de opinião pública como base da democracia, sendo concebida esta como autogoverno.[476]

Em direito português, Costa Andrade indica que o exercício da liberdade de imprensa se justifica pela promoção de interesses legítimos. Entretanto, admite que a avaliação da legitimidade prende-se ao exame casuístico das situações objeto do conflito,[477] bem como ao fato de que não se há reconhecer amplitude desmesurada aos limites da atividade de imprensa como modo a inviabilizar sua atuação prática.[478] De outra parte, Brito Correia assinala a necessária vinculação entre o direito à informação, em seu sentido político, exercido em relação a conhecimentos proeminentes, assinalando que estarão abrangidos pelo mesmo o direito dos cidadãos de participar da vida pública, ou de tomar parte em relação a acontecimentos proeminentes.[479] Já Darcy Arruda Miranda refere que a crítica, quando feita pela imprensa, em geral, é sempre inspirada pelo interesse público, pois quando deriva de interesse privado ou subalterno, quase sempre resvala para o ilícito penal.[480] Por fim, Cunha Pereira, reconhecendo a existência comum de associação indevida dos conceitos de interesse público e interesse estatal, propõem um *tertium genus*, que qualifica como *interesse social*. Não chega, entretanto, a determinar-lhe uma definição.[481]

Empreendemos, entretanto, a iniciativa de estabelecer uma definição de interesse público, a fim de permitir a aferição da regularidade da atividade da imprensa sob esse critério, indicando-o como *as razões ou justificativas que permitem inferir, de modo razoável a necessidade ou utilidade do acesso geral da comunidade a certas e determinadas informações ou juízos críticos acerca de fatos, em decorrência da contribuição efetiva que esse conhecimento pode determinar ao aperfeiçoamento da situação retratada, do próprio meio social, ou do regime político de liberdades do Estado Democrático de Direito.* Submetem-se ao critério, assim, os assuntos relativos às coisas do Estado e à condução do Governo e da Administração, bem como as matérias atinentes ao interesse de grupos sociais,[482] estejam organizados ou não.

---

[476] GARCIA. *Responsabilidade civil...*, p. 166.

[477] ANDRADE. *Liberdade de imprensa...*, p. 358.

[478] Ibidem, p. 359.

[479] BRITO CORREIA. *Direito da comunicação...*, v. 1, p. 635.

[480] MIRANDA, D. *Comentários...*, p. 544.

[481] CUNHA PEREIRA. *Liberdade e responsabilidade...*, p. 134.

[482] "Ação de Indenização por Danos Morais. Publicação de reportagem em órgão da imprensa, no qual se atribui a membro de Comissão de Arbitragem da Federação do Rio de Janeiro a prática de atos de extorsão e favorecimento, acusação feita por órgão de classe dos arbitros, que se consideraram diretamente atingidos por tais atos. A divulgação destes partiu do órgão de classe, que inclusive divulgou nota oficial reiterando tais acusações. Dever do órgão de imprensa de comunicar fatos relevantes ao publico. Inexistência do dever de apurar tal veracidade, mas tao-somente de informar com exatidão sua ocorrência. A divulgação de acontecimentos efetiva-

A justificativa do interesse público, entretanto, não justifica por si, a prevalência da divulgação da informação ou publicação da crítica. Este será o caso, apenas, quando além de indicada como revestida de interesse público, não represente uma interferência excessivamente gravosa a direitos fundamentais de proteção da pessoa humana,[483] o que pode traduzir-se inclusive pela violação dos deveres procedimentais, de como estabelecer o conteúdo e promover a divulgação da informação.[484]

Por fim, cabe a referência às chamadas *pessoas célebres* ou *pessoas públicas*. Define-as Alcides Leopoldo e Silva Júnior como "aquela que se dedica à vida pública ou que a ela está ligada, ou que exerça cargos políticos, ou cuja atuação dependa do sufrágio popular ou do reconhecimento das pessoas que a elas é voltado, ainda que para entretenimento e lazer, mesmo que sem objetivo de lucro ou com caráter eminentemente social, como são por exemplo os políticos , esportistas, artistas, modelos, *socialites*, e outras pessoas notórias".[485] Em relação a estas, o dever de pertinência jurídica que se reclama do direito distingue-se em dois aspectos. No que tange às pessoas que se dedicam à atividade de representação política, ao fazê-lo, em conformidade com o regime democrático e de participação do povo nos assuntos de Estado, tem sua esfera de informações pessoais sob proteção da privacidade reduzida apenas àquelas questões que, de modo algum, possam ter relação com o exercício da atividade pública. Havendo qualquer conexão possível, a preservação de certas informações de

---

mente verificados não acarreta o dever de indenizar, ainda que venham a causar constrangimento a quem é nele envolvido, tanto mais que no caso houve regular exercício de um direito. Em não se verificando abuso na divulgação de fatos, por serem eles relatados por órgão de classe idôneo, não se pode considerar existente ofensa passível de indenização por dano moral. Sentença que se mantém." (Tribunal de Justiça do Rio de Janeiro. Apelação Cível nº 1999.001.09833. Relator Desa. Maria Augusta Vaz. Julgado em 09/11/1999. Publicado em 28/02/2000).

[483] "LEI DE IMPRENSA. DANO MORAL. O direito de crítica. Ainda que o texto esteja vazado em estilo agressivo, não constitui abuso, principalmente quando tem por destinatários alguns integrantes de uma atividade funcional, que não foram identificados direta ou indiretamente. Inocorrência do dano. Recursos providos, para julgar improcedentes os pleitos indenizatórios." (Tribunal de Justiça do Rio de Janeiro. Apelação Cível nº 2001.001.28449. Relator Des. Celso Ferreira Filho. Julgado em 05/03/2002. Publicado em 15/05/2002).

[484] Nesse sentido, o julgado do TJRJ: "Pleito indenizatório. Dano moral. Matéria publicada na imprensa, a respeito da honorabilidade de oficial da polícia militar, que estaria sendo denunciado por outros oficiais de enriquecimento ilícito. Notícia baseada em fatos, que levou a instauração de Inquérito Policial Militar contra o oficial, em virtude de denúncia anônima. Publicação pela imprensa que não pode ser qualificada como abusiva, mas estribada no livre exercício do direito de expressão e comunicação. Não configuração da litigância de má-fé. Verba honorária fixada em 10% sobre o valor dado à causa, não pode ser reputada como ínfima, já que o vencedor e réu da ação não impugnou o valor dado à causa. Recursos improvidos." (Tribunal de Justiça do Rio de Janeiro. Apelação Cível nº 2000.001.03642. Relator Des. Gamaliel Q. de Souza. Julgado em 16/05/2000. Publicado em 11/06/2000).

[485] SILVA JÚNIOR, Alcides Leopoldo. *A pessoa pública e seu direito de imagem*. São Paulo: Juarez de Oliveira, 2002, p. 89.

interesse do titular do direito condiciona-se à sua declaração expressa, bem como à adequação desta circunstância com o direito público subjetivo de acesso à informação verdadeira (artigo 5º, inciso XIV, da Constituição da República).

De outro lado, em relação àquelas pessoas públicas que se qualificam como tais mediante a contribuição decisiva de comportamentos próprios que denotem a concessão de um maior espaço de liberdade para a atuação livre da imprensa, inclusive tendo proveito efetivo desta exposição, terão a proteção à sua intimidade e à vida privada,[486] nos limites que elas próprias, ao conduzirem-se na vida de relações, indicaram para o resguardo do acesso do público.

2.2. O abuso do direito como fundamento da responsabilidade civil da imprensa por dano à honra

As liberdades de informação e crítica reconhecidas à imprensa – há muito que se afirma e, inclusive, no presente estudo – não são absolutas. A rigor, não se há de reconhecer no direito contemporâneo a existência de direitos absolutos. Determinam a doutrina e a jurisprudência, técnicas para solução de conflitos entre normas, dentre os quais avultam, sobretudo em direito público, o princípio da proporcionalidade.[487]

No âmbito do direito civil, o excessivo individualismo das legislações dos séculos XIX, sobretudo a partir da matriz do Código de Napoleão francês, de 1804, forçou a reação da jurisprudência e da doutrina em relação a decisões substancialmente injustas decorrentes do contorno indicado pela lei civil à categoria dos direitos subjetivos e ao seu exercício. Daí o surgimento, notadamente na França, da conhecida teoria do *abuso do direito*. Esta se origina, sobretudo, da sistematização que lhe indica Louis Josserand, em princípio do século XX, de célebres decisões judiciais das cortes francesas no século anterior,[488] as quais afastaram o dogma do exercício ilimitado dos direitos,

---

486 "Ação de indenização. Responsabilidade civil. Uso indevido de imagem de conhecido lutador de artes marciais em reportagens vinculadas a condutas anti-sociais. Abuso de direito. Princípio geral da ampla reparação do Código Civil e da Constituição Federal. Condenação por danos morais. Confirmação. Inaplicabilidade das limitações da Lei de Imprensa. Indenização arbitrada dentro do princípio da razoabilidade. Recurso desprovido." (Tribunal de Justiça do Rio de Janeiro. Apelação Cível 2000.001.23273. Relator Des. Roberto Wider, publicado em 14 maio 2001).

487 A respeito, vimos: MENDES. *O princípio da proporcionalidade...*, p. 71-123.

488 São reconhecidas, dentre outras as decisões das cortes francesas nos seguintes processos: os casos *Lingard, Mercy* e *Lacante*, relativos a fumos e maus cheiros de fábricas; o caso *Grosheintz*, o qual se referia a escavações em terreno próprio, que provocaram o desmoronamento do terreno vizinho; o caso *Doerr*, o qual dizia respeito à construção de uma chaminé em terreno próprio com o fito exclusivo de retirar a luz do terreno vizinho; o caso *Savart*, em que o proprietário de um terreno construíra uma estrutura de madeira com dez metros de altura, pintada de negro,

sobretudo em matéria de propriedade. Desde então, a expressão *abusar* ingressa na terminologia jurídica somo sinônimo de *mau usar* ou *usar em excesso*, indo além dos *limites do bom uso*, do *uso legítimo*.[489]

Em verdade a moldura legal estabelecida aos direitos subjetivos pelo *Code Napoléon*, mereceu uma avaliação crítica do Anteprojeto do novo Código Civil Francês, o qual incluiu disposição em seu artigo 147, sob a designação de *exercício normal dos direitos*, com a seguinte redação: "Todo o ato ou fato que exceda manifestamente, pela intenção do seu autor, pelo seu objeto ou pelas circunstâncias em que é realizado, o exercício normal de um direito, não é protegido pela lei, e acarreta eventualmente a responsabilidade do seu autor". Ressalva constante no mesmo preceito todavia, retira do seu âmbito de aplicação os direitos que, pela sua natureza, possam ser exercidos de modo discricionário,[490] sem mencionar de modo expresso, quais possuiriam esta característica.

Com o advento do século XX, diversas legislações nacionais passaram a prever, com maior ou menor evidência, disposições impondo limites ao exercício dos direitos subjetivos. O Código Civil suíço, em seu artigo 2°, estabelece expressamente que se deve exercer os direitos e cumprir as obrigações segundo as regras da boa-fé, e que o abuso manifesto de um direito não é protegido pela lei. Na Itália, o Código Civil consagra expressamente, ainda que não através de uma fórmula genérica, a doutrina do abuso do direito. Embora no projeto original constasse no artigo 7°, que *"nessuno può esercitare il próprio diritto in contrasto con lo scopo per cui il diritto medesimo gli è reconosciuto"*, optou por fim, o legislador, por pontuar toda a codificação com previsões específicas sobre a limitação dos direitos subjetivos que consagrava. Assim, por exemplo, os artigos 1337, 1366 e 1375, que determinam a observância da boa-fé na interpretação e execução dos contratos; no comportamento do credor (art. 1175); no exercício dos direitos reais pelo proprietário (art. 833), bem como pelo usufrutuário (art. 1015). Ao mesmo tempo, identificam-se no corpo da legislação italiana, in-

---

com o objetivo de sombrear e entristecer o terreno vizinho; e, talvez o mais citado dos casos, o caso *Clément-Bayard*, em que o proprietário construiu em seu terreno um dispositivo de espigões de ferro com o objetivo de destruir os aerostatos lançados pelo do proprietário do terreno vizinho. Conforme CUNHA DE SÁ, Fernando Augusto. *Abuso do direito*. Lisboa: Almedina, [s.d.], p. 53.

[489] MARTINS. *O abuso do direito...*, p. 145. No âmbito processual, a reprovação do abuso do direito gira, sobretudo, no tocante ao abuso do direito de demandar em juízo, o que a legislação adjetiva reprime a partir da figura da litigância de má fé, mencionado-se genericamente o abuso do direito de demanda, o qual se vincula, em sentido comum, ao interesse de postergar a efetiva prestação jurisdicional utilizando-se de quaisquer meios processuais que se prestem para tanto. Nesse sentido, veja-se: AMERICANO, Jorge. *Do abuso do direito no exercício da demanda*. São Paulo: [s.n.], 1923, p. 53 et seq; THEODORO JÚNIOR, Humberto. Relatório brasileiro: abuso de direito processual no ordenamento jurídico brasileiro. In: BARBOSA MOREIRA, José Carlos. *Abuso dos direitos processuais*. Rio de Janeiro: Forense, 2000, p. 93-130.

[490] Conforme CUNHA DE SÁ, *Abuso...*, p. 54.

contáveis referências à finalidade do direito subjetivo (tais como *função*, *motivo justo* ou *justa causa*), aos quais a doutrina[491] e a jurisprudência italiana promoveram significativo desenvolvimento.

No direito alemão, esses limites pertinentes ao exercício dos direitos subjetivos, sob a categoria do abuso do direito encontram-se consagrados, essencialmente, em duas disposições do Código Civil (BGB), quais sejam os §§ 226 e 826. Estabelece o primeiro que "o exercício de um direito é inadmissível quando só pode ter por fim causar dano a outrem." A regra surge, primeiramente, com referência adstrita ao exercício do direito de propriedade, sendo depois concebida como princípio geral, e incluída na parte geral do BGB pela Comissão do *Reichstag* em seção intitulada *Do exercício dos direitos da defesa pessoal e da justiça pessoal*.[492] Já o § 826 estabelece "que todo aquele que, de um modo chocante para os bons costumes, causa voluntariamente danos a outrem, fica obrigado perante este a indenizá-lo do prejuízo causado." Ainda, no que diz respeito com o exercício dos direitos decorrentes de negócio jurídico, é usual o recurso ao § 242, o qual estabelece que "o devedor é obrigado a efetuar a prestação como o exige a lealdade e a confiança recíproca em correspondência com os usos socialmente admitidos," bem como a cláusula geral de boa-fé, prevista no § 157.

A rigor, pelo que se observa da legislação e, posteriormente, sua interpretação e aplicação pela jurisprudência, escudada pela doutrina, o direito alemão consagrou o entendimento pelo qual o direito subjetivo, qualquer que seja, não pode em nenhuma hipótese fazer do seu conteúdo qualquer realização de fato que se choque contra os bons costumes e tenha por fim apenas causar dano a outrem.[493]

Além destas, inúmeras outras legislações[494] reconhecem a categoria do abuso do direito, de forma expressa ou implícita. Em geral,

---

[491] Assim, por exemplo, Bianca, Patti e Patti asseveram que por abuso do direito temos o princípio com base no qual possam ser declarados ilegítimos os atos de exercício do direito subjetivo, que não sejam justificados com respeito ao interesse da outra parte ou de terceiros, ou com respeito ao interesse coletivo e, pois, contrastantes com a aspiração de uma justiça substancial. BIANCA, Massino; PATTI, Guido; PATTI, Salvatore. *Lessico di diritto civile*. 2. ed. Milano: [s.n.], 1995. p. 3.

[492] Conforme LEOFANTI, Maria da Graça. *Abuso del derecho*. Buenos Aires: Abeledo, 1945, p. 31.

[493] CUNHA DE SÁ. *Abuso...*, p. 61.

[494] No direito peruano temos no Código Civil, de 1984, regra expressa disciplinando a questão do abuso do direito. Trata-se do artigo 924, *in verbis*: aquele que sofre ou está ameaçado de um dano porque outro se excede ou abusa no exercício de um direito, pode exigir que se restitua ao estado anterior ou que se adotem as medidas do caso, sem prejuízo da indenização por danos causados. No mesmo sentido a disposição específica, relativamente ao usufruto. Da mesma forma no art. II de seu Título Preliminar, estabelece a codificação peruana que a lei não ampara o exercício nem a omissão abusiva de um direito. Ao demandar indenização ou outra pretensão, o interessado pode solicitar as medidas cautelares apropriadas para evitar ou suprimir provisoriamente o abuso. No artigo IV do Título Preliminar do Código de Processo, editado em 1993, estabelece-se que as partes devem adequar sua conduta aos deveres de veracidade, probidade, lealdade e boa fé. Conforme SILVA PACHECO, José. Prefácio. In: MARTINS, Pedro Baptista. O

a identificação do ato abusivo enseja a determinação da ilicitude do ato, cominando-o de nulidade, bem como, ensejando ao seu autor o dever de indenizar, na hipótese de ter causado dano. Assim, por exemplo, o que estabelece o artigo 28, do Código Civil suíço, que contempla hipótese de abuso do direito esta pode dar lugar tanto à reparação do prejuízo causado, quanto a própria supressão do ato abusivo, bem como a disposição do Código Civil francês, que estabelece a obrigação de indenizar daquele que causa intencionalmente a outrem fatos contrários aos bons costumes.

O magistério de Pontes de Miranda esclarece, utilizando-se do exemplo da doutrina alemã, que os direitos subjetivos implicam deveres e contêm em si, algo de não dilatável: *um limite de natureza moral inerente a todos os direitos*.[495] Esse limite moral é determinante em apontar então para um relativismo dos direitos subjetivos, ao contrário do que a visão que o individualismo jurídico quis fazer crer, de uma suposta absolutidade desses direitos.

Ainda segundo o jurista, os inimigos da teoria do abuso do direito são os que vêem nas leis regras abstratas, duras (*dura lex sed lex*),

---

abuso do direito e o ato ilícito. 3. ed. histórica com considerações premininares à guisa de atualização de José da Silva Pacheco. Rio de Janeiro: Forense, 1997, p. XXII. No mesmo sentido o exemplo do direito argentino, no qual o Código Civil de 1871, da lavra de Vélez-Sarsfield, com a redação determinada pela Lei 17.771, de 1968, encerra preceito de conteúdo proibitivo do abuso do direito no artigo 1.071, o qual estabelece que "o exercício regular de um direito próprio ou o cumprimento de uma obrigação legal não pode constituir como ilícito nenhum ato. A lei não ampara o exercício abusivo dos direitos. Considerar-se-á tal o que contrarie os fins que aquela teve por objetivo ao reconhecê-los ou ao que exceda os limites impostos pela boa fé, a moral e os bons costumes". Observe-se, contudo, que mesmo antes da redação da lei ter assumido a forma atual, a jurisprudência já lançava mão da teoria do abuso do direito para atuar em situações variadas. Sobretudo no âmbito dos direitos reais e no direito de família, em que o paradigma do exercício regular do direito já era utilizado anteriormente à reforma de 1968, que acabou por designar preceito expresso da hipótese de abuso do direito. No direito austríaco encontramos a previsão legal do artigo 1295 da sua codificação civil que atribui responsabilidade civil àquele que exerce o seu direito com desprezo dos bons costumes e com intenção evidente de prejudicar outrem. No direito espanhol temos ainda, após a recente reforma de 1974, a introdução de regra expressa, a partir do artigo 7.2, estabelecendo que *a lei não ampara o abuso do direito ou o exercício anti-social do mesmo. Todo ato ou omissão que, pela intenção do seu autor, por seu objeto ou pelas circunstâncias em que se realiza ultrapasse manifestamente os limites normais do exercício de um direito, com dano para terceiro, dará lugar à correspondente indenização e à adoção das medidas judiciais ou administrativas que impeçam a persistência do abuso.* No que tange ao direito de matriz anglo-saxônica, sobretudo o direito inglês e o norte-americano, a tradição de absolutidade dos direitos impedem que a teoria do abuso do direito tenha um desenvolvimento significativo. Todavia, importante considerar algumas hipóteses em que a idéia marcadamente individualista dos direitos cede espaço a situações em que se delineiam hipóteses de reprovação jurídica do exercício do direito, sobretudo pelo não atendimento dos princípios finalísticos deste. Nesse sentido a Leofanti traz o exemplo da jurisprudência norte-americana que em matéria contratual tem admitido a consideração acerca da legitimidade do exercício dos direitos. No mesmo sentido, em matéria processual, se tem considerado no direito inglês o abuso do direito de ação, sobretudo, em matéria de ações criminais ou que possam atacar de algum modo a credibilidade de uma pessoa. LEOFANTI. *Abuso...* p. 42.

[495] PONTES DE MIRANDA, Francisco Cavalcante. *Tratado de direito privado.* 3. ed. Rio de Janeiro: Borsoi, 1972, v.53, p. 62.

cargas de forças atributivas de situações jurídicas subjetivas absolutas (*neminem laedit qui suo iure utitur*). Isto é, os que buscam o fundamento para regular o bom e o mau social, não nos fatos e resultados, mas nas intenções, nas culpas.[496] A teoria do abuso do direito, aliás, nasce como reação ao individualismo jurídico e à concepção absolutista dos direitos subjetivos. Como limite moral à concepção egoísta que por muito tempo circundou a esfera dos direitos subjetivos. No dizer de Baptista Martins, a teoria do abuso é um meio eficaz de limitação da autonomia da vontade individual, cujos desregramentos corrige, atenua ou impede, assegurando os princípios de equivalência das prestações e equilíbrio dos interesses em concorrência.[497]

O excesso dos limites determinados pela ordem jurídica é também a tônica das considerações de Castro Filho, para quem toda vez que, na ordem jurídica, o indivíduo no exercício do seu direito subjetivo excede aos limites impostos pelo direito positivo, aí compreendidos não só o texto legal, mas também as normas éticas que coexistem em todo o sistema jurídico. Daí por que toda vez que o indivíduo, no exercício do seu direito subjetivo, o realiza de forma contrária à finalidade social, verifica-se o abuso do direito.[498]

A limitação ao exercício dos direitos subjetivos, tendo um conteúdo moral acentuado, parece constituir, segundo Savatier, um conflito entre o direito e a moral, ou melhor, entre um direito subjetivo e um dever moral que incumbe ao titular desse direito que, ao exercê-lo, falta com seu dever moral.[499]

Para Cunha de Sá, o abuso do direito revela-se, afinal, como sinal exato de que o mundo jurídico ultrapassou em muito os tradicionais quadros e molduras formalistas do conceitualismo, para ser a própria vida em norma, ou o constante aferir e confrontar da concreta realidade histórico-cultural com valores jurídicos que lhe presidem, numa simbiose inelutável ou numa assimilação exigente de fato e de direito.[500] Segundo defende o autor, a categoria do abuso prescinde dos conceitos de licitude e ilicitude, centrando-se na regularidade ou exercício de uma determinada prerrogativa jurídica.[501]

---

[496] PONTES DE MIRANDA, Francisco Cavalcante. *Comentários ao Código de Processo Civil de 1939*, Rio de Janeiro, 1947, v.1, p. 521.

[497] MARTINS. *O abuso...*, p. 5.

[498] CASTRO FILHO, José Olímpio. *Abuso do direito no processo civil*. 2. ed. Rio de Janeiro: Forense, 1960, p. 21. De outro modo, para LUNA, a essência do abuso do direito é a ilicitude, que se define como a relação de contrariedade entre a conduta do homem e o ordenamento jurídico. Nesse aspecto apreende-se a ilicitude como relação ontologicamente una para todo o ordenamento. LUNA, Everardo Cunha. *Abuso de direito*. Rio de Janeiro: Forense, 1959, p. 47.

[499] SAVATIER, René. *Effets et sanctions du devoir moral*, 1916. p. 23. apud: RIPERT, Georges. *A regra moral das obrigações civis*. Campinas: Bookseller, 2000, p. 172.

[500] CUNHA DE SÁ. *Abuso...*, p. 21.

[501] Segundo Luis Andorno, "en verdad, en el abuso del derecho tenemos licitud, tenemos derecho, pero son vulneradas las pautas de ejercicio del mismo en el modo previsto por el

---

Responsabilidade Civil da Imprensa por Dano à Honra

A caracterização do abuso do direito apresenta, de modo destacado, a contrariedade do exercício dos direitos sem a observância dos princípios informadores seus e do próprio sistema jurídico, colocando-a contrariamente ao disposto na norma que consagra o direito.[502]

A objeção mais conhecida, entretanto, é a formulado por Marcel Planiol, que em seu *Traité elementaire de droit civil*, sustenta que a mencionada teoria não passa de mera *logomaquia*. Isto porque, sumariamente, uma vez que é ato contrário ao direito (ilícito), resulta daí a conseqüência importante de que, sendo titular do direito de realizar um determinado ato, não se está em falta por tê-lo realizado. E se tem o direito de abstenção, nada deve a ninguém, qualquer que seja o prejuízo que a ação ou abstenção tenha causado a outrem. Os direitos têm limites que devem ser respeitados e, em não o fazendo, estar-se-á atuando *sem direito*. O mestre francês assevera, então, que o direito cessa onde começa o abuso e não pode haver o uso abusivo de um direito qualquer, porque um mesmo ato não pode ser, a um só tempo, conforme e contrário ao direito.[503] De ressaltar-se, contudo, que a evolução doutrinária e, sobretudo, as questões práticas sobre as quais se debruçaram os juristas, não mantiveram as objeções do civilista francês.

Em primeiro lugar, abusar do direito pressupõe o exercício de um direito de que se abuse, ainda que, como salienta Pontes de Miranda, a expressão compreenda qualquer exercício irregular, inclusive por ato negativo.[504] Nesse sentido, observa-se que *há* um direito, ou seja, o ordenamento jurídico *autoriza* o exercício do direito que, entretanto, deve restringir-se aos limites que ele próprio impõe, seja em respeito aos direitos subjetivos dos demais indivíduos, ou em favor da preservação de valores constitutivos do próprio ordenamento.

Segundo, porque a contradição de o ato ser ao mesmo tempo conforme e contrário ao direito, segundo Josserand, desaparece, quando se tenha em conta que o termo *direito* tem duas acepções bem

---

ordenamiento juridico. Es decir, que en tal caso ha habido una desviación del fin moral o economico-social que el derecho objetivo persigue cuando tutela los facultamientos de los individuos. ANDORNO, Luis O. Abuso del derecho. *Revista de Direito Civil*, São Paulo, n. 19, jan./mar. 1982, p. 15. No mesmo sentido, Carlos Sotello, para quem o abuso do direito é usar de um direito objetivamente legal para ocasionar um dano, em forma moral ou aniti-social. SOTELLO, Carlos. *La doctrina del abuso del derecho. apud*: CASTRO FILHO. *Abuso...*, p. 21.

[502] A dificuldade que se enfrenta num primeiro momento em situar-se adequadamente o abuso no âmbito da teoria jurídica, aliás, leva alguns, como Mário Rotondi, a considerá-lo como fenômeno social, não um conceito jurídico, fenômeno que o direito não poderá mais disciplinar em em todas as suas aplicações que são imprevisíveis. É um estado de ânimo, uma previsão ética de um período de transição, mas não uma categoria jurídica. ROTONDI, Mario. L'abuso del diritto. *Rivista di Diritto Civile*, n. 30, 1923, p. 116. apud LEVI, Giulio. *L'abuso del diritto*. Milano: Giuffrè, 1993, p. 120.

[503] PLANIOL, Marcel. *Traité elémentaire de droit civil*. 2. ed. Paris: [s.n.], 1902, v.2, p. 87.

[504] PONTES DE MIRANDA. *Tratado*, v. 53, p. 75.

distintas, como *direito subjetivo* e *juridicidade*. E que ao falarmos do abuso do direito reportamos ao ato que é realizado em virtude do exercício de um direito subjetivo cujos limites foram respeitados, mas que, no entanto, é contrário à ordem jurídica, quer dizer, como corpo de regras sociais obrigatórias.[505]

O direito brasileiro anterior consagrava a ilicitude do abuso do direito a partir do critério de regularidade do exercício do direito, pela interpretação *a contrario sensu* do artigo 160, inciso I, segunda parte, que dispunha: "Art. 160. Não constituem atos ilícitos: I – os praticados em legítima defesa ou no exercício regular de um direito reconhecido". Tratava-se de interpretação lógica, uma vez que se restava estabelecido que não constitui ato ilícito o *exercício regular* de um direito reconhecido, de outra parte reconhecia-se como ilícito o seu *exercício irregular*.[506] Todavia, a consagração desse critério terminava por remeter a discussão ao problema da identificação do conceito de regularidade. Ensina a respeito Maria Amália Dias de Moraes que, quando o titular do direito subjetivo, no uso das prerrogativas que lhe competem, circunscreve sua atuação aos limites naturais vinculados ao conteúdo do próprio direito, respeitando os ditames da boa-fé e atentando ao destino econômico e social do direito, diz-se que o exerceu regularmente.[507] Examinando essa idéia encontram-se seus elementos fundamentais, informadores, pois, do critério geral de regularidade. O exercício do direito, para ser regular, deve pautar-se pelos ditames da boa-fé, e por sua finalidade econômica e social, acrescendo-se aos mesmos o limite genérico reconhecido ao direito, de proteção dos bons costumes.

---

505 JOSSERAND, Louis. *De l'espirit des droits et de leur relativité:* théorie dite l'abus des droits. Paris: [s.n.], 1927, p. 322 et seq.

506 Ao pré-excluir a ilicitude no caso de atos praticados no exercício regular de um direito reconhecido, o legislador acabou por referir que o seu contrário, ou seja, o exercício irregular do direito constitui ato ilícito, sendo pois repelido pelo sistema jurídico. E o exercício irregular, no dizer de Everardo Cunha Luna, termina por se referir não consiste apenas na violação de um dever legal, mas também na violação de um dever moral. LUNA. *Abuso...*, p. 107. Em sentido diverso: Cláudio Antônio Soares Levada, para quem a regra do inciso I, do artigo 160, tinha por objetivo apenas algum defeito legal no exercício irregular de um direito e não seu exercício de modo egoísta, excesivo ou anti-social, comforme prevê a teoria finalista do direito que serve de suporte à teoria do abuso. LEVADA, Cláudio Antônio Soares. Responsabilidade civil por abuso de direito. *Revista dos Tribunais*, São Paulo, n. 661, p. 37-43, nov. 1990, p. 42. Ainda é de se mencionar o entendimento do Professor Haroldo Valadão, o qual, embora defendesse a necessidade de reprovação ao abuso do direito, não identificava na legislação, disposições que corroboressem nesse sentido. Daí porque incluiu em seu Projeto de Lei Geral de Aplicação das Normas Jurídicas, sob a rubrica "Condenação do Abuso do Direito", o art. 11, *in verbis: "Não será protegido o direito que for ou deixar de ser exercido em prejuízo do próximo ou de modo egoísta, excessivo ou anti-social"*. VALLADÃO, Haroldo. *Estudios de derecho civil:* en honor del Prof. Castan Tobeñas. Pamplona: Universidad. de Navarra, 1969.

507 MORAES, Maria Amália Dias de. *Do abuso de direito:* alguns aspectos. *Revista da Procuradoria Geral do Estado do Rio Grande do Sul*, Porto Alegre, v. 15, n.42, p. 11-26, 1985, p. 16.

Outra corrente, entretanto, vinculou-se à noção de exercício emulativo do direito subjetivo, com a finalidade prioritária de causar dano a outrem, como elemento característico do abuso do direito.[508] As legislações em direito comparado divergem quanto ao elemento característico da categoria de ato abusivo.[509] Do primeiro grupo pode-se relacionar as codificações suíça, portuguesa e argentina, que em disposições de caráter genérico, indicam orientações gerais para o exercício dos direitos, elementos de identificação do exercício anormal, negando legitimidade ao ato abusivo. De outro lado, as legislações que nada dispuseram sobre o tema, das quais chama atenção o Código Civil Francês que, silenciando sobre a matéria – em homenagem a autonomia privada que lhe indica traço característico – determinou a reação jurisprudencial que serviu de base para a teoria.[510]

O ordenamento jurídico brasileiro, ainda que de forma tímida, incorporou a teoria do abuso do direito, em que pese tenha havido divergência na sua aplicação, quanto à necessidade da presença ou não do elemento subjetivo na sua concepção. E, ainda que se tenha a ausência da expressa reprovação do abuso pelo Código Civil de 1916, não foram poucas as disposições em que estabeleceu limitações ao exercício de direitos subjetivos relativos a às diversas matérias de direito civil., bem como impondo sanções em face de sua violação.[511]

---

[508] Coviello, por exemplo, ao ocupar-se do exercício e defesa dos direitos, entende que a normalidade do uso do direito, se não está imposta pela lei ou não deriva da necessidade de circunstâncias de fato em que se econtram direitos de igual natureza e cujas esferas de ação fazem entre si recíproco contato, é um limite que não existe e que não pode arbitrariamente estabelecer-se. Reconhece então como única possibilidade de aferição da normalidade do uso do direito, o elemento intencional do titular do exercício ao exercê-lo, restringindo seu entendimento à idéia de ato emulativo.COVIELLO, Nicolas. *Doctrina general del derecho*. 4. ed. México: Unión Tipográfica Hispano América, 1949. p. 546.

[509] MORAES. Do abuso..., p. 23.

[510] Ibidem.

[511] Eram exemplos destas *previsões pontuais* sob o regime do Código Civil anterior as disposições referentes à utilização da propriedade, reprovando ou mesmo impedindo o exercício do direito desviado de sua finalidade. O artigo 526 vedava ao proprietário que se opusesse a trabalhos que fossem empreendidos a uma altura ou profundidade tais, que não tivesse ele interesse algum de impedi-los. O artigo 554 possibilitava ao proprietário ou inquilino de um prédio, o direito de impedir que o mau uso da propriedade vizinha pudesse prejudicar a segurança, o sossego e a saúde dos que o habitam. O artigo 555 estabelecia ao proprietário o direito de exigir do dono do prédio vizinho a demolição, ou reparação necessária, quando este ameaçasse ruína, bem como prestasse caução pelo dano iminente. Estabeleceu ainda limitações expressas ao exercício do direito subjetivo nas disposições acerca das águas (artigo 563 e seguintes), o direito de construir (artigo 572 e seguintes). No âmbito do direito de família, de sua vez, previa seu artigo 394 do Código Civil, segundo o qual se o pai , ou a mãe, abusasse de seu poder, faltando aos deveres paternos, ou arruinando os bens dos filhos, competia ao juiz, requerendo algum parente, ou o Ministério Público, adotar a medida que lhe parecesse reclamada pela segurança do menor e seus haveres, suspendendo até, quando conviesse, o pátrio poder. No mesmo sentido o artigo 395, que estabelecia a perda do pátrio poder pelo pai, ou a mãe que castigasse imoderadamente o filho, o deixasse em abandono, ou praticasse atos contrários a moral e aos bons costumes.

O Código Civil brasileiro em vigor, inspirado no Código Civil Português, previu em seu artigo 187 que: "Também comete ato ilícito o titular de um direito que, ao exercê-lo excede manifestamente os limites impostos pelo seu fim econômico ou social, pela boa fé, e pelos bons costumes". A inspiração na legislação portuguesa fica manifesta quando se examina o conteúdo do artigo 334 do Código Civil de 1966, *verbis*: "É ilegítimo o exercício de um direito, quando o titular exceda manifestamente os limites impostos pela boa fé, pelos costumes ou pelo fim social ou econômico desse direito.".

A introdução desse artigo na codificação brasileira oferece enormes possibilidades à proteção de situações em que sob o signo do exercício do direitos subjetivo, há causação de danos. No caso dos danos causados pelo exercício da atividade de imprensa, reconhecemos a possibilidade de aplicação da teoria do abuso do direito tal como consagrada em nosso direito,[512] sobretudo em relação à proteção dos direitos da personalidade.

A cláusula geral do artigo 187 destina-se a preservação da finalidade econômica e social do direito, a boa-fé e os bons costumes. Em relação à atividade da imprensa, seu desenvolvimento observa-se pelo exercício do direito fundamental à liberdade de expressão e sua especialização, a liberdade de imprensa. Sua conformação constitucional demonstra que o exercício do direito não poderá ser reconhecido se contrariar os bens jurídicos protegidos pelo artigo 220, § 1º, da Constituição da República.

A tendência em nosso direito, de aplicação das normas constitucionais às relações entre privados, no esteio da experiência do direito estrangeiro – sobretudo a Alemanha e a Espanha, a partir do desenvolvimento jurisprudencial estabelecido pelos respectivos Tribunais Constitucionais – observa enorme desenvolvimento por parte dos Tribunais dos Estados e pelo Superior Tribunal de Justiça. Em grande medida, o papel das cortes civis, no Brasil deve-se às peculiaridades do nosso sistema judicial, que não permite o recurso direto, em litígios envolvendo a disputa de interesses das partes, à jurisdição da Corte constitucional.[513] Entretanto, os princípios ou valores constitucionais,

---

512 De justiça referir que há contrariedade quanto à identificação do artigo 187 do Código Civil. Antônio Menezes Cordeiro identifica no artigo 334 do Código Civil Português o que denomima abuso das posições jurídicas, pelo qual o titular de um sujeito aproveitando-se de uma determinada posição jurídica subjetiva, exerce direito próprio contrariamente à boa-fé, independente da intenção que o orienta. É preciso dizer, entretanto, que esta posição parte do princípio de que o exercício de direito, para ser abusivo, precisaria ser orientado no sentido emulativo, a fim de causar dano. Não é esta, entretanto, a moderna orientação doutrinária, desde as lições de Louis Josserand, René Savatier e, mais recentemente, Georges Ripert, que reconhecem no abuso, essencialmente, uma contrariedade à destinação social do direito, à finalidade que inspira a proteção do direito subjetivo. Assim veja-se: Savatier, para quem a sanção por abuso dependerá da intensidade da falta a dever moral no exercício de direito próprio. SAVATIER. *Cours...*, p. 116-117; JOSSERAND. *Lespirit...*, p. 322; RIPERT. *A regra moral...*, p. 177 et seq.

513 CANARIS. A influência..., p. 226-227; HECK. Direitos fundamentais..., p. 114-115.

no sistema desenvolvido pela Constituição da República, são considerados na aplicação das normas de direito privado, seja no exame de sua adequação, ou na sua consideração para o fim de preencher seu significado, o que se vai observar, sobretudo, em relação ao preenchimento do significado das cláusulas gerais.[514]

O artigo 187 possui como traços característicos três conceitos indeterminados, cuja atribuição do seu significado, no caso concreto, não prescinde da Constituição.[515] Conforme já mencionamos exaustivamente, o abuso traduz a violação dos limites que o ordenamento jurídico estabelece ao exercício dos direitos subjetivos que ele próprio consagra. No caso do exercício da liberdade de imprensa, este tem seus limites fixados na própria Constituição, do porque, qualquer outra ação dos órgãos de comunicação social contrária aos bens jurídicos protegidos que o § 1º do artigo 220 determina observação, deverá ser considerado como exercício abusivo, uma vez que violador dos limites impostos pela própria sede jurídica que consagra o direito.

Em matéria de responsabilidade civil (artigo 927), e mesmo no que se refere à tutela preventiva dos direitos da personalidade (artigos 11 e 21), é possível o exame da regularidade do exercício do direito de informar, ou do direito de opinião e crítica (liberdade de informação e de pensamento), a partir do exame do artigo 187 do Código Civil. De outro lado, identificando-se o exercício da atividade de imprensa sob os marcos da finalidade que a informa, da boa-fé, e dos bons costumes, não há como se determinar a violação do direito de outrem, em que pese possa haver dano, o qual entretanto não será reparável.[516]

Considerando que a responsabilidade civil por danos determinase, de acordo com a regra do artigo 927, em razão do dano causado,

---

[514] Assim, entre outros: CANARIS, op. cit., p. 240-241; PERLINGIERI. *Il diritto civile...*, p. 212-217.

[515] Em direito privado, o exame do abuso do direito atualmente tem observado grande desenvolvimento no direito do consumidor, em face da adoção no Código de Defesa do Consumidor, do abuso do direito para configurar a ilicitude de práticas dos fornecedores em prejuízo do consumidor. Nesses casos, a doutrina não tem deixado de assinalar a influência dos preceitos constitucionais de defesa do consumidor acerca do abuso. Sobre o tema, veja-se: MARQUES; BENJAMIN; MIRAGEM. *Comentários...*, p. 622-625.

[516] "Civil. Responsabilidade.civil. Constitucional. Imprensa. Notícia divulgada por jornal a respeito de incidente havido entre PM, encarregado de segurança de festa de aniversário de filha de perigosíssimo traficante, que estava preso, comemorada em quadra de Escola de Samba, e jornalistas, que deram cobertura à reportagem. Averiguação sumária que concluiu pela prisão administrativa dele, decretada. Ação de reparação de dano moral por ele ajuízada em face do periódico, sob o argumento de que se viu exculpado pelo Conselho de Disciplina. Relatório da averiguação sumária e depoimentos que confimam sua presença no local, sendo ele Diretor da escola e responsável pela segurança da festa. Comportamento incompatível com a função policial. Dever de informar da Imprensa (art. 220 da C.F.). Dano moral inocorrente, remessa de peças ao Comandante da PM e ao Governador do Estado. Recurso desprovido." (Tribunal de Justiça do Rio de Janeiro. Apelação Cível nº 2000.001.16732. Relator Des. Luiz Roldão F. Gomes. Julgado em 15/02/2001. Publicado em 06/04/2001).

a imputação da responsabilidade civil vincula-se, de um lado, ao enquadramento da conduta típica dos artigos 186 e 187, de outro, na verificação do dano causado em razão da conduta. Entretanto, não havendo o pressuposto da culpa, elemento constitutivo do suporte fático do artigo 186, nem tampouco a violação dos limites impostos pelo artigo 187, não se há de identificar a imputação do dever de indenizar.

O artigo 187 permite a incorporação pelas normas de direito privado, no âmbito da disciplina da responsabilidade civil, das diretrizes constitucionais pertinentes às relações entre particulares. Reclamam a aplicação das normas constitucionais, sobretudo, no domínio dos direitos da personalidade, dos contratos,[517] dos direitos reais,[518] e do direito de família.[519] No caso da responsabilidade civil da imprensa por danos à pessoa, permite a ponderação das normas constitucionais que estabelecem a liberdade de expressão e os direitos fundamentais da pessoa. Constitui, assim, critério a ser utilizado pelo juiz para decisão do caso concreto. De um lado, estabelece normativo em direito privado à matéria que, em face da não-recepção da Lei de Imprensa pela Constituição, atualmente se estabelecem sobre largo espaço de discricionariedade judicial, ao largo da devida e necessária fundamentação legal. De outro, passa a constituir um importante veículo de oxigenação do ordenamento no que respeita ao conteúdo e exercício dos direitos subjetivos, ampliando para os outros domínios do direito privado, conceitos até então confinados a apenas algumas províncias do ordenamento jurídico, por conta de expressa previsão constitucional.[520]

O reconhecimento da imputação de responsabilidade civil da imprensa, por intermédio da aplicação do artigo 187, combinado com o regime de apuração de danos dos artigos 927, permite a atualização do regime de responsabilidade à evolução da vida social, em conformidade com as disposições constitucionais vigentes. Para tanto, colo-

---

[517] Na disciplina contratual, as normas constitucionais, dentre outras disposições, são aplicadas em direito privado, por intermédio das disposições constantes dos artigos 420 e 421 do Código Civil, que estabelecem a boa-fé e a função social dos contratos como princípios do direito dos contratos. Nesse sentido, veja-se: MARTINS-COSTA, Judith. A boa-fé como modelo: uma aplicação da teoria dos modelos de Miguel Reale. In: MARTINS-COSTA, Judith; BRANCO, Gerson Luiz Carlos. *Diretrizes teóricas do novo Código Civil brasileiro*. São Paulo: Saraiva, 2002, p. 187-221.

[518] TEPEDINO, Gustavo. Contornos atuais da propriedade privada. *Temas de direito civil*. Rio de Janeiro: Renovar, 1999, p. 267-291.

[519] Dentre outros: VIANA, Rui Geraldo Camargo. A família. In: VIANA, Rui Geraldo Cmargo; NERY, Rosa Maria de Andrade. *Temas atuais de direito civil na Constituição Federal*. São Paulo: RT, 2000, p. 17-51.

[520] Nesse sentido, a riqueza das reflexões desenvolvidas, sobretudo pela doutrina, em matéria da função social do direito de propriedade, o que, embora não possa ter sua origem associada exclusivamente ao advento da Constituição da República, de 1988, a partir das disposições centrais que esta consagrou sobre a matéria (artigo 5º, inciso XXIII, artigo 170, inciso III, e os artigos 182, § 2º, 184 e 186), observou uma significativa evolução. A respeito, veja-se: GRAU, Eros Roberto. *A ordem econômica na Constituição de 1988*. São Paulo: Malheiros, 1997.

ca-se o desafio do preenchimento do significado dos conceitos de finalidade econômica e social de determinado direito, da boa fé e dos bons costumes. Em especial no que respeita à cláusula geral de bons costumes, seu significado deverá associar-se, em termos conceituais, e da extensão do seu significado, à cláusula geral constitucional de proteção da dignidade da pessoa humana.

No desenvolvimento da teoria do abuso do direito, são duas as concepções fundamentais. A primeira delas coloca em relevo o elemento intencional do titular ao exercer o direito, fazendo-o em desrespeito aos limites estabelecidos ao regular exercício por dolo ou culpa. Trata-se da *concepção subjetiva* do abuso, que concentra o seu exame na intenção ou da falta imputável ao titular do direito, em desrespeito aos limites estabelecidos ao seu exercício.

A concepção subjetiva do abuso origina-se da *teoria dos atos emulativos*, surgida na Idade Média e de significativa influência do cristianismo e do direito canônico. Não se trata, contudo, da intenção do titular do direito em desrespeitar os limites, consciente que assim está abusando do exercício de seu direito. A intenção do agente não se vincula necessariamente à vontade de abusar por mera emulação, com o fim exclusivo de causar dano, mas sim pelo desrespeito aos limites do exercício de seu direito, visando a obter finalidade que é estranha ao próprio direito que exerce, e portanto merecedora da reprovação da ordem jurídica. No caso, refere-se ao exercício do direito que não tenha por finalidade outra que a intenção de causar dano a outrem.

Trata-se do *animus nocendi*, núcleo da teoria dos atos emulativos. Pode-se afirmar que a concepção do abuso exclusivamente a partir do seu elemento subjetivo, nada mais é do que o reconhecimento da absoluta identidade entre o ato abusivo e a emulação, o que restringe seu alcance aos mesmos limites do regime da responsabilidade por culpa, em franca contrariedade com as tendências do direito contemporâneo.[521]

A jurisprudência, em princípio optou pela concepção subjetiva do abuso, seja pela maior simplicidade de sua percepção ou mesmo, por um suposto atentado de maior intensidade ao direito, à medida que denotava a intenção exclusiva do agente de causar prejuízo a outrem, o que se colocava em absoluta contrariedade ao elementar princípio social de solidariedade. Esse princípio, aliás, como afirmam expressamente alguns autores está na origem da teoria do abuso do direito.[522] Aliás, pode-se afirmar que a concepção do abuso do direito,

---

[521] A respeito, veja-se: LOREZETTI. *Fundamentos...*, p . 399 et seq.

[522] Nesse sentido MARTINS. *Abuso...*, p. 11. Para esse autor, a transformação da reprovação ao exercício abusivo dos direitos em doutrina autônoma deve-se aos esforços de alguns juristas de transplantar para o direito civil o princípio sociológico da solidariedade, em substituição ao velho conceito da liberdade em que se fundavam os direitos subjetivos.

pelo seu ângulo subjetivo, não encontra mais eco na doutrina, salvo exceções recentes.[523] Embora seja possível considerar o elemento intencional do que exerce o direito abusivamente, este não mais é considerado o elemento fundamental para a distinção do abuso como categoria jurídica autônoma.

O avanço das relações sociais determinou o aparecimento de situações em que o critério de predomínio da culpa ressaltada pela concepção subjetiva salientava, não mais atendia à necessidade de aplicação prática da teoria. Daí, então, que surge uma nova concepção do abuso, concentrada não mais no elemento intencional do agente, mas na contrariedade do exercício do direito a postulados de natureza ética e principiológica preservado pelo ordenamento. A *concepção objetiva* tem seu fundamento na contrariedade do exercício do direito subjetivo aos elementos vetores dos institutos jurídicos positivados e do próprio ordenamento. Refere-se ao exercício do direito com o fito de satisfazer aspirações que não coadunam com os princípios e valores do ordenamento, de nada importando as motivações que levaram o titular do direito a fazê-lo dessa forma. Significa agir, no exercício de um direito subjetivo, contrariamente aos valores que o informam de modo que o uso das prerrogativas indicadas pela norma é dissociado dos objetivos que esta pretende revelar, ou mesmo, em sentido geral, a todo o ordenamento e os elementos que o constituem.

Trazendo a lição de Fernando Augusto Cunha de Sá, abusa-se do direito quando se avança para além dos limites do normal, do legítimo: exerce-se o direito próprio em termos que não eram de esperar, ultrapassa-se o razoável, chega-se mais longe do que poderia prever.[524] O conceito assim revela duas espécies de violação.[525] A primeira, de contrariedade a conceitos ético-juridicizados dos quais se utiliza o legislador para pontuar o esquema legal de previsão dos direitos subjetivos,[525] pelo que o exercício contraria a razão pela qual um determinado direito foi previsto. A segunda, revelada como uma infração ao próprio ordenamento jurídico, aos seus elementos determinantes. Em sentido estrito, a partir do sistema do Código Civil, podemos identificar ofensa aos princípios da eticidade, operabilidade e socialidade, referidos por Miguel Reale[526] como coordenadores da estrutura da nova lei. Em sentido amplo, a contrariedade à Constituição da República, eixo central do direito, cujas normas, princípios e valores se irradiam sobre o restante do ordenamento.

---

[523] AZEVEDO. *Comentários...*, p. 364-365. No mesmo sentido, o Professor Humberto Theodoro Júnior, em seus recentes comentários à parte geral do Código, que ao indicar como pressuposto do abuso o dolo ou a culpa. THEODORO JÚNIOR. *Comentários...*, p. 120-127. Na doutrina mais antiga, à luz do direito anterior: LUNA. *Do abuso...*, p. 105.

[524] CUNHA DE SÁ. *Abuso...*, p. 101.

[525] O conceito é de: MORAES. *Abuso...*, p. 19.

[526] REALE, Miguel. *O projeto do novo Código Civil brasileiro*. São Paulo: Saraiva, 1998, p. 8 et seq.

Daí por que, dois são os pressupostos da configuração do abuso, segundo o que dispõe o artigo 187 do Código Civil, quais sejam: a) o exercício de direito próprio; b) a violação dos limites objetivos, a saber, a finalidade econômica e social do próprio direito, a boa-fé e os bons costumes. Embora no direito anterior o entendimento majoritário exigia o dano como elemento para configuração da ilicitude do abuso,[527] sob a influência da cláusula geral de ilicitude objetiva do artigo 159 na interpretação a contrário do artigo 160, inciso I, do Código Civil de 1916, não é mais o que se pode pressupor da exegese do artigo 187. O dano é pressuposto da imputação de responsabilidade – artigos 927 e seguintes – não da configuração do abuso, cuja norma é meramente conceitual da ilicitude sem culpa. Desta poderão advir outras conseqüências jurídicas que não a indenização, como a cominação de nulidade ou, no caso dos órgãos de comunicação social, dentro do seu regime próprio de direito administrativo, sanções previstas nas normas regulamentares.

A cláusula geral do abuso do direito, desse modo, ao tempo em que permitem a limitação do exercício dos direitos subjetivos segundo os parâmetros da boa convivência social, oferece à proteção da pessoa humana em diversos setores da vida social, novas possibilidades de sua efetivação, a partir das normas constitucionais do ordenamento.[528] É o que pode ocorrer na utilização da cláusula geral

---

[527] O *eventus damni*, segundo Everardo Cunha Luna, como de resto para todos os autores que se defrontaram com a matéria sob o direito anterior, era elemento característico do abuso do direito, sem o qual este não se caracterizava. Em conseqüência, estava aquele que recorresse ao Poder Judiciário reclamando o abuso, sem que houvesse ocorrido dano ao seu patrimônio, abusando do seu direito de ação. Luna. *Do abuso...*, p. 101.

[528] Assim, a avançada orientação jurisprudencial do TJRJ: "REVISTA. NOTÍCIAS DESONROSAS. LIBERDADE DE IMPRENSA. DIREITO DE INFORMAR. EXERCÍCIO REGULAR DE DIREITO. VEICULAÇÃO INSIDIOSA E ABUSIVA. TRANSMUTAÇÃO EM ABUSO DE DIREITO. ILÍCITO CIVIL CONSTITUCIONAL. FALTA CONTRA A LEGALIDADE CONSTITUCIONAL. DANOS MORAIS INDENIZAÇÃO. As notícias desonrosas publicadas, de forma insidiosa e abusiva, dando-lhe contornos de escândalo, configuram danos morais perpetrados ao autor malferindo a norma do artigo 5°, X, da CRFB/88, por negligência e imprudência do lesante, na medida em que desrespeitam sem direito de personalidade, causando-lhe lesões de sentimento por ofensa à sua honra subjetiva, evidenciando sua submissão a constrangimentos, vergonha e humilhações perante sem círculo de convivência familiar e social. Tais notícias afiguram-se inverídicas, não se demonstrando o contrário, razão pela qual não se tipificam nos limites do liberdade de imprensa nem no direito de informar, transcendendo o exercício regular do direito em abuso do direito, ato censurável como ilícito civil-constitucional pela ordem jurídica pátria. Por tais razões, comprovado a falta contra a legalidade constitucional praticado por culpa de preposta da apelante, em conduta negligente e imprudente, violando as normas dos artigos 5°, X, da CRFB/88 e 159 do Código Civil, em conduta ofensiva a honra do autor, causando-lhe danos morais, *ipso facto*, deflagra-se a obrigação de reparar os prejuízos imatériais perpetrados, não se demonstrando a veracidade dos fatos noticiados na revista, em situação tal que pudesse identificar o exercício regular de direito e não abusivo tal como se configurou. Não se arbitra indenização pífia nem exorbitante, mas, compatível com a expressão axiológica do interesse jurídico violado, que no caso implica em redução proporcional à gravidade da conduta, da lesão e circunstâncias do fato, na ótica dos princípios *id quod interest*, razoabilidade, proporcionalidade, eqüidade e de Justiça, atendendo as funções: a) punitiva – desestímulo (Punitive); b) peda-

do artigo 187 para solução de conflitos entre a liberdade de informação e pensamento, e os direitos da personalidade. No caso, os três limites estabelecidos pelo Código Civil para o exercício dos direitos subjetivos, servem igualmente de critérios internos do sistema de direito privado para o exame da regularidade do exercício da atividade da imprensa. Em especial no que refere ao conceito de bons costumes, permite ao intérprete e ao aplicador do direito utilizá-la a fim de permitir a aplicação, em direito privado, da proteção fundamental da pessoa humana, assegurada na hipótese pelo artigo 220 § 1°, da Constituição da República.

2.2.1. *Finalidade social da liberdade de imprensa*

O reconhecimento da liberdade de imprensa como direito fundamental vincula-se à longa evolução das sociedades humanas em direção a um regime de participação das maiorias na formação da vontade política, a democracia, em que a liberdade de informação e opinião são instrumentos de efetiva participação nos assuntos públicos, assim como elemento objetivo de garantia do próprio Estado Democrático de Direito que, atualmente, encerra esses conceitos fundamentais. Daí por que convém examinar em que medida deva-se reconhecer à liberdade de imprensa uma interpretação jurídica que a vincule efetivamente ao fundamento funcional que a legitima como direito fundamental.

É comum surgir do questionamento sobre quais os fundamentos que justificam o exercício da liberdade de imprensa, o argumento de afirmação do interesse público. A definição de interesse público, nesse caso, conforme definimos no item 2.1.3, *supra*, e que retomamos aqui como conceito que envolve as razões ou justificativas que permitem inferir, de modo razoável a necessidade ou utilidade do acesso geral da comunidade a certas e determinadas informações ou juízos críticos acerca de fatos, em decorrência da contribuição efetiva que esse conhecimento pode determinar ao aperfeiçoamento da situação retratada, do próprio meio social, ou do regime político de liberdades do Estado Democrático de Direito.

Em direito norte-americano, são reconhecidas prerrogativas estatais com o objetivo de proteger o interesse público que preside o exercício da liberdade de informação. Os valores sobre os quais assenta-se a compreensão jurídica do *free speech* vinculam-se a uma compreensão nitidamente funcionalista da sua proteção jurídica. Dessa maneira, a partir de valores instrumentais, desenvolve-se a com-

---

gógica; e, c) compensatória – dor, sofrimento perpetrados à vítima, *in re ipsa*. PRELIMINAR REJEITADA. PROVIMENTO PARCIAL DO RECURSO." (Tribunal de Justiça do Rio de Janeiro. Apelação Cível n° 2003.001.11394. Relator Des. Roberto de Abreu e Silva. Julgado em 17/06/2003. Publicado em 17/09/2003).

preensão de que apenas através de um mercado de idéias (*marketplace of ideas*), em que se seja garantida a plena liberdade para difusão de quaisquer idéias, é que se conseguirá prevenir, de modo eficiente, um equívoco. Daí por que se considera que a probabilidade de que esse equívoco ocorra é maior, conforme for menor a diversidade de idéias sobre um determinado tema.[529]

Da mesma forma, a garantia do direito à liberdade de expressão não se traduz pela liberdade de expressar desvinculada de qualquer finalidade. Uma segunda visão em relação aos fundamentos da Primeira Emenda, refere-se a predominância do seu valor político, nos seguintes termos: "the First Amendment does not protect a 'freedom to speak'. It protects the freedom of those activities of thought and communication by wich we 'govern'. It is concerned, not with a private right, but with a public power, a governmental responsibility".[530]

Atualmente, entretanto, a liberdade de expressão em direito norte-americano é entendida, antes de mais nada, como uma espécie de liberdade humana, uma vez que a noção de liberdade é estabelecida como auto-realização e autodeterminação.[531] Nesse sentido, a proteção de determinados direitos essenciais tornam-se elementares no sentido de democracia contemporânea, concentrando-se, basicamente, nos valores da dignidade humana, respeito ao indivíduo, igualdade e autonomia.[532]

Essa visão funcional da liberdade de expressão, em grande medida, serve como fundamento para sua consideração como elemento essencial da democracia. Segundo demonstra Saavedra Lopes, "a teoria da responsabilidade social parte de uma definição das funções normativas da imprensa que coincide basicamente com as concepções liberais: informação, ilustração e controle democrático do Estado".[533]

Essa concepção, segundo demonstra o autor argentino, faz com que a atividade de imprensa comece a referir-se em relação ao seu público leitor, "cuja proteção se percebe como uma necessidade cada vez mais urgente. Insiste-se agora, sobretudo, no direito do público de ser informado a partir de uma pluralidade heterogênea de fontes, com objetividade e sem manipulações, e respeitando, ademais, certos valores morais e culturais representativos da dignidade da pessoa e do progresso da civilização".[534] A exigibilidade desses autênticos de-

---

[529] FRANKILIN, Mark A.; ANDERSON, David A. *Mass media law*: cases and materials. 5th ed. Westbury, N.Y.: The foundation, 1995, p. 10-12.

[530] Trata-se da posição defendida por Meiklejohn em sua obra *Free speech and its relation to self government*, de 1948. Conforme FRANKILIN; ANDERSON, op. cit., p. 17.

[531] Ibidem, p. 26.

[532] FRANKILIN; ANDERSON. *Mass media...*, p. 27.

[533] LOPEZ SAAVEDRA. *La libertad de expresión...*, p. 99.

[534] Ibidem, p. 100.

veres da imprensa, entretanto, é variável, sendo a teoria da responsabilidade social utilizada predominantemente – conforme aponta o jurista ibérico –, como fundamento da liberdade econômica, com o fim de restringir a intervenção do Estado na atividade empresarial dos órgãos de comunicação social.[535]

Entre nós, examinou recentemente a questão Guilherme Cunha Pereira, afirmando que "o reconhecimento da função social dos meios de comunicação não é importante apenas para o fim de disciplinar as sanções ao seu abuso. Igualmente relevante é a consideração dessa função para disciplinar as garantias que se devem assegurar à imprensa para o escorreito desempenho dos seus fins".[536] Reconhece o autor, uma importância predominantemente política, seguindo a tradição dos países de tradição ocidental, e tendo em consideração a disciplina constitucional da liberdade de expressão permeada por essa dimensão política da imprensa como guardiã da democracia.[537]

Parece-nos que não há o que reparar na concepção desenvolvida pelo jurista paranaense. O aspecto funcional básico da imprensa na sociedade contemporânea é de *limite do poder político*. No âmbito da atividade da imprensa e a disciplina da reparação dos danos decorrentes de sua violação, entretanto, dois conceitos são essenciais para a construção de interpretações que compatibilizem a função social reconhecida e a proteção jurídica da pessoa humana. São basicamente os conceitos de *interesse público* e de *direito à informação*, cujos significados são determinados de modo implícito ou explícito, a partir do texto constitucional.

No que se refere então, ao conceito de finalidade social a que se refere o artigo 187 do Código Civil, a atribuição do seu significado, em matéria de responsabilidade civil da imprensa, parece articular-se sob um duplo significado. De um lado, pela consideração desse aspecto funcional da liberdade de imprensa, quando estiver evidenciada sua presença no exercício da atividade dos órgãos de comunicação. É o caso típico do direito de crítica pública, consagrado pelo artigo 27 da Lei n. 5.250/1967, cujo exercício não deverá ser restringido por avaliações predominantemente subjetivas, quando tiverem por escopo a crítica de interesse público.

Por outro lado, na hipótese do exercício da atividade de imprensa não disser respeito a sua finalidade própria, reconhecida inclusive pelo texto constitucional, justifica-se que o intérprete e aplicador do direito estabeleça um rigoroso controle sobre a adequação do objeto da divulgação. O exemplo, nesse caso, poderá ser vislumbrado nas hipóteses da exposição de pessoas à consideração do público, quando

---

[535] Ibidem, p. 108.

[536] CUNHA PEREIRA. *Liberdade e responsabilidade...*, p. 41.

[537] Ibidem, p. 43.

não exista qualquer distinção que identifique no exercício da atividade da imprensa, o seu aspecto funcional.

2.2.2. A boa-fé e direito difuso à informação verdadeira

O princípio da boa-fé objetiva vem merecendo do direito brasileiro enorme desenvolvimento doutrinário e jurisprudencial. Sua acolhida entre nós, todavia, é relativamente recente,[538] merecendo atualmente amplo significado no direito privado, sobretudo em matéria de obrigações.[539]

Como afirma Diéz-Picazo, a idéia de boa-fé não é outra coisa que um conceito cunhado pelos técnicos do direito e utilizado como elemento de descrição ou de delimitação. É um *standard*, ou um modelo ideal de conduta social. Aquela conduta social que se considera como paradigmática.[540] A boa-fé, assim, não é mero *pacto de intenções* dos sujeitos de direitos, que invocando a vontade de realizar tal ou qual ato, não trazem o mesmo à existência fática. A boa-fé que permanece no plano das *"boas intenções"* não há como ser valorada pelo direito à medida que permanecendo no âmbito da consciência interna do sujeito, sua compreensão é de todo impossível. Nesse aspecto, intuitivo que a boa-fé, princípio de direito, e portanto pertinente à orientação da vida de relações, é aquela que se depreende dos atos de existência real do sujeito, e que, portanto, se é permitido avaliar como paradigma da conduta social.

Entre nós, Clóvis do Couto e Silva, referindo-se sobre a origem do princípio, traz o debate doutrinário estabelecido ainda no século XIX, indagando se, no direito romano, o conceito de boa-fé era unívoco ou, pelo contrário, comportava mais de um significado. Assim, importava saber se no direito obrigacional teria um caráter objetivo e no âmbito dos direitos reais um caráter subjetivo, ou mesmo a hipótese de que representariam exteriorizações variadas de um só conceito.[541] No mesmo sentido, identificava no § 242 do Código Civil alemão, não apenas um dispositivo que autorizaria ao juiz poderes de criação jurídica extraordinária, mas sim, em reforço do § 157 que determinava a interpretação dos negócios jurídicos segundo a boa-fé.

De outro modo, Franz Wieacker assinala que as máximas gerais de conduta ético-jurídica e a nova criação de direito não se limitam

---

[538] MARTINS-COSTA. *A boa-fé...*, p. 506-515.

[539] Nesse sentido, entre outros: MARQUES. *Contratos...*, p. 180-207; MARTINS-COSTA, op.cit., p. 420 et seq.

[540] Dissertou DÍEZ-PICAZO, Luís. Prólogo. In: WIEACKER, Franz. *El principio general de la buena fe*. Madrid: Civitas, 1986, p. 12-13.

[541] COUTO E SILVA, Clóvis. O princípio da boa-fé no direito brasileiro e português. *Jornada Luso-Brasileira de Direito Civil*, 2., 1980, Porto Alegre. *Estudos de direito civil brasileiro e português*. 3. ed. São Paulo: RT, 1980, p. 45. No texto em referência, seu autor aponta Wächter e Bruns como defensores de uma e outra posição.

ao direito das obrigações, e por conseguinte, não se encontram vinculadas ao lugar que ocupa atualmente o § 242 do Código alemão. Identifica assim, no referido dispositivo do Código Civil alemão, a existência de um plano legislativo de valorização jurídica, que não pode estar adstrito ao dever de prestação.[542]

No que se refere à boa-fé como cláusula geral, a regular o exercício dos poderes e faculdades do indivíduo, suscita-se uma série de questões. Primeiro, o espaço que se estaria concedendo ao arbítrio do juiz no exame do caso concreto, possibilitando inclusive eventual julgamento a margem da lei. Segundo, de forma mais moderada, é possível identificar na cláusula geral de boa-fé, aquilo que Wieacker denomina *válvula para as exigências ético-sociais*, uma espécie de ilustrado positivismo social, que preconiza a norma em permanente adaptação às necessidades emergentes da sociedade. O limite para essa permanente adaptação, que seria fruto da interpretação da norma sob a perspectiva da boa-fé, seria ela mesma, uma vez que, ainda que se reconheça a pluralidade de sentidos possíveis de ser atribuídos pela atividade interpretativa, nada lhe pode retirar um mínimo de significado que se depreende de sua interpretação gramatical. O significado elementar das palavras que a compõem.[543]

No que se refere ao exercício de direitos subjetivos, a boa-fé, segundo dispõe o artigo 187 do Código Civil, é percebida como um *standard* da conduta socialmente adequada. Fundamenta-se, assim, na concepção de que a confiança recíproca entre os indivíduos é a regra presumível das relações sociais, constituindo a má-fé, considerada como intenção de lesar ou de obter vantagem maior do que a normalidade autoriza, uma espécie de exceção ilícita. Pelo que se assenta em direito à presunção de boa-fé, e o reverso, de que a má-fé deva ser objeto de prova.

Segundo Clóvis do Couto e Silva, a boa-fé possui ainda uma função harmonizadora, conciliando o rigorismo lógico dedutivo da ciência do direito do século passado com a vida e as exigências éticas atuais, abrindo no *hortus conclusus* do sistema do positivismo jurídico, a que Josef Esser qualificou, com precisão invulgar, como *janelas para o ético*.[544]

São bastante difundidas entre nós as funções da boa-fé objetiva, dentre as quais têm relevo sua configuração como cânone hermenêutico integrativo, fonte de deveres jurídicos e limite ao exercício de

---

[542] WIEACKER. *El principio general...*, p. 87-8.

[543] Nesse sentido, WIEACKER. *El principio general...*, p. 29-30.

[544] COUTO E SILVA, Clóvis. *A obrigação como processo*. Porto Alegre: UFRGS, 1964, p. 43. A idéia da boa fé, como abertura de *janelas para o ético*, citada pelo autor, é de Jose Esser, em seu *Grundsatz und norm in der richterlichen fortbildung des privatrechts*, publicado originalmente em 1956. Para a citação, vimos a tradução espanhola: ESSER, Josef. *Princípio y norma en la elaboración jurisprudencial del derecho privado*. Tradução Eduardo Valentí Fiol. Barcelona: Bosch, 1961, p. 185.

direitos subjetivos.[545] Essas funcionalidades, entretanto, como já afirmamos, são examinadas, de modo predominante, pelo prisma do direito obrigacional. Entendemos, entretanto, que sua interpretação, sobretudo no que se refere à cláusula geral de abuso do direito, do artigo 187 do Código Civil, não tem como ser interpretada nos estritos limites da disciplina contratual. Ao contrário, uma vez que a boa-fé objetiva caracteriza-se como limite ao exercício de quaisquer direitos subjetivos, novos significados devem ser identificados, a fim de compatibilizar sua aplicação com a própria característica que lhe é peculiar, como exigências próprias de convivência social.

No âmbito da atividade da imprensa e de seus fundamentos jurídicos principais – as liberdades de informação e de pensamento – os deveres jurídicos repetidamente identificados com relação à conduta das partes na relação obrigacional podem ser traduzidas em consideração à disciplina constitucional desses direitos liberdades. Desse modo, os deveres secundários e os deveres laterais reconhecidos pela doutrina como decorrentes da boa-fé,[546] podem perfeitamente ser interpretados em relação à liberdade de informação e de pensamento, de acordo com a *funcionalidade* e o *procedimento* necessário à sua realização.

Em relação aos deveres anexos, são divididos quanto à sua presença nas relações obrigacionais em duas espécies: como deveres *acessórios ou secundários da prestação principal* e como acessórios de prestação autônoma.[547] Em relação aos primeiros, destinam-se a preparar o cumprimento ou assegurar a prestação principal.[548] Os segundos constituem-se em verdadeiros sucedâneos da prestação principal, constituindo-se em deveres de cooperação e proteção dos interesses comuns.[549]

No que respeita ao exercício da liberdade de imprensa, em suas distintas caracterizações como liberdade de informação ou de pensamento, a boa-fé objetiva, tomada como limite ao exercício do direito, assume seus contornos indicando deveres bem-determinados. De um lado, caracteriza-se pela necessária vinculação entre o direito subjetivo e sua *função*, estando o seu exercício associado ao sentido objetivo do direito fundamental à liberdade de expressão, como garantia ins-

---

[545] Adotamos aqui, a classificação da professora MARTINS-COSTA. *A boa-fé...*, p. 427 et seq.

[546] MARTINS-COSTA. *A boa-fé...*, p. 438.

[547] Ibidem.

[548] Ibidem. Menciona, a jurista gaúcha, o dever do vendedor de guardar a coisa vendida, de embalar ou conservar a mesma.

[549] Podem ser considerados em razão do respeito aos interesses legítimos, como, por exemplo, o dever de garantia ou de informação sobre os elementos do contrato, bem como o respeito a autonomia contratual das partes. Serão caracterizados, desse modo, como deveres de lealdade, de informação, de cuidado, de previdência, de segurança, de cuidado com a outra parte, dentre outros. Ibidem, p. 438-439. MARQUES. *Contratos...*, p. 684 et seq.

titucional do Estado Democrático de Direito.[550] Daí por que seu exercício será regular na medida em que, observando o que dispõe o próprio artigo 220, § 1º, da Constituição da República, observar o direito difuso à informação verdadeira, previsto no artigo 5º, inciso XIV, também do texto constitucional.

De outra parte, a boa-fé como limite ao exercício da liberdade de imprensa, bem como assegurando a complementação dos deveres reconhecidos à atividade da imprensa em razão do artigo 5º, inciso XIV, da Constituição da República, impõe que se considerem igualmente, determinadas características em relação ao *procedimento*, traduzidos como deveres de conduta cujo respeito define o paradigma de sua regularidade. Antônio Menezes Cordeiro, aliás, faz referência ao tratar da boa fé como regra de conduta, que o comportamento das pessoas devem respeitar um "conjunto de deveres reconduzidos num prisma juspositivo e numa óptica histórico cultural".[551] Decorrem daí, então, os deveres de cuidado, veracidade e pertinência, atribuíveis aos que exercem a atividade de imprensa.

O direito à informação verdadeira, de que já tratamos na primeira parte desse estudo,[552] apresenta-se com um duplo significado. De um lado constitui espécie de proteção do destinatário da informação, garantindo o direito da comunidade de conhecer sobre os fatos de relevância social. De outro, apresenta-se como proteção dos direitos personalíssimos do protagonista da informação, em relação à veracidade das informações divulgadas a seu respeito. Derivam desse direito, deveres específicos, como o de oitiva e consideração das versões de todas as pessoas relacionadas com um determinado fato,[553] assim como a *lealdade* com a fonte jornalística a qual, além de protegida pelo anonimato, tem direito de que sua versão seja considerada pelo órgão

---

[550] Sobre o tema referimos no item 1.2.2, "A", da Parte I.

[551] MENEZES CORDEIRO. *Da boa fé..*, p. 632.

[552] Conforme item 2.1.2., seção "A", da Parte I.

[553] "IMPRENSA. INFORMAÇÃO JORNALÍSTICA. DANO MORAL. 1- O ordenamento constitucional, atento à importância dessa atividade para o desenvolvimento da vida social, garante o direito à plena liberdade de informação jornalística, com a narração de fatos e idéias sem lhes alterar o sentido original, e exige sua observância ao direito coletivo de ser corretamente informado. 2- Nesse aspecto, a ordem constitucional também estabelece o dever de respeito a direitos alheios, inclusive a responsabilidade de reparação a dano moral. 3- A informação jornalística que, ao narrar alguns fatos relacionados a demanda judicial relativa a área situada em região valorizada desta cidade, divulga situação processual inexistente e insinuações de terceiro sobre transações imobiliárias 'ilegais e fraudulentas' praticadas pela parte, na medida em que apenas apresenta uma *versão unilateral* daquele conflito e que realizada sem qualquer indício da sua verdade, insinua a prática de conduta ilícita e incompatível com o comportamento de empresário do setor imobiliário, afigura-se abusiva e afasta-se do exercício da plena informação jornalística. 3- Nessas circunstâncias, essa divulgação expõe um mau conceito da parte para a sociedade provoca situação que lhe afeta a dignidade, produz sofrimento psicológico e, como conseqüência, dá causa ao advento de dano moral [...]" (Tribunal de Justiça do Rio de Janeiro. Apelação Cível nº 2002.001.17413. Relator Des. Milton Fernandes de Souza. Julgado em 01/10/2002. Publicado em 30/10/2002), *grifo nosso*.

de comunicação, ainda que, por óbvio, este não esteja adstrito à reprodução da versão exclusiva de apenas uma das pessoas ouvidas. Em relação ao conceito de abuso como falta ao dever de veracidade, de interesse a decisão do Superior Tribunal de Justiça, de lavra do Ministro Carlos Alberto Menezes Direito:

> "Liberdade de informação e direito à honra, à dignidade, à intimidade, à vida privada: artigos 5º, X, e 220 da Constituição Federal. Plano constitucional. Art. 1º da Lei nº 5.250/1967. Valor do dano moral. 1. Está no plano constitucional decidir sobre o balanceamento entre o direito à honra, à dignidade, à intimidade, à vida privada, e à liberdade de informação, com a interpretação dos artigos 5º, X, e 220 da Constituição Federal. Tal questão, sem dúvida, é relevante neste trânsito da vida republicana e compete ao Supremo Tribunal Federal decidi-la. 2. Não se revê nesta Corte o valor do dano moral quando a fixação não configura exorbitância, exagero, despropósito, falta de razoabilidade ou insignificância, o que não existe no presente feito. 3. *Para os efeitos do art. 1º da Lei de Imprensa, o abuso, no plano infraconstitucional, está na falta de veracidade das afirmações veiculadas, capazes de gerar indignação, manchando a honra do ofendido.* Neste feito, o Acórdão recorrido afastou as acusações formuladas do contexto do tema tratado nos artigos escritos pelo réu e identificou a ausência de veracidade das afirmações. O interesse público, em nenhum momento, nos casos como o dos autos, pode autorizar a ofensa ao direito à honra, à dignidade, à vida privada, à intimidade da pessoa humana. 4. Recursos especiais não conhecidos".[554]

No caso, a concepção do abuso do exercício do direito foi identificado, justamente pela transgressão do dever de veracidade, e sua capacidade de afetação – porque não verdadeiros os fatos – da honra do indivíduo ofendido. A boa-fé como limite do exercício dos direitos subjetivos, dessa forma, atua tanto como fonte de deveres de conduta no âmbito privado – cuja violação constitui pressuposto para o reconhecimento da responsabilidade civil –, quanto como elemento de concretização, a partir do artigo 187 do Código Civil, do direito fundamental à informação verdadeira, consagrado no texto constitucional.

Ao mesmo tempo, sob a ótica dos direitos da personalidade, seu reconhecimento opera pela consideração da boa-fé, enquanto fonte do dever geral de respeito ao outro (*alter*), como elemento de articulação interna da cláusula geral de abuso do direito, em conjunto com os bons costumes, com vista à sanção, no caso concreto, dos danos pessoais e patrimoniais decorrentes da atividade ilícita de imprensa.

---

[554] Superior Tribunal de Justiça. Recurso Especial 439584 / SP. Relator Min. Carlos Alberto Menezes Direito. Julgado em 15/10/2002. Publicado no DJU 09/12/2002, p. 341.

2.2.3. A cláusula de bons costumes

Dentre os conceitos estabelecidos no artigo 187 do novo Código Civil para caracterização do exercício abusivo de direito, os bons costumes é o que oferece maiores dificuldades na determinação do seu sentido, assim como em sua aplicação. A definição de costume vincula-se, em princípio, ao conceito de assentimento social, de concordância da comunidade relativamente a determinadas regras de conveniência, de acordo com um paradigma geral de correção. Segundo assinala Gorphe, a característica moral do critério torna-o de difícil definição em termos jurídicos. Nesse sentido é que a jurisprudência tem se limitado à sua definição de acordo com as respectivas hipóteses de sua aplicação, devendo se considerar que os bons costumes têm seu significado determinado de modo variável, de acordo com a evolução geral das idéias, variando em razão do país e da época.[555]

Observa Georges Ripert, a dificuldade que a doutrina clássica tem na definição dos bons costumes.[556] Observa-se, porém, que na definição do que seriam bons costumes, confrontam-se, basicamente, duas concepções. Uma de natureza sociológica, que se fundamenta no exame do entendimento da maioria social. Outra, marcadamente idealista, que acabará por recorrer a modelos ideais, muitas vezes de cunho religioso, para formação de paradigmas hábeis à formação de uma definição de bons costumes.[557] A respeito dessa segunda concepção, Cunha de Sá refere ao entendimento de uma parte da doutrina portuguesa de que o preceito constitucional que reconhece como religião tradicional da nação, a católica apostólica romana, influencia para que o conceito de bons costumes seja influenciado pela moral cristã.[558]

Os costumes são usos arraigados numa determinada sociedade. Não se pode, desse modo, criar uma pretensa idéia de costume ideal, mas que não corresponda à realidade. Os costumes são pertinentes à

---

[555] GORPHE, F. Bonnes mouers. In: VERGÉ, Emmanuel; RIPERT, Georges. *Répertoire de droit civil*. Paris: Dalloz, 1951, p. 490-493.

[556] RIPERT. *A regra moral...*, p. 77. Elenca o autor o entendimento de diversos autores, dentre os quais Huc, que reconhecendo-as perigosas, não quer outras regras morais que não sejam as reconhecidas pelas regras jurídicas; Aubry e Rau que parcem admitir que a noção de bons costumes não se presta a discussão; Demolombe restringe-se a citar exemplos; Laurent afirma haver em cada época da vida da humanidade uma doutrina sobre a moral que a cosnciência geral aceita, salvo as dissidências individuais sem relevância; Baudry-Lacantinerie e Houque-Foucarde, para quem a ordem pública e os bons costumes são sempre noções variáveis no tempo e no espaço; Planiol critica a abstração do termo, considerando perigosa sua aplicação; Colin e Capitant afirmamm que os bons costumes são a moral.

[557] Ibidem.

[558] CUNHA DE SÁ. *Abuso...*, p. 190. Traz a respeito, a lição de Manuel Domingues de Andrade, para quem a moral pública não se trata de usos e práticas morais, mas de idéias e convicções morais. Não da moral que se observa e se pratica (*mores*), mas daquela que deve ser observada (*bonus mores*).

realidade fática, não a quaisquer artifícios da abstração da mente humana. clamorosa ofensa ao sentimento jurídico socialmente dominante.[559] Assim, a definição dos bons costumes não deve vincular-se a critérios que não tenham como ser apreendidos da realidade social. Trata-se de um conceito cujo significado é determinado pelo mundo dos fatos. Se tais ou quais costumes são bons, trata-se de um juízo de valor a ser realizado por alguém. Quem o faz, embora utilizando-se necessariamente de sua capacidade cognitiva e das variantes de percepção que lhes são naturais, não poderá jamais deixar de ter em consideração a opinião socialmente dominante,[560] pois, fazendo-o, dará causa à não-aplicação do conceito em termos práticos, pelo intérprete e aplicador do direito.

Em linhas gerais, o conceito de bons costumes é reconhecido em direito privado para estabelecer a ilicitude de determinadas disposições da vontade e, nesse sentido, como uma limitação à autonomia privada. Daí a regra conhecida em direito, de que as obrigações que forem contrárias aos bons costumes são nulas, uma vez que o direito há de proteger a licitude de propósitos e a moralidade pública, assim como o será a invocação de preceito em benefício da própria torpeza.[561] Nessa matéria, entretanto, a dificuldade de precisão de um conceito objetivo determinou sua compreensão, no direito francês, a partir da noção de moralidade provada, determinando sanção as convenções contrárias à moralidade privada, a atividade de prostituição e as convenções contrárias à liberdade de casamento, como o caso em que o pai busca condicionar a decisão do filho quanto ao seu casamento.[562]

Em nossa ordem constitucional anterior, sob a égide da Constituição de 1967, o artigo 153, § 8º, estabelecia os limites reconhecidos para o exercício da liberdade de imprensa, indicando: "A publicação de livros, jornais e periódicos não depende de licença de autoridade. Não serão, porém, toleradas a propaganda de guerra, de subversão da ordem, ou de preconceitos de religião, de raça, ou de classe, e as publicações ou exteriorizações contrárias à moral e aos bons costumes."

A expressão *bons costumes*, tal qual aparece na Constituição anterior, foi incluída pela Emenda constitucional nº 1, de 17 de outubro de 1969, como limite ao exercício da liberdade de expressão. Trata-se

---

[559] CUNHA DE SÁ. *Abuso...*, p. 247.

[560] Heloísa Carpena ao investigar a cláusula geral do abuso do direito sob a perspectiva constitucional, refere os bons costumes a partir da concepção de "consciência jurídica dominante". CARPENA, Heloísa. O abuso do direito no Código Civil de 2002: relativização dos direitos na ótica civil-constitucional. In: TEPEDINO, Gustavo (Coord.). *A parte geral do novo Código Civil:* estudos na perspectiva civil-constitucional. Rio de Janeiro: Renovar, 2002, p. 367-385.

[561] GORPHE. *Bonnes mouers*, p. 491.

[562] Ibidem, p. 492.

de conceito plurissignificativo, indeterminado, pelo qual o legislador buscou indicar ao intérprete o adequado preenchimento do conceito, preservando o sentido que se reconhece à mesma disposição. Entretanto, a exemplo do que se observa no uso da expressão em outras disciplinas jurídicas como o direito civil ou o direito penal, a expressão *bons costumes* referida no artigo 158, § 3º, assumiu contornos eminentemente subjetivos. Exemplo típico dessa característica subjetiva, as considerações de Alfredo Buzaid, para quem a proibição da veiculação de publicações ou exteriorizações contrárias à moral e aos bons costumes dizem, sob a perspectiva médica, com *"os efeitos deletérios que causam às pessoas"*; e com a própria preservação das instituições, identificando nesse tipo de publicações, iniciativas de "agentes do comunismo internacional". Nesse sentido, refere que "os agentes do comunismo internacional se servem da dissolução da família para impor seu regime político; para tanto buscam lançar no erotismo a juventude, que facilmente se desfibra a perde a dignidade".[563]

O conceito de bons costumes, nesse caso, serviu como instrumento para restrição de um determinado comportamento sexual, segundo critérios ou valores da moral cristã, os quais – segundo apregoa Buzaid – merecem a proteção do Estado, configurando pressuposto de preservação da família.[564] Ao mesmo tempo, enfeixaram um maldisfarçado preconceito político-ideológico, marca do regime político da época, mas que por si só denuncia a elasticidade conceitual que o subjetivismo empresta à determinação do significado da expressão.

É evidente a ampla subjetividade reconhecida a essa interpretação,[565] que resta completamente despida de comprovação. E na experiência histórica da Constituição de 1967, serviram os limites em questão como fundamento para edição do Decreto-Lei nº 1077, de 26

---

563 BUZAID, Alfredo. Em defesa da moral e dos bons costumes. *Arquivos do Ministério da Justiça*, Brasília, n. 114, p. 1-28, junho de 1970.

564 BUZAID. *Em defesa da moral...*, p. 27-28. Afirma o então Ministro da Justiça, pois, que a intervenção do Estado no domínio da moral pública, vai se dar "em nome dos princípios cristãos, reprovando o ultraje ao decoro. A dissolução da família e o desfibramento da juventude". Ibidem, p. 18.

565 No caso, trata-se de uma visão de mundo particular, informada pelas razões de ordem política e ideológica da época, cujos argumentos, aliás, são reforçados pelo eminente professor paulista, nos seguintes termos: "É certo que a Constituição ressalva, entre os direitos fundamentais da pessoa humana, a liberdade de pensamento (artigo 153, § 8º). Mas, numa época em que o Estado democrático tem de defender-se contra os agentes do comunismo internacional, a Constituição do Brasil considera como inimigos da pátria os que promovem a propaganda de guerra, da subversão da ordem, do preconceito religioso, étnico e de classe, bem como os que fazem publicações e exteriorizações contrárias à moral e aos bons costumes. E assim decididamente as proibiu em nome da segurança nacional." Prossegue o autor, então para afirmar, categórico, que: "a Constituição reputou tão deletéria a subversão da ordem como a publicação de obras pornográficas. Não fez entre elas distinção de grau, importância ou gravidade. Tratou-as igualmente, havendo-as por contrárias à segurança nacional". Ibidem, p. 8.

de janeiro de 1970, que proíbe divulgações e exteriorizações contrárias à moral e aos bons costumes, o qual foi complementado pela Portaria n. 11-B, de 6 de fevereiro do mesmo ano, que instituiu o procedimento de verificação prévia de materiais potencialmente nocivos a tais conceitos, estabelecendo – em outros termos – o instituto da censura prévia no direito brasileiro. E este, segundo extensas considerações dos pesquisadores que se dedicam ao estudo do regime político brasileiro de 1964 a 1985, não se restringiu à proteção da moralidade sexual, mas a toda a manifestação de pensamento distinta do grupo político no poder.[566]

A associação de significados entre o conceito de bons costumes e o padrão de comportamento sexual ou social desejável em uma dada comunidade tem significativa tradição no direito brasileiro. E, ainda que todas as Constituições nacionais, desde 1891, estabeleçam o caráter laico do Estado brasileiro, é inegável a forte influência cristã sobre a atribuição do significado vinculando o bom costume ao comportamento sexual preconizado pela Igreja,[567] em especial, na doutrina[568] e na jurisprudência[569] sobre matéria penal.

---

[566] Sobre o tema, veja-se: WERNECK SODRÉ *História...*, p. 410 et seq; BAHIA. *Jornal...*, p. 318 et seq.

[567] O avanço tecnológico e a disseminação dos meios de comunicação social, de sua vez, determinam a reação da Igreja Católica contra o poder que estes passam a adquirir, como se pode observar da Encíclica *Ad Petri Cathedram – Conhecimento da Verdade, Restauração da Unidade e da Paz na Caridade*, editada pelo Papa João XXIII, em 29 de junho de 1959. Assim refere o mencionado documento: "Hoje deve porém juntar-se a tudo isso, como bem sabeis, veneráveis irmãos e diletos filhos, o rádio, o cinema e a televisão, cujos espetáculos podem facilmente seguir-se mesmo dentro de casa. Desses meios podem surgir o estímulo ao bem e à honestidade, e até à prática da virtude cristã, mas infelizmente, sobretudo para a juventude, servem não raro de incentivo aos maus costumes, à corrupção, ao engano do erro e a uma vida licenciosa. Para neutralizar, pois, com todo o cuidado e diligência, o mau influxo desses meios perigosos, que se vai difundindo cada vez mais, é preciso recorrer às armas da verdade e da honestidade. À imprensa má e mentirosa preciso contrapor a boa e verdadeira. Às transmissões de rádio e aos espetáculos cinematográficos e televisivos, tornados instrumentos de erro e de corrupção, é preciso contrapor outros em defesa da verdade e dos bons costumes. Assim, estas invenções recentes, que tanto podem como incentivo ao mal, tornar-se-ão para o homem instrumentos de bem e ao mesmo tempo meios de honesta distração; e o remédio virá da mesma fonte donde muitas vezes nasce o veneno [...]"

[568] LUNA, Everardo Cunha. Bons costumes. Direito penal. *Enciclopédia Saraiva de direito*. São Paulo: Saraiva, 1978, v.12, p. 131-146.

[569] Nesse sentido, a decisão do Supremo Tribunal Federal, na década de 1960: "Obscenidade e pornografia. O direito constitucional de livre manifestação do pensamento não exclui a punição penal, nem a repressão administrativa de material impresso, fotografado, irradiado ou divulgado por qualquer meio, para divulgação pornográfica ou obscena, nos termos e forma da lei. À falta de conceito legal do que é pornográfico, obsceno ou contrário aos bons costumes, a autoridade deverá guiar-se pela consciência de homem médio de seu tempo, perscrutando os propósitos dos autores do material suspeito, notadamente a ausência, neles, de qualquer valor literário, artístico, educacional ou científico que o redima de seus aspectos mais crus e chocantes. A apreensão de periódicos obscenos cometida ao Juiz de Menores pela Lei de Imprensa visa à proteção de crianças e adolescentes contra o que é impróprio à sua formação moral e psicológica, o que não importa em vedação absoluta do acesso de adultos que os queiram ler. Nesse sentido, o Juiz poderá adotar medidas razoáveis que impeçam a venda aos menores até o limite de idade que julgar conveniente, desses materiais, ou a consulta dos mesmos por parte deles". (Supremo

Entretanto, ainda que atualmente os bons costumes não tenham se desvinculado integralmente da noção de moralidade sexual, já é reconhecido que mesmo esses conceitos são atualizados em conformidade com a evolução dos costumes vigentes, determinando a violação dos bons costumes como algo histórico e variável, segundo as concepções de cada época.[570]

O conceito de bons costumes, em que pese associado geralmente ao conceito de moralidade pública, não se prende exclusivamente a esse significado. E essa conclusão não se observa apenas em relação ao direito contemporâneo. A Lei de Introdução ao Código Civil (Decreto-Lei nº 4.657, de 4 de setembro de 1942) indica em seu artigo 17, que: "as leis, atos e sentenças de outro país, bem como quaisquer declarações de vontade, não terão eficácia no Brasil, quando ofenderem a soberania nacional, a ordem pública e os bons costumes". É correto observar, assim, que a disposição em destaque determina aos bons costumes papel de destaque, uma vez que é o mesmo reconhecido à ordem pública e à própria soberania nacional. É admitido sua associação de sentido com "postulados éticos que se projetam no plano jurídico, ao lado de *topoi* típicos jurídicos, que se concretizam na ordem pública (aspecto político dos bons costumes), e na boa fé (aspecto moral)".[571] Revela Sílvio de Macedo que os bons costumes constituem exigências mínimas da ordem jurídica, uma vez que esta jamais estaria a exigir o máximo, ou sua colocação acima da média.[572]

Tribunal Federal. Recurso em Mandado de Segurança 18534. Relator Min. Aliomar Baleeiro. Julgado em 01/10/1968. Publicado na Revista Trimestral de Jurisprudência 47/787). E, no mesmo sentido, já na década de 1980: "Habeas corpus". "Trottoir". Pedido de salvo conduto para praticá-lo. Não há direito constitucionalmente assegurado à prática de "trottoir", a qual e contraria aos bons costumes, ofensiva da moralidade publica e fonte de constrangimento para transeuntes e residentes. Recurso ordinário a que se nega provimento. (Supremo Tribunal Federal. Habeas Corpus 59104 / SP. Relator Min. Moreira Alves. Julgado em 03/11/1981).

[570] PENAL – PROCESSUAL – NUDEZ EM CAMPANHA PUBLICITÁRIA – ATENTADO AO PUDOR – INQUÉRITO – TRANCAMENTO – HABEAS CORPUS – RECURSO – 1. Se a peça publicitária de roupa íntima não incursiona pelo chulo, pelo grosseiro, tampouco pelo imoral, até porque exibe a nudez humana em forma de obra de arte, não há inequivocadamente, atentado ao Código Penal, art. 234. 2. O Código Penal, art. 234, dirige-se a outras circunstâncias, visando, efetivamente, resguardar o pudor público de situações que possam evidentemente constituir constrangimento às pessoas nos lugares públicos. 3. A moral vigente não se dissocia do costume vigente. Assim, quando os costumes mudam, avançando contra os preconceitos, os conceitos morais também mudam. O conceito de obsceno hoje não é mais o mesmo da inspiração do legislador do Código Penal em 1940. 4. É desperdício de dinheiro público manter um processo sobre o qual se tem certeza, antemão, que vai dar em nada. Do ponto de vista do acusado em face dos seus direitos constitucionais individuais, é constrangimento ilegal reparável por *habeas corpus*. 5. A liberdade de criação artística é tutelada pela Constituição Federal, que não admite qualquer censura (CF, art. 220, § 2º) 6. "*Habeas corpus* conhecido como substitutivo de recurso ordinário e provido para trancar o inquérito policial por falta de justa causa". (Superior Tribunal de Justiça. Habeas Corpus 7809/SP. Relator p/o Ac. Min. Edson Vidigal. Publicado no DJU 29/03/1999; p. 194).

[571] MACEDO, Sílvio de. Bons costumes. *Enciclopédia Saraiva de direito*. São Paulo: Saraiva, 1978, v.12, p. 130.

[572] Ibidem.

Responsabilidade Civil da Imprensa por Dano à Honra

O novo Código Civil utilizou-se da expressão em cinco oportunidades.[573] Em todos elas, seja em razão do modo como estão determinados no texto, ou mesmo ao setor material do Código em que se inserem, não é possível reconhecer, *a priori*, significado que permaneça restrito à concepção de moralidade sexual. Tratando-se dos direitos da personalidade, a previsão se observou apenas em uma oportunidade, na redação do artigo 13, como limite à autonomia individual para disposição do próprio corpo.[574]

Como auxílio a compreensão do significado da cláusula de bons costumes, é interessante sua aproximação de outro conceito de extrema abstração: a ordem pública. Ambos os conceitos, de bons costume e ordem pública, são muitas vezes identificados como causa da preservação de mesmos valores ou circunstâncias. Os bons costumes, entretanto, não constituem um limite genérico ao lícito jurídico, senão como um limite imposto à liberdade individual na determinação autônoma de seus interesses. Desse modo, assegurando-se que o ordenamento jurídico está essencialmente inspirado em critérios conformes ao ideal moral, é razoável que não possam contar com reconhecimento jurídico os atos de particulares em contrariedade às regras de boa convivência social.[575] A distinção entre os bons costumes e a ordem pública, entretanto, faz-se pela consideração de que, através da ordem pública, o ordenamento jurídico protege a si próprio, impedindo que sejam violados os pontos essenciais de sua estrutura constituída.[576]

Já em relação aos bons costumes, o que se pretende é a negação de reconhecimento do valor jurídico à atuação do particular que, ainda que não contrarie norma jurídica expressa, esteja contrastando com os cânones fundamentais da moralidade pública.[577]

Essa distinção, entretanto, não é unânime. Segundo Edilsom Nobre Júnior, por exemplo, é possível reconhecer o limite da ordem pública em direito brasileiro para restringir a manifestação dos direitos da personalidade, apenas quando esta transparecer como contrária à ordem pública,[578] em sentido diverso do próprio Código que

---

[573] Além do artigo 187, o novo Código Civil fez uso da expressão, ainda, nos artigos 13, ao proibir a disposição do próprio corpo quando tal disposição "contrariar os bons costumes". O art. 122 proíbe as condições de um negócio jurídico que sejam contrárias aos bons costumes. O art. 187 declara ilícito o exercício de um direito que exceda manifestamente os limites impostos pelos bons costumes. O art. 1336, inciso IV, proíbe ao condômino utilizar das partes da edificação de maneira prejudicial aos bons costumes. E o art. 1638, inciso III, cassa o pátrio poder (hoje chamado "poder familiar") ao pai e à mãe que "praticar atos contrários à moral e aos bons costumes".

[574] Sobre o tema, veja-se, em direito estrangeiro: BORREL MACIÁ. *La persona humana...*, p. 37.

[575] MAYO, Jorge A. Buenas costumbres: su significado en el Código Civil. *Jurisprudencia argentina*. Buenos Aires, 2000, v.3, p. 1272-1276.

[576] Ibidem, p. 1273.

[577] Ibidem.

[578] NOBRE JÚNIOR. *O direito brasileiro ...*, p. 246.

refere em seu artigo 13, expressamente, o limite em respeito aos bons costumes. Com relação aos direitos da personalidade, aliás, como demonstra Oliveira Ascenção, os mesmos possuem, em sua essência, um fundamento ético indeclinável, a lhe exigir um regime de proteção jurídica *"verdadeiramente excepcional"*.[579]

Esse entendimento conduz a que, por intermédio de normas de direito privado de proteção da personalidade, recebam operabilidade os princípios e normas constitucionais que promovam a proteção da pessoa humana. Nos parece ser o caso, também, quando a norma refere à expressão bons costumes, cuja determinação de significado deve dar preferência, havendo possibilidade para tanto, ao sentido que possa determinar a expressão dos direitos fundamentais às normas de direito privado.

É certo que esse processo interpretativo não se dá de maneira simples. Ao contrário, as dificuldades podem decorrer mesmo de eventual *descompasso* entre o que se entenda por *bons costumes* – em relação aos quais é reclamado um juízo de valor – e os *costumes* efetivamente praticados pela comunidade. Em relação à está segunda hipótese, note-se que os meios de comunicação social, atualmente, tem uma importância decisiva na formação do conteúdo dos costumes sociais. Segundo identifica Martin-Barbero, o consumo é um dos fenômenos que melhor visualiza essa transformação conceitual. Debruçando-se sobre a atividade publicitária, nota o professor espanhol que a mesma deixa na atualidade de informar sobre o produto, se dedicando a divulgar o objeto, dando origem a demanda. Daí por que, se utilizando de desejos, ambições e frustrações dos sujeitos, passa a construir um conceito de *bem estar* ou de *felicidade*, universalizando um modo de viver.[580]

A referência aos bons costumes no artigo 187 do Código Civil, como limite ao exercício dos direitos subjetivos, não determinou sua menor abstração conceitual sob o aspecto lingüístico.

Observam-se no direito estrangeiro, alguns esforços para o preenchimento do conceito de bons costumes. Nesse sentido, o artigo 179, do Código Civil grego, por exemplo, ao cominar de nulidade, quando contrários aos bons costumes, os atos jurídicos que restringem desmesuradamente a liberdade da pessoa ou pelos quais, explorando-se a necessidade, a leviandade ou a inexperiência da outra parte, se estipula ou se recebe em proveito próprio ou em proveito de terceiro, em troca de uma prestação, benefícios patrimoniais que, segundo as circunstâncias, estão em manifesta desproporção com a dita prestação. Refere a esse respeito Cunha de Sá, que lograram os gregos,

---

[579] ASCENÇÃO, José de Oliveira. Os direitos da personalidade no Código Civil brasileiro. *Revista Forense*, Rio de Janeiro, v. 342, p. 121-129, abr./jun. 1998.

[580] MARTIN-BARBERO. *Dos meios às mediações...*, p. 205-206.

ao utilizarem-se do conceito genérico de *ato contrário aos bons costumes*, em determinar que assim deve ser considerado todo o ato que não reúna o mínimo de condições exigidas pela moral concebida e praticada nos quadros da sociedade contemporânea.[581]

Entre nós, Clóvis do Couto e Silva vai acentuar, sob a perspectiva dos direitos das obrigações, a distinção entre bons costumes e boa-fé. Entendia o professor gaúcho que, enquanto os bons costumes estariam vinculados a valores morais indispensáveis ao convívio social, sendo dependentes da convicção popular, e constituindo limite à autonomia da vontade no plano negocial, a boa-fé seria caracterizada pelo agir concreto das partes em uma determinada relação jurídica contratual.[582] As sensíveis considerações feitas por Couto e Silva acerca desses conceitos no plano obrigacional, podem ser estendidas ao exercício dos direitos subjetivos em geral. Como limites estabelecidos pelo artigo 187 do Código Civil, enquanto os bons costumes permanecem adstritos a esse conceito, caracterizando sobretudo um dever de *non facere*, a boa-fé traduz-se também pela imposição de deveres positivos, estabelecendo o *modo* como se devem exercer os direitos.

No que diz respeito à aplicação da cláusula geral de bons costumes como limite ao exercício da liberdade de expressão no direito brasileiro, esta não pode se dar em consideração ao significado até hoje promovido em relação ao mesmo, vinculando-o a concepções relacionadas com a moralidade sexual e a pudicícia. Ao contrário, deve prestar-se o conteúdo da cláusula geral de bons costumes, de acordo com o paradigma de interpenetração entre a Constituição e o Código Civil, como instrumento de aplicação ao sistema de direito privado, das normas protetivas da pessoa humana, consagradas no texto constitucional. Desse modo, a ofensa aos direitos fundamentais da pessoa, em desconsideração ao princípio da dignidade humana, consagrado no artigo 1º, inciso III, da Constituição, significa a ofensa aos bons costumes.

Observa Vitorio Frosini que nos ordenamentos pertencentes à civilização jurídica, que avança no caminho dos direitos humanos a doutrina e a jurisprudência elaboram, mediante um processo contínuo de reflexão e seleção, os princípios e valores que sustentam e inspiram a obediência à lei pelos cidadãos e a observância pelos juízes.[583] Nesse mesmo sentido, tornou-se bastante conhecida a decisão do Tribunal Constitucional alemão, que, utilizando-se da cláusula geral de bons costumes prevista no § 138 do BGB, reconheceu a nulidade de obrigação contratual da fiança oferecida pelo filho em relação

---

[581] CUNHA DE SÁ. *Abuso...*, p. 81.

[582] COUTO E SILVA. *A obrigação...*, p. 32-33.

[583] FROSINI, Vitorio. *La letra y el espíritu de la ley*. Barcelona: Ariel, 1995. p. 152.

a dívida de seu pai, e que foi tornada ineficaz, por confrontar com o artigo 2, parte 1, da Lei Fundamental, que garante o direito ao livre desenvolvimento da personalidade.[584] No caso, o Tribunal Constitucional determinou que as cortes inferiores deveriam ter em consideração o direito fundamental de livre desenvolvimento da personalidade quando realizasse a concreção ou subsunção do que fosse contrário às cláusulas gerais de bons costumes (§ 138 do BGB) e à boa-fé (§ 242 do BGB). Segundo comentou entre nós, Cláudia Lima Marques, que "a novidade foi considerar contrária aos bons costumes uma exigência mais fictícia do que real, isto é, um aval por uma pessoa sem patrimônio, um filho estudante ou uma dona de casa, sem condições reais de pagar a dívida (muito superior às possibilidades atuais) e que necessitaria passar toda sua vida a trabalhar para pagá-la, uma verdadeira dívida asfixiante se exigida no futuro".[585]

Sobre a utilização dos direitos fundamentais para preencher, então, o conceito de bons costumes, considerou a jurista gaúcha que "para concretizar a cláusula geral do § 138 e § 242 do BGB, as Cortes deveriam, segundo a Corte Constitucional alemã, utilizar-se da noção de direitos fundamentais do indivíduo (no caso concreto, um estudante de medicina de 21 anos, que serviu de avalista da dívida do pai, um pequeno comerciante) a desenvolver sua personalidade (desenvolvimento da personalidade econômica e social) no futuro".[586]

Entre nós, decisão recente, do Superior Tribunal de Justiça, de lavra do Ministro Ruy Rosado de Aguiar Júnior, que concedeu *habeas corpus* em favor de devedor inadimplente de contrato de arrendamento mercantil, qualificado por lei e pelo contrato como depositário infiel. Refere o acórdão que a possibilidade de prisão do devedor inadimplente, nesse caso, contrariava os bons costumes, uma vez que desrespeitava, nas circunstâncias concretas, o princípio da dignidade humana e os direitos fundamentais de igualdade e liberdade do indivíduo. No caso, houve o preenchimento da expressão plurissignificativa de bons costumes a partir dos preceitos constitucionais da dignidade da pessoa humana e dos direitos fundamentais, concluindo

---

[584] Assim a ementa, no original: "Die Zivilgerichte müssen – isbesondere bei der Konkretisierung und Anwendung von Generalklausen wie § 138 §242 BGB – die grundrechtliche Gewährleistung der Privataunomie in Art. 2° I GG beachten. Daraus ergibtsich ihre Pflichtzur Inhaltskontrole von Verträg, die einen der beiden Vertragspartner ungewöhnlich stark belasten und das Egbnis strukturell ungleicher Verhandlungssträrke sind." Conforme: MARQUES, Cláudia Lima. Os contratos de crédito na legislação brasileira de proteção do consumidor. *Revista de Direito do Consumidor*, São Paulo, n. 18, p. 53-76, 1996.

[585] Uma *quase consignação do seu futuro*, como bem identificou a jurista gaúcha. MARQUES. Os contratos...,p. 74.

[586] Ibidem.

a decisão pela concessão da ordem, garantindo a liberdade do indivíduo.[587]

O mesmo deve ser observado em matéria de responsabilidade civil da imprensa, quando o exercício da liberdade chocar-se com valores jurídicos essenciais do ordenamento, o que se caracteriza com a ofensa dos direitos fundamentais. O conceito de bons costumes deve articular-se com os direitos fundamentais, desse modo, com a finalidade de determinar em direito privado, a ponderação entre a liberdade de imprensa e os direitos fundamentais da pessoa.

Entretanto, se de um lado essa articulação revela-se plenamente recomendável sob a ótica da proteção da pessoa humana, não pode ser desconhecido o risco de que a pretexto de estender-se essa proteção, promova-se a restrição excessiva à liberdade de informação e crítica. A cláusula geral do artigo 187, em que pese tenha por conseqüência a determinação de um ilícito, estabelece critérios que, afirmados, permitem a aferição da regularidade da conduta do titular do direito, o que em relação à atividade de imprensa, poderá servir também para a identificação de hipóteses em que se exclua o dever de indenizar.

Nesse sentido, aliás, orienta-se a jurisprudência do Tribunal Constitucional alemão, nos casos de admitir a exclusão da reserva do segredo em relação a gravações sigilosas quando requerido pelo interesse geral, bem como em relação à publicação de fotografias, quando a própria pessoa tenha demonstrado seu acordo com o fato de que determinados fatos que pertencem a sua esfera privada sejam divulgados publicamente. Daí por que decidiu aquela corte que "a garantia contemplada no art. 5, numero 1 frase 2 da Lei Fundamental, da liberdade de imprensa, compreende também publicações e informes, assim como sua ilustração. O mesmo é válido também para a publicação de fotografias que mostrem pessoas da vida pública no seu contexto cotidiano ou privado".[588] Trata-se, sem dúvida, de significativa decisão, uma vez que com base no § 23 da Lei de direito de autor

---

[587] *HABEAS CORPUS*. Prisão civil. Alienação fiduciária em garantia. Princípio constitucional da dignidade da pessoa humana. Direitos fundamentais de igualdade e liberdade. Cláusula geral dos bons costumes e regra de interpretação da lei segundo seus fins sociais. Decreto de prisão civil da devedora que deixou de pagar dívida bancária assumida com a compra de um automóvel-táxi, que se elevou, em menos de 24 meses, de R$ 18.700,00 para R$ 86.858,24, a exigir que o total da remuneração da devedora, pelo resto do tempo provável de vida, seja consumido com o pagamento dos juros. Ofensa ao princípio constitucional da dignidade da pessoa humana, aos direitos de liberdade de locomoção e de igualdade contratual e aos dispositivos da LICC sobre o fim social da aplicação da lei e obediência aos bons costumes. Arts. 1°, III, 3°, I, e 5°, caput, da CR. Arts. 5° e 17 da LICC. DL 911/67. Ordem deferida. (Superior Tribunal de Justiça. Habeas Corpus 12547/DF. Relator Min. Ruy Rosado de Aguiar Júnior. Julgado em 01/06/2000. Publicado no DJU 12/02/2001, p. 115).

[588] BverfGE 101,361, de 15 de dezembro de 1999. Conforme transcrição de: SCHWABE. *Cincuenta anõs...*, p. 54-55.

de arte pictórica e fotografias,[589] de 1907, o Tribunal estabeleceu os limites à tomada de fotografias em público, assunto que tem sido objeto de inúmeras demandas no direito brasileiro.

De se notar, entretanto, no que se refere à liberdade de pensamento não pode descurar do respeito aos bons costumes como limite ao seu exercício. Em decisão de 1958, o Tribunal Constitucional alemão consolidou esse entendimento no conhecido *Caso Lüth*. Essa decisão oferece o mais importante parâmetro no que se refere ao exercício da liberdade de imprensa e sua limitação pela cláusula geral de bons costumes, prevista no § 826 do Código Civil alemão ("Quem, de forma a violar os bons costumes, cause dano a outrem, está obrigado a repara os danos causados"). Assim a ementa do julgado:[590]

"1.Os direitos fundamentais são, antes de tudo, direitos de defesa do cidadão contra o Estado; no entanto, nas disposições de direitos fundamentais da Lei Fundamental, se incorpora também uma ordem de valores objetiva, que como decisão constitucional fundamental é válida para todas as esferas do direito.

2. No direito civil desenvolve-se indiretamente o conteúdo legal dos direitos fundamentais, através das disposições de direito privado. Inclui sobretudo, disposições de caráter coercitivo, que são realizáveis de modo especial pelos juízes através das cláusulas gerais.

3. O juiz civil pode violar com sua sentença direitos fundamentais (§ 90 BverGG)quando desconhece os efeitos dos direitos fundamentais no direito civil. O Tribunal Constitucional Federal examina as sentenças dos tribunais civis somente por violações aos direitos fundamentais, mas não de modo geral por erros de direito.

4. Disposições de direito civil também podem ser 'as leis gerais' no sentido do artigo 5, número 2 da Lei Fundamental, e podem limitar os direitos fundamentais à liberdade de opinião.

5. As 'leis gerais' para o Estado democrático livre, devem ser interpretadas a luz de especial significado do direito fundamental à liberdade de opinião.

---

589 "§23 (1) Se pueden difundir y publicar, sin necesidad de la aprobación prevista en el § 22: 1. Las fotografias en el âmbito de la historia contemporánea; 2. Las fotografias, en las que aparecen las personas de manera accesoria en un paisaje o en alguna localidad; 3. Las fotografias de reuniones, procesiones y acontecimientos similares, en los que tomen parte las personas fotografiadas; 4. Las fotografias que no son tomadas por solicitud del fotografiado, sino que sirven para ser difundidas o expuestas en interés del arte. (2) La autorización no se extiende, sin enbargo, a la difusión y publicación, mediante la cual se viole un interés legítimo del fotografiado, y en caso de que hubiere fallecido, de sus parientes."

590 BverfGE 7, 198, de 15 de janeiro de 1958. Tradução desse autor, de acordo com a transcrição de Schwabe, na compilação das decisões mais importantes do Tribunal Alemão. SCHWABE. Cincuenta anõs..., p. 132.

Responsabilidade Civil da Imprensa por Dano à Honra

6. O direito fundamental do artigo 5 da Lei Fundamental protegerão somente a expressão de uma opinião como tal, mas senão também os efeitos espirituais que se produzem através da expressão de uma opinião.

7. A expressão de uma opinião que contém um chamado a um boicote, não viola necessariamente os bons costumes no sentido do § 826 BGB; pode estar justificada constitucionalmente mediante a liberdade de opinião ao ponderar todas as circunstâncias do caso."

Não é este o entendimento daquela corte, entretanto, no caso, entretanto, quando autor de uma idéia ou pensamento não a defende no exercício da sua liberdade de expressá-la para o conhecimento público, mas utilizando-se de outros recursos não relacionados com a liberdade de imprensa:

"A exortação ao um boicote levada a cabo por um periódico, fundada em motivos políticos, que se faz prevalecer basicamente pelo emprego de recursos econômicos, não se encontra protegido pelo direito fundamental à liberdade de opinião, e viola o direito fundamental à liberdade de imprensa".[591]

A liberdade de opinião ou pensamento, nesse aspecto, define-se com a finalidade de garantir a controvérsia ideológica,[592] sendo conformada não apenas pela liberdade de expressão da opinião publicamente, senão também pela responsabilidade pelos efeitos decorrentes das mesmas, os quais, se ilícitos, determinam o dever de indenizar. Conforma igualmente a liberdade de opinião, o direito de resposta em relação ao conteúdo divulgado pela imprensa, assim como que este produza efeitos junto à opinião pública.[593]

A mesma preocupação com os limites da atividade da imprensa em face da proteção da pessoa humana percebe-se no direito francês. Assim por exemplo, o célebre *affaire Érignac*, em que sob a justificativa do regular exercício da liberdade de informação, bem como a adequação com o interesse público, a fotografia do prefeito de uma pequena cidade (Corse), assassinado, de modo a mostrar o corpo e o rosto do mesmo em seguida ao crime. Os descendentes do fotografado ingres-

---

[591] BverfGE 25, 256; decisão de 26 de fevereiro de 1969. Conforme transcrição de: SCHWABE. *Cincuenta años...*, p. 140.

[592] Segundo o entendimento do Tribunal, na decisão BverfGE 25,256: "o exercício de uma pressão econômica que gera graves prejuízos e que tem po rfinalidade impedir a difusão de opiniões e notícias, que se encontram protegidas constitucionalmente, viola a igualdade de oportunidades no processo de formação da opinião, e contradiz o sentido e essência do direito fundamental à liberdade de opinião, que tem por objetivo garantir a controvérsia ideológica". Conforme transcrição em: SCHWABE. *Cincuenta años...*, p. 143.

[593] Nesse sentido a decisão do Tribunal Constitucional Alemão (BverfGE 12,113; decisão de 25 de janeiro de 1961), que consignou: "A defesa dos interesses legítimos cobre também aas réplicas na imprensa, como resposta a suas publicações e a seu efeito sobre a opinião pública".

saram então com uma ação judicial alegando atentado à vida privada pela divulgação da imagem do morto, instantes após o crime. A Corte de Cassação então reconheceu a divulgação daquela imagem como atentatória à dignidade da pessoa humana, reconhecendo a ilicitude da publicação, e determinando a reparação, com a divulgação de um comunicado no mesmo veículo que publicou a fotografia. Assim a decisão da Corte de Cassação francesa:

"Vie privée – Atteinte à l'intimitté de la vie privée – C. civ., art. 9 – Atteinte aux droits de la personne – Simple constatation caractérisant l'urgence (oui) – Photographie publiée – Corps et visage d'un préfet assassiné – Corps gisant sur la chaussée – Image attentatoire à la dignité de la personne humaine – Publication illicite – Réparation – Publication d'un communiqué – Conv EDH, art. 10 – C.civ., art. 16 – Rejet".[594]

Dentre os argumentos que sustentaram a decisão da Corte nesse caso, nota-se que a publicação da fotografia, em razão do estado do cadáver (desfigurado e objeto de mutilações), determinou um profundo atentado aos sentimentos de aflição dos familiares, atingindo-lhes a intimidade e a vida privada. Ao mesmo tempo, notaram os juízes que a característica dos órgãos de comunicação social atualmente, de divulgação instantânea dos acontecimentos (em tempo real), contribuiu sensivelmente para o abalo causado.[595] E, em que pese o inegável interesse público de que se reveste o assassinato de uma autoridade do Estado, isto não justifica ou se sobrepõe à publicação daquela específica fotografia, do cadáver desfigurado e com mutilações.

A decisão do *affaire Érignac* consitui uma importante referência das informações que colidem diretamente com a exigência dos bons costumes. A liberdade de informação legitima, sem dúvida, a publicação da notícia sobre o assassinato de uma autoridade pública, bem como as circunstâncias em que a mesma se deu. Não justifica, entretanto, que esta seja feita de modo a expor a família e mesmo a consideração póstuma do protagonista da foto, ao constrangimento evidente da publicação do cadáver naquelas condições. E ainda que se tratasse de fato verdadeiro, a ilicitude da conduta restou caracterizada pela absoluta inutilidade da publicação daquela exata fotografia pelo jornal, no que se refere ao acréscimo de conteúdo informativo à notícia publicada.

É interessante notar que através de decisões das instâncias ordinárias, os tribunais brasileiros estão a construir entendimentos bas-

---

594 Conforme transcrito por: RAVANAS, Jacques. Affaire Érignac: information et vie privée. *JCP La semaine juridique*, Paris, n. 11, p. 547-550, 14 mars 2001.

595 Ibidem, p. 549.

Responsabilidade Civil da Imprensa por Dano à Honra

tante semelhantes acerca do tema. Entretanto, a ausência no direito brasileiro, de cláusula geral de bons costumes, aplicável como limite ao exercício de direitos em geral, fez com que não se desenvolvesse em nossos tribunais a compreensão do significado da expressão como limite ao exercício da atividade da imprensa.

O advento do artigo 187 do Código Civil permite, desse modo, que seja construída em direito brasileiro uma *interpretação constitucional* da cláusula de bons costumes, permitindo que, ampliando seu alcance material, promova a aplicação das normas de direitos fundamentais às relações reguladas pelo direito privado. No âmbito da responsabilidade civil da imprensa, da mesma forma, os bons costumes poderão surgir como útil critério para ponderação dos direitos em conflito e, quando for o caso, a imputação do dever de indenizar para a imprensa, porquanto sua interpretação haja de considerar dentre os significados atribuíveis à expressão, o necessário respeito a vida privada, intimidade, honra e imagem das pessoas, conforme expressa previsão constitucional. É preciso mencionar ainda que, especificamente em relação aos veículos de radiodifusão, o conceito de bons costumes assume evidente identidade de sentido com o disposto no artigo 221, inciso IV, da Constituição, que estabelece como princípio a ser observado na produção e programação das emissoras de rádio e televisão, o respeito aos valores éticos e sociais da família.

No mesmo sentido, outros tantos direitos fundamentais previstos na Constituição podem ser integrados aos bons costumes como limite do exercício da liberdade de imprensa, inclusive como reforço a eventual previsão expressa em norma legal específica. Assim, por exemplo, será o caso da proteção jurídica da criança e do adolescente (artigo 227 da Constituição da República), cuja aplicação do artigo 187 deve ser estabelecida de modo coordenado com as disposições próprias do Estatuto da Criança e do Adolescente, aproveitando-se inclusive da abertura interpretativa permitida pelos artigos 6º e 72 da lei especial protetiva, realizando a partir deles o *diálogo das fontes*.[596]

---

[596] Entre as disposições do Estatuto da Criança e do Adolescente em que esse diálogo de fontes é possível em consideração do respeito aos bons costumes como limitação do exercício da liberdade de imprensa, identificam-se sobretudo, os artigos 3ª, 4º, 15, 16, 17 e 18 (direitos fundamentais da criança e do adolescente), artigo 53 (direito à educação); e artigos 70 a 73 (prevenção e responsabilidade de danos). Em relação aos deveres específicos dos órgãos de comunicação social, devem ser interpretados de forma combinada com o artigo 187 do Código Civil, os artigos 74 a 79 da lei especial. São semelhantes as restrições do direito francês, a partir da cláusula de bons costumes, como relata Emmanuel Derieux. *Droit de la communication*, p. 521 et seq. No mesmo sentido o magistério de Jean Rivero e Hughes Moutouh. *Libertés publiques*, t. II. 7ª ed. Paris: Presses Universitaires de France, 2003, p. 189-193.

Outra hipótese de ofensa aos bons costumes de fácil constatação, será o exercício da liberdade de expressão que se caracteriza pelo estímulo à discriminação de qualquer espécie,[597] em evidente contras-

---

[597] Nesse sentido, o recente *leading case* julgado pelo Supremo Tribunal Federal em que se colocaram em conflito, justamente, a liberdade de pensamento e o princípio da não discriminação, no caso da publicação de obras de cunho anti-semita: "HABEAS-CORPUS. PUBLICAÇÃO DE LIVROS: ANTI-SEMITISMO. RACISMO. CRIME IMPRESCRITÍVEL. CONCEITUAÇÃO. ABRANGÊNCIA CONSTITUCIONAL. LIBERDADE DE EXPRESSÃO. LIMITES. ORDEM DENEGADA. 1. Escrever, editar, divulgar e comerciar livros 'fazendo apologia de idéias preconceituosas e discriminatórias' contra a comunidade judaica (Lei 7716/89, artigo 20, na redação dada pela Lei 8081/90) constitui crime de racismo sujeito às cláusulas de inafiançabilidade e imprescritibilidade (CF, artigo 5°, XLII). 2. Aplicação do princípio da prescritibilidade geral dos crimes: se os judeus não são uma raça, segue-se que contra eles não pode haver discriminação capaz de ensejar a exceção constitucional de imprescritibilidade. Inconsistência da premissa. 3. Raça humana. Subdivisão. Inexistência. Com a definição e o mapeamento do genoma humano, cientificamente não existem distinções entre os homens, seja pela segmentação da pele, formato dos olhos, altura, pêlos ou por quaisquer outras características físicas, visto que todos se qualificam como espécie humana. Não há diferenças biológicas entre os seres humanos. Na essência são todos iguais. 4. Raça e racismo. A divisão dos seres humanos em raças resulta de um processo de conteúdo meramente político-social. Desse pressuposto origina-se o racismo que, por sua vez, gera a discriminação e o preconceito segregacionista. 5. Fundamento do núcleo do pensamento do nacional-socialismo de que os judeus e os arianos formam raças distintas. Os primeiros seriam raça inferior, nefasta e infecta, características suficientes para justificar a segregação e o extermínio: inconciabilidade com os padrões éticos e morais definidos na Carta Política do Brasil e do mundo contemporâneo, sob os quais se ergue e se harmoniza o estado democrático. Estigmas que por si só evidenciam crime de racismo. Concepção atentatória dos princípios nos quais se erige e se organiza a sociedade humana, baseada na respeitabilidade e dignidade do ser humano e de sua pacífica convivência no meio social. Condutas e evocações aéticas e imorais que implicam repulsiva ação estatal por se revestirem de densa intolerabilidade, de sorte a afrontar o ordenamento infraconstitucional e constitucional do País. 6. Adesão do Brasil a tratados e acordos multilaterais, que energicamente repudiam quaisquer discriminações raciais, aí compreendidas as distinções entre os homens por restrições ou preferências oriundas de raça, cor, credo, descendência ou origem nacional ou étnica, inspiradas na pretensa superioridade de um povo sobre outro, de que são exemplos a xenofobia, "negrofobia", "islamafobia" e o anti-semitismo. 7. A Constituição Federal de 1988 impôs aos agentes de delitos dessa natureza, pela gravidade e repulsividade da ofensa, a cláusula de imprescritibilidade, para que fique, *ad perpetuam rei memoriam*, verberado o repúdio e a abjeção da sociedade nacional à sua prática. 8. Racismo. Abrangência. Compatibilização dos conceitos etimológicos, etnológicos, sociológicos, antropológicos ou biológicos, de modo a construir a definição jurídico-constitucional do termo. Interpretação teleológica e sistêmica da Constituição Federal, conjugando fatores e circunstâncias históricas, políticas e sociais que regeram sua formação e aplicação, a fim de obter-se o real sentido e alcance da norma. 9. Direito comparado. A exemplo do Brasil as legislações de países organizados sob a égide do estado moderno de direito democrático igualmente adotam em seu ordenamento legal punições para delitos que estimulam e propagam segregação racial. Manifestações da Suprema Corte Norte-Americana, da Câmara dos Lordes da Inglaterra e da Corte de Apelação da Califórnia nos Estados Unidos que consagraram entendimento que aplicam sanções àqueles que transgridem as regras de boa convivência social com grupos humanos que simbolizem a prática de racismo. 10. A edição e publicação de obras escritas veiculando idéias anti-semitas, que buscam resgatar e dar credibilidade à concepção racial definida pelo regime nazista, negadoras e subversoras de fatos históricos incontroversos como o holocausto, consubstanciadas na pretensa inferioridade e desqualificação do povo judeu, equivalem à incitação ao discrímen com acentuado conteúdo racista, reforçadas pelas conseqüências históricas dos atos em que se baseiam. 11. Explícita conduta do agente responsável pelo agravo revelador de manifesto dolo, baseada na equivocada premissa de que os judeus não só são uma raça, mas, mais do que isso, um segmento racial atávica e geneticamente menor e pernicioso. 12. Discriminação que, no caso, se evidencia como deliberada e dirigida especificamente aos judeus, que configura ato ilícito de prática de racismo, com as conseqüências gravosas

---

Responsabilidade Civil da Imprensa por Dano à Honra

297

te com o direito fundamental de igualdade previsto na Constituição (artigos 3º, inciso IV; 4º, inciso VIII; 5º, *caput* e incisos I, VIII, XLI, XLII).[598] Ou ainda a divulgação de conteúdo que incentive o suicídio,[599] em flagrante desrespeito ao direito à vida, constitucionalmente assegurado.

Por fim, em relação aos cuidados que devem ser observados na interpretação da cláusula de bons costumes, com o objetivo de evitar que sua utilização possa se converter em restrição ilícita a liberdade de informação e de pensamento consagrados pela Constituição, serve como paradigma útil do balanceamento dos direitos em questão, como ferramenta de interpretação, argumentação e concreção jurisdicional, os critérios eleitos pela Convenção Européia dos Direitos Humanos de 1950, cuja influência no direito privado interno tem sido sensível nas últimas décadas.[600] Esta vai conformar a liberdade de expressão, em seu artigo 10, segundo os seguintes critérios:

"10.1. Toda a pessoa tem direito à liberdade de expressão. Esse direito compreende a liberdade de opinião e a liberdade de receber ou de comunicar informações ou idéias sem que possa haver interferência das autoridades públicas e sem consideração de fronteira. O presente artigo não impede os Estados de submeter as empresa de radiodifusão, de cinema ou de televisão a um regime de autorizações. 10.2. O exercício dessas liberdades implicam deveres e responsabilidades e poderá ser submetido a certas formalidades, condições, restrições ou sanções previstas em lei, que constituam medidas necessárias, em uma sociedade democrática,

---

que o acompanham. 13. Liberdade de expressão. Garantia constitucional que não se tem como absoluta. Limites morais e jurídicos. O direito à livre expressão não pode abrigar, em sua abrangência, manifestações de conteúdo imoral que implicam ilicitude penal. 14. As liberdades públicas não são incondicionais, por isso devem ser exercidas de maneira harmônica, observados os limites definidos na própria Constituição Federal (CF, artigo 5º, § 2º, primeira parte). O preceito fundamental de liberdade de expressão não consagra o 'direito à incitação ao racismo', dado que um direito individual não pode constituir-se em salvaguarda de condutas ilícitas, como sucede com os delitos contra a honra. Prevalência dos princípios da dignidade da pessoa humana e da igualdade jurídica. 15. 'Existe um nexo estreito entre a imprescritibilidade, esse tempo jurídico que se escoa sem encontrar termo, e a memória, apelo do passado à disposição dos vivos, triunfo da lembrança sobre o esquecimento'. No estado de direito democrático devem ser intransigentemente respeitados os princípios que garantem a prevalência dos direitos humanos. Jamais podem se apagar da memória dos povos que se pretendam justos os atos repulsivos do passado que permitiram e incentivaram o ódio entre iguais por motivos raciais de torpeza inominável. 16. A ausência de prescrição nos crimes de racismo justifica-se como alerta grave para as gerações de hoje e de amanhã, para que se impeça a reinstauração de velhos e ultrapassados conceitos que a consciência jurídica e histórica não mais admitem. Ordem denegada". (Supremo Tribunal Federal. *Habeas Corpus* nº 82424/RS. Rel. Min. Maurício Corrêa. Julgado em 17/09/2003. Publicado DJU 19/03/2004, p. 17).

[598] No mesmo sentido, em direito francês, veja-se: DERIEUX, *Droit de la communication*, p. 435 et seq.

[599] Ibidem, p. 529.

[600] Nesse sentido, veja-se DEBET, Anne. *L'influence de la Convention européenne des droits de l'homme sur le droit civil*. Paris: Dalloz, 2002, 157 et seq.

à segurança nacional, à integridade territorial ou à segurança pública, à defesa da ordem e à prevenção de crimes, à proteção da saúde ou da moral, à proteção da reputação ou dos direitos alheios, para impedir a divulgação de informações confidenciais ou para garantir a autoridade e a imparcialidade do Poder Judiciário."

A atenção a esses elementos parece-nos um útil instrumento para a adequada ponderação dos direitos subjetivos em conflito, bem como a preservação do núcleo essencial[601] de cada um deles, exigência na solução de conflitos entre direitos fundamentais.

Os bons costumes, desse modo, devem ser observados como elemento de integração entre as normas de direito privado e da Constituição, estabelecendo-se como veículo de irradiação dos direitos fundamentais nas relações particulares, assim como a integração do Código Civil, através do diálogo das fontes, com outras normas ordinárias, tendo em consideração os valores consagrados pela ordem constitucional, sob a preponderância da dignidade da pessoa humana.

---

[601] Segundo o entendimento de Gilmar Ferreira Mendes, a proteção do núcleo essencial deriva da própria supremacia da Constituição, razão pela qual identifica sua previsão específica na Lei fundamental alemã (artigo 19, II) e na Constituição Portuguesa de 1976, como uma preocupação exagerada do constituinte. MENDES, Gilmar Ferreira. A doutrina constitucional e o controle de constitucionalidade como garantia da cidadania – necessidade de desenvolvimento de novas técnicas de decisão: possibilidade da declaração de inconstitucionalidade sem a pronúncia de nulidade no direito brasileiro". In: MENDES. *Direitos fundamentais e controle de constitucionalidade.* 2. ed. rev. e ampl. São Paulo: Celso Bastos, 1999. p. 32-70.

Considerações finais

A codificação civil sempre é produto de uma época,[602] e percebe-se seu sentido e significado, sobretudo pela aplicação que a ela endereçarão os tribunais nacionais. O Código Civil brasileiro, de 2002, nasceu sob o signo dos direitos humanos, como elemento que promove a unidade de sentido de todo o ordenamento jurídico.[603] Este que informa todo o direito nacional e estrangeiro, coroado pelo princípio da dignidade da pessoa humana.

A técnica de redação do Código, no que diz respeito à previsão e à aplicação das cláusulas gerais, fez com que as questões que fundamentaram as críticas à sua edição, sobretudo o tempo que separam sua aprovação, sejam compensadas pela mobilidade que a interpretação e aplicação das cláusulas gerais fornecem ao sistema. Essa aplicação flexível é especialmente importante para compatibilidade entre o Código e a Constituição, estabelecendo-se uma interpretação das disposições ordinárias de modo coordenado com as disposições constitucionais.

Poucos são os setores da vida social que foram atingidos tão profundamente pelo advento da Constituição da República, de 1988, como a atividade de imprensa em matéria de responsabilidade civil decorrente de danos causados no exercício do seu ofício. São diversos os aspectos da lei especial da imprensa, afastados pela nova ordem constitucional, segundo a interpretação jurisprudencial dominante. O princípio da ampla reparabilidade dos danos teve seu significado estabelecido a partir da interpretação que a Constituição estabeleceu ao seu artigo 5°, inciso V. Dentre suas conseqüências já consolidadas pelos nossos tribunais, estão a não-recepção pela nova ordem constitucional, das disposições legais que estabeleciam a limitação da indenização (artigos 51 e 52) e que indicava o prazo para o exercício da ação reparatória em três meses, contados da data do fato (artigo 56).

Entretanto, a rejeição dos dispositivos indicados, pela nova ordem constitucional, fez com que, na ausência de um referencial nor-

---

[602] Para tanto, veja-se: GOMES. *Raízes históricas...*, p. 24 et seq.

[603] Para a concepção dos direitos humanos como eixo central da interpretação e aplicação do direito na sociedade atual: JAYME. *Identité culturelle...*, p. 251.

mativo específico, situações de subjetivismo judicial permitissem a concessão de somas pecuniárias, a título de verba indenizatória, em valor flagrantemente excessivo. Decisões desse padrão determinaram que o Superior Tribunal de Justiça, fundado em sua missão constitucional de garantir uniformidade à aplicação da lei federal pelas instâncias ordinárias, reconhecesse sua competência para o controle do *quantum* indenizatório.

O novo Código Civil surge então, em um contexto no qual a jurisprudência, no exercício de suas funções típicas de contribuição com a evolução do direito e sua aproximação da realidade da vida, tem se utilizado das normas constitucionais de modo a garantir a vitalidade à aplicação das normas ordinárias, esmaecendo a distância que algumas delas, sobretudo em matéria de responsabilidade civil, passaram a enfrentar em relação à evolução acelerada da vida social.

No caso da responsabilidade da imprensa por ofensa à honra, o Código Civil em vigor oferece contribuição extremamente importante para sua aplicação. Divide-se a jurisprudência em relação aos efeitos da Constituição sobre a aplicabilidade da Lei de Imprensa, em face do fenômeno da não-recepção. De um lado, o entendimento de que a ampla reparabilidade de danos, consagrada na norma fundamental, conduzia as questões relativas à responsabilidade de imprensa à incidência do Código Civil anterior. Outro entendimento reconhece a aplicação do Código apenas às normas específicas não-recepcionadas pela Constituição. No caso, as disposições limitativas da indenização (Súmula 281, do STJ) e a que dispunha sobre o prazo para interposição da ação reparatória. Entretanto, a par disso, o STJ editou sua Súmula n. 221, modificando a regra de reconhecimento da legitimidade passiva prevista no artigo 49 da Lei de Imprensa e ampliando a possibilidade, por opção da vítima, de dirigir sua pretensão reparatória contra o órgão de comunicação social ou o jornalista responsável pela informação ou crítica ofensiva. Ao mesmo se tem incluído no pólo passivo da demanda o autor da ofensa, do que se admite em interpretação extensiva, a hipótese de responsabilização do entrevistado ou outro responsável pela divulgação em causa.

É consensual entre nós a existência de limites objetivos à atuação da imprensa, cujo respeito a mantém no âmbito da regularidade do exercício do direito de informar, e seu contrário, no âmbito da ilicitude da conduta, indicando-lhe o dever de indenizar. Na averiguação da regularidade, nos estritos limites do artigo 220, § 1º, da Constituição, não mais se reconhece a veracidade como causa autônoma de justificação da conduta.[604] A ampliação dos riscos na sociedade de informação passa a justificar, igualmente, a ampliação do dever geral

---

[604] Nesse sentido, veja-se: BASTOS, Celso Ribeiro. Os limites da liberdade de expressão na Constituição da República. *Revista Forense*, Rio de Janeiro, v. 349, p. 43-51, 2000.

de cuidado, assim como a multiplicidade de informações determinam o surgimento de um dever de pertinência, cujo respeito coloca sob o conhecimento do Poder Judiciário a adequação jurídica do conteúdo informado, em razão de sua adequação fática, e dentro dos limites impostos pelo ordenamento jurídico que a consagra.

Daí que a edição do novo Código Civil permite a melhor compatibilidade das normas de direito ordinário com a Constituição, a previsão dos direitos da personalidade, e a sua interpretação de acordo com os direitos fundamentais previstos no texto fundamental, permitem indicar a tais disposições a solução de problemas concretos na definição das questões acerca da responsabilidade civil. Ao mesmo tempo, a interpretação e aplicação coordenada das disposições do Código Civil e da lei especial da imprensa, de acordo com as normas constitucionais, permitem a adequada composição dos danos, na melhor aplicação do artigo 5º, inciso V, da Constituição.

Da mesma forma, a duplicidade das cláusulas gerais de ilicitude no novo Código, com a previsão da cláusula geral de abuso do direito no artigo 187, permite a abertura do Código Civil – e do seu sistema de reparação de danos – a outras relações reguladas sob o critério clássico de hermenêutica, de prevalência da lei especial em relação à lei geral.

Os limites ao exercício dos direitos subjetivos previstos na cláusula geral de abuso, quais sejam, a finalidade econômica e social, a boa-fé e os bons costumes, ao tempo em que conformam o âmbito de exercício dos direitos subjetivos informam-no a partir das disposições constitucionais. Em relação ao direito de informar, próprio do exercício da atividade de imprensa, sua adequação é percebida segundo a interpretação do artigo 187, pela qual podem ser reconhecidas a correção das condutas dos órgãos de comunicação que se adstrinjam a sua função social reconhecida, atuem conforme a boa-fé no cumprimento do dever de difusão da informação verdadeira, assim como respeitem os limites impostos pelos bons costumes.

Em relação a esse último critério, dos bons costumes, entendemos que se trata do conceito indeterminado cuja influência das normas constitucionais que estabelecem os direitos fundamentais pode operar uma substantiva alteração do seu âmbito de aplicação. Tradicionalmente vinculado a conceitos de moralidade sexual e pudicícia, os bons costumes, em recentes decisões da jurisprudência alemã, sob a perspectiva da *cláusula de irradiação* dos efeitos das normas constitucionais em direito privado. Entre nós, percebem-se algumas iniciativas isoladas da jurisprudência nesse sentido. Entretanto, tais decisões concentram-se sobre hipóteses de direito contratual, determinando em regra, o controle de cláusulas contratuais sob o crivo do respeito aos bons costumes.

O artigo 187 do Código Civil estabelece a oportunidade de abertura do sistema de direito privado à irradiação dos efeitos da norma constitucional aos direitos subjetivos em geral. No caso do direito à honra, naquilo que este diz com a dignidade individual reconhecida pela comunidade, deve haver, necessariamente, a compatibilidade do exercício dos direitos subjetivos, com o respeito a essa dimensão sob proteção integral do ordenamento.

Ao identificar o que qualificou como *decadência do abuso do direito*, Menezes Cordeiro assinalou, como crítica ao artigo 334 do Código Civil português e a disposição que o inspirou – o artigo 281 do Código Civil grego –, que na hipótese de operarem transferências culturais entre os dois sistemas, a disposição em tela nada mais seria do que "uma fórmula de grande abstração, insuscetível de transmitir um conteúdo significativo".[605] Em termos jurídicos, tanto o abuso do direito quanto a boa fé objetiva tem. tradicionalmente, seu exame e aplicação confinados a determinados setores do direito civil. Assim é que, enquanto a boa fé tem seus efeitos medidos quase que exclusivamente no âmbito do direito dos contratos e seu regime de responsabilidade civil, o abuso do direito, por muito tempo, permaneceu sob os limites dos direitos reais, avançando timidamente para outros setores, como o exame da conduta das partes no processo civil e, mais recentemente, como conceito determinante da ilicitude em condutas prejudiciais ao vulnerável no direito do consumidor.

A interpretação da cláusula geral do abuso do direito consagrada em nosso Código Civil, entretanto, permite o alargamento das situações de fato sob incidência da norma, bem como a identificação dos bons costumes com o conteúdo significativo do direito brasileiro na atualidade, cujo exame não prescinde da consideração da dignidade da pessoa humana e dos direitos fundamentais como elementos centrais do Estado Democrático de Direito e do seu sistema constitucional. Por essa razão, deverão ser observados na interpretação evolutiva da cláusula de bons costumes, seguindo os exemplos de direito comparado, o que em matéria de responsabilidade civil da imprensa demonstra-se pela ilicitude da conduta ofensiva à pessoa, como contrárias aos valores jurídicos preservados pelo ordenamento.

---

[605] MENEZES CORDEIRO. *Da boa-fé...*, p. 717.

Bibliografia

AFFORNALLI, Maria Cecília Naréssi Munhoz. *Direito à própria imagem*. Curitiba: Juruá, 2003.

AFTALIÓN, Enrique R.; VILANOVA, José; RAFFO, Julio. *Introdución al derecho*. Buenos Aires: Abeledo Perrot, 1999.

AGUIAR DIAS, José. *Da responsabilidade civil*. 6. ed. Rio de Janeiro: Forense, 1979. v.2.

ALEMANHA. Código Civil Alemão. Tradução Souza Diniz. Rio de Janeiro: Record, 1960.

ALEMANHA. *Ley fundamental para la Republica Federal de Alemania*. Traducción Ernesto Galzón Valdés. Bonn: Departamento de Prensa e Información, 1997.

ALEXY, Robert. *Teoria de los derechos fundamentales*. Tradución Ernesto Garzón Valdez. Madrid: Centro de Estudios Políticos y Constitucionales, 2002.

ALMEIDA, Silmara Chinelato e. Direito do nascituro a alimentos: uma contribuição do direito romano. *Revista Brasileira de Direito Comparado*, Rio de Janeiro, n. 13, 2º semestre de 1992.

ALMEIDA COSTA, Mário Júlio. *História do direito português*. 3. ed. Coimbra: Almedina, 2001.

ALVES, Alexandre Ferreira de Assumpção. *A pessoa jurídica e os direitos da personalidade*. Rio de Janeiro: Renovar, 1998.

AMARAL, Francisco. Historicidade e racionalidade na construção do direito brasileiro. *Revista Brasileira de Direito Comparado*, Rio de Janeiro, n. 20, p. 29:87, 2002.

———. Individualismo e universalismo no direito civil brasileiro: permanência ou superação dos paradigmas romanos? *Revista de Direito Civil, Imobiliário, Agrário e Empresarial*, São Paulo, n. 71, p. 69:86, jan./mar. 1995.

AMARANTE, Aparecida. *Responsabilidade civil por dano à honra*. Belo Horizonte: Del Rey, 1991.

AMERICANO, Jorge. *Do abuso do direito no exercício da demanda*. São Paulo: [s.n.], 1923.

ANDORNO, Luis O. Abuso del derecho. *Revista de Direito Civil*, São Paulo, n. 19, jan./mar. 1982.

ANDRADE, José Carlos Vieira de. *Os direitos fundamentais na constituição portuguesa de 1976*. Coimbra: Almedina, 1987.

ANDRADE, Manuel da Costa. *Liberdade de imprensa e inviolabilidade pessoal*. Coimbra: Coimbra, 1996.

ANTUNES VARELA, José de Matos. *Das obrigações em geral*. 7. ed. Coimbra: Almedina, 1987. v. 1.

ARAÚJO, Luiz Alberto David. *A proteção constitucional da própria imagem*. Belo Horizonte: Del Rey, [s.d.].

ARENDT, Hannah. *Verdade e política*. In: ENTRE o passado e o futuro. 5.ed. São Paulo: Perspectiva, 2000.

ARENHART, Sérgio Cruz. *A tutela inibitória da vida privada*. São Paulo: RT, 2000.

ARON, Raymond. *Democracia y totalitarismo*. Barcelona: Seix Barral, 1968.

ASCENÇÃO, José de Oliveira. Os direitos da personalidade no Código Civil brasileiro. *Revista Forense*, Rio de Janeiro, v. 342, p. 121-129, abr./jun. 1998.

AZEVEDO, Álvaro Villaça. *Código Civil Comentado*: negócio jurídico, atos jurídicos lícitos, atos ilícitos. São Paulo: Atlas, 2003, v. 2.

Responsabilidade Civil da Imprensa por Dano à Honra   **305**

AZNAR, Hugo. *Ética y periodismo. Códigos, estatutos y otros documentos de autorregulación.* Barcelona: Paidós, 1999.

AZURMENDI ADARRAGA, Ana. *El derecho a la propia imagen:* su identidad y aproximación al derecho a la información. Madrid: Civitas, 1997.

BADENI, Gregorio. *Libertad de prensa.* 2.ed. Buenos Aires: Abeledo Perrot, 1997.

BAHIA, Juarez. *Jornal, história e técnica:* história da imprensa brasileira, São Paulo: Ática, 1990, v.1.

BALAGUER CALLEJÓN, Maria Luisa *Interpretación de la constituición y ordenamiento jurídico.* Madrid: Tecnos, 1997.

BARBOSA MOREIRA, José Carlos. *Abuso dos direitos processuais.* Rio de Janeiro: Forense, 2000.

BARRELET, Denis. *Droit de la communication.* Berne: Staempfli Editions SA, 1998.

BARROS, Sérgio Rezende. *Direitos humanos:* paradoxo da civilização. Belo Horizonte: Del Rey, 2003.

BARROSO, Luís Roberto. *Interpretação e aplicação da Constituição.* 3. ed. rev. e atual. São Paulo: Saraiva, 1999.

——. Colisão entre liberdade de expressão e direitos da personalidade. Critérios de ponderação. Interpretação constitucionalmente adequada do Código Civil e da Lei de Imprensa. *Revista trimestral de direito público*, nº36. São Paulo: Malheiros Editores, 2001, p. 24-53.

BARZOTTO, Luis Fernando. *A democracia na Constituição.* São Leopoldo: Unisinos, 2003.

BASTIDA FREIJEDO, Francisco J.; VILLAVERDE MENÉNDEZ, Ignacio. *Libertades de expresión e información y medios de comunicación:* prontuario de jurisprudencia constitucional, 1981-1998. Pamplona: Aranzadi, 1998.

BASTOS, Celso Ribeiro. *Curso de direito constitucional.* São Paulo: Celso Bastos , 2002.

——. Os limites da liberdade de expressão na Constituição da República. *Revista Forense*, Rio de Janeiro, v. 349, p. 43-51, 2000.

BAUMAN, Zygmunt. *O mal-estar da pós-modernidade.* Rio de Janeiro: Jorge Zahar, 1998.

BAUNGARTNER, Erico Ithamar. Direitos subjectivos públicos: noção geral. *Revista Justiça*, Porto Alegre, v. 10, 1937.

BECKER, Anelise. Elementos para uma teoria unitária da responsabilidade civil. *Revista de Direito do Consumidor*, São Paulo, n. 13, p. 42-55, jan./mar. 1995.

BEIGNIER, Bernard. *Lhonneur et le droit.* Paris: LGDJ, 1995.

BENDA, Ernesto. *Manual de derecho constitucional.* Madrid: Marcial Pons, 1996.

BERLIN, Isaiah. *Quatro ensaios sobre a liberdade.* Brasília: Editora da UnB, 1981.

BEVILAQUA, Clóvis. *Theoria geral do direito civil.* Campinas: Red Livros, 1999.

BIANCA, Massino; PATTI, Guido; PATTI, Salvatore. *Lessico di diritto civile.* 2. ed. Milano: [s.n.], 1995.

BIGOT, Cristophe. Le champ d'application de l'article 1382 du Code Civil en matière de presse. In: DUPEUX, Jean-Yves; LACABARATS, Alain. *Liberté de la presse et droits de la personne.* Paris: Dalloz, 1997. p. 63-80.

BILBAO UBILLOS, Juan María *La eficacia de los derechos fundamentales frente a los particulares:* análisis de la jurisprudencia del Tribunal constitucional. Madrid: Centro de Estudios Consitucionales, 1997.

——. *Los derechos fundamentales en la frontera entre lo público y lo privado.* Madrid: McGrawHill, 1997.

BITELLI, Marcos Alberto Sant'Anna. *O direito da comunicação e da comunicação social.* São Paulo: RT, 2004.

BITTAR, Carlos Alberto. *O direito civil na Constituição de 1988.* 2. ed. São Paulo, 1991.

——. *Os direitos da personalidade.* Rio de Janeiro: Forense Universitária, 1989.

——.——. 2. ed. São Paulo: Saraiva, 1995.

——. *Reparação civil de danos morais.* 3.ed. rev. e atual. São Paulo: RT, 1999.

BOBBIO, Norberto. *O futuro da democracia.* 7. ed. São Paulo: Paz e Terra, 2000.

——; MANTEUCCI, Nicola; PASQUINO, Gianfranco. *Dicionário de política*. 9. ed. Brasília: Editora da UnB, 1997.

BODIN DE MORAES, Maria Celina. A caminho de um direito civil constitucional. *Revista de Direito Civil*, São Paulo, v. 65, p. 21-32, jul./set. 1993.

——. Constituição e direito civil. tendências. *Direito, Estado e Sociedade*, Rio de Janeiro, n. 15, p. 95-113, ago./dez. 1999.

——. *Danos à pessoa humana:* uma leitura civil-constitucional dos danos morais. Rio de Janeiro: Renovar, 2003.

BONAVIDES, Paulo. *Curso de direito constitucional*. 7. ed. São Paulo; Malheiros, 1997.

BORRELL MACIA, Antônio *La persona humana:* derechos sobre su propio cuerpo vivo y muerto; derechos sobre el cuerpo vivo y muerto de otros hombres. Barcelona: Bosch, 1954.

BONI, Luiz Alberto (Org.).*Ciência e organização dos saberes na idade média*. Porto Alegre: EDI-PUCRS, 2000.

BRANCO, Gerson Luiz Carlos. O culturalismo de Miguel Reale e sua expressão no novo Código Civil. In: MARTINS-COSTA, Judith; BRANCO, Gerson Luiz Carlos. *Diretrizes teóricas do novo Código Civil brasileiro*. São Paulo: Saraiva, 2002. p. 2-87.

BRANCO, Paulo Gustavo Gonet. Aspectos da Teoria geral dos direitos fundamentais. In: MENDES, Gilmar Ferreira; COELHO, Inocência Mártires; BRANCO, Paulo Gustavo Gonet. *Hermenêutica constitucional e direitos fundamentais*. Brasília: Brasília Jurídica, 2000. p. 158-160.

BRITO CORREIA, Luis. *Direito da comunicação social*. Coimbra: Almedina, 2000.

BROSIUS, Hans-Bernd; ENGEL, Dirk. Es posible que los medios de comunicación influencien a los demás, pero no logran hacerlo conmigo: las causas del efecto tercera persona. In: THESING, Josef; PRIESS, Frank. *Globalización, democracia y medios de comunicación*. Buenos Aires: Konrad Adenauer, 1999.

BUENO DE GODOY, Claudio Luiz. *A liberdade de imprensa e os direitos da personalidade*. São Paulo: Atlas, 2001.

BURKE, Peter. *Cultura popular na idade moderna*. São Paulo: Cia. das Letras, 1999.

BUZAID, Alfredo. Em defesa da moral e dos bons costumes. *Arquivos do Ministério da Justiça*, Brasília, n. 114, p. 1-28, junho de 1970.

CALDAS, Pedro Frederico. *Vida privada, liberdade de imprensa e dano moral*. São Paulo: Saraiva, 1997.

CAMPBELL, Colin. *A ética romântica e o espírito do consumismo moderno*. Tradução Mauro Gama. São Paulo: Rocco, 2001.

CAMPOS MAIA, L. de. *Delictos de linguagem contra a honra*. 2. ed. São Paulo: Saraiva, 1929.

CANARIS, Claus Wilhelm. A influência dos direitos fundamentais sobre o direito privado na Alemanha. In: SARLET, Ingo Wolfgang (Org.). *Constituição, direitos fundamentais e direito privado*. Porto Alegre: Livraria do Advogado, 2003. p. 223-244.

——. *Pensamento sistemático e conceito de sistema na ciência do direito*. Tradução Antônio Menezes Cordeiro. 2. ed. Lisboa: Calouste, 1996.

CANOTILHO, J.J. Gomes. *Direito constitucional e teoria da Constituição*. 2. ed. Coimbra: Almedina, 1998.

CAPELO DE SOUSA, Raibindrath. *O direito geral e a teoria da Constituição*. Coimbra: Coimbra, 1995.

CARPENA, Heloísa. O abuso do direito no Código Civil de 2002: relativização dos direitos na ótica civil-constitucional. In: TEPEDINO, Gustavo (Coord.). *A parte geral do novo Código Civil:* estudos na perspectiva civil-constitucional. Rio de Janeiro: Renovar, 2002. p. 367-385.

CARVALHO, Orlando de. *Teoria geral da relação jurídica*: seu sentido e limites. Coimbra: Centelha, 1981. v.1.

CARVALHO FILHO, Milton Paulo de. *Indenização por eqüidade no novo Código Civil*. 2. ed. São Paulo: Atlas, 2003.

CASTAN TOBEÑAS, José. *Los derechos del hombre*. 2. ed. Madrid: Reus, 1976.

CASTANHO DE CARVALHO, Luiz Gustavo Grandinetti. *Direito de informação e liberdade de expressão*. Rio de Janeiro: Renovar, 1999.

——. *Liberdade de informação e o direito difuso à informação verdadeira*. Rio de Janeiro: Renovar, 1994.

CASTELLS, Manuel. *A era da informação: economia, sociedade e cultura o poder da identidade*. 2. ed. São Paulo: Paz e Terra, 2000. v.2.

CASTRO FILHO, José Olímpio. *Abuso do direito no processo civil*. 2. ed. Rio de Janeiro: Forense, 1960.

CAVALCANTI, João Barbalho Uchôa. *Constituição federal brasileira (1891)*: comentada. Brasília: Senado Federal, 2002.

CAVALIERI FILHO, Sérgio. *Programa de responsabilidade civil*. 3.ed. São Paulo: Malheiros, 2002.

CHAVES, Antônio. Direito à imagem e direito à fisionomia. *Revista dos Tribunais*, São Paulo, n. 620, p. 7-14, jun. 1987.

——. *Tratado de direito civil*. São Paulo: RT, 1982. v. 1, t. 1.

CIRNE LIMA, Ruy. A noção de direito subjetivo. *Revista Justiça*, Porto Alegre, v. 29, nov./dez. 1947.

CLAVERO, Bartolomé. Garantie des droits: emplazamiento historico del enunciado constitucional. *Revista de Estudios Politicos*, Madrid, n. 81, p. 7-22, jul./set. 1993.

CODERCH, Pablo Salvador. *El mercado de las ideas*. Madrid: Centro de estudios constitucionales, 1990.

COELHO, Fábio Ulhôa. *Curso de direito civil*, v. 1. São Paulo: Saraiva, 2002.

COELHO NETTO, J. Teixeira. *Semiótica, informação e comunicação*. São Paulo: Perspectiva, 2001.

COLEMAN, Janet. Guillaume d'Occam et la notion de sujet. *Archives de philosophie du droit*, Paris,v.34, p. 25-32, 1989.

COLOMO, Aurélia Maria Romero. *Libertad de información frente a otros derechos en conflicto:* honor, intimidad y presunción de inocencia. Madrid: Civitas, 2000.

COMPARATTO, Fábio Konder. *A afirmação histórica dos direitos humanos*. São Paulo: Saraiva, 2001.

COSTA JÚNIOR, Paulo José. *O direito de estar só:* a tutela penal da intimidade. São Paulo: RT, 1970.

——. *Direito penal*. 6. ed. São Paulo: Saraiva, 1999.

COUTO E SILVA, Clóvis. O conceito de dano em direito brasileiro e comparado. In: FRADERA, Vera (Org.). *O direito brasileiro na visão de Clóvis do Couto e Silva*. Porto Alegre: Livraria do Advogado, 1997.

——. Dever de indenizar. In: FRADERA, Vera (Org.). *O direito privado brasileiro na visão de Clóvis do Couto e Silva*. Porto Alegre: Livraria do Advogado, 1997.

——, *A obrigação como processo*. Porto Alegre: UFRGS, 1964

——. O princípio da boa fé no direito brasileiro e português. In: JORNADA LUSO-BRASILEIRA DE DIREITO CIVIL, 2., 1980, Porto Alegre. *Estudos de direito civil brasileiro e português*. 3. ed. São Paulo: RT, 1980.

COVIELLO, Nicolas. *Doctrina general del derecho*. 4. ed. México: Unión Tipográfica Hispano América, 1949.

COUTANT-LAPALUS, Christelle. *Le principe de la réparation intégrale en droit privé*. Aix-en-Provence: Presses Universitaires d'Aix-Marseille, 2002.

CUNHA DE SÁ, Fernando Augusto. *Abuso do direito*. Lisboa: Almedina, 1997.

CUNHA GONÇALVES, Luis. *Tratado de direito civil em comentário ao Código civil português*. 2. ed. São Paulo: Max Limonad, 1958. v. 3, t. 1.

——. *Tratado de direito civil português*. [S.l.: s.n.], 1930. v.3.

——. *Tratado de direito civil*. 2. ed. São Paulo: Max Limonad, 1957. v. 12, t. 2.

CUNHA PEREIRA, Guilherme Döring. *Liberdade e responsabilidade dos meios de comunicação*. São Paulo: RT, 2003.

DALLARI, Dalmo de Abreu. *O futuro do Estado*. São Paulo: Saraiva, 1972.

DARNTON, Robert; ROCHE, Daniel (orgs.) *Revolução impressa:* a imprensa na França (1775-1800). São Paulo: EDUSP, 1996.

DAVISON, W. Phillips. The third-person effect in comunication. *Public Opinion Quarterly*, v. 47, p. 1-15.

DEBET, Anne. *L'influence de la Convention européenne des droits de l'homme sur le droit civil*. Paris: Dalloz, 2002.

DE CUPIS, Adriano. *Os direitos da personalidade*. Lisboa: Livraria Morais, 1961.

DE PAGE, Henri. *Traité elementaire de droit civil belge*. 10. ed. Bruxelles: Émile Bruylant, 1948. v.1.

——. *Traité elémentaire de droit civil belge*. 3. ed. Bruxelles: Bruylant, 1964. v.2.

DEMOLOMBE, C. *Cours de Code Napoléon*. Paris, 1852. v. 9.

DÍEZ-PICAZO, Luís. Prólogo. In: WIEACKER, Franz. *El principio general de la buena fe*. Madrid: Civitas, 1986.

——; GULLÓN, Antonio. *Instituciones de derecho civil*. Madrid: Tecnos, s.d. v.1.

DONEDA, Danilo. Os direito da personalidade no novo Código Civil. In TEPEDINO, Gustavo (Coord.). *A parte geral do novo Código Civil:* estudos na perspectiva civil-constitucional. Rio de Janeiro: Renovar, 2002.

DONNINI, Oduvaldo; DONNINI, Rogério Ferraz. *Imprensa livre, dano moral, dano à imagem e sua quantificação à luz do novo Código Civil*. São Paulo: Método, 2002.

DOTTI, René Ariel. *Proteção da vida privada e liberdade de informação*. São Paulo: RT, 1980.

DUPEUX, Jean-Yves; LACABARATS, Alain. *Liberté de la presse et droits de la personne*. Paris: Dalloz, 1997.

DUVAL, Hermano. *Direito à imagem*. São Paulo: Saraiva, 1988.

ECO, Umberto. A estrutura do mau gosto. In: ——. *Apocalípticos e integrados*. 6. ed. São Paulo: Perspectiva, 2001.

——. *Obra aberta*. Tradução Giovanni Cutolo. 8. ed. São Paulo: Perspectiva, 2001.

EKMEKDJIAN, Miguel Ángel. *Derecho a la información*. Buenos Aires: Depalma, 1992.

ENGISCH, Karl. *Introdução ao pensamento jurídico*. Lisboa: Calouste, 1987.

ENNECCERUS, Ludwig; LEHMANN, Heinrich. *Tratado de derecho civil:* derecho de obligaciones. Barcelona: Bosch, [s.d}. v. 2, t. 1.

ESCOBAR DE LA SERNA, Luis. *Derecho de la información*. Madrid: Dickynson, 1998.

ESPÍNOLA, Eduardo. *Sistema de direito civil brasileiro*. São Paulo: Livraria Freitas Bastos, 1945. v.2, t. 2.

ESSER, Josef. *Princípio y norma en la elaboración jurisprudencial del derecho privado*. Tradução Eduardo Valentí Fiol. Barcelona: Bosch, 1961.

FACCHINI NETO, Eugênio. Da responsabilidade civil no novo Código. In: SARLET, Ingo Wolfgang. *O novo Código Civil e a Constituição*. Porto Alegre: Livraria do Advogado, 2003.

——. Reflexões histórico-evolutivas sobre a constitucionalização do direito privado. In: SARLET, Ingo Wolfgang (Org.). *Constituição, direitos fundamentais e direito privado*. Porto Alegre: Livraria do Advogado, 2003, p. 11-60.

FACHIN, Luiz Edson. O *aggiornamento* do direito civil brasileiro e a confiança negocial. In: REPENSANDO fundamentos do direito civil brasileiro. Rio de Janeiro: Renovar, s.d. p. 115-149.

——; RUZYK, Carlos Eduardo Pianovski. Direitos fundamentais, dignidade da pessoa humana e o novo Código Civil: uma análise crítica. In: SARLET, Ingo Wolfgang. *Constituição, direitos fundamentais e direito privado*. Porto Alegre: Livraria do Advogado, 2003. p. 87-104.

FARIAS, Edilson Pereira. *Colisão de direitos: a honra, a intimidade, a vida privada e a imagem versus a liberdade de expressão e informação*. Porto Alegre: Fabris, 1996.

Responsabilidade Civil da Imprensa por Dano à Honra

FERREIRA, Aparecido Hernani. *Dano moral como conseqüência de indiciamento em inquérito policial*. São Paulo: Juarez de Oliveira, 2000.

FERREIRA, Cristiane Catarina Oliveira. *Liberdade de comunicação:* perspectiva constitucional. Porto Alegre: Nova Prova, 2000.

FERREIRA, Eduardo André Folque. Liberdade de criação artística, liberdade de expressão e sentimentos religiosos. *Revista da Faculdade de Direito da Universidade de Lisboa*, Lisboa, v. 42, n. 1, p. 229-285, 2001.

FERREIRA DA SILVA, Luis Renato. A função social do contrato no novo Código Civil e sua conexão com a solidariedade social. In: SARLET, Ingo Wolfgang. *O novo Código Civil e a Constituição*. Porto Alegre: Livraria do Advogado, 2003, p. 127-150.

FERREIRA FILHO, Manoel Gonçalves. *A democracia no limiar do século XXI*. São Paulo: Saraiva, 2001.

——. *Direitos humanos fundamentais*. São Paulo: Saraiva, 1999.

FIGUEIRA, Eliseu. *Renovação do sistema de direito privado*. Lisboa: Caminho, 1989.

FIÚZA, Ricardo. *O novo Código Civil e as propostas de aperfeiçoamento*. São Paulo: Saraiva, 2003.

FOUCAULT, Michel. *História da loucura*. Tradução José Teixeira Coelho Neto. 6. ed. São Paulo: Perspectiva, 2000.

FORTUNA, Felipe. Prefácio. In: MILTON, John. *Aeropagítica:* discurso pela liberdade de imprensa ao parlamento da Inglaterra. Tradução Raul de Sá Barbosa. São Paulo: Topbooks, 1999.

FRANCO MONTORO, André. Cultura dos direitos humanos. In: CINQÜENTA anos da Declaração Universal dos Direitos Humanos. Rio de Janeiro: Fundação Konrad Adenauer, 1998.

FRANKILIN, Mark A.; ANDERSON, David A. *Mass media law:* cases and materials. 5th ed. Westbury, N.Y.: The foundation, 1995.

FROSINI, Vitorio. *La letra y el espíritu de la ley*. Barcelona: Ariel, 1995.

GAGLIANO, Pablo; PAMPLONA FILHO, Rodolfo *Novo curso de direito civil:* parte geral. São Paulo: Saraiva, 2002.

GALLEGO, Elio A. *Tradición jurídica y derecho subjetivo.* Madrid: Dykinson, 1999.

GARCIA, Enéas Costa. *Responsabilidade civil dos meios de comunicação*. São Paulo: Juarez de Oliveira, 2002.

GARCIA, Guiomari Garson da Costa. Estado Democrático de Direito e liberdade de expressão e informação. *Revista de Direito Constitucional e Internacional*, São Paulo, n. 42, p. 258-298, jan./mar. 2003.

GARCIA TORRES, Jesús; JIMÉNEZ BLANCO, Antonio. *Derechos fundamentales y relaciones entre particulares:* la Dirittwirkung en la jurispruencia del Tribunal Constitucional. Madrid: Civitas, 1986.

GASPARI, Elio. *A ditadura escancarada*. São Paulo: Companhia das Letras, 2002.

GHERSI, Carlos Alberto. Cuantificación económica del daño: valor de la vida humana. Buenos Aires: Astrea, 1999.

——. La imputación. In: RESPONSABILIDAD civil. 2.ed. Buenos Aires: Hamurabi, 1997.

——. *Modernos conceptos de responsabilidad civil*. Buenos Aires: Cuyo, 1995.

——. *Reparação de daños*. Buenos Aires: Editora Universidad, 1989.

GHISALBERTI, Alessandro. *Guilherme de Ockham*. Tradução Luis A. de Boni. Porto Alegre: EDIPUCRS, 1997.

GOMES, Orlando. A caminho dos microssistemas. In: NOVOS temas de direito civil. Rio de Janeiro: Forense, 1983.

——. *Raízes históricas e sociológicas do Código Civil brasileiro*. São Paulo: Martins Fontes, 2003.

GONÇALVES, Carlos Roberto. *Comentários ao Código Civil*. São Paulo: Saraiva, 2003. v. 11.

——. *Direito civil brasileiro*. São Paulo: Saraiva, 2003. v. 1.

——. *Responsabilidade civil*. 6. ed. São Paulo: Saraiva, 1995.

GONZÁLEZ PEREZ, Jesús. *La degradación del derecho al honor:* honor y libertad de información. Madrid: Civitas, 1993.

GORPHE, F. Bonnes mouers. In: VERGÉ, Emmanuel; RIPERT, Georges. *Répertoire de droit civil.* Paris: Dalloz, 1951, p. 490-493.

GOUBEAUX, Gilles. *Traité de droit civil:* las persones. Paris: LGDJ, 1989.

GRAU, Eros Roberto. *A ordem econômica na Constituição de 1988.* São Paulo: Malheiros, 1997.

GRINBERG, Keila. *O fiador dos brasileiros:* cidadania, escravidão e direito civil em Antônio Pereira Rebouças. Rio de Janeiro: Civilização Brasileira, 2002.

GRINOVER, Ada Pelegrini. A tutela preventiva das liberdades: *habeas corpus* e mandado de segurança. *Revista de Processo*, São Paulo, n. 22, p. 26-37, abr./jun. 1981.

GROTIUS, Hugo. *Derecho de la guerra e de la paz.* Traducción Primitivo Mariño Gomez. Madrid: Centro de Estudios Constitucionales, 1987.

GUERRA, Sylvio. *Liberdade de imprensa e direito de imagem.* Rio de Janeiro: Renovar, 1999, p. 55-56.

GUIMARÃES, Paulo Jorge Scartezzini. *A publicidade ilícita e a responsabilidade civil das celebridades que dela participam.* São Paulo: RT, 2001.

HABERMAS, Jürgen. *The structural transformation of the public sphere:* an inquiry into a category of bourgeois society. Cambridge: Polity, 1989.

HATTENHAUER, Hans. *Conceptos fundamentales del derecho civil:* introdución histórico-dogmática. Barcelona: Ariel, 1987.

HECK, Luis Afonso. Direitos fundamentais e sua influência no direito civil. *Revista da Faculdade de Direito da UFRGS*, Porto Alegre, v. 16, p. 111-125, 1999.

——. *O Tribunal Constitucional Federal e o desenvolvimento dos princípios constitucionais:* contributo para uma compreensão da jurisdição constitucional alemã. Porto Alegre: Fabris, 1995.

HELLER, Agnes; FEHÉR, Ferenc. *A condição política da pós-modernidade.* Rio de Janeiro: Civilização Brasileira, 1998.

HENRIQUES DE SOUZA, Brás Florentino. *Dos responsáveis nos crimes de exprimir o pensamento.* Recife, [s.n.], 1866.

HESPANHA, António Manuel. *Panorama histórico da cultura jurídica europeia,* Lisboa: Europa-América, 1997.

HESSE, Konrad. *Derecho constitucional y derecho privado.* Tradución Ignácio Gutiérrez Gutiérrez. Madrid: Civitas, 1995.

——. *Elementos de direito constitucional da República Federal da Alemanha.* Tradução Luis Afonso Heck. Porto Alegre: Fabris, 1998.

HOBSBAWN, Eric. *A era dos extremos:* o breve século XX (1914-1991). São Paulo: Companhia das Letras, 1996.

HOUAISS, Antônio; VILLAR, Mauro de Salles. *Dicionário Houaiss de língua portuguesa.* São Paulo: Objetiva, 2001.

HUNGRIA, Nelson. *Comentários ao código penal.* 3. ed.Rio de Janeiro: Forense, 1953. v. 6.

IGLESIAS, Sérgio. *Responsabilidade civil por danos à personalidade.* Barueri: Manole, 2002.

IHERING, Rudolf von. *El espíritu del derecho romano en las diversas fases de su desarrollo.* Granada: Comares, 1998.

IRTI, Natalino. L'ettá della decodificazione. *Revista de Direito Civil*, São Paulo, n. 10, p. 15-34, out./dez. 1979.

JABUR, Gilberto Haddad. *Liberdade de pensamento e direito à vida privada.* São Paulo: RT, 2000.

JAYME, Erik. Identité culturelle et integration: le droit international privé postmodern. *Recueil des Cours*, Haye, v. 251, p. 9-268, 1995.

JORGE, Fernando Pessoa. *Ensaio sobre os pressupostos da responsabilidade civil.* Coimbra: Almedina, 1999.

Responsabilidade Civil da Imprensa por Dano à Honra

JOSSERAND, Louis. *De l'espirit des droits et de leur relativité:* théorie dite l'abus des droits. Paris: [s.n.], 1927.

JUNQUEIRA DE AZEVEDO, Antônio. Algumas considerações sobre a atual Lei de Imprensa e a indenização por dano moral. *Revista Justitia*, São Paulo, v. 177, p. 66-71, jan./mar. 1997.

KANT, Immanuel. Que significa orientar-se pelo pensamento? In: A FUNDAMENTAÇÃO da metafísica cos costumes e outros escritos. Tradução Lepoldo Holzbach. São Paulo: Martin Claret, 2002. p. 110-111.

KAPLAN, E. Ann. *O mal-estar do pós-modernismo:* teorias e práticas. Tradução Vera Ribeiro. São Paulo Zahar, 1993.

KASER, Max. *Direito privado romano.* Lisboa: Calouste, 1999.

KAYSER, Pierre. Les droits de la personnalité: aspects théoriques et pratiques. *Revue Trimestrelle de Droit Civil*, Paris, v.69, p. 445-509, 1971.

KELSEN, Hans. *A democracia.* 2. ed. São Paulo: Martins Fontes, 2000.

KEPPLINGER, Hans-Mathias. Escândalos e desencantos frente à política. In: THESING, Josef; PRIESS, Frank. *Globalización, democracia y medios de comunicación.* Buenos Aires: Konrad Adenauer, 1999.

KONVITZ, Milton. *Libertades fundamentales de un pueblo libre.* Buenos Aires: Bibliografica Omeba.

KOSCHAKER, Paul. *Europa y el derecho romano.* Madrid: ERDP, 1955.

KUMAR, Krishan. *Da sociedade pós-industrial à pós-moderna:* novas teorias sobre o mundo contemporâneo. Tradução Ruy Jugmann. Rio de Janeiro: Jorge Zahar, 1997.

LAFER, Celso. *A reconstrução dos direitos humanos:* um diálogo com o pensamento de Hannah Arendt. São Paulo: Companhia das Letras, 2001.

LANAO, Jairo. *A liberdade de imprensa e a lei: normas jurídicas que afetam o jornalismo nas Américas.* Miami: Sociedade Interamericana de Imprensa, 2000.

LARENZ, Karl. *Derecho civil:* parte general. Madrid: EDERSA, 1978.

——. *Derecho de obligaciones* Madrid: Revista de Derecho Privado, 1958.

——. El derecho general de la personalidad en la jurisprudencia alemana. *Revista de Derecho Privado*, Madrid, v.47, p. 639-645, 1963.

LECLERC, Gérard. *A sociedade de comunicação.* Uma abordagem sociológica e crítica. Lisboa: Instituto Piaget, 2000.

LEOFANTI, Maria da Graça. *Abuso del derecho.* Buenos Aires: Abeledo, 1945.

LETE DEL RÍO, José M. *Derecho de la persona.* 4. ed. Madrid: Tecnos, 2000.

LEVADA, Cláudio Antônio Soares. Responsabilidade civil por abuso de direito. *Revista dos Tribunais*, São Paulo, n. 661, p. 37-43, nov. 1990.

LEVI, Giulio. *L'abuso del diritto.* Milano: Giuffrè, 1993.

LIMONGI FRANÇA, R. Direitos da personalidade: coordenadas fundamentais. *Revista dos Tribunais*, São Paulo, n. 567, p. 9-16, jan. 1983.

LIPOVETSKI, Gilles. *O império do efêmero*: a moda e seu destino nas sociedades modernas. Tradução Maria Lúcia Machado. São Paulo: Companhia das Letras, 1989.

LLAMAZARES CALZADILLAS, Maria Cruz *Las libertades de expresion e informacion como garantia del pluralismo democratico.* Madrid: Civitas, 1999.

LOCKE, John. *Dois tratados sobre o governo.* Tradução Julio Fischer. São Paulo: Martins Fontes, 2002.

LOPES, José Reinaldo de Lima. *Direito e transformação social:* ensaio interdisciplinar das mundanças no direito. Belo Horizonte: Nova Alvorada, 1997.

——. *O direito na história:* lições introdutórias. São Paulo: Max Limonad, 2000.

LOPEZ SAAVEDRA, Modesto. *La libertad de expresión en el Estado de derecho:* entre la utopia y la realidad. Barcelona: Ariel, 1987.

LORENZETTI, Ricardo Luis. *Fundamentos do direito privado*. Tradução Véra Maria J. de Fradera. São Paulo: RT, 1998.

LORETTI, Damián M. *El derecho a la informción*. relación entre medios, público y periodistas. Buenos Aires: Paidós, 1995.

LOTUFO, Renan. *Código Civil comentado*. São Paulo: Saraiva, 2003. v.1.

LUHMANN, Niklas. *La realidad de los medios de masas*. México: Anthropos, 2000.

LUNA, Everardo Cunha. *Abuso de direito*. Rio de Janeiro: Forense, 1959.

——. Bons costumes. Direito penal. In: ENCICLOPÉDIA Saraiva de direito. São Paulo: Saraiva, 1978. v.12. p. 131-146.

LYOTARD, Jean François. *A condição pós-moderna*. Tradução Rodrigo Corrêa Barbosa. São Paulo: José Olympio, 2000.

MACEDO, Sílvio de. Bons costumes. In: ENCICLOPÉDIA Saraiva de direito. São Paulo: Saraiva, 1978. v.12. p. 130.

MACINTYRE, Alasdair. *Tres versiones sobre la etica*. Madrid: RIALP, 1992.

MAGNAVACCA, Silvia. Escolasticismo y humanismo: una confrontación ajena a la batalla de las artes. In: DE BONI, Luiz Alberto (Org.) *Ciência e organização dos saberes na idade média*. Porto Alegre: EDIPUCRS, 2000.

MANTEUCCI, Nicola. Opinião pública. In: BOBBIO, Norberto; MANTEUCCI, Nicola; PASQUINO, Gianfranco. *Dicionário de política*. Brasília: Editora da UnB, 1997. v.2.

MANUAL de ética, redação e estilo de Zero Hora. Porto Alegre: LP&M, 1994.

MARQUES, Cláudia Lima. Os contratos de crédito na legislação brasileira de proteção do consumidor. *Revista de Direito do Consumidor*, São Paulo, n. 18, p. 53-76, 1996.

——. *Contratos no Código de Defesa do Consumidor*: o novo regime das relações contratuais. 4. ed. São Paulo: RT, 2002.

——. A crise científica do direito na pós-modernidade. *Arquivos do Ministério da Justiça*, v. 50, n. 189, p. 49-64, jan./jun. 1998.

——; BENJAMIN, Antônio Herman; MIRAGEM, Bruno. *Comentários ao Código de Defesa do Consumidor*: aspectos materiais. São Paulo: RT, 2003.

——. ARAÚJO, Nádia de. O novo direito internacional. Estudos em homenagem a Erik Jayme. Rio de Janeiro: Renovar, 2005.

MARTIN-BARBERO, Jesús. *Dos meios às mediações. Comunicação, cultura e hegemonia*. Tradução Ronald Polito, Sérgio Alcides. 2. ed. Rio de Janeiro: Editora UFRJ, 2001.

MARTINS, Ives Gandra da Silva. Fundamentos do direito natural à vida. *Revista dos Tribunais*, São Paulo, n. 623, p. 27:30, set. 1997.

MARTINS, Pedro Baptista. *O abuso do direito e o ato ilícito*. 3. ed. histórica com considerações premininares à guisa de atualização de José da Silva Pacheco.Rio de Janeiro: Forense, 1997.

MARTINS-COSTA, Judith. A boa fé como modelo: uma aplicação da teoria dos modelos de Miguel Reale. In: MARTINS-COSTA, Judith; BRANCO, Gerson Luiz Carlos. *Diretrizes teóricas do novo Código Civil brasileiro*. São Paulo: Saraiva, 2002.

——. *A boa fé no direito privado*, São Paulo: RT, 1999.

——. Os danos à pessoa no direito brasileiro e a natureza de sua reparação. In: MARTINS-COSTA, Judith (Org.). *A reconstrução do direito privado*. São Paulo: RT, 2002, p. 408-446.

——. Direito e cultura: entre as veredas da existência e da história. In: MARTINS-COSTA, Judith; BRANCO, Gerson Luiz Carlos. *Diretrizes teóricas do novo Código Civil brasileiro*. São Paulo: Saraiva, 2002.

——. O direito privado como um sistema em construção: as cláusulas gerais no projeto do novo Código Civil brasileiro. *Revista da Faculdade de Direito da UFRGS*, Porto Alegre, v. 15, p. 129-154, 1998.

——. O novo Código Civil brasileiro: em busca da ética da situação. In: MARTINS-COSTA, Judith; BRANCO, Gerson Luiz Carlos. *Diretrizes teóricas do novo Código Civil brasileiro*. São Paulo: Saraiva, 2002.

—— (Org.). *A reconstrução do direito privado*. São Paulo: RT, 2002

——; BRANCO, Gerson Luiz Carlos. *Diretrizes teóricas do novo Código Civil brasileiro*. São Paulo: Saraiva, 2002.

MARTINS DA SILVA, Américo Luiz. *O dano moral e a sua reparação civil*. 2. ed. rev. e atual. São Paulo: RT, 2002.

——. Imprensa e cidadania. Possibilidades e contradições. In: GONZAGA MOTTA, Luiz (Org.). *Imprensa e poder*. Brasília: UnB, 2002. p. 47-74.

MAYO, Jorge A. Buenas costumbres: su significado en el Código Civil. In: JURISPRUDENCIA argentina. Buenos Aires, 2000. v.3. p. 1272-1276.

MAZEAUD, Henri; MAZEAUD, Leon. *Traité théorique et pratique de la responsabilité civile*. 4. ed. Paris: Montchrestien, 1945. v.1.

MCLUHAN, Marshall. *Os meios de comunicação como extensões do homem*. 11.ed. São Paulo: Cultrix, 2001.

MEDINA GUERRERO, Manuel. *La vinculacion negativa del legislador a los derechos fundamentales*. Madrid: McGrawHill, 1996.

MELLO, Cláudio Ari. Contribuição para uma teoria híbrida dos direitos de personalidade. In: Sarlet, Ingo Wolfgang (org.). *O novo Código Civil e a Constituição*. Porto Alegre: Livraria do Advogado, 2003.

MELLO FRANCO, Afonso Arinos. *O índio brasileiro e a revolução francesa:* As origens brasileiras da teoria da bondade natural. 3.ed. São Paulo: Topbooks, 1999.

MELO DA SILVA, Wilson. *O dano moral e sua reparação*. 3. ed. Rio de Janeiro: Forense, 1983.

MENDES, Antônio Jorge Fernandes de Oliveira. *A honra e sua tutela penal*. Coimbra: Almedina, 1996.

MENDES, Gilmar Ferreira. Colisão de direitos fundamentais: liberdade de expressão e de comunicação e direito à honra e à imagem. In: MENDES, Gilmar Ferreira. *Direitos fundamentais e controle de constitucionalidade*. 2. ed. rev. e ampl. São Paulo: Celso Bastos, 1999.

——. Direitos fundamentais: eficácia das garantias constitucionais nas relações privadas – análise da jurisprudência da Corte Constitucional alemã. In: MENDES, Gilmar Ferreira. *Direitos fundamentais e controle de constitucionalidade*. 2. ed. rev. e ampl. São Paulo: Celso Bastos, 1999. p. 211-232.

——. A doutrina constitucional e o controle de constitucionalidade como garantia da cidadania – necessidade de desenvolvimento de novas técnicas de decisão: possibilidade da declaração de inconstitucionalidade sem a pronúncia de nulidade no direito brasileiro. In: MENDES, Gilmar Ferreira. *Direitos fundamentais e controle de constitucionalidade*. 2. ed. rev. e ampl. São Paulo: Celso Bastos, 1999. p. 32-70.

——. *Jurisdição constitucional*. 2. ed. São Paulo: Saraiva, 1998.

——. A proporcionalidade na jurisprudência do Supremo Tribunal Federal. In: MENDES, Gilmar Ferreira. *Direitos fundamentais e controle de constitucionalidade*. 2. ed. rev. e ampl. São Paulo: Celso Bastos, 1999, p. 71-87.

MENDES, Gilmar Ferreira; COELHO, Inocência Mártires; BRANCO, Paulo Gustavo Gonet. *Hermenêutica constitucional e direitos fundamentais*. Brasília: Brasília Jurídica, 2000.

MENEZES CORDEIRO, Antônio. *Da boa fé no direito civil*. Coimbra: Almedina, 1984, v.1.

MENEZES DIREITO, Carlos Alberto. Os direitos da personalidade e a liberdade de informação. *Revista Forense*, Rio de Janeiro, n. 363, p. 29-37, set./out. 2002.

MEULDERS-KLEIN, Marie-Thérèse. Vie privée, vie familiale et droits de l'homme. *Revue Internationale de Droit Comparé*, Paris, n. 4., p. 767-794, oct./déc. 1992.

MILL, Stuart. Da liberdade de pensamento e discussão. In: MORRIS, Clarence (Org.). *Grandes filósofos do direito*. São Paulo: Martins Fontes, 2002, p. 386-391.

MINDA, Gary. *Postmodern legal movements. Law and jurisprudence at century's end*. New York: New York University Press, 1995

MIRAGEM, Bruno. O direito do consumidor como direito fundamental: conseqüências jurídicas de um conceito. *Revista de direito do consumidor*, São Paulo, n. 43, p. 111-132, jul./set. 2002.

——. A liberdade de expressão e o direito de crítica pública. *Revista da Faculdade de Direito da UFRGS*, Porto Alegre, n. 22, p. 8-30, set. 2002.

MIRAGEM, Bruno. Conteúdo da ordem pública e direitos humanos. Elementos para um direito internacional pós-moderno. In: MARQUES, Cláudia Lima. ARAÚJO, Nádia de. O novo direito internacional. Estudos em homenagem a Erik Jayme. Rio de Janeiro: Renovar, 2005, p. 307-356.

MIRANDA, Darcy Arruda. *Comentários à lei de imprensa*. 3. ed. rev. e atual. São Paulo: RT, 1995.

MIRANDA, Jorge. *Manual de direito constitucional*. Coimbra: Coimbra, 1997, v.1.

——. ——. Coimbra: Coimbra, 1998. v.4.

MONATERI, Pier Guiseppe; BONA, Marco. *Il danno alla persona*. Padova: CEDAM, 1998.

MONFORT, Jean Yves. La publication d'informations interdites et le procès penal. In: DUPEUX, Jean-Yves; LACABARATS, Alain. *Liberté de la presse et droits de la personne*. Paris: Dalloz, 1997. p. 105-114.

MONTEIRO, Washington de Barros. *Curso de direito civil: parte geral*. 39. ed. São Paulo: Saraiva, 2003.

MORAES, Maria Amália Dias de. *Do abuso de direito:* alguns aspectos. *Revista da Procuradoria Geral do Estado do Rio Grande do Sul*, Porto Alegre, v. 15, n.42, p. 11-26, 1985.

MORANGE, Jean. La protection constitutionelle et civile de la liberté d'expression. *Revue internationale de droit comparé*, n. 2, p. 771-787, avr./juin. 1990.

MOREIRA, Vital. *O direito de resposta na comunicação social*. Coimbra: Coimbra, 1994.

MOREIRA ALVES, José Carlos. *A parte geral do projeto de Código Civil brasileiro:* subsídios históricos para o novo Código Civil brasileiro. São Paulo: Saraiva, 2003.

MORETZSOHN, Sylvia. Profissionalismo e objetividade: o jornalismo na contramão da política. In: Mota, Luiz Gonzaga (Org.). *Imprensa e poder*. Brasília: Editora UnB, 2002.

MOSSET ITURRASPE, Jorge. Relación causal. In: ——. *Responsabilidad civil*. 2.ed. Buenos Aires: Hamurabi, 1997.

——. *Responsabilidad civil*. 2.ed. Buenos Aires: Hamurabi, 1997.

——. *El valor de la vida humana*. v.1. Buenos Aires: Rubinzal Cunzón,1994.

——. *Visión jurisprudencial del valor de la vida humana*. Buenos Aires: Rubinzal-Culzoni, 1994. v.1.

MOTA PINTO, Carlos Alberto. *Teoria geral do direito civil*. 3. ed. Coimbra: Coimbra, 1996.

MOTA PINTO, Paulo. Notas sobre o direito ao livre desenvolvimento da personalidade e os direitos de personalidade no direito português. In: SARLET, Ingo Wolfgang (Org.). *A constituição concretizada*: construindo pontes entre o público e o privado. Porto Alegre: Livraria do Advogado, 2000. p. 61-83.

MUTHER, Theodor. Sobre la doctrina de la actio romana, del derecho de accionar actual, de la litiscontestatio y de la sucesion singular en las obligaciones: crítica del libro de Windscheid La actio del derecho civil romano, desde el punto de vista del derecho actual. In: WINDSCHEID, B.; MUTHER, T. *Polemica sobre la actio*. Traducción de Thomás Banzhaf. Buenos Aires: EJEA, 1974.

NADER, Paulo. *Curso de direito civil:* parte geral. Rio de Janeiro: Forense, 2003.

NATALE, M. *Catechismo repubblicano per l'istruzzione del popoloe la rovina de tiranni*. [s.l.]: Vico Equense, 1978.

NERY JÚNIOR, Nelson; NERY, Rosa Maria de Andrade. *Novo código civil anotado*. São Paulo: RT, 2002.

NIETO, Alfonso; IGLESIAS, Francisco. *Empresa informativa*. Barcelona: Ariel, 1993.

Responsabilidade Civil da Imprensa por Dano à Honra

NOBRE JÚNIOR, Edilson Pereira. O direito brasileiro e o princípio da dignidade da pessoa humana. *Revista de Direito Administrativo*, Rio de Janeiro, n. 219, p. 237-251, jan./mar. 2000.

NORONHA, Carlos Silveira. Liberdades públicas: uma breve visão político-filosófica. *Revista Forense*, Rio de Janeiro, v. 328, p. 31-36, out./dez. 1994.

NORONHA, Fernando. O nexo de causalidade na responsabilidade civil. *Revista dos Tribunais*, São Paulo, n. 816, p. 733-752, out. 2003.

NUNES JÚNIOR, Vidal Serrano. *A proteção constitucional da informação e o direito à crítica jornalística.* São Paulo: FTD, 1997.

OLIVEIRA JÚNIOR, José Alcebíades. Cidadania e novos direitos. In: OLIVEIRA JÚNIOR, José Alcebíades (Org.). *O novo em direito e política.* Porto Alegre: Livraria do Advogado, 1997, p. 191-200.

OLLIER, Pierre Dominique; LE GALL, Jean-Pierre. Violation of rigths of personality. In: TUNC, Andre (org.) *International Encyclopedia of Comparative Law.* Boston: Luwer Academics, 1986. v. 10, 2, cap. 10.

ONDEI, Emilio. *Le persone fisiche e i diritti della personalità.* Torino: Torinese, 1965.

PACO, Jose. *Delitos contra el honor.* 3. ed. Buenos Aires: Valerio Abeledo, 1947.

PEIXE, José Manuel Valentim; FERNANDES, Paulo Silva. *A lei de imprensa comentada e anotada.* Coimbra: Almedina, 1997.

PEÑA MORAES, Guilherme. *Direitos fundamentais:* conflitos e soluções. Niterói: Frater et Lebor, 2000.

PEREIRA, Caio Mário da Silva. *Instituições de direito civil.* Rio de janeiro: Forense, 1998.

———.———. 19. ed. Rio de Janeiro: Forense, 2001.

———. *Responsabilidade civil.* 7. ed. Rio de Janeiro: Forense, 1996.

PEREIRA COELHO, Francisco Manuel. *O enriquecimento e o dano.* Coimbra: Almedina, 1999.

PEREIRA DOS SANTOS, Carlos Maximiliano. *Hermenêutica e aplicação do direito.* 19. ed. Rio de Janeiro: Forense, 2003.

PERLINGIERI, Pietro. *Il diritto civile nella legalità constituzionale.* 2. ed. Roma: Edizione Scientifiche Italiane, 1991.

———. *La personalità umana nell'ordinamento giuridico.* Camerino: Jovene, 1972.

PIMENTA BUENO, José Antônio. *Direito público constitucional a análise da Constituição do Império:* do direito, das leis, e bibliografia do direito público.

PINILLOS Y SUAREZ, Pedro J. *La empresa informativa. Prensa, radio, cine y televisión.* Madrid: Ediciones del Castillo, 1975.

PIZARRO, Ramón Daniel. *Daño moral:* prevención, reparación, punición, el daño moral en las diversas ramas del derecho. Buenos Aires: Hamurabi, 2000.

———. *Responsabilidad civil de los medios masivos de comunicación: daños por noticias inexactas o agraviantes.* Buenos Aires: Hammurabi, 1991.

PLANIOL, Marcel. *Traité elémentaire de droit civil.* 2. ed. Paris: [s.n.], 1902. v.2.

PODESTÁ, Fábio Henrique. *Interesses difusos, qualidade da comunicação e controle judicial.* São Paulo: RT, 2002.

POLAN, Dana. O pós-modernismo e a análise cultural da humanidade. In: KAPLAN, E. Ann. *O mal-estar do pós-modernismo:* teorias e práticas. Tradução Vera Ribeiro. São Paulo: Jorge Zahar, 1993, p. 64-105.

PONTES DE MIRANDA, Francisco Cavalcante. *Comentários à Constituição de 1967 com a Emenda n. 1, de 1969.* Rio de Janeiro: Forense, 1987. v.5.

———. *Comentários ao Código de Processo Civil de 1939*, Rio de Janeiro, 1947. v.1.

———. *Sistema de ciência positiva do direito.* 2.ed. São Paulo: RT, 1972. v. 2.

———. *Tratado de direito privado.* São Paulo: Borsói, 1972. v.1.

———.———. 4. ed. São Paulo: RT, 1974. v.7.

——.——. São Paulo: RT, 1973, v.8.

——.——. Rio de Janeiro: Borsói, 1968. v. 22.

——. ——. Rio de Janeiro: Borsói, 1973. v.36.

——.——. 3. ed. Rio de Janeiro: Borsói, 1972. v.53.

PORTO, Sérgio José. *A responsabilidade civil por difamação no direito inglês.* Porto Alegre: Livraria do Advogado, 1995.

POTHIER, R. J. *Tratado das obrigações.* Campinas: Servanda, 2001.

PROST, Antoine.Vincent. *História da vida privada:* da Primeira Guerra aos nossos dias. Tradução: Denise Bottman. São Paulo: Companhia das Letras, 1992.

RADBRUCH, Gustav. *El hombre en el derecho.* Buenos Aires: Depalma, 1989.

RAISER, Ludwig. O futuro do direito privado. *Revista da Procuradoria-Geral do Estado,* Porto Alegre, v. 25, n. 9, p. 11-30, 1979.

RÁO, Vicente. *O direito e a vida dos direitos.* 4. ed. São Paulo: RT, 1997. v.1.

RAVANAS, Jacques. Affaire Érignac: information et vie privée. *JCP La semaine juridique,* Paris, n. 11, p. 547-550, 14 mars 2001.

REALE, Miguel. O Código Civil e seus críticos. In: ESTUDOS preliminares do Código Civil. São Paulo: RT, 2003.

——. *Experiência e cultura.* Campinas: Bookseller, 1999.

——. *A nova fase do direito moderno.* 2. ed. São Paulo: Saraiva, 1998.

——. *O projeto do novo Código Civil brasileiro.* São Paulo: Saraiva, 1998.

——. *Paradigmas da cultura contemporânea.* São Paulo: Saraiva, 1999.

REBELO, Maria da Glória Carvalho. *Responsabilidade civil pela informação transmitida pela televisão.* Lisboa: Lex, 1999.

REIS, Clayton. *Os novos rumos da indenização do dano moral.* São Paulo: Forense, 2002.

RENAULT, Alain. Igualdade, Liberdade, Subjectividade. In: HISTÓRIA da filosofia política. Lisboa: Instituto Piaget, 2001, v. 2 : Nascimento da modernidade.

RIBAS, Antônio Joaquim. *Curso de direito civil brasileiro:* parte geral. Rio de Janeiro: B.L.Garnier, 1880. v.2.

RICOEUR, Paul. *O conflito das interpretações.* Porto: Rés, [s.d.].

RIGAUX, François. Liberté de la vie privée. *Revue Internationale de Droit Comparé,* Paris, n. 3, p. 539-563, jul./sept. 1991.

RIPERT, Georges. *A regra moral das obrigações civis.* Campinas: Bookseller, 2000.

RIVERO, Jean. MOUTOUH, Hughes. *Libertés publiques,* t. II. 7. ed. Paris: Presses Universitaires de France, 2003

RIZZARDO, Arnaldo. *Parte geral do Código Civil.* Rio de Janeiro: Forense, 2003.

ROBLES, Gregorio. *Los derechos fundamentalesy la etica en la sociedad actual.* Madrid: Civitas, 1992.

ROCHE, Daniel A censura e a indústria editorial. In: DARNTON, Robert; ROCHE, Daniel (Org.) *Revolução impressa:* a imprensa na França (1775-1800). São Paulo: EDUSP, 1996, p. 21-48.

RODIÉRE, René. *La responsabilité civile.* Paris: Arthur Rosseau, 1952.

RODRIGUES, Sílvio. *Curso de direito civil.* Parte geral, v. 1. São Paulo: Saraiva, 2001.

ROUANET, Sérgio Paulo. *As razões do iluminismo.* São Paulo: Companhia das Letras, 2000.

ROYER-COLLARD. *De la liberté de la presse:* discours. Paris: Librairie de Médicis, 1949.

SAHM, Regina. *Direito à imagem no direito civil contemporâneo, de acordo com o novo Código Civil.* São Paulo: Atlas, 2002.

SALDANHA, Nelson. *Legalismo e ciência do direito.* São Paulo: Atlas, 1977.

——. A teoria constitucional e o pensamento jurídico-privado contemporâneo. *Arquivos do Ministério da Justiça,* Brasília, n. 160, out./dez.. 1981.

SAMPAIO, José Adércio Leite. *Direito à intimidade e à vida privada*. Belo Horizonte: Del Rey, 1998.

SAN TIAGO DANTAS, Francisco Clementino. *Programa de direito civil:* teoria geral. 3. ed. Rio de Janeiro: Forense, 2001.

SANTA MARIA, José Serpa de. *Direitos da personalidade e a sistemática civil geral.* Campinas: Julex, 1987.

SANTOS, Antônio Jeova dos. *Dano moral indenizável.* São Paulo: Lejus, 1999.

SANTOS CIFUENTES. Los derechos personalissimos. *Revista del Notariado,* Buenos Aires, 1973.

SANTOS JUSTO, A. A situação jurídica dos escravos em Roma. *Boletim da Faculdade de Direito da Universidade de Coimbra,* Coimbra, v. 59, 1983.

SARAZA JIMENA, Rafael. *Libertad de expresión e información frente a honor, intimidad y propia imagen.* Pamplona: Arranzadi, 1995.

SARLET, Ingo Wolfgang. *Dignidade da pessoa humana e direitos fundamentais.* Porto Alegre: Livraria do Advogado, 2001.

—— (Org.). *A constituição concretizada*: construindo pontes entre o público e o privado. Porto Alegre: Livraria do Advogado, 2000.

—— (Org.). *Constituição, direitos fundamentais e direito privado.* Porto Alegre: Livraria do Advogado, 2003.

——. Direitos fundamentais e direito privado: algumas considerações em torno da vinculação dos particulares aos direitos fundamentais. In: SARLET, Ingo Wolfgang (Org.). *A constituição concretizada*: construindo pontes entre o público e o privado. Porto Alegre: Livraria do Advogado, 2000. p. 107-163.

—— (Org.). *O novo Código Civil e a Constituição.* Porto Alegre: Livraria do Advogado, 2003.

SAVATIER, René. *Cours de droit civil.* 2. ed. Paris: LGDJ, 1949. v.2.

SCHIERA, Pierangelo. Estado moderno. In: BOBBIO, Norberto; MANTEUCCI, Nicola; PASQUINO, Gianfranco. *Dicionário de política.* Brasília: Editora da UnB, 1997, v.1, p. 430.

SCHMITT, Rosane Heineck. Direito à informação: liberdade de imprensa x direito à privacidade. In: SARLET, Ingo Wolfgang. *A constituição concretizada*: construindo pontes entre o público e o privado. Porto Alegre: Livraria do Advogado, 2000. p. 211-241.

SCHWABE, Jürgen (Comp.). *Cincuenta años de jurisprudencia del Tribunal Constitucional Federal Alemán.* Traducción: Marcela Anzola Gil. Medelín: Gustavo Ibañez/Konrad Adenauer Stiftung, 2003.

SEARLE, John R. *Intencionalidade.* Tradução Júlio Fischer, Tomás Rosa Bueno. São Paulo: Martins Fontes, 1995.

SENNETT, Richard. *O declínio do homem público:* as tiranias da intimidade. São Paulo: Companhia das Letras, 2001.

SERRANO NEVES, Francisco de Assis. *Direito de imprensa.* São Paulo: José Bushatsky, 1977.

SEVERO, Sérgio. *Os danos extrapatrimoniais.* Saraiva: São Paulo, 1996.

SHAKESPEARE, William. *Complete Works of William Shakespeare:* the complete works. New York: Random, 1991.

SILVA, José Afonso da. *Curso de direito constitucional positivo.* 18. ed. São Paulo: Malheiros, 2001.

SILVA JÚNIOR, Alcides Leopoldo. *A pessoa pública e seu direito de imagem.* São Paulo: Juarez de Oliveira, 2002.

SILVA PACHECO, José. Prefácio. In: MARTINS, Pedro Baptista. *O abuso do direito e o ato ilícito.* 3. ed. histórica com considerações premininares à guisa de atualização de José da Silva Pacheco.Rio de Janeiro: Forense, 1997.

SODRÉ, Nelson Werneck. *História da imprensa no Brasil.* 4. ed. atual. São Paulo: Mauad, 1999.

SOUZA DINIZ. *Código Civil Alemão.* Rio de Janeiro: Record, 1960.

SOUZA JÚNIOR, Cézar Saldanha. *A supremacia do direito no estado democrático e seus modelos básicos.* Porto Alegre, 2002.

STIGLITZ, Gabriel A.; ECHEVESTI, Carlos A. El Daño resarcible. In: MOSSET ITURRASPE, Jorge. *Responsabilidad civil*. 2.ed. Buenos Aires: Hamurabi, 1997.

STOCCO, Rui. Lei de imprensa: sujeito passivo da ação de indenização. *Revista dos Tribunais*, São Paulo, n. 752, p. 42-46, 1998.

——. *Responsabilidade civil e sua interpretação jurisprudencial*. 4. ed. rev. e ampl. São Paulo: RT, 1999.

STOFFEL, Raquel. *A colisão entre direitos de personalidade e direito à informação*. São Leopoldo: Unisinos, 2000.

STOLL, H. Consequences of liability: remedies. In: TUNC, Andre (org.) *International Encyclopedia of Comparative Law*. Boston: Luwer Academics, 1986. v 11, n. 2.

SZANIAWSKI, Elimar. *Direitos da personalidade e sua tutela*. São Paulo: RT, 1993.

SZTAJN, Raquel. *Autonomia privada e direito de morrer:* eutanásia e suicídio assistido. São Paulo: Cultural Paulista, 2001.

TEIXEIRA DE FREITAS, Augusto. *Código Civil:* esboço. Brasília: Ministério da Justiça, 1983.

——. *Esboço do Código Civi*. Brasília: Ministério da Justiça, 1982.

TEPEDINO, Gustavo. Contornos atuais da propriedade privada. In: TEMAS de direito civil. Rio de Janeiro: Renovar, 1999. p. 267-291.

——. Crise das fontes normativas e técnica legislativa na parte geral do novo Código Civil de 2002. In: TEPEDINO, Gustavo (Coord.). *A parte geral do novo Código Civil:* estudos na perspectiva civil-constitucional. Rio de Janeiro: Renovar, 2002.

——. Direitos humanos e relações jurídicas privadas. In: TEMAS de direito civil. Rio de Janeiro: Renovar, 1999. p. 55-71.

—— (Coord.). *A parte geral do novo Código Civil:* estudos na perspectiva civil-constitucional. Rio de Janeiro: Renovar, 2002.

——. A tutela da personalidade no ordenamento civil-constitucional brasileiro. In: *TEMAS de direito civil*. Rio de Janeiro: Renovar, 1999.

TERRÉ, François. Propos sur la responsabilité civile *Archives de Philosophie du Droit*, Paris, n. 22, p. 37- 44, 1977.

THEODORO JÚNIOR, Humberto. *Comentários ao novo Código Civil:* parte geral 2. ed. Rio de Janeiro: Forense, 2002. v. 3, t. 2.

——. Relatório brasileiro: abuso de direito processual no ordenamento jurídico brasileiro. In: BARBOSA MOREIRA, José Carlos. *Abuso dos direitos processuais*. Rio de Janeiro: Forense, 2000. p. 93-130.

THESING, Josef. Priess, Frank. *Globalización, Democracia y medios de comunicación*. Buenos Aires: Konrad Adenauer, 1999.

THOMPSON, John B. *A mídia e a modernidade: teoria social da mídia*. São Paulo: Vozes, 1995.

TRIGEAUD, Jean-Marc. La persone. *Archives de Philosophie du Droit*, Paris, v. 34, p. 103-121, 1989.

VALLADÃO, Haroldo. *Estudios de derecho civil:* en honor del Prof. Castan Tobeñas. Pamplona: Universidad. de Navarra, 1969.

VENOSA, Sílvio de Salvo. *Direito civil:* parte geral. 3. ed. São Paulo: Atlas, 2003.

VERGÉ, Emmanuel; RIPERT, Georges. *Répertoire de droit civil*. Paris: Dalloz, 1951.

VIANA, Rui Geraldo Camargo. A família. In: VIANA, Rui Geraldo Cmargo; NERY, Rosa Maria de Andrade. *Temas atuais de direito civil na Constituição Federal*. São Paulo: RT, 2000, p. 17-51.

VIEIRA, Ana Lúcia Menezes. *Processo penal e mídia*. São Paulo: RT, 2003.

VIEIRA NETTO, Mário Machado. Liberdade de imprensa, dano moral e responsabilidade do veículo de divulgação e do autor da matéria (Súmula n. 221 do STJ). *Revista da Escola da Magistratura do Distrito Federal*, Brasília, n. 6, p. 23-34, 2001.

VIGO, R.L. *Visión crítica de la historia de la filosofia del derecho*. Santa Fe, 1984.

VILLEY, Michel. *Direito Romano*. Porto: Res, [s.d.]

Responsabilidade Civil da Imprensa por Dano à Honra

——. *Le droit et les droits de l'homme.* Paris: PUF, 1998.

——. Esquisse historique sur le mot responsabilité. *Archives de Philosophie du Droit*, Paris, n. 22, p. 45-57, 1977.

——. *Leçons d'histoire de la philosophie du droit.* 2. ed. Paris: Dalloz, 1962.

——. Origins du droit subjectif. In: VILLEY, Michel. *Leçons d'histoire de la philosophie du droit.* 2. ed. Paris: Dalloz, 1962.

——. La pensée moderne et le systéme juridique actuel. In: VILLEY, Michel. *Leçons d'histoire de la philosophie du droit.* 2. ed. Paris: Dalloz, 1962.

VINEY, Geneviève. De la responsabilité personelle à la répartition des risques *Archives de Philosophie du Droit*, Paris, n. 22, p. 5-21, 1977.

——. *Traité de droit civil:* introduction à la responsabilité. 2.ed. Paris: LGDJ, 1995.

WALD, Arnold. *Curso de direito civil brasileiro:* introdução e parte geral. 9. ed. São Paulo: Saraiva, 2002.

WAQUET, Claire. L'application de l'article 1382 du Code Civil à la liberté d'expression et au droit de la presse. In: DUPEUX, Jean-Yves; LACABARATS, Alain. *Liberté de la presse et droits de la personne.* Paris: Dalloz, 1997. p. 81-85.

WARREN, Samuel; BRANDEIS, Louis. *El derecho a la intimidad.* Madrid Civitas, 1995.

——. The right of privacy. *Harvard Law Review*, v. 4, n.5, p. 193-220, 1890.

WEBER, Max. *Economia y sociedad.* Traducción José Medina Etchevarría. México: Fondo de Cultura Económica, 1997.

WEINGARTNER NETO, Jayme. *Honra, privacidade e liberdade de imprensa:* uma pauta de justificação penal. Porto Alegre: Livraria do Advogado, 2002.

WIEACKER, Franz. *El principio general de la buena fe.* Madrid: Civitas, 1986.

——. *História do direito privado moderno.* Lisboa: Calouste, 1980.

WINDSCHEID, B.; MUTHER, T. *Polemica sobre la actio.* Traducción Thomás Banzhaf. Buenos Aires: EJEA, 1974.

ZANONI, Eduardo A. *El daño en la responsabilidad civil.* 2. ed. Buenos Aires: Astrea, 1987.

ZAVASCKI, Teori Albino. *Antecipação da tutela.* São Paulo: Saraiva, 1997.

ZENO, Vincenzo Zencovich; CLEMENTE, Michele; LODATO, Maria Gabriela. *La responsabilità profissionale del giornalista e dell'editore. Padova: Cedam, 1995.*